国外教育伦理学译丛
主编 王正平

正义、道德与教育
教育伦理学新探

［澳］莱斯·布朗（Les Brown）◎著　周治华◎译

JUSTICE, MORALITY AND EDUCATION
A NEW FOCUS IN ETHICS IN EDUCATION

华东师范大学出版社
·上海·

图书在版编目(CIP)数据

正义、道德与教育:教育伦理学新探/(澳)莱斯·布朗著;周治华译. —上海:华东师范大学出版社,2024. —(国外教育伦理学译丛). —ISBN 978 - 7 - 5760 - 4654 - 0

Ⅰ. G40 - 059.1

中国国家版本馆 CIP 数据核字第 20248QV078 号

国外教育伦理学译丛
正义、道德与教育——教育伦理学新探

著　　者　[澳]莱斯·布朗
译　　者　周治华
责任编辑　白锋宇
责任校对　樊　慧　时东明
装帧设计　卢晓红

出版发行　华东师范大学出版社
社　　址　上海市中山北路3663号　邮编 200062
网　　址　www.ecnupress.com.cn
电　　话　021 - 60821666　行政传真 021 - 62572105
客服电话　021 - 62865537　门市(邮购)电话 021 - 62869887
地　　址　上海市中山北路3663号华东师范大学校内先锋路口
网　　店　http://hdsdcbs.tmall.com

印 刷 者　常熟高专印刷有限公司
开　　本　787毫米×1092毫米　1/16
印　　张　25
字　　数　336千字
版　　次　2024年9月第1版
印　　次　2024年9月第1次
书　　号　ISBN 978 - 7 - 5760 - 4654 - 0
定　　价　88.00元

出 版 人　王　焰

(如发现本版图书有印订质量问题,请寄回本社客服中心调换或电话021 - 62865537 联系)

First published in English under the title
Justice, Morality and Education: A New Focus in Ethics in Education by Les Brown and Konstantions I. Nikolopoulos, edition: 1
Copyright © Leslie Melville Brown, 1985

Simplified Chinese translation copyright © East China Normal University Press Ltd, 2024.
This edition has been translated and published under licence from Springer Nature Limited.
Springer Nature Limited takes no responsibility and shall not be made liable for the accuracy of the translation.

All Rights Reserved.

上海市版权著作权合同登记　图字:09 - 2018 - 1081 号

"国外教育伦理学译丛"总序

在西方,教育伦理思想有着悠久的形成与发展史,它是随着人类教育职业活动开展和社会经济文化进步而逐步形成、丰富与变化的。在西方教育史上,柏拉图、亚里士多德、昆体良、夸美纽斯,都曾提出过许多包含真知灼见的教育伦理思想。但是,作为一门相对独立、具有比较完整的思想理论体系的教育伦理学学科,是到了近现代才得以形成,并逐步在实践中得到充实、发展与完善的。①

美国著名哲学家、教育家、思想家杜威是较早正式使用"教育伦理学"(Educational Ethics)这一学术概念的人,并先后发表了三本直接阐述教育伦理学的学科对象、基本原则、方法与任务的重要学术著述。1895年,杜威的《教育伦理学:六次讲座内容纲要》由芝加哥大学出版社首次出版,直接用于芝加哥大学有关教育与研究机构的教学。该书提及的六次系列讲座的主要内容包括"学校伦理问题""教育方法的伦理""课程或学习科目的伦理""学校与道德进步"等,②开创性地提出和探讨了教育伦理学及其重要的理论问题。同年,杜威又出

---

① 参见王正平主编:《教育伦理学》,人民教育出版社2019年版,第一章第四节"教育伦理学:作为一门学科的形成和发展".
② 约翰·杜威著,杨小微、罗德红等译:《杜威全集·早期著作1882—1898》(第五卷,1895—1898),华东师范大学出版社2010年版,第223—232页.

版了学术专著《构成教育基础的伦理原则》,明确提出"不能有两套伦理原则或两种形式的伦理理论,一套为校内生活,另一套为校外生活。因为行为是一体的,所以行为的原则也是一体的"。① 但是,他指出,教育伦理问题毕竟有自己的特殊性,"原则是同一的,随不同环境而变化的是特殊的联系和应用点"。② 1909年,在上述专门著述的基础上他出版了《教育中的道德原则》,比较全面而系统地阐述了他的教育伦理思想。在这一著作中,杜威探讨了学校的道德目标、学校共同体给予学生道德训练的道德责任、学校管理者的道德责任、学校教授的课程具有的社会属性和伦理意义、学校道德是"三位一体"相统一、教育心理的伦理问题等内容。在这本书的最后,杜威突出强调了在教育中恪守合理的道德原则的重要性。他指出:"我们必须做到的一件事情是:在与其他力量是真实的完全相同的意义上,承认道德原则也是真实的;它们是共同体生活内在固有的,是个人的行为结构所内在固有的。"③"带着这个信念工作的教师,将会发现:每一门学科,每一种教育方法,学校生活中的每一个重要事件,都充满着道德的可能性。"④

杜威先后发表的上述三部重要教育伦理学专著,实际上概括和揭示了教育伦理学所涉及的最基本研究领域,即学校伦理或宏观教育职业活动伦理、教育方法伦理、学科课程伦理、师生关系伦理、教育心理伦理等重要内容,并阐述了基本的伦理道德原则。

20世纪60年代以后,在西方发达国家,教育伦理学研究得到了进一步发展,

---

① 约翰·杜威著,杨小微、罗德红等译:《杜威全集·早期著作1882—1898》(第五卷,1895—1898),华东师范大学出版社2010年版,第41页。
② 约翰·杜威著,杨小微、罗德红等译:《杜威全集·早期著作1882—1898》(第五卷,1895—1898),华东师范大学出版社2010年版,第41页。
③ 约翰·杜威著,陈亚军、姬志闯译:《杜威全集·中期著作1899—1924》(第四卷,1907—1909),华东师范大学出版社2012年版,第233页。
④ 约翰·杜威著,陈亚军、姬志闯译:《杜威全集·中期著作1899—1924》(第四卷,1907—1909),华东师范大学出版社2012年版,第233页。

这主要体现在以下几个方面。

第一,加强教育伦理学基础理论研究,重视探讨教育与伦理的内在关系以及平等、自由、正义、人权等社会基本伦理道德原则和价值理念如何在教育中得到体现。1966年,英国著名教育理论家彼得斯出版了《伦理学与教育》。[①] 在这本著作中,彼得斯从伦理学理论和教育理论的密切关联角度出发,系统地论述了教育的标准、伦理学经典理论与教育及教师的关系、教育平等权利、有价值的教育与教学活动、与教育利益有关的思考、教育中的自由、权威与教育、惩罚与纪律等内容。1975年,加拿大教育伦理学家罗宾·巴罗出版了《教育中的道德哲学》。在这本著作中,巴罗较为系统地论述了哲学与教育、道德哲学,与教育职业活动相关的自由、平等、功利主义、尊重人、自主性、权利、创造性、价值,以及自由的学校、教育分配、灌输与道德价值观等内容。1985年,莱斯·布朗出版了《正义、道德与教育》一书。在该书的基本原理部分,探讨了正义、道德和教育的关系;在实践与实际应用部分,分析了教育中的权利和义务,正义、道德和惩罚,正义、道德与道德教育,教育管理中的正义与道德。此书显示了作者在吸取前人研究成果的基础上努力建构教育伦理学基础理论的倾向。[②]

第二,关注教育职业伦理道德研究,深入探讨教育职业伦理(又称"教育专业伦理""教师伦理")的具体原则、规范和要求。如1984年J. M. 里奇出版的《教育职业伦理学》,是一本专门探讨美国教育工作职业伦理道德规范的著作,该书讨论了职业伦理学的重要性、职业伦理规范的特征,阐述了教学与学生权利保护、科研伦理、与同事和教育官员的业务关系、社区中的教育者等具体领域的伦理规范以及伦理规则的传播,执行与强化,评论与再评估。阐述教师职业伦理规范是该书

---

① R. S. Peters, *Ethics and Education*, London: George Allen & Unwin Ltd., 1966.
② 王本陆著:《教育崇善论》,广东教育出版社2001年版,第270页。

的主要内容。①

第三，开拓教学伦理研究，深入探讨教学过程中的有关伦理道德问题。如1985年，美国学者斯特赖克和索尔蒂斯合作撰写了《教学伦理》。此书以1975年全美教育协会发布的教育伦理道德规范为切入点，密切联系教学实践中面临的道德问题，用理论阐述和教学案例相结合的方式，比较生动地阐述了伦理学效果论与利益最大化、非效果论与尊重人等基本伦理学理论；探讨了教学中的惩罚及正当程序，教学中的学术与思想自由，平等对待学生的多元文化和宗教多样性，民主、专业化和正直教学等问题。该书被用作师范生和教师进修教材，一经出版就受到很大欢迎，迄今已出版第五版。②

第四，突出教育中的现实道德问题探讨，对社会公众普遍重视的教育平等、教育评价和科研中的伦理道德开展专题研究。例如，1966年，J.科尔曼专门发表了调查报告《教育的机会均等》，该实证研究促使更多的人去理性反思教育机会均等问题。1989年，M.科勒主编的《为平等而教育》出版，其目的"主要不是在理论上研究那些不平等的表现形式，而是力图满足更好地指导实践的需要"。③ 又如，里奇在《教育职业伦理学》一书中指出，对学生进行教育测验，要遵守把学生作为人来尊重的原则；要避免用可能导致给学生贴上带贬义的标签、羞辱学生、嘲弄学生之类的方式来使用测验；要体现真实性，反对舞弊，保护正直诚实的学生，公正无私地对待学生；要尊重学生隐私。④ 再如，高校是重要的科研机构，专家教授面临着急功近利还是遵守科研道德的挑战。里奇在《教育职业伦理学》一书中还专门

---

① J. M. Rich, *Professional Ethics in Education*, Illionis：Charle C Thomas Publishers, 1984.
② 肯尼斯·A·斯特赖克、乔纳斯·F·索尔蒂斯著,黄向阳等译：《教学伦理》(第五版),华东师范大学出版社2018年版.
③ M. Cole (Ed.), *Education for Equality*, London: Routledge, 1989.
④ J. M. Rich, *Professional Ethics in Education*, 参见王本陆著：《教育崇善论》,第265页.

探讨了教育科研伦理,他指出:"如何对待对象(人)所受的损害和危险、对象的书面允许、对象的隐私,是主要的教育科研伦理问题。处理这些问题的基本原则是无恶行原则、善行原则、尊重人的原则、自由原则。"①

第五,聚焦教育政策伦理问题研究,探讨制定和实行教育政策的伦理基础。由于教育政策直接关系到教育培养什么人、如何分配教育公共资源等一系列重大利益问题,成为西方教育伦理研究的一个重点。K. A. 斯特赖克和 K. 艾根主编的《伦理学与教育政策》对自由与大学,学生权利,自治、自由与学校教育,平等与多元化,技术与职业等教育政策问题进行了讨论,分析了这些教育政策中的道德矛盾以及处理矛盾的伦理学基础。②

第六,研究不同层次和类型教育的伦理问题,使教育伦理道德规范的引导更具有针对性。如美国伦理学家鲁滨逊和莫尔顿合著的《高等教育中的伦理问题》一书,系统地论述了高等教育中的内在道德伦理问题。该书从分析高校中内在道德冲突、事实和价值的关系入手,提出了以"公正原则""最大限度地实现利益的原则""普遍化原则""把他人当目的原则"处理教育过程中伦理道德关系的主张,还从理论上探讨了学校组织与社会的关系、伦理原则和学术价值的关系、共同职业人员的关系、高等教育中控制与维护的关系、教员的聘用和能力评价中的伦理问题、科研中的伦理问题、教学中的伦理问题等。③ 如 K. R. 豪等人合著的《特殊教育伦理学》,较集中地探讨了特殊教育机构中的道德问题。该书在介绍一般伦理学知识的基础上,探讨了共同政策与特殊教育的使命,分析了程序公正、教育资源分配和特殊教育官方矫治机构中的道德问题,如慈善机构失职、特殊教育教师成为

---

① J. M. Rich, *Professional Ethics in Education*,参见王本陆著:《教育崇善论》,第 264 页。
② K. A. Strike & K. Egan (Eds.), *Ethics and Education Policy*, London: Routledege & Kegan Paul Ltd., 1978.
③ G. M. Robinson & J. Moulton, *Ethical Problem in Higher education*, New Jersey: Prentice-Hall, Inc., Englewood Cliffs, 1985. 参见王正平主编:《高校教师伦理学》,上海交通大学出版社 1991 年版,第 16 页。

破坏者、标签现象、教师对学生和家长的责任、对学生的特殊关怀等。①

20世纪80年代至今,教育伦理学理论研究得到进一步发展,相关学术论文、学术著作和教材大量出现。其中比较有代表性的学术著作有美国鲁滨逊和莫尔顿的《教育伦理学——分析教育关系的尝试》,瑞士欧克斯的《教育伦理学引论:问题、悖论与展望》,美国芬纳的《教育伦理学》,美国斯特赖克、哈勒和索尔蒂斯的《学校管理伦理》,美国斯特赖克和索尔蒂斯的《教学伦理》等。目前,教育伦理学已成为西方应用伦理学研究和教育哲学研究中的一个重要分支,并成为许多师范专业本科生和研究生的重要专业课程。

在我国,对教育伦理学作为一门相对独立的学科开展研究,始于20世纪80年代。② 随着我国改革开放和经济、教育体制改革的深入,教育过程中的利益矛盾和道德价值观念的冲突日益凸显,教育伦理和教师道德问题成为教育界与全社会共同关心的重要话题。1988年出版的《教育伦理学》,是"建国以来我国第一本教育伦理学著作",在国内外产生了广泛的影响。③ 最近30多年来,特别是进入21世纪以来,教育伦理和教师道德的相关学术著作、教材和论文不断涌现,已成为我国学界普遍关注的一个理论热点。应当看到,一方面,教育伦理学理论研究方兴未艾,在广泛开展师德师风建设的实践需求的推动下,教育伦理学作为教育哲学或应用伦理学的一门新兴学科,其理论探索和教学实践正在不断走向深入;另一方面,教育伦理学作为探讨教育这一领域的价值与善的科学,其真理性的探索既具有鲜明的民族性和社会性,又具有一定的人类共同性。当前,我们正在建构新时

---

① K. R. Howe & O. B. Miramontes, *The Ethics of Special Education*, N. Y.: Teachers College Press, 1992.
② 王正平主编:《教育伦理学》,上海人民出版社1988年版,第10页.
③ 吕寿伟:《教育伦理学研究三十年的回顾、反思与展望》,见《教育伦理研究》(第一辑),华东师范大学出版社2014年版,第340页.

代中国特色教育伦理学理论体系,既要积极吸取中华民族几千年来积淀的优秀教育伦理思想,又要大胆借鉴世界各国教育伦理研究和实践的有益经验和成果。

教育伦理道德是人类教育文明进步的结晶,它具有某种"人类共同性"或"全人类性"。恩格斯指出:"对同样的或差不多同样的经济发展阶段来说,道德论必然是或多或少地一致的。"[①]教育伦理中所具有的"人类共同性",主要是由以下两个因素决定的。其一,人类教育伦理道德文明进步的实践表明,在相同的或几乎相同的历史发展阶段,各国各民族的道德文明价值追求或多或少具有某种共同性的东西。在当今世界,这些共同性的教育伦理道德价值观念,如教育公平、教育正义、教育民主、教育自由、教育仁爱等是全人类教育职业活动的共同价值,是人类教育文明追求的崇高道德目标。正是这些教育伦理道德共同性的存在,才使不同国家、不同政治制度下的教育交流和合作成为可能。人类命运共同体建设,要求我们建构人类教育命运共同体。教育伦理道德的共同性因素,是建构人类教育命运共同体的价值基础。其二,教育伦理探讨的是教育职业活动中的道德问题,而教育活动本身具有一定的普遍规律性。不同历史条件和不同社会文化背景下教育劳动的目的、对象、工具、关系和产品具有某种共同性的专业伦理要求,因而不同国家和民族的教育伦理智慧反映着教育规律对教育伦理道德的普遍要求,对此,人们是可以互相学习和借鉴的。

"他山之石,可以攻玉。"实践告诉我们,立足我国的教育实践,建构中国特色教育伦理学理论体系,应当始终具有世界眼光,善于及时了解和掌握国外教育伦理研究的动态与成果,重视不同教育伦理、教师道德和教育文明理念之间的磨合、交流与对话。进入21世纪以来,我国在推进教育伦理学理论研究的同时,翻译出版了西方一些有价值的相关著作,这是有益的。我们在华东师范大学出版社领导

[①]《马克思恩格斯文集》第9卷,人民出版社2009年版,第99页.

和编辑的支持下,专门组织策划推出"国外教育伦理学译丛",准备有计划、有步骤地翻译出版国外教育伦理学领域有影响的著述,希望为我国教育伦理学研究做一些基础性的理论资料工作。热忱欢迎国内外关注该领域研究的专家学者共同献计献策,一起为教育伦理学这一新兴学科尽智竭力。

在本译丛面世之际,我特对参与选题策划的华东师范大学程亮教授等专家以及担任翻译工作的各位学者表示由衷的谢意;对华东师范大学出版社领导的大力支持和责任编辑白锋宇女士认真负责的工作致以诚挚的感谢!

王正平

2021年7月溽暑

(作者为中国伦理学会教育伦理学专业委员会会长,上海师范大学教授、博士生导师)

特别献给我的妻子。同时,也怀着欢喜和怜爱,献给我们的孙辈——安德鲁、约翰和彭尼——以及世界上所有的孩子们:但愿基础正义的光芒照亮他们每一个人的生活前景。

目录

译序	1
前言	5
致谢	11

第一部分　教育、正义和道德：基本概念和根本原则　1

第一章　教育与正义	3
第二章　道德	37
第三章　权利和义务	79

第二部分　实践的介入　113

第四章　实践的慎议	115
第五章　实践的应用	155

第三部分　社会正义：国家-个人之关系　211

第六章　哲学的视角	213
第七章　实践的视角	263
第八章　社会正义的反思和结论	293

注释	337
主要参考书目	359
主题索引	362
著者索引	369

译序

教育伦理学作为一门应用伦理学，通常被认为是将伦理学范畴、原则和理论应用于教育活动和教育问题的产物。也就是说，教育伦理学关心的仅仅是如何应用现成的伦理学范畴、原则和理论。这在一定程度上造成了一种教育与道德的隔离，似乎伦理学的范畴、原则和方法一开始是外在于教育活动和教育问题的，而教育伦理学的任务就是在二者之间建立连接。就此而言，这本《正义、道德与教育——教育伦理学新探》并不是这样一种应用伦理学的著作，也不是我们通常所认为的那种类型的教育伦理学。

本书作者是莱斯·布朗（全名莱斯利·梅尔维尔·布朗，Leslie Melville Brown），1914年出生，曾任教于澳大利亚新南威尔士大学（University of New South Wales）。他的著作包括《教育的目标》（主编）、《保全与实践道德：教育和改革的挑战》、《虐待动物：道德的债务》等。[①] 布朗不仅是一位关注教育道德和道德教育问题的教育理论家，也是一位在道德哲学领域有着原创性思想和成果的伦理学家。正因为如此，他的这部聚焦教育道德问题的著作不是应用现成的伦理学范畴和理

---

① Brown, Les. *Aims of Education*. Teachers College Press, 1970; *Conservation and practical morality: Challenges to education and reform*. Springer, 1987; *Cruelty to animals: The moral debt*. Springer, 1988.

论,而是首先试图为道德判断提供一种伦理基础。在他看来,我们对于教育中的不公正现象和不道德行为的各种判断,不只是简单地宣示一种价值立场,更不应当是自以为是、不证自明的指控或断言,而是要对我们使用的语词进行认真审视,要给出我们如此判断的理性解释和清晰理由。

为此,布朗在本书中首先给出了他对教育、正义和道德作为形式概念的意义。所谓的"形式概念",就是最根本、最大公约数的定义,其表达的是一个概念不可再还原的本质内涵。也就是说,无论我们在立场观点和价值偏好上存在什么样的差异,都应该认可和接受的基本定义。例如,人们对于教育有各种不同的定义,比如教育是培养自由的心灵,教育是个性的发展。但在布朗看来,这些定义都是指向特定目标的,因而都是教育的实质定义或具体表述。从其纯粹的形式意涵来说,教育是"与社会价值观相一致的个人潜能发展"。布朗解释说,这个形式概念中的"发展"是作为生成过程的发展(developing),它没有确定的目标,也没有终点。但这不意味着这种"发展"是任意的。形式概念中的"与社会价值观相一致"意味着这种"发展"的底线是不能使青年一代与社会格格不入。这不仅为教育的形式概念注入了社会意义,也为其注入了道德意义。按照同样的方式,布朗进一步指出,正义的形式概念是公平待人,道德的形式概念是对他者利益的实践考量。

可以说,本书就是在哲学和实践的层面对这三个形式概念的解释和确认。对于布朗来说,首先,它们是思考的参照和依据,明确了研究主题及其所指涉的范围。例如,对于教育来说,那些在一个特定社会里被认为是反社会或不道德的活动,由于违背了"与社会价值观相一致"这一限制条件,就不应该被认为是教育活动。其次,一旦这些形式概念被确认,它们也就成为指导行为的原则。因为形式概念如果改换另一种方式来表述,就构成了相关行为的基本原则。由此,教育的基本原则是"社会的相关成员应该尽可能地给他人提供帮助,以便他们的潜能以符合社会价值观的方式得到发展";正义的基本原则是"那些对他人拥有权力或影响力的人应该将他们作为人予以公平的对待";道德的基本原则是"我们在生活中应该时时处处都有对他人利益的实践考量"。最后,更为重要的是,通过对这三个形式概念的澄清和辩护,教育、正义和道德之间根本的、深层的关联性和一致性被展现出来。正义和教育的形式概念表明,它们都必须被放在道德的语境中来理解。教育的形式概念承认其具有合乎道德的意图,与社会价值观相一致也就是与作为对他人利益予以实践考量的道德形式概念相一致。正义的形式概念也是一个道德概念,因为公平待人是道德的一个方面,是对他人利益的实践考量。

这三个形式概念的关联性和一致性当然不只是体现在概念层面,更体现为在实践应用层面上的判断和要求。布朗将这三个形式概念作为试金石,并且始终从这三个概念的共同要求出发,广泛而细致地讨论了他所关切的诸多教育伦理问题。在微观层面,布朗讨论了儿童的受教育权、教师的权利和义务、父母的权利和义务、体罚、道德教育等问题。例如,在他看来,使儿童作为成长中的人而受到尊重,尽可能地让他们主张他们有能力理解的权利,而不是将这些权利视为父母的权利,我们才能更接近作为形式概念的教育、正义和道德。在中观层面,布朗探讨了学校管理中决策、领导、沟通、人事管理、课程设置等方面的道德问题,特别是对道德要求与审慎作了区分。例如,他指出了评价教师工作成效的复杂和困难,批评学校管理层对教师评价可能是一种对教师个人品性的推定和质疑,从而包含偏见和成见;他还批评学校管理中问责程序将本应由教师、家长和学生的共同责任全部归咎于教师,这不仅缺乏对教师作为人的尊重(背离了道德和正义的形式概念),而且是建立在对教育的根本误解之上的。在宏观层面,布朗基于道德和正义的形式概念提出了社会正义的基本原则,并且推导出了这些原则在教育领域的派生原则。在他看来,教育公平不仅仅是在形式上保证每个人都无条件地拥有按需接受教育的平等权利,而且要考虑到弱势群体的孩子的基本状况,他们不仅在入学时就处于不利的地位,并且以后还会处于不利的地位。只有将正义、道德和教育这三个视角结合起来，我们才能全面把握教育机会不平等问题的所有维度。

　　本书出版于1985年，或许其所聚焦的教育伦理问题早已成为经久不衰的公共话题，也早已成为学界反复讨论的课题。但无论从推进教育伦理学研究来说，还是从提高我们在教育问题上的道德敏感性来说，尤其是在我们推进教育评价改革、推动教育高质量发展的背景下，作者的伦理理论创见以及在实践问题上理性平和、细致缜密的梳理和解释都是具有重要启示意义的。

周治华

2024年1月7日

前言

本书的总体目标是为独立的道德判断提供一种伦理基础。对于教育领域的教师和学生而言,一提到道德判断,往往会联想到各种教育问题和教育状况,然而道德判断的使用范围,远远超过——也应该远远超过——任何一个具体的专业领域。本书的具体目的,是为解释教育中的不公正现象和不道德行为,比如教育机会的不平等,提供一些理性依据,以驳斥那些乏善可陈且缺乏根据的价值宣示。我们稍想一下就会明白,我们中的许多人,在生活中的大部分时间里,都喜欢简单地作出价值判断,而缺乏清晰的理由作为支撑——尽管他们想当然地以为,在需要的时候总结出这些清晰的理由,是毫无困难的。从事学术研究或以学术为名的研究(pseudo-scholarly)的某些人也喜欢这样,他们宣布自己在价值问题上的观点,却不对这些观点作出解释。我们凭什么如此信心十足地断言教育机会不平等是错误的呢?一般来说,我们似乎都想当然地认为,所有人都应该有相同的机会,因为我们人人平等。然而,这一理由其实并不充分——正如我们将会看到的——它提出了需要我们加以审视的很多问题,例如,我们所说的"平等"是什么意思。在能够对这一问题作出满意回答之前,我们需要弄明白我们所说的正义、道德和教育的最基本含义是什么,这时我们就会发现,三者的联系十分紧密,使得答案出奇的简单。就更为广泛的目的而言，我们要建立一种理解的基础，并在此基础上弄清楚我们在审视道德的含义时会涉及的某些重大伦理问题。我们坚持认为，对于我们所采取的任何道德立场，都有作出理性解释的必要，并且要以可能采取的这样一种立场进行具体说明。

再来说具体的目标。我们将表明，正义、道德和教育都可以被还原为基本意义；无论用什么方式来具体表述这些基本意义，都不能改变教育不公正作为显见的社会问题的事实。尽管如此，对于教育中那些被指控为不公正的现象，这一方法使我们能够更为有力地进行批驳。相比于仅仅依靠宣示价值观的办法，如一谈到社会弱势这一社会现实马上就会冒出来的价值宣示，或者宣称自己的价值观为公理或者可以不证自明的空想理论家的断言，我们的这一方法更加可靠。

虽然正义、道德和教育之基本意义的结合或许意味着，某些儿童在相对不利的情况下开始人生的竞争是不正确的，而且在某些情况下，在他们接受正规教育的整个岁月里以及更长的时期内，这种不利状况会更加严重，但如果由此将我们的立场解释为平等主义立场，这是一种误解。用一般标准衡量所有学生是切实可行的——这样的想法可以说是完全误解了教育的本质，因为教育不能忽视每一个体作为成长中的人的需要。

我们并不想把概念分析的运用作为目的本身。分析只是为了揭示本书标题中三个主要术语的不可还原、相互兼容的含义；因而，即便我们并不打算一开始就用其引导思考的路径，至少每当我们有需要的时候，仍可将其作为牢固和稳定的参照来加以使用和检验。我们把这些基本概念视为我们的概念星空中的常数或者观测点，但除此之外，还存在着许多实质性的表达，它们就像具有不同轨道的行星，围绕着这些基本概念旋转。因此，遵照苏格拉底的嘱咐，对我们使用的词语进行认真审视，这对于一个完整的思想体系的发展，往往是有益的。教育、正义、道德，并不像我们在认真审视它们之前所认为的那样，是不言自明的。

对我们提出的这些基本概念作出具体解释,我们是有把握的;因为本书自始至终在不同的场景中表明它们的不同用法,并且在最后一章对其进行回顾性考察。这并不是说它们不需要别人的批判性评价:批评当然是受欢迎的,而且很可能有些人会有理有据地提出相当不同的可靠参照点。如果这样做,他们就必须像我们一样运用理性来提供正当理由,而且论证的方式需要把基本的伦理概念考虑在内。认为教育领域中存在不正义的理由可以来自某种立场,但采取的任何一种立场都应该优于高高在上、不由分说地进行价值宣示的权威立场。不过,理由本身的充分性也必须受到评价,并且正是其中最充分的理由——并非符合某种立场的某个理由——要求人们予以接受。也就是说,就可靠参照点的另一种替代性看法给出理由,这本身并不足以改变我们的观点。

在解释复杂关系时,能够一下子全盘托出总是有益的。在某些情况下,比如在数学上,我们意识到自己在理解上有很大的局限,而如果能够摆脱这些局限,我们就能采用灵活的办法,而不是依靠更慢、更谨慎的步骤。我们关于本书主题需要表明的所有看法,无法一步到位地加以说明;有些问题,比如该领域的复杂性,不到最后不能解释清楚。因此,在本书篇章结构的安排上,我们打算循序渐进地深化理解,在前文思考的基础上引出新的思考,而新的思考通常以前文的思考为前提。根据从相对简单到相对复杂的原则,我们会先解释并试图表明这三个形式概念(formal notion)的合理性,再在随后的讨论中对其加以检验,最后对其进行再评价。形式概念本身是抽象的,一开始需要读者多一些耐心。随后,当我们进展到实践性较强的视角时,它们的意义会变得更加清楚。

值得注意的是,我们是在一种特殊意义上使用"形式概念",它不同于那种极端注重结构上的形式性(structural formality)的阐释和用法。我们这样的用法是为了使每一个形式概念都被赋予足够的基本意义,以便在整个讨论过程中起到指引作用。它聚焦于每一个概念被用于表达它所指向的相关性活动时最为必要的内涵。在"定义"(definition)的各种不同解释中,或许有一种可以用来表示我们对"形式概念"的特定理解,但使用形式概念有其优势,因为它与实质概念(substantive notion)的比较,使每一个概念首要的、根本的意义区别于那些不过是其次要的、实质性的具体表述方式。这种区别能让我们在后面的讨论中快速找到参照,而且不必进行反复解释——同时保持探询的眼光,看看这些形式概念是不是像我们所宣称的那样具有最基本的性质。

在第一章讨论教育和正义之后,第二章探讨道德的形式概念,但由于道德视角居于核心位置的重要性,我们的讨论会扩展到道德的具体问题,并且明确一以贯之的道德立场。道德正义和法律正义的区别,把第二章和第三章联系了起来。儿童的权利和动物的权利受到特别的关注,为第五章的后续讨论作了铺垫。

在第三章结尾,基础性理论讨论已经大致完成,给理解某些实践观点提供了一种立场。然而,在开始讨论这些实践问题,特别是第五章、第七章、第八章里的实践问题之前,还需要一个理解的基础条件,即搞清楚理性(reason)与性情(dispositions)之间互相作用的关系。因而,第四章会将前三章与论述实践问题的第五章衔接起来。这一章论述的不是逻辑上的必然关系,而是具体情况下可能的心理状态,以及有助于理解这些关系的某些概念差异。接下来的一章表明它在实践中的伦理意义,比如在道德教育中的意义。

第五章所关注的实践问题是有选择性的;这里讨论的伦理观点既和人们日常事务有关,也和我们在前几章里的一些概念辨析和观点提炼有关。第六章的重要性在于提出了一系列可供比较的观念,从而为我们对当代的社会状况进行反思提供了背景。这些观念并不是缺失活力、特定时期所特有的,而是具有普遍影响力的日常生活观念。关于个人与国家关系的思想传统,为第七章有关实践的阐述提供了一个思想背景,并在最后上升为教育机会平等问题。第八章既是回顾性的,又是评价性的,这尤其体现在形式概念的讨论上。特别是,这一章从基本意义上将教育、正义和道德结合在一起,使教育机会平等作为一个道德问题干脆利落地呈现我们面前;这一问题与这些最基本概念牵连在一起,也使我们看到了前面提到的复杂性视角何以是重要的。

我们可以无须歉疚地将其他人在道德、正义和教育——包括社会正义——方面的思考作为一个相关背景,使之既作为一种比照和激发我们自己想法的思想资源,也作为一种使我们免受不良影响的清醒剂。

无论是对于传统资本主义政体之下的不正义,还是对于传统社会主义政体之下的不正义,如果认为我们的批评包含着政治意图,这是有害的。如果只是根据正义或道德的形式概念来认定不正义或不道德的存在,那么潜在的政治价值观和政治意图就是不相干的问题。也就是说,一个作者可以评判一种行为是正义的或者不正义的,无论他的动机或意图是什么。事实上,我们所作的批评背后并没有任何政治意图。在资本主义制度和社会主义制度之间,仅仅依据道德原则来作出孰优孰劣的理性选择,这在实践中是很难做到的事情,因为这样的原则本身是相互冲突的(例如自由和平等)。还有一个使实践的政治慎议(deliberations)变得更加复杂的因素,亦即人类的不完美性。它导致的最终结果是理想的社会理论即便基于理由充分的道德原则,也还是会与实用主义倾向牵扯在一起;而这种实用主义的倾向所关心的是,哪一种制度——既坚持道德信念又要承认人类不完美性的条件下——在实践上是更可取的?然而,曲解实用主义,抑或在快速解决问题或推动可能的社会进步的压力之下作出退让,这些危险倾向必定会在多数情况下使选择的依据明显地偏向道德原则,除非所指方向也是乌托邦的。考虑到这些问题十分复杂,本书不包含政治上的意图,是合情合理的。

本书的总体结构是由简单到复杂,这体现在各部分的编排上。前三章谈的是"基本概念和根本原则"。虽然理论探究有必要进一步探讨实践的慎议是什么,但因其是以实践为导向的,因而便与实践的应用一起组成第二部分,题为"实践的介人"。实际上,这部分的作用绝不仅仅是偏离主题的辅助性说明,因为对于实践中意向和理性之关系的解释,在后续第三部分关于"社会正义:国家-个人之关系"的讨论中发挥着持久的作用。

在进行探讨的很多地方,一直使用的是"我们"(we)这个代词,而不是它的单数形式,这并非试图诱使读者毫无保留地同意我们的论证。修辞上的这一偏好,是出于一些正规小组讨论所采用的惯例,以此来表明小组中的成员有着共同的目的,而不是敦促观点上的完全一致。对读者来说,挑战始终在于他们是否有更好的理由来证明一个相反的观点;同时,像培根那样认识到,要宣布我们在实际生活中的道德问题上已经掌握了真理,那是多么困难——这需要能够完全摒弃"虚妄的意见、迷人的幻想、虚伪的评价、随意的想象",以及诸如此类的东西(《论真理》)。培根的教诲放在我们当下的语境是恰当的,"读书不是为了存心吹毛求疵,不可尽信书中之论,亦不可为己言掠词夺句,而应该斟酌推敲,钩深致远"[1](《论读书》)。为更清楚地表明我们的目的,还可以补充一句:

阅读不是为了寻求道德问题的最终解决,而是为了理解他人的观点并讨论这些观点,这其中的理由将随着本书的展开而在不同地方予以阐明。

---

[1] The reference to *Of Truth* is p. 3 of *Essays*, and to *Of Studies* p. 150 of the same, Everyman edition, J. M. Dent, London.——作者注
此处引文的翻译参考了《培根论说文集》,曹明伦译,北京燕山出版社 2007 年 9 月第 3 版,第 128 页。——译者注

致谢

从柏拉图到亚里士多德,从霍布斯到洛克,从休谟到康德,再到密尔,尽管我们试图在相关的哲学传统中找寻主要的思想脉络,但我们的思考不能回避当代哲学家和法学家的影响。本书的参考书目体现了这些影响,包括从事伦理学原理研究的伯纳德·威廉姆斯(Bernard Williams)、约翰·麦基(John Mackie)和乔尔·范伯格(Joel Feinberg),关注动物伦理这一特殊领域的彼得·辛格(Peter Singer),还包括社会理论研究领域的约翰·罗尔斯(John Rawls),法理学研究领域尤其是法哲学领域的汉普斯特德的劳埃德勋爵(Lord Lloyd)和罗纳德·德沃金(Ronald Dworkin)。所有这些人,以及其他由于影响已渗透于当前思考之中而变得匿名的很多人,都让我深受裨益,深感谦恭。

莱斯·M.布朗

第一部分
教育、正义和道德：基本概念和根本原则

第一章

教育与正义

教　育

在这一章里,我们首先探讨"教育"的含义,然后探讨"正义"的含义,因为正是这两个基本概念之间的关系,构成了探讨最突出的一些道德问题和社会问题的关键,对于将在最后几章展开论述的教育机会平等问题更是如此。为此,我们要使"含义"(meaning)有确凿之据可循。对于"教育"和"正义",我们试图寻求它们各自的形式见解(formal idea)。这里的所谓"形式见解",指的是最基本、最抽象、最不可约简,同时对我们仍然是有意义的见解。"教育"和"正义"的形式见解作为基础性概念,不仅与人们对于"教育"和"正义"的所有实质性理解保持一致,同时也能在内涵意义上容纳这些广泛而不同的实质性理解。这两个形式概念作为稳固的参照点或试金石,将贯穿本书始终。

我们先直接指出这两个形式概念对我们来说意味着什么,进而依照如下总体计划展开阐述:第一,我们将其与哲学家们的相关见解进行比照,因为哲学家们的观点通常是经由反思或深思而形成的;第二,本书中我们将始终秉持这两个形式概念,从而在后面的章节里将它们与另外一些相关的观点进行比较分析;第三,在最后一章,我们会检讨和评估这两个形式概念在应用上的适用性和一致性。

教育的形式概念

我们认为,就其形式概念来说,教育是指与社会价值观相一致的个人潜能发展。需要强调的是,这里"发展"采用的是动名词形式(developing),而不是具有限定性意味的名词"development"。"社会价值观"指涉的是,特定社会中个体生活所需要的相关道德价值观念以及其他价值观念。这并不是说,个体所持有或应该持有的价值观念只能是那些社会所认可的价值观念,而是说,他的潜能的发展不应被导向与社会价值观相冲突的境地。反过来说,一般情况下,总是存在着一些应该鼓励个体接受的社会价值观念。

在教育的这一形式概念中,我们没有设定关于何谓社会价值观的任何评判标准。我们只是接受这一看法:个体潜能的发展必定发生在社会环境之内。我们还必须讲清楚关于如何定义道德价值观念的看法,但在这之前需要说明的是,我们将道德价值观念和社会价值观联系在一起的观点,已经包含这样一种预设,即人们在一定程度上要和睦相处,无论如何都需要道德的存在。没有这一最低条件,社会便无法生存。倘若教育被扩展为不受任何限制地潜能发展,那么它所发展出来的可能是反智主义的潜能,是知识和道德退化而非进步的潜能。这将使我们面对一个容纳对立面的形式概念。再者,如果不明确说明潜能得到发展的是"个人",那么这种发展就可能成为一种集权主义的模式化教育——对所有人一视同仁,却不顾及个人的天资或秉性。

教育的形式概念中的"发展"所指向的,是个人的潜在能力。因而,教育在这里的含义就只是动词"引出"(educe)所表达的意思,并不涉及能力如何被引出或引向何处的具体考量。教育是一个过程,一种发展。正因为如此,它不关心赢得任何目标,尽管人们常常以比喻的说法将其描述为一个发展阶段,似乎越过这个阶段就能实现教育的最终完成。从教育的字面意义来说,其实无所谓"水平"或"阶段"之类的区分。

教育的形式概念中的"发展"没有终点,没有任何限定。(它可以有一个目标,但这样的话它立刻就变成了一个实质概念。)在这个意义上,人们在简历或传记中的表述,例如某人在牛津大学或剑桥大学,在伊顿公学或哈罗公学①,抑或在某所不知名的现代中学(Secondary Modern)②"接受了教育",是具有误导性的。牛津大学或剑桥大学里那些最有学问的研究人员,从来不会接受某种所谓最后阶段的教育,也从来不会获得一种终极的教育,所以他们不会说,这个漫长的教育任务终于完成了。"与社会价值观相一致"的限定,既有积极的意义,也有消极的意义。其积极的意义在于:社会希望它的年轻一代接受一些价值观念,因而教育就不仅仅是一个引导人们改变某些倾向以避免社会冲突的问题。社会价值观本身就具有实质性内涵,但是,就所有开办学校的文明社会而言,哪怕它们只是通过学校教育促进智力发展——这对儿童与社会都是有利的,那么将他人利益视为"与社会价值观相一致"这一积极方面已经为教育的形式概念注入了一种道德上的意义,同时将形式概念与实质概念联系了起来。因此,教育的形式概念既有社会意义,也有道德意义。

教育中的发展意味着进步,而不是倒退或停滞;但什么应该被认为是进步的,并不总是显而易见。我们关注的不是可以测量的特定学习目标,而是很难进行评估的教育活动;因为我们不仅面临经验上的困难,而且更为重要的是,缺乏一个适

---

① 伊顿公学(Eton College),英国的一座古老学府,是最著名的贵族中学;哈罗公学(Harrow School),英国历史悠久的著名公学之一。——译者注
② 英国的现代中学,在第二次世界大战后快速发展起来。一般修业5年,目的在于使多数学生完成义务教育任务,从而在其毕业后加入到体力劳动者队伍中。近年来,很多现代中学已经被合并或改为综合中学。——译者注

合评估这些教育活动的尺度。这涉及价值观领域，我们将以道德教育为例予以说明。我们将由简入繁，以便于进行比照。对于尚不能理性思考的孩子来说，什么才是道德教育所实现的进步，这是不难回答的问题。因为这时对他们的道德教育是让他们记住什么是应该做的具体规则，例如尊重私有财产的规则。这些规则先是来自父母或教师，稍后则来自社会的期望。具体规则的识记，是很容易测量的。当儿童理性思考的能力显现出来的时候，考察儿童怎么回答诸如我们为什么应该尊重他人财产或者信守诺言这样的问题，从而评估他们对规则的理解，同样也不是困难的事情。但是，一旦我们进展到独立选择道德价值观念的阶段——尽管在这个阶段道德行为的外部影响没有完全消除——我们怎样才能确定什么是道德上的进步呢？如果所接受的价值观念是稳定的，那就不会有改变，而没有改变就不会有进步。如果发生了改变，那么用什么标准来判断这种改变是道德上的进步，或者是道德意义上向好的改变呢？如果一个逃税的人根据自己的标准来判断，那么他所取得的进步不仅体现在他使用的手段或获得的好处上，还在于他欺骗政府或转嫁税负的决心，对他人利益的漠视，对法律以及守法者的蔑视。他的价值观念可以被评判为好的或坏的，但不能被评判为真的或假的。对于这些价值观念的评判需要用价值标准，而这些价值标准本身必须是正当的。关于道德教育中的价值观念的提升问题，我们在第二章讨论道德问题之后再进一步推进。但显而易见的是，我们已经开始跨越形式概念和实质概念之间的边界了。

在结束教育的形式概念的初步阐释之前，我们还需要指出，如果把教育界定为发展（development），而不是一种（有选择的）个体潜能的持续性发展过程（developing），会将我们引向教育的物化，从而变得自相矛盾。这是因为，如果我们认识到教育一旦被视为将要获得的东西，我们也会意识到它在任何时间节点上都是不可理解的。我们不能在任何特定的时刻说我们已经获得了教育。如果在时间上不存在哪一刻可以说我们已经获得了教育，那么我们就绝不可能真正获得教育。不存在教育这样一种我们在经验中可以获得的东西;可以说教育本身就不是一种东西。因此,教育的寻求本身就是一种徒劳的寻求,在历史上被很多人所放弃,就像柏拉图的《理想国》中的苏格拉底所做的那样。教育作为个体不受限制的发展过程,绝不会把我们引向如此毫无结果的结论。

我们提出的教育的形式概念,是经由反思性慎议(reflective deliberation)而得到的谨慎判断。虽然与直觉部分地相符,但它绝不是来自直觉的灵光一闪,而是来自具体概念的层层剥离却又留有呈现意义的足够空间。然而,这不是说这一概念是经过任何系统的演绎过程而得到的。和所有这类判断一样,它可能会出错,但它可以用推理来检验,因而是可以讨论的。现在我们要进一步说明教育的一些实质概念,以便使教育这个形式的、根本的、不可还原的概念变得更加坚实可靠。与此同时,我们也将表明,教育的实质性见解无论有多大的差异,都是与教育的形式概念相一致的。

实质性教育观念举隅

教育活动

通常情况下,具体比抽象更易理解。因而,探讨具体活动而不是抽象概念,有助于我们更透彻地理解教育。儿童往往没有直觉性的教育观念,但他们对与教育有关的诸多事务会有直觉。比如,对于年龄大一些的儿童来说,他们会在没有逻辑思考的情况下突然获得理解。随着智力的充分发展,一些儿童可能不是对当下发生的教育而是对当下没有发生的教育产生直觉性理解;通过这种直觉性理解,他们意识到学习计划或学习活动的中止,而不是智力的停滞(或理智潜能发展的暂时中止)。换言之,他们的想法是包含实质内涵的,指向的是学习活动,而这些学习活动大致上被等同于"教育的"活动。因此,这些活动构成了教育的实质概念的一个方面,尽管形式多样,但在促进个体某些潜能的发展方面,是与教育的形式概念相一致的(无论学习者或观察者是否意识到这一点)。教育的形式概念通过与学习的连接而产生了实质性内涵。家长们知道,教学是由一系列活动组成的,包括讲授、演示、说服、鼓励、复述,等等。学习被认为是一个过程;通过这个过程,家长对孩子或者教师对学生提出的目标得以实现;又或者青少年或成年人通过这个过程实现他们为自己所确定的目标。这样,教育的实施通常就意味着学习者的成就,意味着教—学这一过程的结果;甚至当一些学习者是为实现自己的目标而自主学习、自我引导①的时候,我们也可以这么说。教育的目标也可能是职业导向的,不同级别的职业目标要求不同水平的学业成绩,很少考虑或根本不考虑个人潜能的发展。这些所谓教育活动的实质概念,与我们提出的教育的形式概念并不相同;尽管只要有潜能的发展,两者之间总是存在一致性。还有一些学习活动,虽然也体现进步、改善,或者说促进了某种发展,却肯定是我们不愿意将其归属于教育活动之范围的。比如,我们不会把下面的活动说成是教育:一个人在相貌或身体构造上获得提升、改善或发展;行凶抢劫、谋财害命的技能取得发展;亵渎神灵的词汇量获得增加;玩弹子游戏或跳房子游戏的水平得到提高;发现了用吸毒获得快感的新方法;喝醉酒后自控能力得到提升。要区分哪些进步、改善或发展可以归入教育活动之列,哪些不可以,我们需要判断的标准,例如依据教育形式概念所蕴含的标准,这些活动要与社会价值观——道德上的和非道德上的——相一致,或至少不是与社会价值观完全不符,以至于不仅没有让人们准备好成为新一代公民,反而使他们与社会格格不入。基于这样一个标准,在一个特定社会里被认为反社会或不道德的活动,以及那些被认为鸡零狗碎的,亦即被认为根本没有什么价值的活动,就都被排除在教育活动的范围之外了。(道德价值观念和道德方面还需要进一步阐述,我们将留待下一章。)因此,教育的实质性内涵在不同社

---

① "自主学习"和"自我引导"分别对应的是"self-taught"和"self-directed"。需要注意的是,这两个英文合成词本身就体现了学习与教育之间的关系。——译者注

会有不同的理解,不存在绝对的标准来判断哪些活动是"教育的"活动。与此同时,需要强调的是,教育形式概念中所蕴含的标准,不是要在实施教育活动之前就对这些要实施的教育活动进行分类,区分出哪些是"社会赞同"的。形式概念意在表明,充当这一标准的条件是必须提供充分的理由;也就是说,任何教育活动,只要与社会价值观、社会规范或社会期望不相吻合,则其提出者有责任说明其正当性。换句话说,教育的形式概念不包含强制支配教育活动的规则;它只不过是这些教育活动的还原,因为教育活动可能是形式多样且表述不一的,但都是对教育的实质性诠释;这是教育在其最基本层面上的意义。实质性的教育活动并不向人们传递这样的意义。

关于教育的意愿观念(Purposive Ideas on Education)

除了主要涉及学习活动的种种实质性教育概念以外,还有另一类概念,它们以指向性(directiveness)为特征,因为它们或者与个人的理想有关,或者与那些个人宣称是或应该是普遍的意图或目标有关。在这里,同样存在着各种各样的情况。一般来说,教育的方向以及为教育指明方向的活动,并不受制于代表社会观点的中庸派,也不受制于因循社会传统的守旧派,而是受制于那些在教育上有自己的高标准,并且同样也为其他人的发展提出高标准的人们。他们学会了欣赏诸如理性、人类的同情心和艺术的鉴赏力之类的能力,也懂得了人类在各个领域所能成就的高度。教育是一种个人的活动,不仅是因为受到教育的是个体,即便教育可能表现为一种社会互动的活动,而且是因为对教育产生重大影响的也是个人的价值观,它们来自从不同视角思考教育问题的一大批人物,包括哲学家、教育家、教师和父母。但是,一旦把教育的方向与个人的理想,或者与个人的价值观或偏好联系起来,我们马上就会遇到亚里士多德在其《政治学》里所面对的困境——他在这部著作中抱怨说,人们追求的目标各不相同,有的是生活中实用的东西,有的是德性,有的是高阶的知识,因而很难找到一个共识性的原则来推动教育的发展(《政治学》,第 8 卷第 2 章,1137[b])。[1] 由此,关于教育应该指向什么的不同看法,便形成了不同类型的教育实质概念;这其中的每一种——但凡它们还是关于教育的概念——都与教育的形式概念相一致。即便教育被理解为一种提升实用生活技能的活动或职业培训,它在大多数情况下也蕴含着潜能的某种发展,尽管宣称某种职业培训是教育活动需要提供特别的理由。更为常见的情形是,教育的实质概念指向一种智识(intellect)或心智(mind)上的发展,并且如人们不时所表明的那样有其特定方式。对于一些人来说,正如我们将会看到的,这是压倒一切的关切,以至于他们将指向其他方面的潜能发展(例如某些运动技能、特定的审美价值观或道德价值观的发展)视为与教育无关,或者在教育中无足轻重,从而排除在教育之外(虽然在哲学家中将知识与道德价值观念联系起来的情况并不少见)。如果我们期望有一些思考教育的人会把实质性的考虑简化为形式性观念,那么,最有希望让我们如愿以偿的或许就是哲学家了。因此,我们将有选择地转向一些哲学家,部分的目的在于将我们的形式概念与他们的形式概念进行比照。如果我们不能如愿以偿,那就重新阐释教育的实质概念,从哲学家们个性化的强调和偏好上展示其与基本的形式概念如何不同。在这一点上,我们要记住,教育的形式概念本身就是具有指向性的。

哲学家论教育

亚里士多德

在所有哲学家里面,对教育最感兴趣的是亚里士多德。他比较早地提供了有望成为一种标准的看法,可以用来比照我们的形式概念。这是因为,在他看来,最高级的活动是理智的思辨(intellectual contemplation),这是一部分人——仅仅是一部分人,正如柏拉图也是这么认为的——才有能力从事的。由于它能通达普遍的真理,因而"相对于人的生活来说是有神性的"(《尼各马可伦理学》,第 10 卷第 7

章，1177^b）。^{2} 把握第一性原理（the first principle），只能通过直观理性（intuitive reason）（第 6 卷第 6 章，1141^a；第 6 卷第 8 章，1142^a）。① 这是最高智慧。思辨伴随着内在的满足，明显不同于那些被称为实用性和生产性的活动，因为这两种活动都是指向外在目的的。思辨智慧使人在诸如形而上学、数学和物理学这样的纯理论中获得愉悦，而实践智慧则通过理性慎议与因地制宜追寻幸福。慎议的卓越就在于发现关于何为最好之行为抉择的真理。这不单是合乎理性意义的最好，而且是道德意义上的最好。"在一般意义上善于慎议的人是这样的人，他能够通过深思熟虑而寻获人所能获得的最大善。"（第 6 卷第 7 章，1144^b）。道德的善好要求实践智慧，而实践智慧则需要伦理德性（第 6 卷第 13 章，1144^b）。②

哪一个更可能对我们有帮助呢？思辨智慧既然具有对于第一性原理的把握，难道不可以消除关于教育的所有实质性问题吗——这些问题尽管在某些情况下，特别是在实践道德中考虑如何行动时可能是很重要的？对于这些问题，《尼各马可伦理学》未能谈到，这在很大程度上是令人失望的。只是在《政治学》中，并且只是在最后的陈述里，亚里士多德表达了这样的观点：教育的三个基本原则是"中道的、可能的与适当的"（《政治学》，第 8 卷第 7 章，1342^b）。在他关于教育的直觉性看法中，教育与有限的目的无关，而与可能的、适合的目的有关。这与我们自己提出的教育是潜能的不断发展这一形式性理解何其相契。甚至他的中道概念，亦即德性就是避免过度与不足，与我们提出的"与社会价值观相一致"这一限定条件也有某种关联。这种关联尤其显现于他强调教育面向所有人，面向属于这个国

---

① 亚里士多德认为人的灵魂运作有五种形式：Nous（努斯）、Sophia（智慧或哲学智慧）、Episteme（科学或科学知识）、Phronesis（实践智慧或明智）、Techne（技艺）。"intuitive reason"是"Nous"的英译，汉译为"直观智慧""神学智慧"。在亚里士多德看来，努斯是神的，又显现在人的意识中。努斯的活动，亦即 contemplation（或译为沉思），是最高的精神活动，是神的活动，是对神、第一推动者或终极存在的直观认识。——译者注
② 可参考另一译文："离开了明智就没有严格意义上的善，离开了道德善性也不可能有明智。"见《尼各马可伦理学》，亚里士多德著，廖申白译注，商务印书馆 2003 年 11 月出版，第 190 页。——译者注

家的每一个人的语境之中(《政治学》,第8卷第1章,1137ᵃ)。但是,我们和亚里士多德的一致性不应过分夸大。我们只需注意的是他认同这样的看法:培养未来公民的青少年教育从总体上说不应该与社会的价值观念、规范或期望相违背;同时,这些价值观念、规范或期望还应该被建设性地运用于青少年的养育过程之中。

此外,如果亚里士多德的教育思想还能对我们有所助益的话,那只能是我们一直在教育的形式概念里寻找的那种最根本的普遍真理了。在《尼各马可伦理学》中,亚里士多德径直提出了与其教育观有关的实质性问题。他的独特之处在于寻求目的或目标之问题的答案:他在《尼各马可伦理学》里提出终极问题便是人的存在是为了什么,他的最终目的是什么,或者说,对人来说何为"善"。他关于教育的看法是以这个终极问题为指向的。在他看来,人的最终目的是幸福,但这不是任何享乐主义或追求快感意义上的幸福;它是理性的或理智的幸福。对他来说,幸福是一个道德概念。"eudaimonia"①绝不是一种被动满足的状态。它更不是在财富和荣誉里可追求到的东西。作为一种善的精神或活动,"eudaimonia"就是"eu"(善的)和"daimon"(精神)的结合。他说,"幸福是灵魂合于完美德性的一种活动"(《尼各马可伦理学》,第1卷第12章,1102ᵃ),但纵使每一个灵魂都有一个理性原则,人与人之间仍有差别,从而人们所认可的卓越或德性也不尽相同。"一燕不成夏,一天亦不成夏",即便一生孜孜以求,获得幸福的人也只能是一个其灵魂活动实现了一种适宜之卓越的人(第1卷第7章,1098ᵃ)。

一旦诉诸目标或目的,亚里士多德便开启了从其教育概念中衍生出各种实质性理解的通路,因为每一种实质性理解都建基于个人理想;但与此同时,他为教育

---

① "eudaimonia"是希腊文,在英语中常被译为"happiness"或"flourishing"。——译者注

的一种独特的实质性理解做好了准备工作。这种至今仍不乏拥趸者的实质性理解，就是我们现在将要探讨的博雅教育(liberal education)[①]理念。

正如我们已经看到的，对于亚里士多德来说，居于最高位置的是纯粹理智，思辨智慧高于实践智慧，而实践智慧又高于创作智慧。关于"闲暇"的看法，蕴含着其与希腊博雅教育理念之间的一种概念上的联系，因为我们现在说的"学校"来自希腊语里的"skhole"，而这个词的意思就是闲暇（当然还有别的意思）；对亚里士多德以及他之前的柏拉图来说，教育是为自由人而存在的。自由人就是有时间来培养理智能力的人。奴隶只能在日常的或重复性的活动中被训练，因为他们天生就在构造上不同于自由人，"根本不具备思考能力"（第1卷第13章，1260^a）。奴隶不过是"活着的工具"（《尼各马可伦理学》，第8卷第11章，1161^b）。至于儿童教育，教给他们一些东西会是有用的，但必须注意的是，要避免他们学到的这类有用的东西使他们变得粗俗。任何东西，只要造成身体或心灵"合于德性的实行或运用的程度有所降低"，就是粗俗的。甚至那些适合自由人掌握的人文科学知识，如果他们过分刻意求精也会损害自由心灵的发展（《政治学》，第8卷第2章，1337^b）。

我们现如今将博雅教育与职业教育、"纯粹"数学与"应用"数学区分开来，正是来自这样一种信念的影响，亦即：人的优秀在于理智，理智高扬而造就的形而上学品性[3]使之只能为少数人而不是大多数人所企及（正如柏拉图相信他应当将神的品质归之于他的哲学王那样）(《理想国》，第7卷，540)。

这些都是在一种理智理想(an intellectual ideal)基础上建立起来的实质性教育观念。如果延展这一实质性理想从而使理智德性与伦理德性联系起来，那么我们应该意识到一个当代的关切，即仅仅发展智力随时会把我们带到人类毁灭的边缘。在《尼各马可伦理学》中，伦理德性被认为是习惯的产物。亚里士多德指出，

[①] 也译为"通识教育""人文教育""通才教育""自由教育"。——译者注

希腊语中的"ethike"(伦理道德)一词是由"ethos"(习惯)略加变化而来的(第2卷第1章,1103^a)。我们青年时期形成怎样的习惯,对道德发展至关重要(1103^b)。伦理德性旨在寻求情感和行为的不偏不倚,因此它本身就是——正如我们之前看到的——过度和不及之间的中道。由习惯形成的合宜的伦理德性有勇敢、节制,与金钱有关的伦理德性有慷慨,与荣誉有关的伦理德性有谦逊,与制怒有关的伦理德性有温和,与社会交往有关的伦理德性有友爱与真诚、羞耻与公正。每一个这样的伦理德性,作为一种积久渐成的性情,都会使个人选择道德上正确的行为,亦即他心目中的中道。以理智寻求第一性原理这一人文理想为起点,亚里士多德对实质性问题的探讨使其从一个思辨者转向对于他所谓"实践智慧"的实质性立场。

密尔以及其他哲学家

密尔[①]以及其他哲学家在19世纪所赞同的博雅教育,尤其是作为大学教育的博雅教育,同样可以用于实质概念和形式概念的对比。1867年,密尔在出任圣安德鲁斯大学校长时的《就职演讲》中说,他要做的第一件事就是"摒弃专业教育或职业教育的观念,因为这些不适合大学"。[4] 业务技巧娴熟的律师、医生或工程师,首先必须通过合适的教育"成为人"。他解释说,大学通过智力训练或习惯养成来完成自己的使命,使一个人通过掌握原则而不是记住细枝末节的知识成为一个更好的律师,甚至一个更好的鞋匠(《就职演讲》,第4—5页)。

从为知识而知识转变为培养理性思维和技能,使博雅教育理论传统中所强调的第二个重点显现出来。这就是,培养一种面向人类事务的批判性态度,戳穿虚假的信念和设想,破除教条和偏见,甚至挑战它所依赖的文化常识。有了这样的思维,心灵就会变得敞开、灵活、宽容。正如密尔特别提及科学所解释的那样,这

[①] 约翰·斯图尔特·密尔(John Stuart Mill, 1806—1873),也译作穆勒,英国著名哲学家、心理学家和经济学家,在19世纪产生了重要影响的古典自由主义思想家。

要求学习推理的技能,形成逻辑思维的习惯。纽曼①虽然不是严格意义上的哲学家,但他的著述也深受亚里士多德的影响。他所描述的"人文的或普遍的教育"就其作用来说是强调知识本身就是目的的"理智文化",是理性心灵的培育。他关于如何培育理性心灵的论述,显示了他的人文理想与亚里士多德的思辨智慧何其相近。大学所应该做的是增强社会的理智色彩,培养民众的公共意识,净化民族的品位。对个人来说,大学的任务是培养理智能力,教人学会"实事求是,直切主题,廓清思想迷雾,察觉谬误所在,摈弃无关紧要的东西"(《大学教育论》)。[5] 在理想的情况下,自由知识分子的态度和技能与这样一种生活方式相适应,即以自由探索的精神一生不懈地追求知识。博雅教育的当代理想在这些主要特征上并没有改变,但是在许多方面,它已经被吸收到所有理性话语的原则里了。

关于博雅教育的这些实质性看法,即便像人们所说的那样表征着教育本身的精神,但并不难发现隐藏于其中的目的,因而有可能将我们引向一种形式概念。具有讽刺意味的是,密尔尽管在他的《就职演讲》中强调人文理想,但他关于博雅教育的看法,特别是他要求把国家的青年人培养成有智慧、有道德的公民的看法,却变得越来越注重教育的效用(第35—36页)。通过赋予博雅教育以一种社会目的,密尔坚守了希腊的传统,但他同时也赋予其个人目的,显示了博雅教育这种观念随时愿意为一种理想或一种哲学的偏好而竭尽全力。可见,对于知识的纯粹追求很容易变得无所不包,涵括一切值得追求的教育目标。认为博雅教育包含情感教育、美感教育、道德价值观教育,或者无视通常所谓的"个人发展"的课程计划或课程大纲有多少形形色色的内容而想要将其贴上"人文的"标签,都背离了从古代希腊人传承下来的自由主义传统。[6] 对于知识的追求就是寻求真理,而寻求真理是

---

① 约翰·亨利·纽曼(John Henry Newman, 1801—1890),19世纪英国著名的高等教育思想家,人文教育的倡导者。

一种道德的活动;因此,博雅教育具有一种道德的趋向。但一般而言,博雅教育的目的就是其本身。它没有道德的目标;它不是任何事物的工具。如果博雅教育就是我们所期望的那样,即便理智的发展是可预期的结果,但它并不以促成任何发展为目的,那么,我们就不能断言教育活动是促进理智和道德发展的活动。此外,尽管诚实正直与尊重真理对于为知识而追求知识来说不可或缺,但把道德发展的种种目标纳入博雅教育之中,从原则上说也是错误的。

博雅教育的理念何以无法跨越实质性思想障碍而转变成形式概念,这可以从两个相互联系的方面予以解释。第一,它本身是一个理想,一种哲学的偏好,从而不过是诸多可能理想之一;而这些理想通往不同方向,并且有一些是相互冲突的。第二,正因为如此,它不能作为所有实质性教育概念的简化形式,从而变成一个与这些实质性教育概念保持一致的最基本表述。人文理想以及与之相对应的对于职业教育的偏见,在《理想国》中表露无遗;柏拉图在其中一处谈到算数时说,"如果追求它不是出于从商的目的,而是为了知识本身",则它就是优雅的(第 7 卷第 525 页)。[7]

与博雅教育的理念差不多,同样可以充当一种教育的形式概念——但现在我们也必须将其视为实质性的了——备选项的,是教育即个性发展(development)①的概念界定。这个大致说来就是主张促进每个人的品性发展的观点,源自不同的传统,例如卢梭的自然主义:爱弥儿作为所有儿童的代表,按其本性,自由成长,无拘无束直到青春期开始的时候,并且远离社会的腐蚀性影响。[8]生物学家,尤其是遗传学家,已经以卢梭不可能预见的方式为这样一种观念提供了实证支持:个体的

---

① 需要注意的是,这里的"发展"是"development",而不是作者在其形式概念中所使用的"developing"。——译者注

发展是独一无二的,不同于任何其他人。密尔在《论自由》的引言中引用了洪堡①《政府的界限与责任》一书中的一句话,"总体的首要原则"是"人类最为丰富的多样性发展,有着绝对而根本的重要性"(第57页)表达了对于个性的崇尚。[9] 个性应该是每个人不懈追求的目标,对于教师这类对别人施加影响的人来说尤其如此。个性化的理想,一直激发人们用诗一般热情洋溢的语言表达它,甚至连密尔本人也曾经赞扬道,只有"通过培育它,发扬它,人类才能变得尊贵而且美好,值得凝神瞩望"(第127页)。50年后,一位杰出的教育理论家基于生物学的视角著书立说,表达了相似的观点。他再次延续洪堡的传统,表明教育的目的是创造一个由不同个人组成的丰富多彩的社会。也就是说,他明确反对把教育的目的视作是使个人从属于国家,或者使教育委身于促进个人之间相互交往以提升社会参与积极性和有效性的民主理想。由此,从自然发展或者顺应人之本性的发展这一初始观念延伸出教育即是促进这样一种生长(growth)的观念,而生长的隐喻又进一步延伸出将植物作为一个整体进行必要培育的看法。后来,人们又逐步认定植物整体性就是个性。个性即是整体性,但这个整体性的本性是什么呢?洪堡、密尔以及其他的一些思想家强调,在朝向个体独特性的综合发展中使差异得到最大程度的实现。这样一来,最大可能的多姿多彩或者意味着表面化的差异,例如面相和腿长;也或者意味着性情上的过度张扬,比如爱发脾气,任性妄为,洋洋自得,脾气温和但却极为无知或懒散。这些在洪堡的传统中是无关宏旨的,但将它们排除在外则需要一个达成此目的的评判标准。密尔本人反对"不断消磨一切个人独有的东西而使之泯灭个性",个性的发展是一个使人类个体"接近其所能达到的最好状态"的过程(第128页)。何谓最好状态,他并未挑明。可以推断的是,个性(individuality)

---

① 洪堡,也译为洪堡特(Karl Wilhelm von Humboldt, 1767—1835),德国语言学家、教育改革家。——译者注

不应等同于人格（personality），因为后者涵盖一个人所有方面的特别之处，包括讲话或走路的独特风格，但极少有明确的具体所指，因而仅仅处于一种含糊的道德边界之内。但正如人们有时所认为的那样，如果个性被具体地解释为个人在理智、道德和身体上的发展，它就已经落入我们之前讨论过的边界之内了。

教育作为个性的发展——正如密尔、洪堡以及其他一些思想家所设想的那样——终究还是一个明显具有实质内涵、以目标为导向的概念，其目的在于使个体特有的一切彰显出来，同时顶住来自国家的压力，以避免普遍实施的公共教育可能造成的同质化和模式化。一旦人们考虑到如下重要问题，它所具有的实质性将不可避免地大大增强：个人被允许在何种程度上"顺其自然"，又或者被允许在何种范围内"不同寻常"？也就是说，他的哪些自然的或独特的倾向会由于不符合社会价值观、社会规范或期望而需要被改正成为可接受的？由此，至少应该承认，我们已经涵括在教育的形式概念中的条件（与社会价值观相一致）是不可避免的。但如果因此而将教育的形式概念表述为"与社会价值观相一致的个性发展"，则存在两个困难：其一，"发展"——如我们已经提及的——暗含所要达成的有限目的，好像教育总能够完成针对每一个人的个性制作过程；其二，"个性"只能以实质性的方式被赋予意义，并且可以有诸多解释，例如人格（本身也随着实质性变化而变化）、道德品格、与他人相比之下的独特性等。

关于教育的形式概念的总结

我们的第一个结论是，对于哲学家们的教育观的选择性研究未能提供一种形式性教育概念，以便与我们自己的教育的形式概念进行对比，因而总体上成效不明显。亚里士多德在把思辨作为对第一性原理或宇宙真理之追寻的界说中暗含期许，结果是唯一可辩护的形式概念，即教育作为"中道的、可能的与适当的"活动，恰恰有助于证实我们自己的形式概念。此外，对于我们提出的"与社会价值观相一致"的限定要求也早有共识,因为教育被公认为是一种社会责任;同时,发展人之潜能以造就未来公民的任何教育活动都不会对人的所有倾向同等视之,与社会价值观始终相悖或根本不可能与之相符的倾向,无论它们如何有助于彰显"自然性"或"差异性",都是不被允许滋长的。哲学家们的教育观通常是目标导向的,即便认为教育是为了理智发展本身而发展理智(或者因知识本身而追求知识)或者教育就是(独特)个性发展这样一些更具吸引力的界说,也都是包含目标的。除了亚里士多德在《政治学》结尾时简要的直觉性评论以外,哲学家关于教育的概念,如我们所考察的,都是实质概念,不是形式概念。

第二个结论是,要确定教育的形式概念,必须抵制任何具体化的倾向,因为把教育视为有待实现的目标的想法会引起矛盾。从一种使概念具体化的立场来看,如果教育指的是生成,那就没有什么可以从中分离出来,从字面意义上说也无所谓教育这样的目标了。

第三个结论是,生成不可能是任意的生成,寻求实现的可能性不可能是任意的可能性。因此,生成,或者用我们自己陈述形式概念的话来说,亦即发展,其所关涉的潜能绝不可能是随心所欲的。形式概念的两个重要特征表明教育中的实质性考量具有极为重要的实践意义。第一,它不是漫无目的或偶尔为之的,而是有所指向的,其指向性意味着方向由本人或他人所给定。但方向的给定可能是任意的,也可能是一贯的,而这种教育观念中的一个假定就是生成给定的方向是为了变得更好。从直觉上说,我们从来不能接受把任何朝向的变化都称为具有教育意义的生成。因而,教育的形式概念的第二个特征是趋于完善的,这尽管不是一个要达成的具体目的,但本身就意味着有所企望;同时,如果教育的企望给定生成的方向,则这个企望本身就必然规定着选择恰当方向的标准,从而使所采取的教育活动有的放矢。在这里,我们已然处在实质性考量的边缘,因为一旦企望被纳入进来,教育的诸多不同解释就可能涌现出来。

第四个结论是这样一个我们现在有充足把握的结论,即我们提出的形式概念作为对教育的不可还原、根本的、最抽象(但仍然有意义且不包含矛盾)的表达,是可以辩护的。但我们还需要在后续的章节中再考察它在讨论实质问题中如何能够站得住脚。

正 义

正义的形式概念

我们现在开始论述什么是我们所认为的正义的形式概念,并阐明如此认为的理由。我们将通过比照下面的看法来评估这一形式概念:其一,通常情况下人们凭直觉获知的正义观念;其二,我们挑选出来的一些哲学家的正义观;其三,法学理论中的一些观点。正义的形式概念是公平待人(fairness in the treatment of persons)。与通常的形式概念一样,这一界定有待解释。"公平"的内涵之中显然隐匿着平等(equality)的意识,但由于个体差异的存在,"平等待人"是有误导性的;同时,这样的表述也容易引起平等主义而非正义的联想。我们的公平待人之概念,第一,包括规则的一致性;第二,是一种比例和平衡的意识;第三,是在相关方面平等对待的观点;第四,是一种关于人的特殊意涵,这将在第二章予以论述。我们作出这样的断言,尽管受到经验以及惯常看法和观点的影响,已经采用了反思或思辨的立场,但并未基于亚里士多德所预设的一种发现普遍真理或第一性原则的能力。正义的思想内核是公平,这是我们无法避开的基本印象;但公平是一个复合概念,既包括作为规则或标准应用一致性的公平,也包括作为公正的公平,后者是基于其形容词意义"公正的"来说的,因为它使公平显现出根据情况和相关标准在两人或一群人之间实现均等或恰当的平衡的维度。应用规则的公平,本身并不足以涵盖正义的内涵。税收体系中所达成的公平,就是实现均等,使人与人之间形成一种与收入和纳税能力相应的恰当平衡。无论肤色、种族或宗教如何,也无论从事什么工作,是否是新迁居来的,等等,都是无关的。值得注意的是,在正义作为公平这一形式概念中,"公正"(equity)、"公正的"(equitable)、"同等的"(equal)等语词都是与公平相关联的。(拉丁语中的"aequus"一词具有各种不同的可能的含义,例如对等的、公平的、均等的。[10])然而,如果我们要在随后的讨论中使用一种正义的形式概念,我们就需要一种更简洁的表达形式,而不是将其说成是作为规则应用一致性的公平,以及在人与人之间建立一种恰当的平衡或比例而实现的作为公正的公平。这样的表达不仅笨拙不便,而且由于"公正"的歧义性而增加理解上的困难。"公正"不只有我们所说的一种用法,它还在这样一种法律意义上被使用:不据硬性成文法的司法,亦即人们有时所称谓的"不据法司法";这种司法意在使相关方面相似的人们避免受到极其不平等的对待。"公平"可能单独地适用于规则应用的一致性,作为平衡和比例的平等,抑或作为对待平等者的平等。它们相互关联却不是完全相同的概念。

直觉告诉我们,在某些情形下公正几乎就是正义(尤其是关乎社会正义的情况下,正如我们将在结尾几章会看到的)的核心内涵,因而,澄清其内涵上的模糊性有助于解释我们选择正义的这一形式表达的理由。公正在一般意义上来说,是指人们在诸如涉及分配商品和服务这样相互关联的情形下达成一种可接受的平衡或比例。不偏不倚是它的核心要求。公正的法律意义是随着历史的发展从其一般意义发展而来,但有其自身的特殊意味。英格兰历史上早先的法院被称为"普通法法院"(common law courts),其部分职能后来由"衡平法院"(equity courts)承继。后者受理宣称普通法中的不公正的申诉(最初是针对国王的)。都铎时代之前,大法官由高级神职人员担任,人们通常期望向他提交的申诉能够依据所谓的"公正和良心"之原则而受到公平的审理。这清楚地表明,道德正义在某些情况下居于法律正义之上。因此,大法官拥有补充甚至修正普通法的权力。尽管这种公正精神意味着最高程度的不偏不倚和公平意识(fair-mindedness),但每一项判决都显然受制于人类的局限性,由此,即使在大法官的案件中,也不可能期望通过衡平法实现尽善尽美的正义。事实上,英国早期的衡平法被人们形容为与大法官的脚①一样可大可小,似乎更接近于大致的正义。[11] 撇开极端的情形不谈,极致的公正被看作是仁爱之心的产物,而仁爱之心与追求客观性和不偏不倚的理想总是存在张力,但正因为如此,人类意识到,要尽可能理解和权衡个人、社会和法律考量的复杂性。从某种意义上说,衡平法中存在着莎士比亚笔下鲍西娅②式的仁慈,如果我们能包容她的偏见以及伊丽莎白时期典型的种族歧视的话。以衡平法为依据的法官可能在某些时候也会有某种类似鲍西娅的偏见,但她至少流露出了某种公正精神。最极致的公正——以及人们期望的公正——之所以被需要,不仅是因为它填补了普通法的空白,并且当普通法在实施中显得严苛之时,它总是能够以人道的关切使之缓和。如果不是这样,那么在法律、传统、社会价值观念中广泛且争论不休的问题或考量与特定案例中相互冲突的主张之间保持最佳平衡的空间就变得有限。因而,出于两方面的原因,公正不包含在正义的形式概念之中:第一,它含糊不清,疑惑丛生,甚至随时背离其法律渊源;第二,它在日常的或非法律意义上适用于商品和服务分配的特定情形,不具有普遍适用性。尽管在某些情况下,公正在如何待人的问题上表达了作为公平的正义,但正义比公平更为宽泛。就普遍性应用而言,"公正"和"公平"本身都还不够明晰。我们不只考虑

---

① 衡平法是不同于普通法的另一种形式的判例法,它通过衡平法院的审判活动,是以法官的正义感和良心为基础发展起来的。由于法官判案有很大的自由裁量权,因而衡平法被称为"大法官的脚",可大可小,具有很大的伸缩性。——译者注
② 鲍西娅是莎士比亚讽刺喜剧《威尼斯商人》中的主要人物。她为了帮助丈夫巴萨尼奥的朋友安东尼奥,女扮男装,作为出庭的法律顾问,既维护了法律的尊严,又置恶人于死地。——译者注

如何对待"他人"：我们关心的是如何对待人。这样一来，我们对正义边界的认知立即有了拓展。这将在下一章予以解释。目前，只要指出这样一点就够了：对"人类"作为一个物种的描述不足以传达我们在正义的形式概念中所要求的那种公平的道德深度。

我们关于正义的形式概念是具有包容性的，因为它需要考虑所有情况，同时又不会涉足实质性方面的内涵。这是不可否认的——正如它必须将如何对待人涵括在内——一旦我们考虑一些对正义的论述，例如说正义是对规则的遵守，是对个人权利的保护，是不偏不倚，抑或是对社会价值、社会规范或社会期望的遵从。对于将道德的正义与遵守规则等同起来的看法，有两种显见的反对意见：首先，规则本身可能是不正义的，这在过去和现在都是常有的事情——甚至在法律中也是如此；其次，正义是一个比规则更大的范畴。正义不单单是遵守规则方面的公平，尽管它在儿童时期及其后一段时间里总是显现为此种意义上的公平。不仅游戏有规则，而且人们一起参与各种令人尊敬抑或令人不齿的活动时也有规则：板球规则、俱乐部规则、非法组织的保密规则，等等。宣称正义是对权利的保护是太过局限的。很明显，有些法律权利，例如黑人或其他群体的权利，只要被区别对待，就不能强词夺理地说存在公正。还有许多法律之外的权利，例如学生在学校里所主张的权利，显然不属于个体正义的权利。因此，将正义归结为一种权利保护的概念存在两个缺陷：第一，宣称或主张的权利可能与正义问题无关；第二，那些与正义确实相关的权利并不构成正义的全部内容。不偏不倚是一个程序原则，其本身并非完美无缺，最多只是正义的一个要素——尽管它显现为一个不可或缺的要素是不必多费口舌加以论证的。在某些情况下，不偏不倚可能比偏袒更不公正，例如，完全不偏不倚地分配资源，将意味着那些极度贫困的人只能与那些已经拥有基本必需品的人获得一样多的资源。这样的反思使我们不难发现，显而易见的资格限制是必要的。按需分配，意味着对特别贫穷的人予以特别的照顾。因而,正义肯定比不偏不倚的理念更为宽泛。把正义视为对社会价值观的遵从,类似于期望所有人遵守规则。首先,它掩盖了这样一种不合理的假定,即价值观作为标准或期望必然是道德的;其次,它也掩盖了这样一个事实,即正义范畴远比社会价值、社会规范或社会期望之范畴涵盖更多的东西。上述四种定义,亦即通过规则、权利、不偏不倚和社会价值观来解释,都不能充当正义的形式概念。

正义的直觉观念

对于正义之为公平待人的形式概念的申辩,就现阶段而言(后面两章将分别从道德和权利方面进一步拓展)已臻于完善,我们现在尝试将其与另一些表述方式进行比照评析。我们从比照正义的直觉观念开始,并不是因为能够在我们的普遍直觉里寻求到确凿见解,而是因为人们对不正义的感受如此近乎一致,以至于让我们忖度这种共同的感受中可能完整地包含着正义的内在要素。几乎从幼年开始到生命的终点,至少在有能力与他人沟通的人生阶段,我们对什么是正义始终有某种直观的、未经分析的观念,尽管我们的态度常常是否定性的。我们更多地想起和谈到不正义,而不是正义。童年时期,家庭中如果有愤愤不平的现象,最常见的根源是孩子对于不平等对待的臆测。由此,不正义就被视为不公平——作为不平等对待的不公平:通过好意和礼物表现出来的宠爱、衣食等基本必需品,乃至于欲求或心愿方面受到的关切,都被期望尽可能地均匀分配。正义的另一个方面显现于游戏过程。一旦我们到了能够理解规则的年纪,便会坚持要求遵守这些规则。故意违反规则通常使自己处于优势,这在孩子的认知中是一种不公平,与其说是出于对固有公平的尊重,倒不如说——与不平等对待一样——是自我保护。因此,即使在童年时期,我们也能在哪怕一点点的恣意妄为中察觉到不正义;当我们与他人的关系有规可循时,我们才感到安全。童年时期不公平的再一个方面是心理上的。我们有不断变化的自我意向,有初始的个性特征;当我们在家里和学校里与其他孩子在一起时，经常会把自己与他人进行比较。出于这个原因，对于他人获得的偏爱以及自身遭受的轻视，我们倾向于变得敏感。一些人因与他人的竞争而产生嫉妒，并且终其一生无法摆脱。我们与他人的自我防御性关系导致不正义尖锐地显现出来。

在我们生命的另一端，以及两端之间，也有着大致相同的情形。一些老年人感到他们为社会工作了一辈子，而社会却不够善待他们。当将年轻人与老年人进行对比的时候，丝毫的专断、嫉妒和个人遭受轻视的感觉，都会让他们产生不平等的认知。在成年期的竞争中，很多人对平等确信无疑，极力追求自我保护和自我利益；他们在与他人比较中承受伤害之时总是愤愤不平，并且坚持认为，只要有严格的规则来管理社会组织，他们可以做得更好。没有什么事情能像争辩遗嘱那样将人们感知不公正的敏感更加深切地展现出来。人们通常设想所有健在的孩子都应当获得同等份额；这样的话，尽管已经死去的孩子不能说什么，但主要受益人很有可能会因为他人对不公平的控诉而充满怨恨，而次要受益人则心怀不满和疏离感。在这里，我们仍然能够发现那些造成不正义的直觉观念：平等、基于规则的公平（或者是其反面，即对于恣意妄为的猜疑）、嫉妒、自身利益的保护。在这些直觉观念中，隐约可见的是这样一种信念——我们都是同样的人，都享有同等的（equal）权利：同一个家庭里的子女享有同等权利，同一个社会里的公民享有同等权利，因而不同等对待就是侵犯权利。所有这些直观的想法中，还有诸多问题有待阐明，当然也存在误解，特别是对于同等的误解，以及对于权利的经常性误解。规则、同等、公正公平、捍卫权利都在这里出现了；可见，即便没有一个普遍适用的、正式的概念表达，在某些情况下我们直觉上拥有一些正义的因子。我们关于不正义的直觉观念通常是自我中心和防御性的，因而用以阐释正义时会有种种实质性的变异；正是由于关注自我利益的偏见和武断，其中的一些阐释难免会相互冲突。

哲学家论正义

我们关于不正义的直觉观念无疑已经昭示正义的实质性概念在日常经验中是多么随处可见,同时也表明以严谨的学科视角界定其形式概念是多么迫切。这样一个形式概念之所以是必需的,是因为它能给我们提供一个能够信赖的、稳固不变的参照点。对于这样一个不可还原的概念,我们可以期望哲学家们有所思考,从而使我们自己的形式性正义概念有所镜鉴吗?当亚里士多德将教育视为一种生成时,他对教育的看法是形式的而非实质的。有鉴于此,我们将从亚里士多德开始。

亚里士多德

亚里士多德(与更早的柏拉图一样)正确地认识到这样一件事:人与人之间本就是不平等的。他们在诸如工作能力这样的才能、知识、自控、领导潜力、可靠性、服务他人的奉献精神等方面都是不平等的。因此,根据希腊人的这种看法,公正待人就是因人而异地对待——不是把他们视作平等的人,而是不平等的人。在他的《尼各马可伦理学》中,亚里士多德注意到一个关于正义的普遍假设:不正义就是不同等,正义就是同等,这个道理毋庸置疑,人人都会明白(第 5 章,1131^a)。当一个人被如此对待以至于获得太少时,是不正义的;而当一个人为自己索取太多时,也是不正义的(1134^a)。如果亚里士多德的论述就此结束,我们会得到这样一种印象:正义不过是以数学方法计算如何恢复人与人之间的某种平衡,因为有些人拥有的太少,而有些人拥有的太多。在某些时候,人们确实是以这样的方式来理解平等的。让亚里士多德感兴趣的是后来被称为法律正义(legal justice)的不同情形。法律正义由蕴含于法律中的规则或者应该蕴含于法律中的规则所决定,因而亚里士多德的论述试图重整混乱的司法体系。他认为,有两个截然不同的方面需要监管正义(regulatory justice):第一个方面涉及惩罚和补偿之类的问题;第二个方面涉及利益分配。第一个方面构成矫正正义、惩治正义抑或交换正义。对于这类情形,亚里士多德相信算术比例(arithmetical proportion)足以能够恢复对与错之间的平衡。第二个方面构成分配正义。对于这种情况,他认为几何比例是适用的。正义的,就是符合比例的:亚里士多德明确指出,受到不正义对待就是拥有的好的东西太少了(同上,1131^b)。根据亚里士多德的看法,第一种情况下由算术比例决定,法院应假定争议双方在道德上是平等的,因为民事法院不应被要求裁定行为在道德上的对错。不法行为对一个被剥夺了某物的人来说是一种同等的损失,因为这意味着另一个人有所得。这种情形的矫正,要求法官从获利者处拿走与他违法所得等值的东西,并将其交还给受害人(1132^a)。第二种情况要复杂得多:物品如何分配,与接受人各自的功过是非有关。物品被分成几个部分,每一个部分以同样的比率对应于接受者的功过是非。因此,几何比例如同第一种情况下的算术比例一样实现了比率平等(1131^b),正义被确认为是一种平等。

但是,提出这种计算方法并不是他关于正义的最后定论。正义不仅仅是一种行为方式,而且是受人的品格或习性影响所产生的某种行事方式。在矫正或分配的正义中,或在互惠的正义中,无论亚里士多德如何颂扬将正义视为一种比例的合理性,他的深思熟虑还是使他认识到习性在正义中的力量。这是因为,正义"本质上是属人的东西"。做不正义的事,还是正义的事,是"某种品性状态所造成"的行为(1137^a)。由此,他区分了衡平(equitable)正义和法律正义。虽然衡平正义也是正义的,但它矫正了法律正义,因而优于法律正义。法律的困境在于它寻求普遍性的陈述——适用于所有人的陈述——但在某些情况下,它不能正确地进行这样的陈述。这是实践事务的本性使然。亚里士多德指出,如果出现了普遍性陈述所不能涵盖的情况,现行法律就存在着需要由判决予以纠正的缺陷;这样的判决"适应了事实",而不仅仅是法律的生搬硬套(1137^b)。

正是亚里士多德这样一种论述,为英国衡平法制度提供了先例,使其灵活、人性化地调整了法律,尤其是在普通法出现常有的混乱、过时以及实施中可能造成不公正而不能体现正义的时候。然而,尽管亚里士多德的远见卓识影响深远,但他的思考基本上指向日常事务的实践领域,是关于正义的实质性考量,而不是任何不可还原或基础意义上的形式概念。他关于正义观念的思考如果要作为一个普遍原则呈现出来的话,那么,正义即是公平,部分地(也仅仅是部分地)算作一个恰当的表述。比之于其他任何单个原则,他对这一原则的论述还有更多,但只是部分地表达了他的正义观,因为即便他注意到法律的缺陷,尤其是他所认识到的那些缺陷,即便意识到人类实践事务如此复杂以至于法律总是在某些情况下无能为力,他还是坚持认为正义即是公平。就形式意义上的正义来说,这是他最具深远意义的洞见。

柏拉图

在希腊哲学传统中,亚里士多德的前辈之所以值得一番探讨,唯一理由就是柏拉图在《理想国》的一开始就提出了什么是正义的问题,并且让人有所期望的是,他通过对苏格拉底的回忆(人们相信柏拉图在第一卷中记载了这些回忆)应该得到了一个基本的概念界定。这种期望也是徒劳的,因为苏格拉底不断阐释的是一种探究方法,并最终得出结论——典型的反讽式结论——寻求正义的定义使他认识到他一无所知(第354页)。至于柏拉图,他在《理想国》中的首要关切是良善社会的特点:正义只有在社会的语境中才有其意义。它不仅是个人的属性,而且是整个城邦第一位的且最为重要的属性(第368页)。他的正义观很难像亚里士多德的正义观那样用简要的术语加以概括。正义首先是一个正义社会的功能,而一个正义社会是依照人的自然禀赋组织起来的社会。从这个意义上说,正义就是社会和谐。但就正义作为一种个人活动而言,它在那些掌控自己想法和情绪的人的身上是美德与理智的协调一致,从而使他们能够依据知识、自律、克己及公平待人等方面进行统治或作出判断。对于其他人来说,正义意味着他们作为公民去做最适合其天性的事情。这可能是与实质性正义概念最为接近的表述了。与苏格拉底一样,柏拉图完全没有探究任何形式性正义概念的意愿,即便是遵循其政治理想和先入之见而形成的实质性正义相关的任何一种形式概念。寻求这样的形式概念不是他想做的事情。如果确实如此,这就是一个价值偏好支配理性的极好例子。

休谟

18世纪的休谟与柏拉图一样,将正义全然当作一个道德概念来思考。就此而言,他与同一个世纪稍晚一些的康德之间有着很大的区别。后者明确区分了法律正义和道德正义,并将道德正义视为道德法则所约束的东西。[12]与之截然不同的是,休谟采取了心理学和社会学的思考方法,因而他思考的结果正如他所发现的一样,是对社会状况的描述。这样一个面向现实的思路,会产生一个基本的正义概念吗?

休谟认为,正义是这样一个人为的观念:它是人类特有的"自私和有限的慷慨"的心理状态遭遇特定社会条件的产物,这个社会条件是资源总是有限的,"自然为满足人类需要所准备的供给是稀缺的"[13](《人性论》,第3卷第2章,第494—497页)。从这个意义上说,它是人为的,不是自然的;尽管从另一个意义上说正义是自然的,因为道德意识都可以说是自然的,并且"正义比任何一种美德都更为自然"(第484页)。正义不过是人类鉴于自身的局限而发明的一种调节机制,从而使其适应这个在他看来缺憾无处不在的世界。如果不仅人类的本性足够慷慨,而且自然资源也足够丰裕,则正义这种观念就将不复存在,因为它对人类来说将一无所用。如果人们追求公共利益并且彼此仁爱,他们就没有必要用规则来约束对方。可见,财产权和许诺都是协定的结果。如果我们想象一个社会产生之前的自然状态,那么这个社会根本不会有所有权或承诺的存在,也不会有正义或不正义。至于正义这样一种"自然"的美德,它就只是一种令人愉悦的情感了(第501、517

页)。根据休谟的正义观,每一种自然资源都不能完全满足需要,而正义则是人性对于这种情况的调适。它当然是用于适应特定社会环境的人为设计:正义是相对的,不是绝对的,并且在不同社会有不同方式的设计。

这一关于正义的结论不过是另一种包含实质内涵的成见。对于正义,休谟没比柏拉图有更深入的认识。正义情感——无论是否令人愉悦——不同于正义概念。正义对于社会规范的功效,显现了它的目的,但并未揭示其根本性质。

密尔

在休谟之后的下一个世纪里,密尔在《功利主义》一书中提出了他对正义的看法。[14] 他首先指出,我们有正义的主观感受,有时是一种特殊的力量感,但这些感受与我们的另一些道德情操并无二致,因为它们并未提供行为的标准;事实上,它们还使人对客观性有一种虚假印象。不过,与苏格拉底一样,他急切地寻求正义本身是什么,它的独特性是什么。首先,他列举了种种非正义(或正义)的实例:剥夺一个人的人身自由、财产或其他依法拥有的东西;没收或扣留一个人道德上本该属于他的东西;给予一个人他应得的(作为正义的案例),或他不应得的(作为非正义的案例);背信弃义(尽管与其他具有正义性质的义务一样,如果考虑到可能出现的例外,它并不是绝对的义务);有偏袒的行为举止。谈到平等(equality)时,密尔认为它与不偏不倚(impartiality)的意思相近,并且常常被视作正义概念的组成部分。但在这里,他考虑的是个体在平等观念上诸多可能存在的差异性,并且批评人们在权益适合自己之时轻易地用其取代把平等视为正义的信念。这可能表明,密尔只是在描述"实然",但仍然坚持将平等视为正义的核心是伦理上的"应然"。

正义概念在不同场景中的应用混乱不堪,使人不得要领,这似乎让密尔感到灰心。他指出,正义观念及其要求的义务并不总是遵循法律的认定或规定:正义是一个法律概念,也是一个道德概念。他对正义、道德与应得之间的关系饶有兴趣,确信在我们的对错观念中隐藏着一个人是否应该因其行为而受到惩罚的思维。

正义感是一种"关于报复或复仇的自然情感"(《功利主义》,第325页);它是谁违反行为规则谁就应当受到惩罚的欲望。当这种动物性的报复欲望完全受制于社会同情心抑或人类福祉的考虑时,它便是合乎道德的了。我们使之普遍化的规则本身,已经被假定适用于所有人,并且是有利于他们的(第326页)。至于个人权利,它们总是牵涉正义问题。但凡我们想到正义时,我们想到的是某种行为,它或者是正确的,或者是错误的;同时还会想到的是某个事物,它可以作为一个人的道德权利而被宣称归属于他(而不归属于另一个人或国家)(第323—324页)。一个社会如果关心我们的福祉,就应该保护这些个人权利。密尔所谓的"社会正义和分配正义的最高标准"就是获得其所应得的正义:"我们应该平等地善待所有应得到我们平等善待的人(只要没有更高的义务禁止这么做),社会应该平等地善待所有应该得到它平等善待的人。"(第335页)由于他没有指明个人的应得如何评判,这将他引向他的功利原则,即这样一种观念:善行之所以为善,是因为它促进最大多数人的最大幸福。他遵循边沁①的原则,并将其表述为"每个人都能算作一个人,没有人可以算作一个以上"(第336页):一个人的幸福应该是与任何其他人的幸福同等重要的。[15] 基于这样的初步分析,最高的正义要从社会的视角来理解:正义是任何这样一种道德推动力的名称,只要它们促进最大幸福原则,从而提升社会福祉。正义之平等在这种功利观念中仍然是清晰可见的:与应得之平等相一致的是待遇之平等,而超出待遇之平等的则是每个人追求幸福的权利平等。

对哲学家关于正义论述的总结

柏拉图竭力构想理想社会;休谟则根据他的理解而专注于现实社会;密尔将幸福原则贯彻到底,重视每一社会的每一成员的利益。在这三种论述中,先人之

---

① 杰里米·边沁(Jeremy Bentham, 1748—1832),英国哲学家、经济学家和社会改革者。——译者注

见无一例外地主导着各自的正义观,结果只能是外在的、实质性的概念,从而不可能揭示出基本的或形式性的正义概念。

从一些方面来说,所选哲学家的正义思想与平常的直觉认识并无显著的区别,至少从表面看来是如此的:注重规则,强调规则应用中的不偏不倚,要求平等的考量但不必然是平等的待遇,关注同一个社会群体内的个人权利,以及凸显社会群体本身有能力为个体成员伸张正义的根本作用——与规则的构建及其公平应用相联系。

在另一些方面,他们之间存在实质性差异,这可以部分地由他们所处时代的社会状况来解释:柏拉图和亚里士多德强调公民之间的不平等,尽管他们接受平等对待的形式原则;密尔所谓的"正义感"显现了他身处维多利亚时代对于恶行与应得的态度。在增进我们对于正义的理解这个方面,哲学家们作为一个群体的主要贡献来自亚里士多德:正如他所指出的,人的实践事务如此复杂,要使实在法涵盖人类冲突的全部场景是不可思议的。因此,尽管他把正义与衡平(equity)①区别开来,但他仍然把衡平视为法律的必要补充。自他所处的时代开始,衡平概念在我们通常的正义观念中始终是一个重要的考量。哲学家们没有为我们提供一个正义的形式概念,使我们可以用来衡量我们自己的正义概念;实质性的考虑将他们引向了其他的方向。

法学中的正义

任何领域的思想家,都受其所处时代的影响;这种影响之大,从一位美国法学家笔下如今看来具有讽刺性的观点中可见一斑。在社会价值观洋溢着那个时代特有气息的1915年,他断言,正义是国家对与其自身利益相冲突的个人利益的压

---

① "衡平"这一观念来自亚里士多德。亚里士多德认为,衡平是事实上的正义,但这种正义不因法律而产生,它是对法律正义的矫正。衡平法从14世纪开始在英国被作为一项正式法律渊源制度化。——译者注

制。¹⁶ 如果哲学家们的基本看法没有引出正义的形式概念，那么，法学家们的利益视角呢？我们难道不能期待他们对正义概念的根基产生兴趣吗？这样一个期待在如此一种情况下才可能实现，亦即：他们准备像亚里士多德和康德那样区分法律正义和道德正义，同时承认二者之间有可能发生矛盾。

  明确认可规则的重要性，认为平等对待意味着同样的规则适用于所有人，无论是富人还是穷人，不在其他方面随意地区别对待，认可个人权利的重要性，这些观念对哲学家来说极为重要，在法学家这里也同样具有主导性的重要地位。但是，法学家、社会学家以及其他研究者更为敏锐地注意到，正义的形式原则与实质正义，或者说法律内容及其具体应用，这是截然不同的两个方面。形式原则本身不足以保证正义得到实现。表明同一个普遍规则运用于不同情形的适宜性是一回事，建构规则本身的适宜性则是另一件事。亚里士多德以不平等的方式对待不平等者的形式原则同样是不充足的，除非在其中增加实质性原则，从而表明哪些不平等的方面应当考虑在内的理由：基于平等的形式原则而被平等对待的人肯定在诸多互不相干的方面存在差别。司法活动（activity of justice）①的任务是辨别那些在相关方面能被视为平等者的所有人，并以同等方式对待之，从而实现远远超出抽象之形式正义的吁求。（维多利亚时代和 20 世纪文献中的社会批评已经使富人和穷人适用不同的法律，这听起来像个笑话。）在南非，一些特定的法律只适用于黑人群体，依据附加原则揭示不平等者的相关类型，才能证明以不平等对待不平等者这一形式原则的正当性。一直以来，法学家的主要关切不是抽象或形式的正义概念，而是法律正义施行及其相关的诸方面，或者司法活动，或者法律正义与社会价值观之间的广泛关系问题。社会价值观影响法律正义的一个例子是，法学家的兴趣从诸如权利这样重要的传统问题延展到了新的社会关切，例如环境

---

① 英语中的"justice"，既指"正义"，也指"司法"。——译者注

问题。[17]另一个例子是法学研究的方向是稳定，它指向正义活动，而不是想方设法搞清楚这种活动的本质，以探究正义的形式观念。因此，在法律正义的活动中，法学家所呈现的画面是理智掌控一切，但这种理智与公正和正直的道德价值观念结合在一起。合乎理性是普遍存在的一个期望：无论如何，要努力做到澄清事实、辨别虚假证据和真相、尊重发生争议的双方、接纳人性的局限、遵守任何与案件相关的规则、抑制自身偏见或成见的影响、克己自律，从而在人性所能达到的程度上防止任性，使判决服从于理性。这是一种具有实质内涵的理想状态。

当法学家将正义与特定的司法裁决联系起来时，它的实质内涵就更加复杂了。就正义作为一个人甚或一个陪审团的审议结果来说，它在一些人看来总是有一定程度的主观性。尽管它受到法律传统和社会价值观的影响，但并非依循规则或标准，因而，无论它受到什么影响，判决归根到底被视为个人的判决。有一种不时出现的说法认为，法律正义在显现出最具建设性和创造性的形态之时，可能会更多地影响传统和社会的价值观，而不是被它们所影响。[18]因此，在一些法学家看来，每个法官的判决总是带有他个人的色彩，总是无法避免地受到他自身态度和价值观的影响——无论对它们的拒斥如何裨益于不偏不倚的理想，也总是受到他的理解力或洞察力的影响。一些法学家提醒我们，当合议庭的多位法官——假定他们对于共同讨论的事件有着同等的理解——发现他们无法达成一致意见时，可以清楚地看到，理智对于正义共识尽管是必要的，但并不是充分的。法官可能受到社会价值观和个人价值观的影响；通过阐明这一点，法学家使我们注意到正义活动中理性的局限性，在不偏不倚和客观性方面都不可能尽善尽美。诸如此类司法活动的论述，与直觉的和哲学的正义观具有实质意义上的一致性。对于其他比如创造性这样的问题，当富于想象的建设性与公平的看法相结合，并体现后者的人道主义内涵时，司法裁决活动中的正义存在诸多可能的解释。

对司法活动的反思表明，法学家在更大程度上将正义视为一个实质性概念，而不是形式概念。在那些试图界定一个形式概念的法学家中,最让人感兴趣的提法来自佩雷尔曼,即正义"在于遵守这样的规则,它规定了以某种方式对待同属特定类别之所有人的义务"。[19] 这一概念与我们自己的概念相比如何呢?必须指出,这里的"某种方式"只要求一贯性,它可能是正义的,也可能是非正义的,因而按这个说法,正义或者其反面同样符合形式概念;同时,对待也只要求一贯性,它可能是公平的,也可能是不公平的。类似地,哈耶克用"在相同的规则下对待所有人的原则"界定正义概念,并未在其论述中对于规则有何特别之属性予以说明,因此也一样可以容纳对立的两方面。基于上述原因,我们可以更加有把握地认为,我们所提出的正义的形式概念是足够精炼的;如果我们想要在后面的讨论中以内在自洽性(non-contradictoriness)保持其为一个有意义的概念,它就不能再进一步被简化了。

　　正义的形式见解显现于不同的实践活动,既有法律之内的,也有法律之外的。它可能体现在一种对于公平心(fairmindedness)和公平的人文关怀;这种人文关怀恰到好处地发生在法律规则或管理不够完善的时候。它在这样相反的情形之下就不会得到昭示:一个法官或管理者逃避法律规则或其他规则的约束,借口这些规则不适用于当下情况,非但不以公平待人,反而胡作非为或任性妄为。无论如何,但凡一些人能够支配另一些人,从而有能力给予他们公平待遇,正义就可能发出自己的声音。家庭、学校或社区中的交往情况,政府的资源分配,裁判员或仲裁员的决定,以及非歧视的法令或程序,都可能使正义的形式见解作为核心因素彰显出来。举行听证、熟知案情、向陪审团提供刑事案件的简报,这些活动就其本身而言并不是道德正义的活动,而在法庭上作出与我们提出的正义的形式原则相一致的判决,则是道德正义的活动。同样地,在比赛中做出裁定,在竞争激烈的人事安排中推荐某人晋升,等等,就它们如此契合我们的正义的形式原则而言,也都是道德正义的活动。我们不能仅仅把正义作为实现的目标,也能将其概念化:我们可以形成一个界定它是什么样的概念。

我们将以两点解释结束这一章。第一,正义的形式概念是一种观念,不是一种理想;尽管存在着实质性的正义理想,并且它像实质性的教育理想一样,可以为形式概念所衍生的行动原则提供动机支持。第二,我们预先看到的道德正义和法律正义之间的区别,既表明某些法律有悖于道德,也表明法院或其他地方的某些司法活动与道德背道而驰。反之,也有一些法律正义活动是道德的,因为它们符合正义的形式概念,而这个正义的形式概念也是一个道德概念。这也就涉及下一章的内容。我们不仅要将道德作为一个形式概念来考虑,也要解释其在特定情景下的实质性内涵。

第二章

道　德

　　在前一章中，我们提出了一个教育的形式概念，其限定条件——"与社会价值观相一致"——既有积极的方面，也有消极的方面；前者考虑到儿童的利益（同时也考虑到社会的利益）。要做对儿童有益的事情，例如，教师和家长引导儿童理解维系他们这个特定社会的价值观念，如尊重财产——无论是公共财产还是私人财产，社区的互助合作，敬重传统，同情病人、老年人、智障人士和身体残疾者及社会弱势群体。如前所述，这样的考虑意味着教育是一种道德概念；与此同时，伴随着如下考虑，即潜力的发展有助于提升个人的成就感。同样，在正义作为公平待人的形式概念中，也有一种以特定方式考量他人的意涵；由于"公平"和"人"这两个词所隐含的价值意味，这一特定方式也是合乎道德的方式。对于这些论断，我们现在有必要通过探究道德的本质来予以解释。为了与前一章保持特定的联系，我们将在本章第一节中陈述和解释道德的形式概念。然后，鉴于"人"已经被纳入正义的形式概念，我们将解释这一表述的道德意义，并由此深化对正义的理解。在第二节，我们将探讨实质性问题，表明所有这些问题的解释都符合道德的形式概念以及与之相联系的基本原则和派生原则。这些实质性的考虑将为理解道德提供更为广阔的视角和背景，进而提出一个关于伦理立场的连贯叙述。

道德的形式概念

形式概念的表述

道德的形式概念是——从我们所使用的"形式概念"的意义上说——对他者利益的实践考量。① 基于我们将要陈述的理由,这足以完满地表明道德的根本性质。

第一点,我们所说的他人利益,指的是作为个体存在的他人的福祉(不是作为整体予以考量的他人),亦即那些对他们有益的东西,例如他们的安全、他们的身心健康、他们从生命活动中满足需求的能力。从教育意义上说,它指的是一种满足需求的特殊方式,即发展个人的某些潜能,例如强大的知识运用潜能、娴熟的运动协调潜能、不同艺术表现中的创意潜能、社会交往中的自我悦纳潜能、从事领导和学术工作的潜能,等等。尽管不是所有成人的假定都对儿童有利,但有些确实是对他们有利的,比如教师假定他们了解——对于童年时期的每一特定阶段——什么是儿童的利益所在,并且他们比儿童自己更为了解这一点。要了解儿童在发展方面需要什么,有时要将其与儿童自己想要什么截然分开。如果让他们随心所欲——就像卢梭笔下的爱弥儿那样——一些孩子会说他们不想要任何形式的学习,只愿意享受这样的随心所欲。想要的和需要的,或者说欲望的和有好处的,这二者之间的矛盾甚至在成年后也会大量存在。如果有人告诉 X 晚上 8 点给一名已被发现的罪犯 Y 打个电话,这对他有好处,保证可以让他快速获利,那么,X 的

---

① 原文是"a practical consideration of others' interests"。由于作者在后文中指出考量的对象不仅是人,也包括有感觉的动物,故"others"翻译为"他者"。但在有的地方,不强调包括人类之外的动物时,还是会将其译为"他人",以免显得不自然。——译者注

欲望可能会使他对他实际的最大利益视而不见。因此，道德要求人们考量他人利益，有时优先于考量他们的个人欲望。

然而，什么是"考量他人利益"呢？这提出了关于道德的第二点。"考量"与"利益"一样是规范性语词，因为它不仅意味着"想到"，而且是"关切的"。但这种考虑就其本身而言还是不够的，原因有二。其一，它可能不会给关切的对象——孩子、家长、生活艰难的社区居民——带来任何改变，他们的生活状态不会因为仁善的想法而得到改善。因此，仅有仁善的想法是不够的。我们不仅需要"善心"，也需要"善行"；从字面意义上来说，就是既要有"良善的心愿"，又要有"良善的行动"。换言之，对于他人利益的关切必须转化为利他的行为。这正是为什么要在形式概念中使用"实践的"这个限定词的原因。其二，即使对于另一个人利益的关切是导向实际行为的，这种行为的主要受益者也可能是行为人，而不是本来想要使之受益的人。对我们来说，声称这种考虑是一种道德的考量是不足以解决问题的，因为这会导致循环论证：我们在用我们已经将其视为"道德的"东西来探究道德的根本性质。因此，我们需要对"考量"加以另一个限定，亦即"无私利的"。这样一来，我们可以确信无疑地指出，"一种对他人利益实际的、无私利的考量"揭示了道德之为基本概念的精神实质。热情贴心的家庭医生在真诚地担忧着病人的身心健康时，可能是在考量病人的利益，也可能由于认识到其治疗使病人康复而获得个人成就感，但他的主要动机仍然有可能是从专业服务中获得不菲的利益。也就是说，按照我们所理解的"道德"，他的实践考量可能并不真正具有道德的意义。同样，教师希望一个班的学生在大学考试中取得好成绩，因此在放学之后为学生辅导功课。尽管认识到他的付出有助于学生的前途发展，让他获得某种成就感，但其主要动机可能是出于自身职业发展的需要。他对学生利益的实践考量并不是无私的。因此，"考量"就其本身而言需要双重限定。但是，后面的"他人利益"这个表述暗示着无私利性的因素已经存在于这样的考量之中，因而在很大程度上避免了限定的需要。此外,我们需要追问的是,对他人利益的考量是否能够被恰当地视为一种要求完全无私利性的主张,亦即丝毫不为自身利益着想的主张。我们反思一下实际的情形就可以发现,这样的主张是站不住脚的。家庭医生在为病人的福祉着想时,也有其自身的利益考量——他的个人健康、自身的安全、提升生活满意度的休闲需要。同样,在向穷人施舍时,我们不能完全忽视自己的处境。现今,在车来车往的路边帮助他人的好心人,如果忽视自身的安全,是不明智的。关切自身的考量与关切他人的考量如何保持恰当比例,这对于道德的形式概念来说并不重要。因此,在"考量"之前我们不再使用"无私利的"加以限定。

以上,我们对道德的形式概念作了初步的分辨。比照前一章我们关于正义的形式概念的论述不难发现,这里的解释似乎存在着不一致的地方:我们使用的语词是"他人"(others)而不是"人"(persons),问题在于我们其实在思考的是人,而不是任何更具一般性意义的"个人""人类"或"他人"。事实上,就我们内心的本意而言,使用"人"这个语词是确切的。之所以使用更具一般性意义的"他人",原因在于,这使我们在后文中能够将道德的疆域扩展到人以外,并且正如我们将会看到的,甚至扩展到人类存在物(human beings)之外。但是,为了进一步阐明正义的形式概念,尤其是为了证明它作为一个道德概念的合理性,我们现在必须转向关于"人"的讨论。这就是说,我们先要解决前一章遗留下的问题,并且解释清楚我们为什么要在道德的形式概念中使用"他人";然后,我们重新回到道德的形式概念,并试图从道德的直觉观念和传统观念中给出进一步的解释。

人

按照我们的宽泛理解,"人"指的是所有这样的个人:他们有其自身的利益诉求,同时有欲求、动机并且为实现其目的而努力,从而形成了不同于他们所处社会环境中其他人的个体身份或自我。我们不希望将"人"限定于那些有能力作出与众不同且合乎逻辑的选择的人,也不限于那些在制定和实现其目标时运用个人理性、自力更生和自我克制,因而是高度自治的人。这一标准尽管有些含糊不清,但仍然值得坚持,因为它赋予"人"一种明确性,使之无异于特定理想或价值观的表达。诚然,每一个人都作为某种程度上的理性存在者而受到尊重。人之为人就在于,他意识到他作为思想着、感受着、奋斗着的人类而具有自身的个性,过着自己所选择的生活,同时也意识自身的利益、计划、目标和行动会受到周围其他人或好或坏的影响。[1] 从这个意义上说,将另一个人作为人来看待,就是既将其视为一个独特的个人,又认识到他在这样一些方面与我们是相同的。这要求我们尽可能地站在他认识自己的立场上,就像他看待自己那样看待他。通过这样一种方式而产生的对于人的尊重,不在意人与人之间的个体差异,而是看到价值观和理性的共性。我们的尊重有一个重要的限制条件,它不会被给予这样一些人,他们的追求、打算以及全力以赴的活动是不道德的,是有明显伤害他人倾向的;尊重人是一种道德观念。同情和移情能力的局限可能会造成对于一些人的人格(personhood)的错觉,例如对于被告席上的囚犯、教室里的孩子、等待就业的失业者、稻田里的农民、受压迫的农奴,等等,尤其是当错觉的对象是群体而不是个人时。从那些错觉对象的个人角度来看,人格意识可能在愤怒的爆发中显现出来。在萧伯纳的《皮格马利翁》①中,希金斯对伊丽莎的轻蔑使她愤然地说,她也有感情,"和任何其他人一样",尽管对他来说,她只是一个流浪儿,只适合用来做实验室里的实验品,任凭他随心所欲、为图一乐地摆布。[2]

因此,道德的形式概念——就其指涉的其他具有正常人类能力的人(human beings)而言——指向的是人(persons);但出于已经提及的原因,它被扩展到更具一般性意义的"他者"(others)。在正义的形式概念中,我们所关心的仅仅是人类

---

① 亦即《卖花女》。——译者注

个体被其他人类个体对待的公平性，把他们当作人来看待使任何符合正义的对待增加了一个必要的维度。我们对待各种动物时有可能存在着是否公平或不偏不倚的问题，但"正义"只关乎我们如何对待与我们一样的其他理性存在者。正义是一个道德概念：它作为公平待人的要求，也是对他者利益的实践考量；在司法活动中，"他者"指的就是人。我们现在转向道德的直觉观念和传统观念。

道德的直觉观念

道德的形式概念的达成方式与其他两个形式概念大致相同。我们将再次探讨直觉观念，以为支持这一形式概念提供任何可能的理由。这些直觉涉及我们认为好或坏、对或错、应该做或不应该做的事情，涉及各种堪称模范、值得称赞、不公正、应受谴责的事情，如此等等。我们最早的道德印象是与规则以及服从规则或不服从规则牵连在一起的，与奖赏和惩罚相关。我们在幼年时就认识到，残忍地伤害家里的宠物是错误的；在游戏中作弊、说谎、说话不算话是错误的；家长和教师偏心是错误的；在家帮忙做事、礼貌待客、尊重他人的财物是正确的。用不着列举更多的例子，我们已经把直觉正义的某些方面涵括在这里了：规则的概念、公平并且一贯地应用规则的重要性、平等的考量和平等的对待。此外，还有对于个人权利和社会价值观的尊重。即使在这些直观的观念中，道德看起来也比正义更为宽泛，因为我们不会认为儿童彼此之间的残酷是不正义的，也不会认为成年人猎杀动物的运动的残暴是不正义的，但至少一部人会毫不含糊地认为它们是不道德的。我们不用争辩说道德是对权利的保护，是不偏不倚，抑或是符合社会价值观。这样的界定都过于狭隘，就像把道德概念当作正义概念一样；同时还会造成矛盾。说道德就是帮助有需要的其他人太过狭隘，也是矛盾的，除非我们具体说明并以某种方式证明何种需要是值得帮助的——一个卖国贼想要获得他的祖国的法律保护，他的这种需要就不是我们认为在道德上值得帮助的需要。道德并非遵循讲真话和守承诺的箴言,因为不仅直觉告诉我们道德肯定不止于此,并且这些箴言也不是普遍适用的。认为道德是仁慈(benevolence)的观念,使我们接近于它的形式概念,但这还是太狭隘了,因为道德的形式概念不仅仅是考虑他人的福祉。

我们在简要地回顾一些传统的道德哲学观念之后,将再回到这些直觉观念上。

哲学家及其他思想家论道德

休谟

18世纪的一些道德哲学家已经向人们证明,朴素的道德体现了道德感或者"人性的情感",是构成人的本性的一部分。休谟赞成这样的看法,我们的善恶观念是由理性造成的,但对善恶的区别却不可能是理性的结果,因为单靠理性不能引发行动(《人性论》,第3卷,第462页)。[3] 尽管他将理性专用于发现真与伪(要么是指概念——"观念的实在关系"——的真伪,要么是指经验事实——"实际存在和事实"——的真伪),但他也认识到,道德上的真实与虚假关涉人的自然心理状态;在这种心理状态中,理性只是通过推动或指导一种情感而发挥对于行为的影响作用(第458、462页)。美德是感觉问题,是一种印象(impression)。讽刺的是,在强调道德是一种自然情感时,休谟用他自己的自然教条取代了理性的教条。对于道德情感,他宣称,"在我们的天性和性情中是那样根深蒂固,以至于绝不可能根除和消灭它们"(第474页);产生善良行为的善良动机,不过是我们人类本性的组成部分(第479页)。道德冲突的首要根源是"自私和有限的慷慨"(第494页),并伴随着对有限资源的竞争。在实际的道德中,我们不仅需要理解人的本性,而且需要理解他的社会地位——例如财产方面的情况——以及影响他的各种社会境况。我们所有的道德观念的基础是同情,这是人性的一部分(第618页);归根到底,道德宁可说是品位和情感的对象,而不可说是理智的对象(《人类理解研

究》,第12章第3节,第165页)。⁴

然而,休谟这样的哲学家从人类本性出发寻求道德理解,很快就发现他们陷入人类本性是什么的争论之中。17世纪的霍布斯将道德建基于人的自利,而人的自利对他来说也是自然本性。人将其所欲求的都称为善,将其所厌恶的都称为恶:没有绝对的善,也没有绝对的恶(《利维坦》,第120页)。⁵与下一个世纪的休谟一样,霍布斯看到了道德中人为的或不自然的成分,因为这涉及社会组织,或者涉及为使人的个体欲求优先获得满足而要求普遍遵守的规则体系(第234页)。与这些规则或法律不同,自然法则被认为是不可改变和永恒的(第215页)。

18世纪的道德家

在18世纪,除休谟之外,还有其他人相信人天生就有某种道德情操或道德感,尤其强调仁慈是人类普遍的倾向。其中最有影响力的是沙夫茨贝里①。在他看来,仁慈作为社会生活中的统一性原理,以整体的善为指向,并衍生出做好事的那种"良善和正确的"冲动(《论诙谐和幽默的自由》,第2部分第3节,第66页)。⁶哈奇森②认为仁爱是唯一的美德,它给予人一种自然的道德感,并使人远离自私自利。巴特勒③谈到了"善意和同情的自然性情",但居于这种性情之上的是统摄一切的良心,这种良心也还是其本性的一部分,它发挥作用的方式大致相当于康德所讲的具有善良意志的理性人的命令。由于这种理性能力,他成为道德行为人,成为"对自己而言的法则"(《讲道录》,第2、3节,"论人性",第23—24页)。仁慈在他看来就是"自然的原则"。⁷盖伊④认为,道德感不是与生俱来的,也不是灌输给我们的,而是"通过我们的观察或他人的教授而获得的"(《关于美德或道德的基本原

---

① 沙夫茨贝里(the Earl of Shaftesbury, 1671—1713),英国伦理学家。——译者注
② 哈奇森(Francis Hutcheson, 1691—1747),英国伦理学家。沙夫茨贝里伦理思想的追随者。——译者注
③ 约瑟夫·巴特勒(Joseph Butler, 1692—1752),英国伦理学家,曾任大主教。——译者注
④ 盖伊(J. Gay, 1699—1745),英国哲学家,是英国诗人、剧作家约翰·盖伊的堂弟。——译者注

则》,第4节,第785页)。⁸ 哈特莱①辩称,仁慈是自我生成的:因为它通常会带来满足感,所以它会不断增强。道德感需要培养,但一旦养成,个人就会在仁慈中感受到如此这般的快乐,以至于它变得"与自利一样"。他指出,自利倾向于增强仁慈,而仁慈倾向于减少自利(《对人的观察:其结构、其义务及其期望》,第499—500页)。⁹ 对比霍布斯以自利为基础的道德概念,尖锐的分歧在这里显现出来。对于那些赞成道德冲动是人性使然的人来说,同情、仁慈或对社会的爱、良知,无一不是反对自利的力量,而自利正是与道德相悖的冲动。按照这样的看法,道德情操是一种道德观念,既包含着理解,也包含着情感,从而不仅仅是较弱意义上、由恻隐之心引发的情操。

在这些18世纪的道德家看来,强烈的情感是对于同胞的仁慈,而不是自私自利。由此,他们中的很多人趋向于道德主义的主张——倡导怎样过更好的生活,而不是试图说明道德有怎样的特征。与我们的道德的形式概念相比,倡导仁慈是失之偏颇的,因为善行并不总是伴随着仁慈。就其本身来说,仁慈很难区别于慈善或好心之类的通俗看法,这些看法太狭隘,并不能作为一种道德的形式概念。利他主义就其将关切他人的福祉作为一贯的行动原则来说,与道德的一种不可简化的形式概念也是接近的,但它的麻烦在于很容易滑向无私或忘我。缺乏对于自身福祉的关切并不意味着对他人福祉的积极关注。"与善行相伴的仁慈"和"利他主义"很难转化为道德的明晰定义,从而表明其形式的或基础的意义;正是这里的困难使我们相信,两者都不能取代我们提出的形式概念。

我们早先讨论的道德的直觉观念,尤其与涉及社会和谐的实践,以及规则、权利和平等对待的观念相关,比如尊重财产所有权的观念。在这些观念中,以及在残忍是错误的看法中,似乎也存在着道德情操的成分;这种情操体现在成年人更

---

① 大卫·哈特莱(David Hartley, 1705—1757),英国哲学家,联想主义心理学的创始人。——译者注

为老成的道德直觉之中。正如我们将在下一章更清楚地看到的那样，20世纪的我们越来越关注个人权利，以及对个人或个人群体的歧视问题。我们对于下面这样的问题或许比以往更加敏感：诉讼和行政中的独断专行；对于个体的人身歧视，似乎他们在某方面低人一等，就像古希腊的奴隶不如自由民那样。我们认识到，坚持法律面前人人享有平等考量的价值是一种道德要求，因而，对于所有个体作为平等的人的核心关切，与诸如肤色、种族背景、宗教或国籍等歧视性标准都是毫不相干的。同时，在诉讼中，与行政以及其他人类活动一样，由于牵涉一些人施加在另一些人身上的评判，越来越受到人们关注的是设身处地为他人着想。易言之，在可行的情况下，尽可能地通过设想另一个人的精神世界来理解他的立场。这就是从一个人的视角来理解的。同情在我们中间并不罕见，无论这种品质在根源上如何变化。18世纪的道德情操论，其核心议题在于我们社会关系中的仁慈，似乎接近于道德的形式概念的一个方面，但就其本身而言，仁慈是不充分的。如果它是真实的，那它同时是无私利的，但它不一定能转化为道德行为。因此，在现阶段，我们有理由相信，将道德形式概念表述为对他人利益的实践考量是恰当的。

康德

我们将简要地谈及康德，这主要是因为如果没有冗长而复杂的解释，他的哲学很难以易于理解的形式呈现出来。但他在道德哲学的主流思潮中占有显著的位置，因为他强调道德是一种发自内心的法则，并将道德与理性联结在一起。基于这样的立场，我们能否找到一个关于道德的标准，从而用来比照我们的形式概念的道德标准呢？

在康德和我们自己的道德概念之间，一个显见的对比是，我们的概念来源于一个外向地推及他者的道德传统——尤其是18世纪以来的传统，而康德的道德却内向地转向自我。我们首先必须关注的，是我们的道德义务。人的概念就是这样界定的，"他有能力按照他自己的义务概念为自己设定目的"。要求其他人将他自己就能做的事情作为他应当做的,亦即作为他的义务,是自相矛盾的(《道德的形而上学基础》"序言"①,第 4 节,第 296 页)。¹⁰ 当个体的人在实践活动中必须决定他应该做什么时,如果理性或理智处于主导地位,那就没有必要向外求助于一个关心其自身福祉的仁慈之人了。理性意志(Rational Will)以义务的形式直接颁布道德命令,这就体现了"道德原理中的自律,而理性正是凭借这个自律来规定意志去行动的"(《纯粹实践理性分析》,第 131 页)。因此,在这样一个内在的道德生活中,选择是不存在的。善良意志,唯一无条件的善,无一例外地引发基于道德义务而实施的行为,并且行为的动机完全来自对于这一义务的承认。我们意识到道德义务是一种服从法则的命令,这个法则同等地适用于所有理性存在物,因而它要求我们保持行为的一贯性。由是,我们便有了将其普遍化的能力,就如我们将信守诺言普遍化那样,这是因为,在一个由人所组成的共同体中,信用体系的基石正是个人不随意为了自己的私利而违背承诺这样的理性要求。每一个道德行为人都是他自己的主人,在他遵从道德命令的要求时,他所俯首的只是他自己。

  如果这种内在指向、法则支配的道德概念本身是合理的,那它对我们的道德形式概念提出了挑战。但是,除非有其他人的广泛确证,表明道德就在于服从理性的义务要求,否则,康德的立场必然在很大程度上被视为是直觉的。实际上,他自己试图仅仅通过理性本身来论证理性之于道德的中心地位,已经为上述看法提供了理由。他说,一旦纯粹理性被显现出来,它就"包含对它每一种运用进行批判的准绳"(《纯粹实践理性分析》"导言",第 102 页)。他对理性意志作为指示个人道德义务的先验论证,代表了一种实质性理想的表达。由此,对于我们道德的形

---

① 原文"the Metaphysical Elements of Ethics",李秋零先生译为"德性论的形而上学初始根据"。同时,引文的中文翻译可参阅《康德著作全集》(第 6 卷),李秋零主编,中国人民大学出版社 2007 年,第 399 页。——译者注

式概念来说,它无须被视为一个挑战。他强调理性和个人的义务,仍然意味着使个人承担对于他人的道德责任,正如他在这个绝对命令中所指出的:

> 如此行动,以便你自己人身上的人性,和其他人身上的人性,在任何时候都被当作目的,永远不能只被当作手段。
>
> (《道德形而上学原理》,第 46 页)

如此看来,康德的伦理学仍然能被归置于对他人利益的实践考量的范式中,因而与我们的道德形式概念并不矛盾。

直觉的和哲学的道德观回顾

道德直觉观念在童年时期和成年后一样,是与正义、平等、歧视、遵守规则或信守诺言这样的感受联系在一起的。哲学家们的主流看法倾向于将仁慈与极致的利己主义对立起来,并认为道德是一种对他人利益的关照,但康德是一个例外。诚然,道德感,或者仁慈的情操,就其本身来说在实践道德中没有什么作用。如果每个人真的——经验上真的——拥有服从道德命令的理性力量,承担自己面对的义务,那么,对他人利益的实践考量就可能没有必要了。因为这样的话,内部指向的道德命令无异于将他人视为目的,从来都不只是手段。问题在于,对于所有人来说,甚至对于所有那些愿意善待同类的人来说,理性发出的声音并不总是相同的。

上述关于道德的直觉观念和哲学看法的考察,使我们有理由相信我们的道德形式概念是无须改变的。我们如此断言,考虑到了休谟对人类有限的慷慨的看法,也考虑到了霍布斯所强调的那种压倒一切的自利。立足这一视角来理解道德,就像人们通常所体认的那样,它是一种从由我们的自我到他人的自我的外向超越,是一种为他人福祉而克制以自我为中心的强大冲动的自觉努力。正如西季威克①对于普遍的仁慈作为一种共同责任所评论的那样,考虑到所需的努力相比于其作用来说如此微不足道,"我们应该为所有人作出这样的牺牲"。[11]

与形式概念相关的实质性问题

现在,为了扩展我们对道德的理解,我们将表明各种实质性问题如何从形式概念中产生出来。首先,我们将考虑与道德的形式概念相关的道德价值和道德原则,使价值的讨论深入到它们如何能够被证明是客观还是主观的追问中。其次,我们将思考是否可以说我们有一种道德上的目的,亦即,合乎道德地活着是否是为了一个目的。再次,第三个任务是第二个任务的延伸,将考虑伦理哲学所提出的最普遍的目的之一,即幸福,是否可以被证明是合理的。最后,作为形式概念的实质性发展,我们将阐明一种连贯的个人(personal)伦理立场。

道德价值观

当我们与他人建立道德关系时,我们自己的道德价值观与他们的道德价值观都是公开可见的。我们关于道德价值观的理解不能容纳任何所谓的"私人道德",不能将其视为诸如"忠实于自己"或"将自己的某种追求作为对人类的义务"之类的看法。如果我们的价值观是道德的,则它们必然是指向他人的。惟其如此,诚实、讲真话、守信、公正、自由才是有意义的;仅就其与自我的关系来理解,它们是没有道德意义的。在其他方面,道德价值观具有与我们所有其他价值观一样的特征。它们展现了我们的个人偏好,就像我们的阅读、我们对某种运动或音乐的选

---

① 亨利·西季威克(Herry Sidgwick, 1838—1900),英国著名的伦理学家,古典功利主义的重要代表,著有《伦理学方法》。——译者注

择一样；它们在某种程度上是一种允诺，展示了我们为之坚守并在与之相关的行为领域用作标准的那样一些事物。当它们与道德相关时，它们会使我们倾向于以实践的方式考虑他人的利益，并检视恶意和做坏事的冲动，尤其是那些使他人痛苦的冲动。作为我们的道德偏好，我们的道德价值观表明了其所是，但在道德行为中，它们也是我们对其所应是——为了自己，也为了他人——的判断。因而，我们的道德价值观有其规范性的维度，但由于它们属于个人，我们可能会发现，尽管在我们自己的共同体中存在着广泛的价值观共识，我们的一些道德价值观仍然有可能与其他人的道德价值观相抵触。这样一来，正如第五章中将要论述的那样，我们的任务就是在讨论中解释和捍卫它们；如果我们发现其他人能够揭示我们的价值观的道德缺陷，我们会愿意对其进行调整和修改，但不一定放弃，除非有充分的理由。正如我们已经看到的，康德所信奉的一种道德价值观影响了后来的许多伦理思想，那就是对人的尊重。

作为我们所坚守的行为标准，我们的价值观有其属于个人的、使人为之尽心尽力的本性；但有必要指出的是，它们还是可修正的。事实上，如果没有自由地设定和改变现存事物的可能性，那么，即便是反对以强力扭转根深蒂固的态度和价值观，关于道德的讨论除了描述事情恰巧如此以外也还是没有什么意义的。并且，这样的情况下，在合理解释我们为什么应该这么做或那么做的基础上提出一种规范性道德，也是毫无意义的。

道德原则

我们首先必须承认，由于形式概念本身与某些行为（道德行为、正义或教育的行为）有关，因而无一例外地可以通过根本原则或基本原则的形式表达出来。有了形式概念，道德的基本原则就不证自明，只要将前者转化为后者的表达方式即可。因此，道德的基本原则是，我们在生活中应该时时处处都有对他人利益的实践考量。正义的基本原则是,那些对他人拥有权力或影响力的人应该将他人作为人予以公平的对待。教育的基本原则(与正义一样,也是一个道德原则的表达)是,社会的相关成员应该尽可能地给他人提供帮助,以便他们的潜能以符合社会价值观的方式得到发展。这一原则尤其适用于青少年,但不限于青少年。

这些基本原则可以推导出其各自的派生原则(secondary principles)。基于此前所述的原因,道德的第一个派生原则是,在我们对于他人的实践考量中,我们不应忽视自己的利益。第二个派生原则是,我们在任何时候都应尽可能地避免或防止给他人造成痛苦。为了维护第二个原则,我们有理由支持将免于痛苦的生存境况作为所有人都拥有(就如其他有感觉生物也都拥有一样)的利益之一。这是他们福祉的一部分,而福祉则是他人利益的核心内涵。

我们现在将进一步寻求道德的第一个派生原则的正当性,这个原则涉及我们自身的利益。如果我们能够舍弃所有个人价值观,采取一种纯粹的理智立场(intellectual stance),那么我们将直面个体的实践境遇,每一个体有其欲望和情感,每一个体有其需求,例如潜能发展的需求、在与他人的关系中理解自我的需求、有把握地对未来进行规划的需求——所有这些相互作用,反映了一个社会群体中的和谐与矛盾、共识与分歧。哪些行为有助于减少和消除冲突,这需要原则的指导;个体必然要确定他们自己的目标,而原则将引导他们在确定目标的活动中既考虑他人,也考虑自己。单单考虑自己,完全地以自我为中心,将会加剧冲突。单单考虑他人的利益,将自身的利益完全弃之不顾——如果可能的话——则意味着社会群体中的每一个体都不再主动寻求其个人的目标,而是让他人为他确定其目标。例如,A 为 B 和 C 的利益服务;B 为 A 和 C 的利益服务;如此类推到一个社会单元中的每一位成员。在每一种组合中,个人的愿望、动机和目标要么都是被假设或推定的,要么需要向许多其他人解释。从这个想象的外部立场中可得出什么结论?这就是我们不能忽视自己的利益:我们必须像考虑他人的利益一样考虑它们。因此，如果我们立足于假定的那种纯然的理智立场，认为道德是关乎社会群体消除人际冲突、维护和谐关系的事情，那么，对他人的利益予以实践考量，同时也不忽视我们自己的利益，就是我们道德生活的核心要义。

现在，让我们来考虑更为现实的问题：我们这样既有理性又有价值观的人意味着什么？用比喻的方式来说，如果现在打开两者之间的大门，我们将认识到，我们通常是对同胞有某种同情心的人。我们将精神病患者排除在外，这些人由于精神上的异常，可能呈现出病理性的残忍、野蛮，或对他人利益的漠视。无疑，这些人在战争时期与和平时期都是存在的。同情是我们本性的一部分——因而就像休谟和18世纪其他一些道德哲学家所相信的那样是与生俱来的，还是后天习得的，抑或是有赖学习强化的品格倾向，这一问题我们暂且不做定论。依照经验，这个问题可能没有一个放之四海而皆准的答案。然而，我们的确知道，与家人、学校和社区中的其他人一起生活的经历确实让我们获得了关切他人的态度和价值观。这样一些品性的养成，是伴随着理性的发展，并且经常与理性结合在一起的。基于同样的方式，随着个性的发展，个体的欲望、动机和目标在增长，自我利益的关切也在人的成长过程中不断增强；从某种意义上来说，我们长大成人就是愈来愈清楚地意识到，我们的利益和他人的利益有时会发生冲突，因此不得不进行调整。这种理性认知由于对他人的同情而强化，因为我们能察觉到，他们有着与我们类似的利益，他们也是渴望着、感受着、努力着并不时对如何实现目标思来想去的存在者；可见，我们人与人之间存在的一种人类亲缘关系，构成了我们的同情之根基。

必须指出的是，以避免或减少社会冲突来进行论证，只不过是提供了一种实用的理由。更深层的理由与这样一种仁慈的价值或情感相关，它在我们看来是普遍共有的，即既然他人在其欲望、情感、动机、目标等方面与我们如此相似，则应该将满足他们的利益与我们自己的利益视为同等重要，因而在我们这里与我们自己的利益予以一起考虑。这是基于理性和价值观的理由，也是比单纯的实用理由更强有力的理由。它的不足在于，如果仁慈的价值本身是道德的一部分，我们就再一次陷入循环论证，亦即通过道德本身的一个方面来证明根本道德原则的正当性。如果我们同意第一个派生的道德原则只是表达了我们作为人的事实，即在理性和价值观方面都存在局限，但无一例外（或者说几乎无一例外）都对他人抱有某种同情的态度，那么，我们就从与道德没有关联的本然中（from nature）获得了一个论据，因为我们不可以从事物之所是推导出其所应是。因此，对于这个派生的道德原则来说，我们不能根据在经验中发现的情形提出其具有正当性的绝对理由。

无论如何，我们必须承认它是道德的形式概念的实质性扩展，并且对于这个原则的第二部分（即我们自己的利益）要有一个附加的说明，从而使之考虑到社会关系中的一种特殊情况——在这种情况下，无视我们自身的利益是不合乎理性的。不过，如果诉诸理性是私下的行为，那我们永远不可能完全称心。

我们现在暂时回到第二个派生原则上，即关于避免痛苦的原则。仁慈概念在经验中通常承载着避免恶意（non-malevolence）的意思，而善行则具有避免恶行（non-malefaction）的意思。恶意与恶行在童年和青少年时期的突出表现是残忍，对他人和对动物的残忍。对于正常的个体——还是要排除精神病患者和心理上不成熟的人——来说，某种程度的同情心是人类的普遍倾向，对于痛苦的某种程度的厌恶也是人类的普遍倾向。如果考虑他人的利益是正确的，那施加不必要的痛苦就是错误的，因为对他人利益给予实践的考量是包含这一要求的。施加不必要的痛苦是残忍的，残忍是错误的。（这里需要指出的是，某些引发痛苦的行为是必要的——就像手术中发生的一样——因为这样的行为是最终缓解或消除疼痛的手段。）对于任何生物，只要它们确实是有感觉的，并且有的时候也能够体验到精神上的痛苦，那么，任何情况下使它们承受身体和精神上并非必要的痛苦就是错误的。一旦我们扩展道德的概念,从而将我们环境中人类以外的有感觉存在物包括在内,这一原则将能够获得更大范围的有效性。我们将在下一章考虑权利时就这一问题展开论述。就目前而言,我们已经有理由支持这样的一个中级道德原则:无论什么时候,我们都应该尽可能避免或防止对他人造成痛苦。

道德价值观——客观的,还是主观的?

我们已经大概地将个体的道德价值观看作个人的偏好和应许,因而它与个人在文化活动、服装或伴侣方面的价值取向一样是主观的。这样的类比并不贴切;不贴切的一个理由是,道德价值观通常要稳定得多,并且我们对它的应许通常更加执着。在大多数情况下,相比于道德价值观来说,我们在衣服和伴侣方面的价值观更容易接受批评,尽管防御和保护对任何价值观来说都是普遍的反应。在目前比较中更为重要的是,我们认为我们在衣服和伴侣方面的选择,根据相关价值标准,是我们个体的偏好;而在道德价值观中,这样一种作为偏好的特征常常被一种客观化倾向所遮蔽,从而被认为是人人都必须接受的普遍责任。与这些普遍责任联系在一起的规则,是我们所有人都必须遵守的,是任何偏好都不能加以改变的。正如康德所强调的那样,我们在为自己立法时,也为其他的所有人确立规范性的法则。一些道德哲学家已经注意到,道德的语言中充斥着康德赋予其特殊内涵的"义务"和"责任"这样的术语,具有从我们孩提时就体验到的权威色彩。把道德上的良善和正确与规则、权威、服从、惩罚或奖赏联系起来,是大多数文化养育孩子实践的一部分;事实上,在孩子具备推理能力之前,这也是让他们养成遵守规则的习惯或者说开始对他们进行道德教育的唯一办法了。我们从童年开始就显现出一种将"良善"和"正确"客观化的普遍倾向,使它们被当作客观属性,是心灵之外的东西,是我们每个人能够在合乎道德地生活之前寻求、发现并且决意为之努力的东西。学校的语言延续了道德具有权威的基调,继续强烈地暗示着道德的客观属性。要将"作弊是错误的"牢牢记在心里的,并不只是个别的作弊者。对于学校共同体来说,它是被普遍化为"每个人都知道"(或应该知道)的东西,是始终要牢记的东西;一个学生如果未能认识到它应有的客观性,就会被认为是某种程度的感知力缺乏并受到指责,正如因为撒谎、违背诺言、偷窃等行为而受到指责一样。甚至校长训诫中的学校道德传统也是如此,存在于心灵之外,从过去到现在,比校舍更坚不可摧。

我们的任务是探究这种将道德价值客观化的普遍倾向是否能够被证明是合理的,它是否是一种错觉。如果道德价值不是客观的,那么它们就是主观的,是态度的一部分——如果它们被人们确信须无疑地坚持,就是价值的情结(value complex)。我们将回顾客观与主观的争论,但会努力保持相应的篇幅,因为无论我们持有其中的哪一种观点,道德行为的特征——它的慎议、判断、决定或结论,以及由此产生的道德行为——似乎不会受到太大的影响。无论我们将其视为客观的还是主观的,价值观可以是同样强大且导向行动的。

客观的观点

G. E. 摩尔在他的《伦理学原理》一书中提出,善是一种独特的属性(因而也是客观的);就像"黄色"一样,是无法定义的。他解释说,尽管对于正常眼睛产生刺激作用的特定光的共振是自然的,但被人真实感知到的黄色并不是自然的。同理,善的被感知也不同于我们感知良善之人这样的对象:前者是非自然的,后者是自然的;如果我们将非自然的事物与自然的事物混为一谈,在事实上感知到一个良善之人时却错误地相信我们感知到了良善,那么,根据摩尔的断言,我们就是犯了"自然主义谬误"(the naturalistic fallacy)。[12] 摩尔声称,理解那些不能由感官经验产生的知识,涉及这样一类对象或者是对象的属性,它们不存在于时间中,因此不是自然世界的一部分。善不存在于时间中,它没有延续性,既没有存在的开始,也没有存在的结束;开始与结束都不存在。然而,就像"二"意味着什么一样,善也意味着什么。自然界中存在的只有善的事物或者善的品质。摩尔拒绝任何假定的超感知现实对伦理的影响,并捍卫如下主张:不是所有存在的事物都能够在自然界中找到其位置(第110—111和113页及其后续页码)。将善视为独特属性这一观点的最激烈批评者,是那些有科学探索精神的人;他们反对不可定义或不可辩驳的主张,因为这样的主张往往会阻碍而不是促进探索。主张善的客观性,如果确有理由,那也应该提出可讨论的、可反驳的和非教条式的论据。持相反观点的人似乎认为,要使善能够获得普遍的理解,就必须在经验的涌流中清楚地确定它在哪儿,使之作为自然界中的某种东西变得可以察觉,而不是所谓的非自然属性。因此,有人认为,善在这样一些活动中是可以被觉察到的,例如与他人合作的特定活动,体现着爱、同情、仁慈、勇气、求真等的活动。[13] 这样,我们就可以理解它、讨论它;如果我们发现它是不充分或有缺陷的,也可以寻求在经验中提升它的办法。但是,就拿合作(cooperativeness)来说,我们完全无法确定为什么它必须要被视为在特定类型的活动中发现的客观品性,而不是个人的或主观的价值表达。多数人可能对某些事情有类似的评价,这本身并不表明道德价值观的客观性。

主观的观点

对于善的主观看法,主要出自两个思路:第一个是主张"善"和"正确"等伦理术语只是赞同和反对之态度的表达;第二个是认为伦理陈述只是表达(和激发)情感(feeling),其中没有认知内容,也没有提出任何主张。第一个路径的支持者有时被称为"正统主观主义者",而第二个路径的支持者则被称为"新的"或"激进的"主观主义者。由于态度具有认知基础,而情绪并不具有,在它们各自的路径之间存在着重大的心理学鸿沟。第二个阵营①中的人们认为,他们发现了正统主观主义存在着严重的缺陷,尤其认为这种主张引发了矛盾。赞同(approval)一方面表达

---

① 指第二个路径的支持者,即"新的"或"激进的"主观主义者。——译者注

的是赞成性的态度，另一方面表示道德上正确或错误的信念，两者并不相同。面对屠杀战俘或将他们置于高度危险之境地的行径，人们可能有对死刑的赞同，但同时也会有这样一种道德信念，即这种赞同是道德上不正确的。一个人可以赞同用摧残身体和致其病痛的方式杀死动物，但同时承认这样的行为是错误的，并且他可以说这并不自相矛盾。正统主观主义的批评者自己也忽略了一个根本的区别：对某事的正式赞同或给予某事的赞同与持有赞同态度之间的区别。如果我们希望避免歧义，那么就没有理由把前一种意义上的赞同当作"态度"。一个人如果有这样一种道德信念，坚定地认为死刑是错误的，他就不能同时说"我赞同死刑"，除非他是在被胁迫下说的。只有在这个问题上没有达成道德信念的人，只有这样一些含糊的、多虑的、困惑的、谨慎的或墨守成规的人，才会说："我赞成死刑，但我有一种感觉，它仍然是错误的。"即便社群中有一些真正坚持道德态度和价值观的人，能够以强大的感染力使其他人在道德问题上采取类似的态度，那也无法保证其采取的这种态度是真实可靠的。

"新主观主义"的激进之处在于，他们相信，善与正确、应该与义务，以及诸如此类的伦理言说仅仅是表达或激发情感，没有陈述任何需要检验真假的命题；并且，伦理术语没有任何认知上的意涵。这从经验层面来看是一种极端的观点，并且带有猜测和对人不够尊重的意味。对于暴力和践踏、凶残或堕落这样的行径，那些只是用情绪性的咒骂予以谴责的人，不一定对这些行为的错误没有观念上的把握：不善言辞不应被误认为是认知上的欠缺。我们不会在这种观点上耗费更多时间，只是有必要指出，大多数的伦理言说或许是情绪化和说服性的，但不妨碍其同时表达个人的道德态度和价值观；它也可能是情绪化和说服性的，但没有表达任何真实的道德态度和价值观。

主观主义这一语词在其最可能获得辩护的意义上来说，是把善和正确的观念当作个人道德信念之表达，亦即，真实的道德态度和价值观。从这个意义上说，善和正确确实包含认知内容,但它不是在外部世界中可以发现的内容。这种认知是主观的看法,因为无论道德价值观以何种方式获得,也无论有多少人可能持有类似的价值观,它指涉的是个体自身的道德偏好和应许。这种主观主义解释了所有的道德价值观,而不仅仅是一部分;它排除了某些道德价值观是客观的可能性,然而许多人可能共享特定的价值观念。

质疑价值观的客观性:伦理相对主义

一些人有着相似的价值观念,一些类型的活动有着相似的特征,比如合作活动、慈善活动或者自利活动;这样的评论,似乎仍然证明道德价值观是客观的。这里的错误在于描述的方式。注意到我们将其描述为合作或仁慈的所有活动的相似性,并不是说在每类活动中都发现了合作或仁慈的客观特性,而只是表明我们的合作或仁慈的价值观念能够应用于种种不同的活动。案例的增加并不为道德价值观的客观性提供支持。社会学的描述可能更具误导性:这种看法认为伦理术语仅指文化共同体成员认为普遍可接受的任何价值观念。在种种不相干的活动中,可以观察到一种忠诚对待同事的价值观念,似乎个人仅仅是将他们的文化的价值观演示出来。但是,任何社会通过其成员广泛接受为价值观的东西,与"善"和"正确"本身是什么的问题是不相干的;也就是说,与价值观的客观性问题不相干。伦理相对主义——正如这种观点被人所称谓的那样——仅仅描述了特定社会情景中的价值观,这些价值观在个体成员之间传递着一种独特的统一尺度,但并没有解释这种价值观的道德品性。个体是否普遍地遵从社会价值观,与价值观本身的道德正当性无关。

伦理相对主义之所以与我们目前的讨论相关,主要是因为它对道德价值的客观性提出了质疑。有充足的经验证据表明,社会习俗对个体的道德价值观的形成有一定的影响:我们在家庭和学校中学到的是非观念部分地体现着社会的期望。在一些个体的心目中,获得社会认可的才是正确的,道德发展不会先于有时被称为"愿意接受社会规范"(socionomous)的行为,亦即寻求社会认可并规避社会不认可的行为。在某种程度上,这些价值观因文化而异,但它们是作为个体行为的唯一标准而被一些人所学习和接受的。不过,某些人确定无疑的东西,对另一些人来说未必是确定无疑的。

道德价值观的客观性,相比于它们的主观性,从个人态度和价值观的角度来说,更加难以辩护。我们必须再次承认,关于我们的道德价值观的简单描述本身并不表达道德立场,它所涉及的仅仅是现实发生的情形,而不是应该发生的情形。我们使自身的主观价值观展现出规范性的方式就是,证明它们对于他人同时也是对于我们自身的正当性,最好是有一个与他人进行理性讨论的过程。完美地合乎理性,这将是我们所寻求的最高形式的辩护理由,但它不会是绝对正确的,我们可能需要根据他人的批评来调整我们个人的道德立场。另一方面,如果没有相互的讨论,其他人可能会以自己的标准来批评我们的道德价值观,但这样一种来自外部的评价,如果其一直使用的各种标准未曾受到公开的批评,就没有什么价值。价值的主观性没有道德上的理由,除非它们的标准可以接受公开的审查。依据我们的主观的道德价值观提出他人应该承担的道德责任,如果要在他人的同时也在我们自己的道德实践中发挥效用的话,理解和接受都是必要的。当我们提出个人伦理立场时,我们将回到道德价值观的主观性问题上来。

道德的目的

道德的价值观念、标准或偏好本身就意味着道德上的目的:价值观念有许多可能的实质性变化,个人寄予道德的目的也是如此。基于社会学视角的社会目的不同于基于价值观念的目的。我们首先来考虑这一类目的。

道德的社会目的:减少冲突

当我们进入社会情景并看到个人与他人的交往时,我们会观察到利他主义

(altruism)与利己主义(egoism)之间、顾虑他人利益与无视他人利益之间的张力。由于它们两两之间存在显见的对立,我们认定纯粹的利己主义是不道德的(尽管利己主义作为一种道德理论有来自理性而非价值的支持,或者来自理性和价值结合在一起的支持)。

休谟对于利他主义—利己主义张力的思考,源于他心目中以自私和有限的慷慨为特征的人的形象,正如我们已经指出的,也源于他眼中以资源稀缺为特征的社会状况。从历史的观点来说,有大量支持休谟这一立场的证据:这两方面的相互作用一直不可避免地强化竞争性和自利性,无论是在小型狩猎部落、更稳定的农业定居点,还是在由它们发展而来的极其复杂的工业化社会。在每一个社会发展阶段,符合社会利益的做法都应该是,每一个成员仁爱他人,平均分配食物和负担,本着理想的公共精神使能者多得,使自己不占不贪。但正如休谟所观察到的,道德生活中存在着始终无法消除的实际困难:仁慈总是处于稀缺状态,生存必需品也是如此。基本生活资料的获取越是困难,对仁慈的需求就越大。因此,从某种意义上说,人的生活环境迫使他变得自私自利,而道德作为一种社会的规则和规范是为维护所有人的利益而成为必要的;这就像在自然状态下,在社会规范出现之前,最强者战胜最弱者而生存下来,并使法律体系成为必要。这至少是霍布斯在17世纪就有的看法了。在他看来,人从根本上是自私的,寻求自己欲望的满足,但时常陷入大多数人"对同一样东西有欲求"的境况。这样,正如霍布斯所解释的那样,在法律被制定出来之前,人们追求或渴望的东西总是被最强有力的人所占有。[14] 17、18世纪这样的道德反思,催生了一种蕴含明确社会目的的道德概念——与这样一种道德联系在一起的是维护普遍利益的规范需要。休谟关于人类具有普遍的同情心的论述是对霍布斯立场的发展,因为根据霍布斯的理解,同情本身应该有助于减少人的赤裸裸的自私自利。

在接下来的19世纪和20世纪,复杂的工业化社会中发生了18世纪未曾考虑过的社会冲突;一些感受到这种社会冲突的人,将利己主义的一种不同的面相展现出来。例如,从社会主义角度来看,利己主义是资本主义激烈竞争有限资源的不可避免的副产品。

对于那些持有类似于康德的道德信念的人来说,寻找道德的目的是不必要的:道德是对道德义务的服从;这就是它自身的目的。对于那些关心道德的社会影响的后果主义者来说,道德之目可以被视为减少个体之间的冲突,其手段是自我施加的审查,并在对他人利益积极关注的驱动下,克制欲望或利己的冲动。声称特定情况下一个社会的所有成员都是不需要与他人交往的利己主义者(egoists),与社会这个概念本身是矛盾的。社会是为交往着的人而存在的,而道德则从随之而来的交往中获得意义。完全利己主义的道德是自相矛盾的。但我们必须重申的是,完全把减少冲突作为道德目的的合理性解释,不过是实用的做法;它给出的是一种外在的合理性解释,而不是与道德在其形式陈述中的基本特征和由此衍生的派生原则有关的理由。它首先不是道德意义上的,而是社会学意义上的。

道德的价值目的:以幸福为例

道德价值观念的高尚,源自于它们与道德的形式概念及其基本原则和派生原则的密切程度。我们将考察这样一种作为道德普遍目的的价值观念,它提出了个人道德行为和活动应该指向的目的。自亚里士多德在他的《尼各马可伦理学》中提出幸福以来,它一直是道德哲学中被广泛讨论的主题。道德哲学的任务就是寻求人类存在的目的。亚里士多德在他的著作中指出,普通人与那些"超凡脱俗"的人都将幸福视为总体的目标,但他们对它的解释却是不同的。亚里士多德本人对什么是幸福的回答是"eudaimonia",这个术语既指行为优良,也指品行端正。它的要义不在于休闲娱乐或身体上的愉悦,而在于修习最高的美德,即沉思。它通过深邃地思考"高尚和神圣事物"(第 10 卷第 6 章,1177^a),恰好满足了做事好和为人好这两方面要求。根据亚里士多德的说法,这样一种幸福是动物所不可及的,也是奴隶所不可及的。几乎同一时期的伊壁鸠鲁将幸福量化为任何类型的快乐,而希腊语中的快乐一词——hedone——则使我们用"享乐主义"(hedonism)来描述他的观点。因此,对于希腊人而言,幸福确实意味着不同的东西。但对于杰里米·边沁等近代享乐主义哲学家来说,真正值得追求的目标是快乐总和的数量,而不是其质量。在《道德与立法原理导论》中,他解释了这样一个观点,即我们都受到痛苦和快乐这两位主人的主宰;而后,他提出了他的功利原则,确认了人类普遍被主宰的处境。他所说的功利是指"任何客体的这么一种性质:由此,它倾向于给利益相关者带来利益、优势、好处或幸福(所有这些表述概念在这里归结为相同的含义),或者倾向于防止利益相关者遭受损害、痛苦、祸害或不幸(这些表述也归结为同样的含义);如果利益相关者是一般的共同体,那就是共同体的幸福;如果是特定的个人,那就是这个人的幸福"(第1章第3节,第1—2页)。[15] 当一个事物增加了一个人的快乐总和或者减少了他的痛苦总和时,它就促成了这个人的利益,或者说是为了这个人的利益(第1章第5节,第2页)。边沁甚至解释了如何衡量快乐和痛苦:直接"把所有的快乐的值加在一起,另一方面把所有痛苦的值加在一起"。如果快乐的总值较大,则表示行为的"善的倾向";如果痛苦的总值较大,则表示"坏的倾向"(第4章、第5章,第16页)。一个行为之所以为善,在于它能促进最大多数人的最大利益;在这里,每个人都算作一份,善的衡量标准是幸福或快乐。幸福和快乐是同义的,值得关注的仅仅是它们的数量方面。在这个方面,图钉对于边沁来说是与诗歌一样有用的。从功利这个概念中,我们衍生出功利主义者(utilitarian)这个名称,以指称具有与边沁相似信念的哲学家。

作为一名功利主义者,密尔承担的任务是回应对于这种观点的批评并进行修正,例如承认快乐或幸福并非只有一种类型。"做一个不满足的人胜于做一只满足的猪;做不满足的苏格拉底胜于做一个满足的傻瓜。"(第284页)[16] 但密尔的辩护并不完全充分。他反驳功利主义的批评者说,这一理论所指的幸福以及它的正确行为之标准,不仅是行为人的个人幸福,而且是所有相关人员的幸福。行为人必须严格做到不偏不倚,成为"无私和仁慈的旁观者"(第 291 页)。密尔最终的辩护在于人性:我们所欲求的事物"既不是幸福的一部分,也不是实现幸福的手段"(第 312 页),我们天生如此,因此,幸福是人类行为的自然目的。从他的论述来说,这是无可争辩的,尽管他确实承认这是一个需要实证调查的问题。

密尔对功利主义提出了太多的限制:一方面是要做一个无私和仁慈的旁观者,另一方面是作为一个有欲求的个体,自然地寻求自己的幸福,但也关注自身的行为后果,因为这些行为也对最大多数人的最大幸福有所贡献。行为功利主义(Act Utilitarianism,指个人行为对所有相关人员在其幸福或不幸方面所造成的后果)的主要弱点有如下几个方面。第一,它是含糊的。究竟什么算是幸福,一直未得到明确说明。使问题变得更严重的是,边沁将利益、优势、快乐、美好和幸福混为一谈。如果不清楚幸福是什么,那就无法作出细致的测算;并且个人对痛苦和快乐的体验肯定不是可以用任何数字方法予以量化的对象,也不是可以放在任何天平上进行权衡的对象。我们如何确定一个人的痛苦或快乐体验与另一个人体验的可比性?边沁关于强度、持续时间等的标准本身并不精确:对一个人来说是强烈的事物,对另一个人来说则未必如此(《道德与立法原则导论》第 4 章第 2 节、第 4 节,第 16 页)。对一个行为的影响来说,我们没有办法评估一个人的幸福何时开始、何时结束。我们是接受亚里士多德的定性意义上的幸福,还是将幸福视为快乐主义的和定量的,这之间有着很大的不同。当幸福被像边沁那样以一种无差别的方式使用时,或者被像某些人那样用来表达一般的社会理想或实践偏好时,这种混乱的局面会更加不堪。依据行为功利主义行事,就会面对如此之多的不确定。

行为功利主义的第二个主要弱点是,它容易导致道德上的矛盾,因为它声称我们的首要义务是促进普遍福利或幸福。谋杀一个暴力的丈夫和父亲这一行为所造成的,可能是幸福远远多于不幸的后果。这是否意味着该行为在道德上是正确的呢？我们所持有的道德信念,例如谋杀是错误的,信守诺言是正确的,彰显了我们的道德价值观。在我们决定如何行动的思考中发挥显著作用的,正是这样一些道德价值观。但在很多情况下,一项行为对普遍福利的影响无法轻易预测,因而谨慎地思考,甚至计算,是必要的。行为功利主义者所期望的,是我们应该搁置自己的道德信念,允许基于计算的理由来使一个行为达到最大多数人的最大幸福吗？在某些情况下,这样的方法具有马基雅维利主义(Machiavellian)的色彩;①但在几乎所有的情况下,它是行不通的,因为这与道德价值观的意旨(meaning)及其基础性的实践道德是相背离的。事实上,要使基于计算的理由能够如此普遍地驱动行为,唯一可以想象的情况就是行为人并不同时是道德的行为人;他根本没有道德价值观,也没有道德意旨的观念。在这种情况下,可以通过操控或设计一个行为,来给某些人带来极大的满足,给其他人带来无尽的痛苦。从历史上看,这种情况在奴隶制、农奴制和某些形式的殖民主义下曾经是普遍的;现如今不难想象,一个老谋深算的人,如果位高权重却毫无道德顾忌,为了追求哪怕稍稍更多的总体幸福(假设出于某种奇怪的原因,例如为了向人们解释他的政策和做法,他要明确表达对行为功利主义的支持),能够作出怎样精致的决策,造成怎样的苦难。同理,有些人可能会想要用功利主义为拒绝偿还债务辩护,其理由是他们将钱捐给处于困境中的人会带来更多的总体的幸福。为人夫者如果厌倦了对妻子和家庭的婚姻义务可能会计算出,在他们的妻子工作的情况下,他们与那些渴求幸福的年轻女性结婚将会产生更多的总体幸福。诸如此类傲慢的理性计算可能与个人的道德信念发生冲突。事实上,除了增进所有相关人员幸福的这个功利主义的义

---

① 马基雅维利(Machiavelli, 1469—1527),意大利政治家和历史学家,以主张为达目的可以不择手段而著称于世。——译者注

务以外,我们确实承担着基于我们的道德价值观的道德义务。边沁试图以多种方式回应他的批评者,例如,他用"次生"后果("second-order" consequences)对起初的论述进行详细解释,并表明违反契约安排会导致普遍的不幸福。但道德哲学家们没有停止揭露功利主义的内在矛盾。摩尔在《伦理学原理》(第 3 章)中集中揭示了它的一些不一致性和矛盾之处。

　　密尔承认幸福不仅有数量上的差别,而且有质量上的差别,提振了行为功利主义的"士气",但他在质量衡量如何区别于数量衡量的问题上仍然没有使该理论摆脱含糊不清的境地。他说,这个问题要靠那些最适合做此类比较的人来解决(第 286 页)。边沁认为,每一个人都遵循规则是实现总体幸福的最佳路径,但这些规则仍然是个人自己的规则,而且是个体的行为——就其带来的总体幸福而言,对他来说具有重要意义。另有一些学者则将关注的焦点从单一行为转移到此类行为的普遍效应上,思考如果 A 行为被普遍化为所有人都遵守的规则,它会对总体幸福产生什么影响。对于行为功利主义者来说,谋杀行为的正当性要从其影响总体幸福的后果来考虑;但对于这种修正过的规则功利主义(Rule Utilitarian)理论来说,谋杀行为归属于一个普遍的规则,应该思考的是谋杀的行为如果成为普遍发生的行为会对总体幸福产生何种后果,如果没有成为普遍发生的行为又会产生何种后果。一位法官认为社区中的死刑犯罪正在增加,他应该将接下来的一个案件作为例外,给予过分严厉的惩罚;因为他考虑到的不仅是审判这一单独的行为,还有它对于普遍福祉的影响后果。另一位法官依照这样一条规则行事,即所有死刑案件都应当由司法系统的每一位成员以同等严厉程度判罚——允许考虑每一案件的具体情况;他实际上所遵循的原则是,最终决定普遍福祉如何发生变化的,是所有相关行为之指引规则付诸实施对幸福的潜在影响,而不是个别行为对幸福的潜在影响。尽管这两位法官在观点上都属于功利主义,但在前一种情况下,法官所赞同的是行动功利主义,而后一位法官所赞成的是规则功利主义。

"幸福""福利"以及类似术语仍然是含糊不清的,道德价值只存在于行为后果的观念仍然是矛盾的;因此,如果可以证明婚姻不忠可以为最多的人带来最大的幸福,那么就会制定一个规则,让每个人都遵守,而不忠本身并不会被认为是正确或错误的。此外,短期的幸福(例如在一些实验学校中可能实现的)与长期的好处或最终的福祉可能是不一致的,因此,在制定规则时有时需要复杂的限制条件或具体说明。当然,只要"最大多数人的最大幸福"这一普遍原则没有被遗弃,幸福的量化问题,就像如何避免个人淹没在幸福的总量或平衡之下的问题一样,仍然存在于规则功利主义之下。

我们已经不难发现,功利主义论证还不足以证明这一观点,即所有道德的最终目的是幸福——我们自己的幸福以及受到我们行为影响的他人的幸福,或者指引行为的普遍规则所产生的幸福。功利主义无论采取哪一种形式,都以后果为关注的中心,从而有可能与道德价值观发生冲突,尤其是在有压迫的情况下,例如奴隶制度、种族隔离、政治羁押等。在何为是、何为非的问题上,我们坚守个人的道德信念;这些信念通常比对于任何次生后果的考量更加打动人心,更能使我们知道应该做什么或不应该做什么。然而,功利主义向我们展示了道德关切的核心要义。只要我们能够认识到与他人的共性,并尊重他们作为人的地位,我们就会对其产生同情之心,对他们的欲求以及追寻的目标产生某种关切,从而必然在道德实践中权衡行为的后果。道德作为对他人利益的实践考量这一形式概念,是以对他人福祉存有关切为先决条件的。这虽然过于含糊,但它表达了我们道德观的基调。如果我们的观点完全符合道德标准,并与这种形式概念及其衍生的道德原则一致,我们就不需要功利主义哲学来引导我们关注他人的福祉,因为这种关注已经嵌入我们的道德观念。有了对他人利益的考量,同时就会有对我们行为之后果的关切,只要这些行为对他人产生了影响。

一个连贯的伦理立场

在进行实质性考虑方面,我最后要做的事是呈现一种个人的伦理立场并证明其合理性。这将有助于再次检验形式概念的基本性质,回顾和巩固已经提出的一些重要的实质性观点,并为后续章节中所采取的伦理立场提供基本原理。我们的个人立场本身作为许多可能的道德之一是有待讨论的,其他立场或许是基于不同的假设而被建构的,但每一种立场的合理性都需要论证。在实践道德中,我们每个人最重要的事情是构建这样一种道德立场:我们可以通过理性和非教条的方式为之辩护,可以接受他人的批评并准备根据理性的指示进行修正。就此而言,我们赞成道德具有社会目的的普遍看法,因为它涉及我们与社会群体中其他人的关系,尽管它保有道德价值观的个性特征并表现为个人的道德信念。我们使自己的主观看法成为态度和价值观的基础,从而在道德价值观的客观性问题上变得犹疑不定。我们发现想要支持功利主义者提出的幸福目标有着类似的困难,但我们认可考虑他人之福祉的道德,这是我们具有道德立场这一观念得以存在的先决条件。

我们的伦理立场建立在拒斥客观价值的基础之上。我们所拥有的道德价值观是经由个人学习而获得的,我们在某种程度上决心为之努力。在最强的意义上,它们构成了我们的道德信念。但是,我们持有的价值观并不仅仅由于表达了我们的态度和价值观而成为道德价值观,如果那样的话,任何价值观只是因为它们是个人所持有的,就都可以被视为道德的。它们如何是道德上优良的,需要我们予以辩护,依据我们的道德的形式概念和道德原则合乎理性地证明它们的正当性;在这里,指的就是对他人利益以及我们自己的利益予以实践的考量,就是在可避免或可预防的情况下不给他人造成痛苦。我们自己的主观主义,既不是正统的主观主义,也不是激进的主观主义,而是指它们是个人的态度和价值观;它们在道德上的良善需要我们为之辩护,首先是要依从理性的标准,其次是要依据我们的道德原则,亦即那些来源于道德形式概念的道德原则。因此,我们的道德判断、道德抉择或道德结论,不只是陈述我们有什么样的价值观;因为要陈述我们有什么样的价值观,自传的方式就可以做得到,例如陈述我们对战争、饥荒或家庭生活的态度。从我们的主观主义立场作出道德判断,就是要宣示,例如宣示战争是错误的;这意味着我们有理由作出这样的判断,我们的理由是可以解释和讨论的。如果一个人说,"我的态度是不应该抱有与侵略者协商的任何想法,应该用武力驱逐他们,但我知道我抱有偏见;这只是我的感受",那么他所做的只不过是一种自传性陈述。公允地说,这样的陈述并不表达深思熟虑的道德判断,因而不会引发一个需要辩护或讨论的问题。就我们的主观主义而言,我们相信的是我们的心灵永远无法摆脱价值的影响:可能在某个问题上,态度总是不可避免的,例如,对于杀戮或战争;对于引发战争局势或至少不阻止战争局势的政党或独裁政权;对于殖民主义;对于侵略或使用武力抵抗侵略;对于先进的武器;对于祖国;对于妻子和家人遭受的痛苦。因此,作出道德判断并为之辩护,也就是为我们自己的态度和价值观进行解释,就像在讨论道德判断时,应当将所有其他参与者的态度和价值观都纳入并且无法将其拒之门外一样。需要重申的是,讨论的目的是使集体的理性能够揭示任何根深蒂固的成见和偏见,并提升判断本身的理性和道德性。因此,从我们的主观主义立场来看,我们并不认为善是可以在心灵之外的世界中发现的东西,而是我们每个人根据理性、道德的形式概念以及与之相关的道德原则构建出来的。

我们自己的伦理观点部分地取决于我们在经验中发现的那种事实情况,但是我们要问,事实情况何以如此?我们之所以这样追问,不是期望由此界定或识别什么是善,而只是为了避免根据经验不可能实施的伦理要求。这么追问的方法交织着与各种哲学的"主义"相关联的困难和混乱。我们将从自然主义(naturalism)、经验主义（empiricism）和心理主义（psychologism）开始，然后再以理性主义进行阐释，但在本章之外我们将不再提及它们，因为只有具体的个人观点才是值得讨论的。就某种看法达成普遍共识而形成"主义"的形式，将会被改变和修正，并最终形成与原初观点仅仅大致相似的观点。

　　自然主义有多种形式，例如卢梭率真地宣称，自然状态下的一切都是善的，而世界上之所以有恶的存在，完全是由于人类社会腐化的结果。对教育领域中的进步主义者来说，自由对孩子来说是自然的，强加的权威是不自然的，因此应该受到谴责。在一些人看来，原罪是自然的，因而为了驱除儿童身上的罪恶，权威和惩罚是合理的。这些陈述都可以还原为分析命题，即一切自然的都是好的（或恶的），其谓词并未扩充主语中已经传达的内容。在另一些常规的表述中，什么是自然的是充分挑选的结果，例如仁慈或同情的自然倾向。霍布斯在他对什么是善的归因方面没有多少推理，直陈他所相信的是源于经验事实的，即人从根本上是自私的，而且对人来说，没有什么比他的欲望更自然了。因此，不管是什么欲望，只要是自然的，就是好的。于是，出现了两种形式的自然主义：第一种，体现在卢梭的看法中，即所谓的处于自然状态的东西，就是好的，是应该遵循的；第二种，正如霍布斯的看法所表明的，就人类本性所共有的意义而言，任何对人类来说是自然的事物，例如欲望或自利，都是好的。第一种情况通常存在选择性便利（selective convenience）的谬误，把无私这样个别的美德或理想人格作为自然状态下的发现，以便与内心的意愿相吻合；第二种情况存在着对人性的狭隘解释，表达的是经验中最显著呈现的东西。这两种情况都显现了从"是"到"应该"的推理谬误。反例随处可见，因而关于这个谬误的任何辩解都不可能站得住脚。在我们自己看来，我们探究我们的态度和价值观本性如何，不是为了显明直达良善的路径，而只是为了驳斥某些关于理性的主张和假设，例如使理性高高在上，而置于其下的则是欲望、情感、动机、态度和价值观念这样一些通常被认为更"自然的"事物。提升理性地位所造就的伦理主张,是在我们道德的思虑、结论、抉择和判断中诉诸理性并且仅仅诉诸理性,其结果从经验证据来看就是不切实际的忠告。我们的立场可以被部分地描述为经验性的,从这个意义上说,我们确实知道,如果不考虑来自经验的知识,我们就可能会陷入规范谬误(prescriptive error)的陷阱,但经验主义有多种含义,从以感官经验作为事实之基础的看法(例如洛克、伯克利、休谟和密尔)到当今时代精致的认知理论。目前还有一个有误导性的标签是心理主义,这个术语在伦理学中有贬损的意味,特别是针对那些使用心理学规律和心理学解释来证明伦理观点或其他哲学观点的理论家。因此,这是从"是"滑向"应该"之谬误的一个实例。[17] 在更宽泛的意义上,"心理主义"被用来指心理学的事实描述与哲学推理和评价在运用中可能发生的混淆。心灵哲学与心理学的某些方面有着明确的关系,伦理学(尽管它的目标是一种不同的探究)也必须将其与心理学相关的内容纳入研究范围,这体现了亚里士多德式的重视"观察到的事实"的精神。

我们反对将理性置于高高在上的位置,无论是为了使我们有能力摆脱"自然"状态的不完美性,还是为了使我们的道德原则具有更高层次甚至终极的合法性。与此一致,我们将与我们的道德活动关联在一起的伦理立场拉回到经验的层面。这使我们能够根据理性检查我们的道德信念、意见、判断等,但不诉诸任何完美或纯粹的理性,也不以任何先验的假设或程序在它的名义下为任何事物辩护。我们相信,不存在两种类型的理性,而只有一种理性,因为没有两个层次的经验,而只有一个层次的经验,尽管人类经验是多种多样的。亚里士多德和康德所做的划分,一方面是纯粹的、理论的或沉思的理性,另一方面是经验的、不完美的、实践的理性。如果它们意味的不是功能上的差异,而是不同类型的正常理性,在我们看来是站不住脚的。我们反对摩尔的假定——他认为善是非自然的,是一种独特的客观属性,因此是不容讨论、不存在反驳可能性的东西。从我们的角度来说,这是他的自然主义谬误:我们放置在主观价值观念之中并作为我们在自然世界中的部分经验的良善,被提升为非自然的东西,但从他的角度来看,这种谬误是赋予非自然的东西以自然的地位。

尽管我们反对将理性提升到先验的地位,但理性仍然是我们的伦理立场的基石。它是我们在经验世界中确认的普通理性;是理性的活动,而不是大多数普通人无法企及的任何一种高级的柏拉图式的现实。它是我们每一个人都有能力做到的,在我们的道德思虑和决定以及批判性评价他人的道德思虑和决定中发挥着重要作用。在关于正义和道德的形式概念中,我们利用了我们素朴的直觉,特别依靠这些直觉使童年的普遍印象浮现出来,但我们不接受具有超感觉能力的道德直觉观念。这种直觉观念有时被称为良心,会指引我们的道德行为或在我们犯错时刺痛我们;它也像高阶理性,意味着(除非用一种比喻的说法,就像我们经常做的那样)高于现实或超出现实水平的东西,无法为我们平常人所经验。

作为我们伦理基石的理性不是尽善尽美的,就像所有自然的力量或能力一样,包括——作为我们道德基石——我们出于同情而关切他人利益的能力。正是希腊人在现实和可能之间呈现出的鲜明对比,为道德思想提供了最基本的洞见:揭露个人和社会的不完美。正如我们自己的伦理观点所认可的,除了休谟在我们身上所看到的自私和有限的慷慨以外,还有许多其他与道德实践相关的局限性:推理、移情的能力——至少在感知他人态度和价值观的程度方面是有限的——以及通过反思和内省来理解我们自身的能力,包括我们自己不可避免的利己主义。理性本身不足以控制我们的利己主义,再加上我们的禀性,特别是态度和价值观念,我们更不能完全地控制它。正如我们已经提及的,18 世纪的哲学家哈特莱注意到"自利的倾向推及仁慈,仁慈反过来减少自利"(《对人的观察》①,第 3 章第 6

---

① 大卫·哈特莱这本书的全名是《对人的观察:其结构、其义务及其期望》(*Observations on Man: His Frame, His Duty, and His Expectations*),1749 年出版,是英国联想主义心理学的第一部代表性著作。——译者注

节），但在与他人的幸福的关联中，有多少显现出自我关照的品性，亦即涉及自己的直系亲属的幸福或福祉，这是不可知晓的。一旦超出了受抚养人或近亲和熟人的范围，休谟的"人性的情感"将受到最严格的考验。将自己的幸福与那些不认识的人的幸福联系起来，与那些没有任何个人关系的人的幸福联系起来，是一大飞跃。从我们自己的伦理视角来说，我们在利他主义和利己主义之间看到了持续不断的张力，而仅靠理性无法显著地缓解这种张力。许多道德哲学家和我们一样同意西季威克的看法，支持利己主义与支持仁慈一样是合乎理性的（包括完全排除我们的态度和价值观）[18]：为自己谋福利与为他人谋福利一样，都是理性的。如果利己主义需要受到约束，它应当由一个统一的强化理性价值的力量（rational-value effort）来约束；也就是说，通过与理性一致的道德态度和道德价值观念进行约束。

  这一过程中价值成分的力量对于利他主义的扩展和利己主义的减少来说是最具重要性的。在这方面，我们自己的伦理观点是对康德和他的道德律令的回归，因为尽管他对理性的先验论证的诉求站不住脚，但其伦理学的义务论特征及其对义务的命令式要求，是令人信服的。只有当我们的个人态度和价值观在唤起行动的过程中具有道德命令的力量时，它们才最有可能与理性一起限制利己主义并强化利他主义。也就是在这样的时候，我们的道德态度和价值观会以法则的力量约束我们，就像康德阐释他的绝对命令时理性对于他所做的那样。他的"来自内部的法则"比外部强加的法则具有更为强大的道德迫切性，因为来自内部的法则既是对自己的也是对他人的法则，是一种使任何外部强加的法则变得多余的法则。从一种伦理的立场来看，这种类似于法律的特征可以被理解为道德信念的一部分，这些信念不是康德所认为的理性，而是我们个人持有的道德态度和价值观。但我们遗弃的是康德声称的那种理性赋予道德法则的必然性。我们这里的道德要求是一个更具偶然性的问题；不仅如此，由于我们主张与他人商谈我们的道德思考和结论，我们难免会面对这样的危险：如果我们所有的道德态度和价值观都具有法则的效力,那么,假使他人将理性的压力施加于它们之上,我们应该变得不那么愿意修正它们。我们所做的道德判断,无论我们是否相信自己受到了理性的影响,还是价值观的影响,抑或两者共同的影响,都不仅是为自己的,也是为他人的。因此,只要可行,我们总是试图使之接受他人的细致审查,从而最大程度地强化其理性品格。尽管我们理解道德的路径是主观的,但正如康德所做的那样,我们认为,在作出道德判断时,我们为所有人立法,而不仅仅是为我们自己立法。因此,我们的判断不是试探性的,而是满怀信心的,除非单一的理性解决方案无法应对特别复杂的问题。鉴于康德对道德义务的强调,我们需要进一步提醒,我们道德信念中真正的义务论特征有别于虚假的义务论装饰,后者部分地体现为某种关于义务或责任的道德语言。官方的一些正式话语越是严肃强调的,可能越不具有道德上的说服力。地方法官坐在审判席上斥责:"难道你不知道你有义务尊重公共财产!"这样的话对于一个故意破坏公共财产的人来说可能并不那么令人信服。

　　基于已经解释的原因,我们不赞成行为功利主义,也不赞成规则功利主义,但我们的伦理立场明显是以他人的福祉为指向的。不过,我们不是直接意义上而是间接意义上的后果主义者。我们首要的想法是为了对我们的道德态度和价值观给予即刻的回应,或者是对我们道德信念的反应。我们承认诸如"福祉"和"人类兴盛"(flourishing)等表述的含糊不清,但与它们的对立面相比,它们是足够明确的,能够以有助于我们道德态度和价值观的方式指导行为。显然,它们所导向的不会是明显不利于他人福祉的行为,例如摧毁他们的家园或夺走他们的生计,造成严重的身体伤害,再或危害他们后代的发展前景。由于福祉是由道德的形式概念预先确定的,我们无需另外采取任何一种后果主义的立场,因为只要我们的立场仍然是一种道德的立场,我们总会对我们所属的社会群体中的他人的福祉给予一定的关切。从行为功利主义的立场来看,我们可能会面临复杂的局面,不得不陷入似乎没完没了的思虑,想着我们可能采取的行为方案对不同的人产生怎样的影响，而后才能在此基础上达成实现最大多数人之最大幸福的结论。立足规则功利主义的立场，思虑可能同样是旷日持久的。依据我们自己的道德立场，我们的主观道德价值观要求即刻采取行动，尽管并非没有相关的事先考虑。只有最内省的人，比如哈姆雷特，才会置身事外并用理性来评估他们可能采取的行动方案，然后根据他们特定的道德价值观从道德的视角考虑每一个方案的后果。更常见的是，我们被自己的道德信念推动着采取行动，只有当我们面临道德两难或需要考虑在行动中以最佳的方式实现这些道德信念时，才会思虑再三。在道德情景之下，通常要求尽快采取行动：考量他人的利益是有目的地指向实践的。在某些情景下，功利主义的计算可能会冗长乏味到不切实际的地步。

关于我们自己的伦理立场的上述说明，虽然粗略且不完整，却足以在我们关于道德的看法中保持连贯性，并满足我们已经陈述的其他目的。对于道德，我们在第五章还会详加论述，届时我们将会探讨道德教育，尤为重要的是，探讨自律问题。由于这一问题被认为是与成长相关的问题，我们将其推后到第五章。

回顾和结论

本章的第一部分我们考虑了道德的形式概念，第二部分考虑了实质性问题，最终形成了一种关于个人伦理立场的陈述。这种伦理立场已经考虑到为实践道德寻求特定普世目的的无效论证，例如功利主义为了将幸福或满足论证成为道德目的而采取的各种立场。所有这些解释都是实质性的，而不是基础性的。它还从类似于休谟的角度考虑到人类的状况，并由此得出这样的结论：我们的个体生活总是充斥着利己主义与仁慈之间的张力，也存在着良善意愿与行动能力之间的张力。我们关注的是有良善行为和良善活动的道德，而不是终止于良善意图的道德。基于一种主观主义的视角，道德信念被置于核心位置，而态度和价值观则构成了道德信念的动力源泉；由此，我们能够更好地看到道德、正义与教育在我们实际生活中的一些关系。

为了防止我们所采纳的伦理立场被误解，需要重点指出三个方面：第一个是道德怀疑主义，第二个是自然主义，第三个是伦理相对主义。第一，从我们基于个人道德态度和价值观的主观主义出发，认为它们因人而异，所以与他人，同时也与我们自己毫无道德的联系，这是一种谬论。换言之，我们错误地认为，道德是一个人拥有自己的价值观的问题，这些价值观对他有好处，但如果应用于他人则毫无意义或在道德上无关紧要。怀疑理性不能为任何道德观点甚至只是我们自己的道德观点进行合理性辩护，加剧了这种幼稚的主观主义。我们的主张是，我们能够通过推理达成道德结论并为之辩护，我们在任何给定情况下所能得出的最佳判断是任何希望对其进行评估的人为公众批评提供的一种解释。这种批评可能有助于它的进一步完善，但在任何类型的实际决策中，我们都不能无限期地使之完善下去。我们必须对我们已有的结论感到满意，即便后来有人或许根据我们无法预料的其他经验而提出了更好的结论。道德与理想的联系使其有一种对完美的诉求；理性虽不完美，却是我们的道德思虑所必须依赖的。我们只能通过理性本身拒斥理性，这与任何其他哲学分支排斥理性一样是矛盾的。就像在法律实践中那样，当一些判决由于上诉而被撤销时，我们的判断、决定或结论无论如何也无法达到理性或道德上的完美，但我们通过反思我们在实践思虑中取得的成就以及对其树立合理的信心，将评判保持在一定的限度之内。

第二个提醒是，我们无论在什么情况下争辩说个人道德价值观本身就是良善时，应当警惕被毫无根据地归之于自然主义谬误的一种形式，因为这不是我们要争辩的事情。我们的态度和价值观可能出于各种原因而被描述为"好的"：它们肯定不是因为作为我们本性的一部分或者作为我们的个性特征而成为好的。我们必须找到最好的方式争辩它们是如此这般的好,然后在与其他人的讨论中评估它们。个体的推理论证因其与个人态度和价值观关联在一起而需要外在的监督,而我们可以拥有的最好监督是一种训练有素的、非个人的(a-personal)讨论。对此,我们将在第四章详细说明。

第三,在教育是一种符合社会价值观的潜能发展这一形式概念中,我们并未赞成一种相对主义的伦理;并未假定社会认可的就是好的,而是强调教育是一个社会过程。与社会价值观保持一致的倡议在任何意义上都不是对相对主义的让步,也不与我们基于个人道德态度和价值观的主观主义相冲突。教育之所以是道德的,其原因完全不同于伦理相对主义者提出的原因。它是道德的,因为它作为一项持续进展的活动涉及对他人利益的实践考量。首先,基于这个形式概念——就我们所关切的是人类的他者而言——我们需要面对一种道德要求,即尊重作为人特别是作为千差万别的个体学习者,具有发展潜力的独特需求模式。其次,对他们有利的(尤其是在面向儿童的情况下)不是按部就班地实施教育计划,那样会导致社会适应过程中的各种困难和麻烦。即使在多元社会中,也存在积极向上、毫不含糊的社会价值观,比如说尊重父母、尊重财产、非暴力等。学习这些社会价值观,是符合他们利益的。甚至这样一些价值观,要一个个地被接受为道德价值观,也还是需要以合理的解释加以辩护的;对于某些社会中的一些价值观来说,辩护的理由可能不难找到。另一些社会价值观可能会被审查、挑战或反对,例如在黑人群体中宣扬白人至上的价值观。事实上,以适当的理由拒绝某些价值观本身就可能是一种道德决定,包含着对他人利益的实践考量。我们的伦理立场不单单是描述社会价值观并宣布社会所认可的就是良善的。

正义、道德和教育的形式概念始终是固定不变的参照,并且在许多情况下以这种方式直接地发挥作用。残酷地鞭打囚犯,仅以种族为由便用毒气室屠杀数百万人,在战争中报复性地处死成千上万的无辜者,这些毫无疑问都是基本意义上的正义和道德不能伸张的事例。这样的事例还包括将一群流动儿童隔离在教室里，就因为他们不懂其他人接受教育正在使用的语言，带班教师找借口说没有时间帮助他们，或者没有能力教他们。在这个事例中，显而易见的是，形式意义上的正义、道德和教育通通被背离，全部绞合在一起。在教育实践中，三者之间相互关联的事例还有很多，这并不奇怪，因为形式意义上的正义和教育蕴含对他人利益的实践考量，从而也是道德的。

  在其他情况下，实质性概念可能比相对应的形式概念更有力、更直接地指导着与其相关的行为或活动。例如，正如我们拥有与正义形式概念相一致的个人价值观一样，我们也拥有个人的实质性价值观，它们在我们解释公平和人的概念时赋予其内容。种族隔离的创立者和支持者否认他们的法律和惯例是不公正或不道德的，声称正是通过这些法律和惯例，他们同时考虑到了白人和黑人的利益。最终，我们还是必须承认，我们不可能找到高踞任何一种个人价值观之上的绝对正义。当然，正义和道德的形式概念没有确立绝对真理。自从古希腊人将人区分为自由人和奴隶以来，各种各样的标准被用于区别对待个人而不是对他们一视同仁，并且还是以所谓非歧视性的方式来进行的。尽管存在着所有的这些实质性变化，但正义、道德和教育的形式概念始终不曾受到过挑战，仍然是它们各自相对应活动的基础。需要有理由来为之辩护的，正是实质性解释本身；在这个过程中，形式概念构成了辩护必不可少、不可逾越的最后一道防线——尽管从程序上来说它通常是第一道防线。

  这一结论不应被视为包含这样的暗示，即我们对价值观的主观理解纵容那些违背我们个人道德信念的做法；相反，我们坚守那些对我们来说是最具说服力的理由。如果发生道德价值观冲突，并且同时引发正义的归因冲突，我们的责任不仅是竭尽所能地找到最合适的理由以维护我们自己的立场，而且还要指出我们在对立观点中所发现的缺陷。但在这个过程中，由于我们拓展形式概念产生了更深层的价值观念,我们必须提防错误推理或内在矛盾这样的逻辑缺陷与何谓正义和道德方面单纯的实质性分歧之间的混淆。对此,我们必须提醒自己,价值观本身不应该被认为有真或假的问题。

  关于正义、道德和教育之间的关系,还有很多需要解释的地方,尤其是牵涉个体的人时。我们此前一直重点论述的价值观和态度,仅仅部分地构成了促发我们行动的精神心理状态,其复杂性还是需要更为深入的探究。我们将在第四章解释这种有增无减的复杂性。基于我们在本章的总体视角,正义被视为是普遍的,并且与道德有着密切的关联;而法律被视为是具体的,与道德没有必然联系。我们在第五章考虑实践问题时,将关注法律实践和教育实践的问题以及它们与道德的关系。与我们的一些考察相关联的,将是正义(以及法律)、教育和道德共同关心的一个广泛领域,亦即权利和义务。我们现在要转向的正是这两个概念。

第三章
权利和义务

权　利

我们将径直陈述合法道德权利(legitimate moral rights)的适用条件,然后考虑伦理、法律和政治文献中不符合这些条件的某些伪权利,无论它们是否具有其他方面的道德重要性。

合法道德权利及其条件

我们首先将权利划分为请求权(claim-rights)和自由权(liberties)——这是一种源自法律的区别。[1] 请求权表达了这样一种观念,即一个人所主张的一项权利就是要求其他人承认他有权享有该权利,并允许他拥有该权利授予的任何东西以及实施该权利许可的任何行为。自由权主要指个人自由的理想追求,例如思想和表达的自由。它们表达的观念是,一个人如果不承担禁止其实施某种行为的义务,他就拥有实施这种行为的自由,例如言论自由。无论是请求权,还是自由权,权利总是使他人负有尊重该权利的义务。

在这里,我们在前一章中赞成的那种主观的道德碰到了一个难题。如果道德不是绝对的或客观的,而是主观选择的问题,或者是学习个人道德信念中特定态度和价值观的问题,那么我们如何能说其他人负有道德义务呢？如果道德是客观的，那么证明请求权的正当性会容易得多，因为那样的话，标准对于能够理解它们的所有社会群体成员都是有效的。如果 A 在与 B 的交往中违背了道德标准，则社会有理由支持 B 对 A 的权利主张。也就是说，B 可以向 A 提出明确的权利主张。但如果 A 事实上持有一套主观的道德标准，而 B 持有另一套主观的道德标准，那么 B 向 A 提出权利主张时如何证明其正当性呢？如果将此案例扩展到社会中的其他所有人——每个人都有自己的主观标准，那么有两个方面的考量将有助于我们摆脱越来越复杂的局面。首先，我们可以允许自己在一定程度上接受康德的启发，设想我们的社会是一个理性的共同体，并由此争辩它的成员能够就道德标准达成广泛的共识（但不是完全的共识）。这是一个起点，也没有必要就道德标准达成完全的共识。我们的主观性建基于与其他理性的人一起，尤其是在训练有素的小组商讨中捍卫我们道德标准或道德观点的需要。这样看来，最初的分歧本身相比于权衡所有观点并确定哪种立论更好的能力来说就显得微不足道了。其次，我们可以设想一个共同体，通过上述理性程序，就道德标准达成了广泛一致的看法，从而至少形成了一个不再是变化不定的核心标准。然后我们可以争辩每个人都理解并接受该核心标准，证明 B 对 A 的权利主张有正当性，因此 B 有起诉 A 的理由（比如说违背了承诺）。如果社会认为道德的基本内涵是对他人利益的实践考量，那么，父母可以因为他们没有被告知孩子学习潜能尚未充分发挥而对校长或学校负责人拥有一项请求权。我们可以说，校长对家长负有一项道德义务。无论我们说的是一个理性社会，还是一个在价值观和原则上有着广泛共识的道德社会，抑或更恰当地说是一个合乎理性和道德的社会——其中的每个成员都有一些个人的道德价值观，但乐意在与他人的讨论中捍卫它们——在任何情况下，我们都要求道德权利的设定应当原则上在某种一致性的界限之内。在道德的请求权领域，说自己不知道道德标准是借口，这与法律怎么说无关。A 和 B 不仅必定是道德行为人，而且——由于我们赞成价值观的主观性——是在某个道德界限内达成共识的道德行为人。在这方面,如果他们要遵守规则,他们必须知道有哪些规则。主观主义相信价值观千差万别,这并不意味着道德界限是混乱不堪或令人困惑的。但是边界不是固定或稳定的,个人—国家关系中的自由权这样的问题需要持续的理性讨论,以便道德共同体的成员懂得他们实际上有哪些自由权。一个请求权与自由权在其中有合法地位的道德-理性共同体(a moral-rational community)中,我们所需要的不过是所有参与者都理解并同意的规则。

当权利在这样的社会共同体中确实具有这样的合法地位时,它们就构成了共同体个体成员所拥有的部分利益,但不是所有利益都能被当作权利。人人有欲求或欲望、动机和目标,有其追求的利益;这其中一些利益与需求有关,比如食物的需求或情感的需求。显然,并不是所有的个人需求都可以被声称为权利:A 有车,B 有自信及他人对他信任,显然不构成 C 拥有两者的权利的理由,即使他觉得他需要 A 和 B 所拥有的东西。天真的平等主义观点认为,权利主张有时是基于这样一种假设,将自己与他人对比而在个体层面感受到的任何需求都可以被合理地转化为权利。另一方面,如果我们设想的社会中人人都认同尊重人的道德价值观念,他们就会承认个人在制订计划并努力实现计划的各种活动中都享有这种受尊重的权利,无论是在平淡的日常活动中,还是在改变他们生活轨道的思考和决断时,因为身处这些活动和这些时候他们无法避免与他人发生联系,甚至与他人发生冲突。

我们将从积极的方面来看道德意义上的权利,将代理权或监护权排除在外,尽管出于保护某些个人的原因,这些权利是法律认可且需要认可的。对于道德权利持有人,我们的特殊期望是,首先,他们必须理解权利,从而能够针对适当的人维护权利或主张权利;其次,他们能够认识到,如果他们愿意,他们拥有放弃或让渡权利的权利。有些情况下,第二方面的要求会让人觉得古怪,但如果一个人准备牺牲某些权利,比如为了继续完成他在国外的人道主义工作而放弃被告知家中丧亲的权利,这就可能是让人觉得不寻常的情况了。

伪权利(Pseudo-Rights)

形式的伪权利

有些权利仅仅是形式上的,例如与官方职责相关的权利。因此,人们有时会说大学教师拥有教学权利,可以规定以笔试而不只是通过论文来评估学生;并且他们还有管理权利——按照先例或规章——对未在规定时限内提交论文且没有充分解释理由的学生进行处罚。有一些权利类似于与正式职责相关的礼遇权,比如委员会召集人在一个成员无法出席时有被请示的权利;如果一个教师无法正常上课,校长有被请示的权利。

法定权利与自然权利

法定权利(legal rights)与道德没有必然的联系,这与前一章中所呈现的法律正义类似。因此,一项法定权利可能会授权一个特定社会中的白人雇主向黑人工人支付维持其生计水平的工资,但不能向白人工人支付这么少的工资。但道德权利将意味着,黑人的待遇不应该仅仅因为肤色而不同于白人,这是一个显见的正义问题,是公平待人的问题。这有时也被称为"自然权利"或"自然正义",即个人被当作一个人而不受歧视的基本权利。在许多情况下,法定权利也是道德权利(合法的请求权或自由权),从而法律制裁为个人行使其权利不受某些形式的干预提供了保障。一般来说,一个人如果能够宣称他的某种权利受到法律支持,则该权利很容易被他人承认,因此法定权利与义务通常是相互照应的。从形式上讲,法定权利更具约束力,但对于具有强烈道德信念的人来说,道德权利更具说服力,尤其是当两者发生冲突时。

自然权利的观念与自然状态的假想关系密切。在自然状态下,个人不受任何堂而皇之的规定约束,同时又能够作为道德主体就人与人之间的关系作出道德判断。在这种自然状态下,我们所谓的自然正义的东西成为可能,而自然正义下的权利就是自身利益不被忽视与作为人受到尊重的权利。基于这些假定的原则,自然权利、人权和基本权利成为极具普遍性的表述。在针对它们的辩护中,人们有时会提到社会生活日益复杂,随之而来的利益条块分割越来越严重,群体为保持所谓的相对性竞争得越来越激烈,以及主张和捍卫个人权利和群体权利的表达越来越字斟句酌。对于此种事态的社会学解释,正如人们所认为的那样,暗示着保护个人的自然权利——他们依据普遍的自然正义而享有的权利——的需要。我们的工作不是宣扬道德以造福全世界大众的道德说教,而是要阐明将自然权利视作道德权利的重大主张有其合理性。当我们将为这些权利所设定的标准应用于它们时,我们发现理解和接受规则的道德-理性共同体的互动并不明显。相反,我们只有单方面的述说。

基于自然正义的自然权利不仅适用于正义作为公平待人的基本理解,而且常常会促使人们注意到法律的不完善之处。一部分是由于社会日趋复杂,法律在把握一些人实施而另一些人遭罪的可能错误时确实有着相当大的疏漏。亚里士多德在自然正义和约定正义(conventional justice)之间作出区分:他认为第一种正义具有普遍有效性,在任何地方都具有相同的效力,无论"人们有怎样的想法";相比之下,第二种正义来自法律的规定。由于不同国家有不同的宪法,不同社会中通过法律制定而形成的约定正义也是不一样的。自然正义无论在哪里都是最好的(《尼各马可伦理学》,1134^b – 1135^a)。[2] 自然正义不因个人观点和不同社会的价值观的改变而改变,它的普遍性取决于一种绝对的道德观,而不是我们的道德观所依据的主观性价值观。不难看出,亚里士多德认为自然正义所特有的稳定性会随着社会的变化而变化,并且在一个社会的不同时期也是不同的。但是他所做的这种区分是重要的,因为他在称之为自然法的道德法与如同人的立法一样能被改变的约定法之间看到了差别。举例来说,他在给平等者以平等对待的自然正义与由法律判定囚犯的赎金是一迈纳①的约定正义之间看到了差别。前者是普遍的,后者是具体的。但他所说的不过是我们形式意义上的正义。

这一点我们将在其他合适的地方进行解释。回到我们童年时期的道德直觉观念,我们可以说,当今的许多权利主张都是建立在平等假定的基础上的;当假定的平等者被区别对待时,就很容易感觉到不公正,导致对于蛮横无理或违背自然正义的控诉。这种权利主张尽管是素朴的或直觉的,但并非总是毫无根据的,之所以如此,正如一位法学家所解释的那样,正义理念第一位的箴言是"同样的情况同样对待";其次,判断案件是否相同的标准则要因时而变。[3] 然而,在自然正义中,有一种基础性的平等意识始终存在;如果仅仅是基于普遍人性的话,它要求给人以平等的尊重。这种根本性的平等意识与对于蛮横无理的质疑之间的抵牾时有发生,同时,在平等主义社会,判断可能相似案件的标准将掩盖差别的趋向。正是在这样的时候,基于相关理由而承认自然正义,容易造成混乱或导致"同样的情况同样对待"这个标准的误用,同时基于自然正义的自然权利观念在很大程度上失去了它的实践意义。但是,在这种考量中所使用的根本标准无非是作为待人以公平的正义的形式概念。

自然正义对于蛮横或歧视的敏感,在历史上的独裁权力滥用中有其最突出的体现,因为法律被视为一纸空文,取而代之的是独断专行的旨意:处罚所依据的法律或者是不公开的,或者是朝令夕改的,或者是为了方便而被赋予溯及既往的效力;不经审判使人入狱,或者无故将人处死。这既是对自然正义的践踏,也是对法治理念的背弃。[4] 因此,法律的不完善甚至促使人们在法律上接受自然权利和自然正义的概念,但并非没有障碍或抵触。[5] 正义作为公平待人的形式概念意味着两条

---

① 迈纳,古希腊的货币和重量单位。——译者注

规则应当被遵守,即听证权与法官不受偏见的影响。这两条规则有时被认为是法律上的自然正义。然而,在过去的20年里,英国的一些法学家一直担心自然正义概念在判例法中的扩展,使得它的实施具有越来越大的弹性和不确定性,因此法官们在制定规则以供他人指导方面往往表现出不情愿的态度。法院审理的个别复杂案件对一些人来说显示了为正义作为公平待人的形式概念注入实质内涵的决意并不像这个概念所暗示的那样坚定。在特定的情境中,公平的意涵不像表面看起来那样确定无疑。被告享有申辩机会是一项自然权利,这对外行来说似乎显而易见,但对律师来说并不总是如此:在某些情况下很难将申辩机会作为一项自然权利,尤其是口头申辩的机会。[6] 如果我们使以自然正义为名义的挑战仅限于指向蛮横和歧视的情形,那么法庭上主张的各种自然权利就会超出自然正义的界限,例如获得法律援助的权利,包括针对判决提出上诉的权利,获悉判决理由的权利。以后一种权利为例,它的合意性已经得到了广泛认可,但在某些事关法律的情况下,做出正确的判决是比提供充分的理由更为容易的事,尤其是当存在可以避免给一方造成严重困窘的理由时。因此,自然正义下的自然权利概念甚至在法律本身的范围之内也变得令人尴尬。而正义的形式概念在任何情况下都会提供明确和稳定的参照。

我们所考虑的法律,就其对自然权利和自然正义的态度而言,仅限于它的利益是道德利益的情形——也就是说,表达了对他人利益的实践考量。一些哲学家和法学家也认同这种道德关切。我们将就此做简要说明,以再次表明核心问题无非是公平待人的基本正义问题,而自然权利只不过是伪权利。

从亚里士多德区分自然法和约定法到我们这个时代的千百年里,人们一直试图找到一种值得普遍尊重的律法,就像亚里士多德相信的那样,它足以对抗实在法因时因地而异的可变性和特殊性。这种对更高阶法律的渴望之所以存在,一种解释是,它是一种我们在前一章提到过的普遍倾向的一部分,在一种难以合理解释的信念——与我们自己的价值观主观性信念相悖——激励下寻找所有法律都可以接受的客观价值。[7] 自然法或自然正义在另一位法学家那里被降低到社会学层面,他为人在社会中的本性提供了各种看法。这对他来说,正如他的一位批评者坦言的那样,意味着自然法就其某种最低限度的意涵而言,考虑到了人类在以下五个方面的境况:脆弱性、类似的平等、有限的利他主义、有限的资源以及有限的理解和意志力。据称,这构成了自然法中的"良知的核心"(core of good sense),是达成法律和道德之共同理解所必需的。[8] 但不甚明了的是,实在法将以何种方式考虑这些所谓的人类境况。就我们的目的而言,只需要指出,"自然正义""自然法"和"自然权利"的使用现在至少有三种不同的方式:其一,将正义理解为公平待人,这意味着它与我们所采用的作为形式概念的正义本身别无二致;其二,将其理解为一种更高阶的法律,使法律和道德在一种亚里士多德式的普遍性中结合在一起,超然于任何具体的法律之上;其三,在最低限度内涵的意义上,适用于一样处在社会环境中的所有人。但是,后两种解释与第一种解释只有一个共同之处,即对形式意义上的正义的基本关注。使法律更添混乱的是,自然正义下自然权利的实质性解释因社会而异,有时因法官而异。一个社会的上诉法院可能会有法官在指控一组证人集体撒谎时违反自然正义,因为他们没有答辩权;而在另一个社会,在与证据相符的情况下可能会允许此类指控。同样,法律中的自然正义规则从来都不是绝对的,即使是反对司法偏见的规则也不是绝对的,因为从严格意义上讲,没有人能够完全做到不偏不倚。每个法官都会受到他自己的态度和价值观的影响,也会受到变化着的社会价值观的影响。甚至存在这样的问题,正如一位学者所指出的那样,它们使"社会希望其法官存有偏见"。对于有争议性的立法议题来说,众所周知的一些法官的偏见是值得关注的问题。[9] 但是,诸如此类的实质性考虑并没有改变我们一直在维护的观点,即自然正义下的自然权利无非是伪权利,并且此类权利的全部讨论仅仅涉及形式意义上的正义,不会诉诸道德-理性的人所构成的共同体。在这个共同体中,人们理解并接受行为规则,因而享有合法的请求权和自由权。

人权

我们在考虑另一些权利时可以得出相似的结论,它们被称为基本权利或人权,或者同时被称为基本权利和人权,但在后文中我们将以人权称之。它们是宣扬道德的一面之词,表达了对于世界各国人民有适足生活水准并能受到公平对待的关切。它们本身就是实践道德的重要组成部分,因为其中的一些条款已经被纳入法规,大大提升了个人的福祉。但是,提升他人的福祉而具有道德价值,这并不能证明它们就是合法的道德权利,因为它们不涉及道德-理性共同体中理解和接受行为规则的任何互动。因此,不能以此为由宣称它们是请求权或自由权。

首先,我们将阐明这种道德取向,然后表明它如何导向无法为请求权或自由权提供基础的普遍原则。如果我们像18世纪的道德家们那样假定我们所有人都有某种程度的仁慈,那么,我们应该让他人置身在与我们相同的人类环境之中,给予他们基本的机会,使之开拓自己的生活,规划他们的未来并付诸实施以追求自己想望的幸福。由此,在这种最低限度的普遍意义上不断推导出受教育的人权,意味着在发展个人潜能方面提供正规的专业性帮助。从有关应当避免或阻止使他人遭受痛苦的中级道德原则出发,我们可以类似地推导出与满足基本生存需要和维持至少最低限度的生活满意度有关的各种人权,而不仅仅是生存的权利。人们通常基于个人的人类价值为这些权利辩护,造成了一种特别以人类为中心的论证。随之而来的是人们对这样一些人的生命价值的质疑,例如引发一国和国际范围内苦难重重的人,家庭之中残暴和堕落到无可救药的人。实际上,人类价值平等这种观念几乎是毫无意义的。如果人类具有平等价值,为什么动物不是平等的呢?我们是否能合乎情理地说,马具有马科动物那样的平等价值,而狗具有犬科动物那样的平等价值?人具有人类的平等价值,这一陈述不过是说所有人都是人,是一个纯粹的分析命题:既然说人是"人",则其自然有人的价值。这里存在着一个并不复杂的普遍原则,即万物既然存在,必然有其作为一个物种成员的价值。另一个困难在于,如果基本人权与个人的福祉和自由有关,它们从普遍意义上来说就不能像人们通常认为的那样具有基础性:罪犯以及另一些人可能被剥夺福祉或自由,以便保护多数其他人的福祉和自由。

当人权关乎非歧视时,诣如基于性别、宗教或种族等不同理由的非歧视时,它们的正当性应从正义的形式概念中寻求。这一点在我们再次讨论法律的过程中变得显而易见。自然正义在法庭上找到容身之处已经够难了,英格兰这样的一些国家更是有一种显著的趋向,这就是避免提及自然正义,转而使用另一些表述,例如"一般公平""程序公平""审判公平的基本原则"。[10] 人权如果仅仅是指所有个人作为人类而拥有平等的价值,则不可能在国家法中有一席之地;如果它指的是对人的尊重以及法律正义与道德之间可能的交叉,则要另当别论了。在实践中,律师发挥的作用通常是辨识人与人之间的差异,而不仅仅是理解一致性。共同人性的看法也不过是实践道德未经反省的开端,因为如果我们同等地对所有人负有义务,那么对他人的特定道德义务也就毫无意义了。甚至将一般人权作为对任何其他人的主张也让人觉得没有什么意义,因为所有人都能以这样的基本人权的名义付出声明,一个人作为人类存在者的价值与他正在向其提出主张的人的价值是平等的。它只有在一个人不被尊重的情况下才有意义;也就是说,在一个人不公正地对待另一个人的情况下才有意义。这再次让我们回到正义的形式概念,而不是找到任何证据以表明人权属于一个有共同理解和普遍认同的道德-理性共同体。

然而,有一些被认为具有普遍性的特殊权利,虽不具备我们罗列的权利条件,却能够合理地被解释为道德权利,从而被归属于人权。一个是受教育权,另一个是隐私权。如果正规教育提升福祉的方式是促进个人潜能朝着持续改善的方向发展,同时这种发展是与社会价值观保持一致的,那么,在找不到其他可行的方式实现此目的的情况下，人人都应该从中受益就是不言而喻的了。除了作为工具的好处以外，发展本身就可以带来需要的满足，这与个体之间才干和能力的差异无关。在这一点上，正当性解释的根据还是正义，即公平待人。但是，如果我们属于一个道德-理性共同体，其中的教育因为具有助推每个人福祉发展的功能而备受重视，那么，只要它存在不足，人们就可以向那些负责提供教育的人主张请求权。

根据一个特定共同体的价值观，隐私可以像教育一样作为普遍需要而被辩护，因为与之相联系的是个体作为独特的人，具有自己的价值观、目标以及实现这些目标的计划。因此，基于基础的正义——形式意义上的正义——一个人可以把自己视作与其他自我不同的人，或许与他人对他的外在看法不同的人，从而针对其他的个人或多个人宣称隐私是合法权利。但是，提出合法的请求权有赖于这样一个条件，即道德-理性共同体将隐私应当受到尊重作为一条公认的规则，并且个体的自我形象或独特性应当受到尊重这样一个共识有着充分的道德根据。这样，任何活动或程序（例如使用电子设备）一旦被个体本人认为威胁或损害了其独特个性的完整性，就将涉及隐私权。[11]

并非一切有着明显道德意向的权利，都可以被声称为道德权利。人权的扩散化和政治化可能源自对他人利益实践考量中的真正的道德驱动，但通常不清楚的是，它们在多大程度上指向一个可确认的共同体中的共同价值观或规则，并具备相互性，而不是单方面的声明。当然，人权声明的历史表明，人们在不同时代重视或认为重要的事情有着很大的不同，同时他们将重视之情以个人喜好的方法表达出来，用那些从法国大革命流传到我们今天的流行语来说，就是他们所重视的事物对他们来说既是"不可让渡的"，又是"不可剥夺的"。它们之所以是"不可让渡的"，因为所有者不能转让、丧失或放弃它们；之所以是"不可剥夺的"，因为所有者不能因为被剥夺而失去它们，比如不能因为暴君的法令或者他自己疏于维护而失去它们。在美国和法国的革命之后，人们始终把自由、安全和财产作为优先的选择。[12] 然而,除了澄清定义以便明确表述实践的规则以外,在这样一个国度——其中许多人不识字或几乎不识字——确认道德-理性共同体困难重重,使此类声明转化为合法的请求权则变得不可能。如果共同体跨越了一国的疆域,这种情形就更加复杂了。在这样的情形之下,似乎不可能出现相互性的愿景,不可能存在对规则的共同理解或接受。[13] 因此,人权声明的政治化和单边性,虽然有协议形式的表达,但并没有表明它们所涉及的人民达成了何种程度的共识,因而不可能作为合法的道德权利而被普遍接受。教育和隐私等特殊人权在道德-理性共同体中能够获得独立且正当的解释,有赖于它们在提升个体福祉方面达成广泛理解和接受的程度。但这样的解释与它们所谓的适用于全人类的普遍本性无关;也就是说,与全部类别的人权都毫无关系。

儿童权利

权利的两个具体应用需要引起人们的注意:第一个是儿童权利;第二个是动物权利。我们将在本章从一般伦理的角度对它们予以探析,更为实践的思考则留待第五章再展开。现阶段儿童权利有两个方面需要评析:其一,儿童的不成熟与其权利的相关性;其二,论及他们时仅使用生物或物种标准而不是道德标准的倾向——这是已经在成年人身上观察到的倾向。这两个方面是相互联系的。在处理儿童的不成熟问题时,我们面临定义的难题:什么是童年? 什么叫作不成熟? 就童年定义本身而言,法律、社会学、教育和伦理学的不同研究视角并无太多的共同基础。在法律上,将所有接受正规学校教育的人通通归为儿童,在很大程度上是为了管理上的方便;尽管一些国家降低选举权年龄,并将接受学校教育的年龄延长到18岁,但跨入成年期的门槛一直在相应降低。将童年和不成熟与正规学校联系起来,通常是由于学生仍然处于父母和老师的监护之下的依附关系。但这种依附关系和不成熟的假设是模糊的,对一些学生并不完全适合,至少不适合正规学校的高年级学生,因此关于童年的法律观点和道德观点是冲突的。观察者注意到一些学生有非凡的能力,比如理性思考的能力、知识拓展的能力,从而他们有理由将他们自己与许多在法律上被归类为成熟却不够格的成年人进行比较。哲学家密尔在他的《论自由》一书中没有正视这一问题。1791年版的法国《人权宣言》①指出,"自由是指能够从事一切不伤害他人的行为"。与这个看法相呼应的是,密尔断言"唯有以自我保护为目的时,人类才有作为个体或集体干涉他们中任何人的行动自由",并补充说,违背文明社会任何成员的意愿而对他行使权力只能以"为了防止对他人造成伤害"作为正当理由(第68页)。[14] 然而,该原则规定的这种免于干涉的自由,以儿童的不成熟为由将其排除在外,因为这种情况在密尔看来"几乎没有必要"解释。在他那个时代,一些孩子根本上不了学,而那些上学的孩子也常常是不定期的,几年后就停学了,因而我们不难理解他在谈到"那些仍处于需要他人照顾的状态的人"(第69页)时心中所指的应该是幼龄儿童。但上学之后法律上的依附关系继续存在,儿童"以及其他年轻人"这个分类比学龄儿童要宽泛得多。密尔的错误是过于随便地仰仗法律对成年可能作出的任何界定,没有以严肃的态度尝试在道德上的不成熟与法定的不成熟之间、在准备好迎接道德责任和自我导向的状态与尚未准备好的状态之间作出区分。在这一点上,那时与现在一样,在面对一些理智和道德上已发展到能够在其与他人的关系中独立承担道德角色的人时,总有人背弃自然正义或正义作为公平待人的要求,亦即拒绝尊重人,或者不承认一些在法律上未达到成年标准的人是我们使用"人"这个词的意义上的人。他们是人,意味着他们能够拥有合法的道德权利;也就是说,他们可以理解其作为道德-理性共同体成员的权利,因而可以向同一共同体中同样理解和接受规则的其他人提出主张。

---

① 《人权宣言》,即《人权和公民权宣言》,1789年8月26日颁布。法国1791年宪法将《人权宣言》作为序言。——译者注

正是这种考虑导致了儿童权利的第二个主要方面,即这样一种倾向:忽视特殊性,大而化之地将儿童视为人类这个物种的年幼者而划为一类。这虽然不是有意为之,但却是实情,例如,我们在联合国《儿童权利宣言》(1959年)中发现这种倾向,该宣言与《世界人权宣言》遵循共同的普遍原则。儿童应当得到特殊保护,有充分的机会以各种方式得到发展。他应该享有社会保障的好处。他和他母亲的健康应该得到保障。那些需要特殊照顾的人——身体上、精神上和社交上有缺陷的人——应该得到特殊照顾。只要有可能,孩子就应该有父母的陪伴,在一种无论在道德上还是物质上都受到关爱、有安全感的氛围中成长。至少在基础教育阶段,所有的孩子可以获得免费的义务教育。就其主旨而言,宣言显然是一份促进儿童福利的文件,它为世界各国规定了应该达到的最低标准。但是,全体儿童享有的这些权利是名义上的;至于以什么样的方式或针对谁来主张这些权利,却不得而知。

这个文件与其说提出了儿童权利,并将其作为单独享有的、被认为重要的、可以由他们主张的权利而进行辩护,毋宁说它是提供给父母或监护人的一份儿童保育标准手册,能够确保他们身心健康地成长,不被忽视、利用或虐待,并且出于人道的目的,被养育在一个没有种族、宗教或民族歧视或偏见的环境中。这对他们所有人,对整个人类的年轻一代都是有好处的。它绝不是一份空洞或无用的文档,因为儿童从过去到现在总被虐待,而儿童的养育标准是处处需要的。让人产生错觉的是将这些权利称为儿童的权利,而儿童——如果在智力和道德上不成熟的话——是无法拥有、重视、宣示或主张这些权利的。如果父母或监护人主张了这些权利,则父母或监护人有着重视、主张等的体验,而这种体验是不能转移到孩子身上。说父母或监护人为他们的孩子而重视受教育权,有两个方面的意思:第一,父母重视教育或认为教育很重要;第二,他们渴望自己的孩子接受教育。如果他们重视教育而视其为一项权利,则这项权利可能是为了他们自己的受教育权;如果他们重视教育别无他因,只因它将改善孩子的生活前景,则他们才是重视教育或认为它重要并可以对它宣示权利的人。但是,为其他人主张权利的说法,是混淆和错误地使用了"权利"和"权利主张"。权利的享有者才可以向侵犯该权利的另一个人或多个人、向对权利享有者负有道德义务的人主张权利。这种关系的构成,既要求权利的持有,也要求其他人负起尊重该权利的义务。在我们假定的持有道德权利的条件之下,我们只能说这样一些儿童拥有道德权利:他们理智上已成熟到足以理解和同意某些行为规则并成为道德-理性共同体成员。

将权利授予或归属于他人,或者——用哲学和法律的语言——将权利赋予他人,有时是在掩饰或在类似的意义上使用权利。但是,这并不尽然如我们将要看到的,被赋予的权利仅仅是假想的权利或者不是真正意义上的权利,因为有一些被赋予儿童的权利至少是能够被他们理解的,尽管他们在宣示和主张这些权利时需要成人的帮助。这种情况可以从一位法哲学家提供的法律视角来解释。[15] 在这种解释中,当我们使用诸如"这是我的""这是你的"等常用的、非技术性的表达方式来明确所有权的归属时,无论这些权利是否被主张,都是被我们承认的。我们对此习以为常,因为我们对归属的认定与支持它们的事实有关,就像法官的判决一样。也就是说,我们像法官作出判决那样,根据我们眼前的某些事实决定另一个人拥有某些权利;而我们的决定也就像司法判决一样,是事实与规则、法规甚或是法律的融合。以合同案为例,法官的职责是根据提交给他的证据决定是否存在有效合同。他没有援引任何合同范本的法律标准以检验特定的案例。当事人如果不能说服他,法官将完全根据他面前的证据作出决定:这是对他的期望,也是他唯一能做的。因此,他的判决可能是对或错的、好或坏的、可确定或可反转的,它也可能会被宣布无效或被撤销,但它不可能是真或假的。在这个意义上,我们可以说合同作为法律概念与其他法律概念一样是可以被废止的。基于同样的道理,所有权的规定也是可以被废止的。在作出诸如"这是你的"之类的陈述时,我们是根据我们面前的证据作出某人拥有所有权的决定,但我们这样的决定不可能是真或假的判断。在这方面,当我们指着房子说"这是我们的"的时候,我们的话不仅仅具有描述性的作用;或者,看到走在近前的人丢了钱包,当我们将钱包交给他并说"这是你的"的时候,我们的目的也不仅仅是"非正式地确定归属"。即使在后一种情况下,尽管难以相信,但所有权确实可能会失效或者被废止,因为进一步的证据(例如,钱包实际上是从其他人那里偷来的)可以推翻一开始认定的所有权。

这一解释与儿童被赋予权利有什么关系呢?在儿童这个宽泛的分类中,我们需要作出区分,有些儿童已经足够成熟,能够理解这些权利对他们意味着什么,能够主张这些权利并且意识到向哪些人主张这些权利;而另一些儿童则没有达到这样的成熟水平。对于这些尚未成熟而无法达到相应条件的人来说,我们认为将名义上的权利赋予他们是对我们所采用的积极权利概念的误用。但对于另一部分儿童来说,可以将法定的和非法定的权利恰当地赋予他们。法律上赋予的权利包括免受虐待的权利,例如父母的虐待;无论面对怎样的证据,这一部分儿童拥有这项权利的资格都不大可能被认为是可废止的。但许多不是法律上被赋予的权利,即那些由教师、父母或共同体领导者赋予儿童的权利,其所有权在观念上是可以被废止的。设想这样一种情景,社区图书馆委员会赋予儿童使用社区图书馆的权利,而后儿童提出这项权利的主张。委员会此前曾征询过意见,并根据当时可获得的证据作出其所能作出的最佳判断。有人争辩说,达到一定年龄的儿童可以被认为有能力参与社区活动,因此应该分享一些社区的特权。随后引出了进一步的证据:儿童在图书馆里吵闹不休,成人读者对此抱怨不断;此外,一些成人书籍被损坏,有证据表明是儿童的捣乱造成了这一结果。于是委员会推翻了其先前的决定,这说明儿童对这项被赋予的权利的所有权是可撤销的。对此,有人解释说,这个决定是事实与规则或规定的结合,正如法官对与合同有关的问题作出的裁决一样。重要的是,要认识到所涉及的儿童已经理解了这项权利的含义,据此,他们可以向社区图书馆员提出要求,但他们本人并非纳税人,也不是公民,需要有人将这项权利赋予他们。该图书馆委员会自作主张地将这项权利赋予儿童,并以"这项权利是你们的"这样的话语进行了宣告。

因此,将权利赋予某些儿童可能是法律与道德之间发生冲突的一种表现,因为某些儿童——按照其理智和道德上的成熟程度——有能力成为道德-理性共同体的成员,在其中道德规则是被理解和接受的。即便有的儿童因为不具有这种能力而辜负了他们被委以的信任,并且有证据表明那个被赋予的权利是可以废除的,他们享有权利的道德资格也绝对不会受到任何质疑:道德上存在缺陷的不只是儿童。

动物权利

18世纪道德哲学家认为我们所有人都有的那种自然的同情心,可能不是一种与生俱来的情感,而是一种像我们的态度和价值观一样通过各种方式习得的情感,但它给人的印象之所以是自然天成的,可能是因为同情心在那个时代四处漫溢。在我们的这个时代,对于残忍、人类和动物遭受的痛苦、不幸或忽视的敏感总体上说更加无处不在,远超过去(根据社会历史和那个时期的文献),因而这种印象毫无疑问被强化了。如今,有着对于权利的强烈吁求,这些权利是为了所有那些需要社会提供保障的人,是为了那些想在竞争激烈的世界中求一席之地的婴儿和各年龄段儿童,是为了各种各样的发育迟缓者和残疾人,以及越来越多地是为了那些遭受痛苦的动物。动物遭受痛苦的原因有很多,例如被虐待,得不到照顾,栖息地遭到破坏,被人以消遣为名肆意屠杀,以及在农场被圈养。换句话说,个体的态度和价值观也可能正在改变社会价值观,因为现在有来自不同社会群体的数量相当可观的个体显现出对于这些价值观的认同。在这个过程中,不难理解的是，个体关于动物的态度和价值观转移至对象本身，以及在我们的想象中我们作为代理人所持有的动物权利。我们的怜悯或同情如此强烈，以至于希望通过赋予它们权利来提高其地位，想必也期望这会唤起公众对它们痛苦的关注，进而形成有利于它们的立法。毫无疑问，我们可以谈论动物的法定权利，就像谈论婴儿、儿童和发育迟缓者的法定权利一样。但在我们以积极视角来看待的道德权利方面，我们坚持认为，要拥有权利，拥有者本人必须重视这些权利；同时在正常情况下，在一个就某些行为规则达成共同理解和一致认同的道德-理性共同体中，这些权利是他们能够宣示和主张的。将道德权利赋予动物是毫无意义的，因为它们显然无法理解这些权利的含义，也没有能力主张权利。唯有法定权利可以被赋予动物们，从而使我们担负起与这些法定权利相关的法律义务。这些义务是否也是道德义务，还有待我们确定。权利是附加在动物们身上的，但由于就规则达成共同理解和一致看法的双向关系在它们的这种情况下无法成立，因而请求权和自由权是它们无法触及的。

　　唯心主义哲学家布拉德雷①解释说，拥有道德权利意味着拥有权利的人将自己视为一个主体——一个拥有道德权利并且能够主张这些权利的人，同时也将自己视为一个对象——一个其他人对其负有责任的对象（《伦理研究》，第 207—208 页）。[16] 进一步说，由于义务和权利只是同一事物的不同方面，因而说我们的一种行为是相对于他人的权利的义务，同时也是说我们这种行为在道德上是正确的。拥有道德权利就是有能力与另一个人或多个人建立主动的关系，而不仅仅是成为另一个人义务的被动接受者。作为主体，我们可以主张我们的请求权。作为对象，我们期望与我们同处于这种道德关系中的他人尊重我们的权利——例如，我们自由选择职业的权利，或者如愿选择结婚时间和结婚对象的权利。因此，为了

---

① 弗兰西斯·赫伯特·布拉德雷（Francis Herbert Bradley, 1846—1924），英国哲学家，英国新黑格尔主义的领袖人物。——译者注

有资格拥有道德权利,我们需要同时从两方面理解这样一种包含权利和义务的关系。让我们再次强调一遍,道德权利由合乎道德的个人所拥有;合乎道德的个人是能够理解自己与他人之间道德关系的人。尽管它由我们个别地拥有,但我们的价值观是与我们生活的道德共同体中的其他人所共有的。否则,布拉德雷所说的那种道德的主体-对象关系就行不通了。有些冲突是我们可以预见的,但权利和义务的道德体系不能承受我们与他人关系中的整体性冲突,甚至不能承受高强度的冲突。很明显,在这种道德关系中不会有动物的位置。无论什么时候,出于保护或禁止残忍行径的原因而启动有助于它们的立法,都是政府代表社会接受委托之责。在这些法定权利中,接受委托者并没有回应任何一种权利主张的行动(在这些情况下不可能提出权利主张)。在宣布他们接受委托之后,再宣布动物拥有权利,从意义上来说这不会增加任何内容。它类似于那些外在的、单方面的、没有法律属性的声明,比如联合国的声明,但与后者不同的是,它不制定标准并敦促各国遵守,它是强制性的。从权利拥有的角度来说,谈论这种法定权利的运用是毫无意义的,这就像一位母亲把一件新衣服放在婴儿的面前对他说"这是你的"。婴儿不明白这些语词的含义,并且所有权归属的认定是人为的。在任何积极的所有权意义上,这件衣服仍然不归孩子所有;母亲不可能仅仅通过一种文字表述来转让所有权,因为这好比是在衣服上贴上所有权的标签,是为了让别人——而不是孩子——看到和理解。

　　动物权利的论证总体上说是失败的,因为它以上述方式不严谨地应用权利,也因为它的论据以法定权利中的那些权利为基础。有一种论据以人的怜悯心为基础,强调人的合理推定,像蒙田那样,或者像边沁基于功利主义视角说的那样:有些动物能够感受痛苦,因此我们应该赋予它们权利,这些权利"如果不是暴君抢夺,就永远不会从它们身上被剥夺"(《道德与立法原理》,第 19 章第 4 节,第 143 页)。[17] 有很多对于动物的看法与这个问题无关,却是我们赞同的:首先,一些动物能够感受痛苦(也能享乐)[18];其次,根据其本性,它们有诸如与基本生存需要有关的欲求,是积极争取生存的存在物;第三,有些动物有情感,有对幼崽的关爱,被分离时会悲伤。赋予动物权利的问题不在于边沁所说的"它们能感受痛苦吗",而在于"它们是否真的能够理解和主张权利"。我们竭尽所能地将权利人为地赋予动物,不过就是像那位母亲一样试图将所有权授予没有所有权能力的婴儿,亦即给它们贴上权利的标签。

但是,如果动物本身没有道德主体性,我们是否可以单方面地将它们视为我们道德义务或责任的对象呢? 如果可以,那么尽管它们没有拥有权利的能力,但它们可能仍然处于我们的道德领域,纵然它们自己意识不到这一点。这是我们在前一章暂缓讨论的问题。我们可以想象人为地将我们的态度和价值观分成两类,一类由道德的价值观组成,另一类则由非道德的价值观组成。我们置放在第一类中的,是根据我们所陈述的道德原则将我们与他人联系起来的所有态度和价值观;而置放在第二类中的,是这样一些态度和价值观,它们要么将我们以非道德的方式与他人联系起来——比如我们都认为特定的娱乐活动有价值,从而有着共同的价值偏好,要么将我们与事物、动物、环境等所有不涉及人身的存在物联系起来。

我们的第一类态度和价值观不一定比第二类更为强势或更具行动导向力。一个人对于钻石、黄金、汽车、银行存款、大房子,可能比任何道德关系或任何类型的个人关系更为看重。

这两个类别的重叠,我们可以用相交的圆圈来表示。在公共的交叉区域,我们可以找到诸如关心他人(他们的幸福,而不是不安全感、焦虑、痛苦)这样一些普遍的态度和价值观,它们同样地适用于人类和动物。这并不意味着对人类和动物的态度完全相同,因为不同的对象在认知和情感上的构成是不同的。但是,鉴于人类在这方面存在一定程度的可塑性,我们可以对处于痛苦中的动物和处于痛苦中的人类产生同等的关切和同情；我们可能会像重视人类福祉一样重视它们的福祉。进一步说，我们倾向于使用道德的语言来表述这些价值观：例如，看到人类对动物造成不必要的痛苦，并断言这不仅是残忍的而且是错误的，或者说这是错误的因为它是残忍的，这使我们产生了极度的反感。由此，我们表达了一种根深蒂固的信念或态度-价值(attitude-value)，涉及所有所谓的不必要的痛苦皆是过错。但它是一种价值观念，我们既可以用于表达与他人的道德关系，也可以用于表达与动物的关系，或两者兼有。不仅如此，我们看待动物的方式和看待人类的方式之间也可能存在联系。[19] 它是交叉领域中有待考虑的问题，因为如果我们确信与人类对待动物相关的行为是错误的，我们就应该明确地将其归类为非道德的价值观念，其依据是我们先前的结论，即道德仅限于我们与其他人类的关系，因而我们与动物的关系是非道德的关系。任何认为道德仅指向人际交往的论证都存在根本的缺陷，因为这种区分只不过是约定而成的(stipulative)。

既然我们的态度和价值观是个人的或主观的，那么，如果我们确实用道德语言将它们表达出来，就没有理由否认它们是我们道德信念的一部分。与动物有关的主观道德价值观不能在一种解释中被抹杀，不能用一套分类系统将其排除：我们要做的是改变我们的分类以适应这种形式，而不是相反，因为我们的分类本来就是为了方便。我们坚持认为，我们可以对有感觉的动物负有道德义务，对它们的福祉承担责任，尤其是负有一种不给它们造成不必要痛苦的义务。这并不要求动物拥有相关的权利：如果我们将人为的权利赋予它们，正如我们将权利赋予婴儿和发育迟缓者一样，只是为了保护一种假想的义务与权利之对应关系，那么我们一无所获，却要付出颇多。我们负有对动物的道德义务，这之所以可以成为我们的道德信念，其原因在于：动物是有感觉的，它们由于能够感受痛苦（有些动物是没有感觉的，不在此范围之内）而拥有利益，因而需要被保护以免受人类的虐待和无视；它们还拥有服务其所属物种的特殊利益，包括繁衍和保护其幼崽的欢欣；

痛苦在人身上是恶，在动物身上就不是，这是自相矛盾的；如果将痛苦施加于动物总是导致人残酷对待他人的关系，那么在任何情况下都应该将动物纳入人的道德领域。

正如我们已经指出的，避免和防止不必要的痛苦在我们将道德视为对他人利益的实践考量这一概念中是一种预先的规定，并不意味着完全接受功利主义的论点。每当我们考虑他人的利益时，我们通常会考虑他们的福祉，因为这是通过满足他们的利益来实现的。我们在一个人正常的行为活动中认识他的人格——渴求和计划、决策和行动；对他来说重要的是，他作为一个人不遭受身心方面的痛苦，从而不妨碍那些正常的行为活动。同样，为了让有感觉的动物能够根据其物种的偏好过上自己的生活，重要的是不要让每一个体在身体或精神上遭受可避免或可预防的痛苦，从而阻碍它们满足自身的利益。道德地对待动物的立场，部分地取决于我们对它们的本性的了解，而不是以人类中心主义的态度对待它们，正如尊重人的道德立场部分地取决于对人的本性的理解。

允许有感觉的动物进入我们的领域是否只是一种怪异的想法？在这个问题上，除非开展适当的实证研究以确定整个社会对这些态度和价值观的接受程度，否则不可能有任何可靠的结论。一个准备好以理性为其道德态度和价值观辩护的人，诚然可以独树一帜而不受限制，并且他可能影响社会价值观而不是被社会价值观所影响，但人与有感觉动物关系的伦理立场，需要积聚信心方能展示改变社会价值观的力量。蒙田和边沁依然保持着独树一帜的立场，并且这种立场是最为强势的，因为道德价值观本质上是属人的，而道德不仅仅是对社会价值观的描述。我们要明白表达的信念是有感觉动物的利益应该被考虑，因此前一章中关于道德形式概念的陈述保持不变，关于根本道德原则和中级道德原则的陈述也保持不变。"他者"指的是有感觉的动物，正如指称人类一样。

义　务

　　在本章的几个地方,我们已经指出,权利所对应的另一面,称之为义务,这意味着只要我们拥有权利,就有相关联的义务。这是权利与义务之间的一种关系;二者之间的另一种关系是现代社会强调的基本权利或人权,有其相应的基本义务(Fundamental Duties)或人类义务(Human Duties)。我们将从后者开始,逐一简要考虑这些概念,并展开讨论。正如我们讨论人权那样,我们使用的人类义务将涵盖那些也被认为是基本义务的义务。与人权一样,人类义务就其与人类的关联而言涉及一种道德语境:个体在社会群体中相互交往,产生了对他人利益的实践考量。除了作为这个意义上的道德义务之外,它们也被广泛地视为所有人类共有的责任,而我们之所以对他人负有这些义务,仅仅是因为他们是人类。这些义务作为先赋的责任,是基于这一物种相关的假设,即所有人类生命都有其价值,或者说都值得他人为维护福祉和自由而努力前行,而不是在前行路上设置障碍。很明显,就像人权一样,这些人类义务必须允许例外,因而作为义务具有不言自明的地位。对于一个病态杀人者,我们不负有提升其福祉和自由的人类义务。在非歧视问题上,人类义务与自然正义之间也存在联系,这使我们回到正义作为公平待人的形式概念上。我们通常会这样提及一项人类义务,即无论种族背景或肤色如何,给予所有公民以同等对待。出于我们在人权方面给出的原因,我们可能会提及尊重他人隐私或为所有儿童提供教育的人类义务。人类义务只有保持其道德性,而不仅仅是人类的即是有价值的——仅仅是因为它们是人类的——这种物种立场的表达,就可以被证明是正当的。[20] 关于人类义务,我们现在所说的与我们先前关于人权所说的是类似的。

　　在我们所描述的道德-理性共同体中,义务只是双向关系的一部分,但我们已经察觉到,这种关系在涉及幼儿和动物的情况下不可能是相互的。

与权利的对应关系

现在,我们必须更深入地探究权利和义务之间的关系,特别是两者之间相互对应、互为前提的看法。我们是否能够断言,有一项权利就总有一项相应的义务?似乎足够清楚的是,如果 A 拥有一项请求权,那么他可以向一个人或一些人主张这一权利,而后者反过来负有对于 A 的义务。有言论自由这样的自由权,就有人负有尊重这些自由权的义务。但是,如果 B 对 A 负有责任或义务,那么这是否意味着这一关系中仍然存在着相互性,亦即 A 有一项可以针对 B 主张的权利?正如我们已经看到的,我们可能会提及保护有感觉的动物免受伤害和痛苦的道德义务,但是因为它们不明白拥有权利意味着什么,也没有能力主张权利,所以争辩说他们拥有权利是不合理的。事实上,我们与它们的关系没有相互性。A 对动物(或类似地对婴儿或发育迟缓者)的义务意味着这个动物(或婴儿或发育迟缓者)具有可以向 A 主张的相应权利,这个一般命题是无法证明其成立的。在人类相互联系的狭隘的道德框架之内,A 能够理解他的权利并针对 B 主张权利,这究竟意味着什么?是否总是意味着,如果 B 对 A 有义务,那么 A 对 B 有权利?在许多情况下,这种相互关系是成立的:如果医生有道德义务向亲属告知患者身患绝症,则可以说亲属拥有针对医生来说的被告知权利。从很多方面来说,了解事实可能符合他们的利益。另外,也有值得注意的例外表明这种关系不是一成不变的。根据我们的道德态度和价值观,我们可能有义务以慈善之心赈济社会中的贫困者,但这并不赋予贫困者相应的道德权利要求我们给予赈济。再则,根据我们的个人道德价值观,我们可以宣称,我们有义务成为乐善好施的人,看到遭遇不幸的人时不吝援手,但只有扭曲我们对"权利"理解的情况下,我们才会说一个躺在路边乞讨的人有获得我们帮助的道德权利。同样,为了回应 A 的一个善举,我们有道德义务向 A 表达感激之情,但该义务不应涉及 A 针对我们持有的任何对应权利。当我们与亲人之间是一种信赖和疼爱的关系时,可以说我们对他们负有这样的道德义务,即除非在战争或其他紧急情况之下,我们应当保护好自己以免意外身亡或致残伤害;但这么说并不意味着我们的亲人拥有针对我们的道德权利。什么是我们认为的道德义务,这源于我们的道德态度和价值观,并通过道德信念表达出来。谈论道德义务应当归属于谁是自相矛盾的:确定义务的归属其实是分派不具有道德性的正式职责或官方责任。如果明知一个人的态度和价值观与慈善不一致,那么对他说乐善好施是他的义务,就是要求他做不可能的事(在那个特定的时间)。道德义务不意味着相对应权利的实例是对这样一种观点的进一步支持,即我们考量有感觉动物利益的义务并不意味着它们拥有权利,因此,它们无法拥有权利并不是阻止其进入我们的道德领域的条件。

我们现在将简要探讨康德对"完全的义务"和"不完全的义务"的区分,以及罗斯对显见义务的解释。

完全的与不完全的义务

没有哪个哲学家像康德这样赋予义务以如此不可抗拒的强制力。我们在前一章中已经提到康德的道德命令有类似法律的特性。他将欲望—本能—爱好—激情作为一方面,将赋予行为以道德价值的道德义务视为另一方面,并在这两方面之间作出区分。一种行为要具有道德价值,必须出于义务;出于义务而实施的行为,其道德价值来自行为所依据的准则,而不是来自行为目标的实现(《道德形而上学原理》,第 16 页)。[21] 只有理性存在者才有能力按照义务行事,而这种能力取决于理性存在者彼此之间的关系;所有理性存在者在一个"目的王国"中联合在一起;在那里,没有一个理性存在者会将另一个理性存在者仅仅视为实现其目的的手段。义务是依照原则行动的实践必然性,这个原则是理性存在者的意志必须始终被视为立法者的意志;立法,必然要做到普遍适用。义务与感觉、冲动或爱好无关(第52页)。康德用否定的方式阐明他的绝对命令:不违背诺言、不说谎、不自杀,是理性意志对我们的命令。这个过程中,我们绝不听从任何外在权威。作为同样的理性存在者,我们每个人都具有道德主体的自主性。绝对命令是道德的实践法则:"义务是一个人必定要做的事。"(《道德形而上学导论》,第279页)绝对命令有着客观的必然性,因为它本身是必然的,是受理性法则支配的(《道德形而上学原理》,第31页)。面对不违背诺言的绝对命令,有理性的人永远不会同意只要他们合意就应该违背诺言这个原则,因为它永远不会被普遍化。如果真的变成这样,由此造成的相互不信任显然会使人类的联合建立在非理性的基础之上。

康德区分了完全义务(perfect duties)与不完全义务(imperfect duties)。他解释说,完全义务不允许有任何倾向的例外,不完全义务容易产生倾向(第39页注释)。理性意志——也就是抵制倾向或欲望的意志——使完全的义务具有强制性。完全的义务服从绝对命令,它有这样一种行动的强制性,就好像这个行动通过意志而成为普遍的自然法则。自杀不可能是这样的,违背诺言或说谎也是如此。康德伦理学中有两个至高的道德原则,第一个是所有绝对命令的一般表述,"按照你同时希望它们成为普遍法则的准则行动",以及"要如此行动,把无论是你的人格中的人性,还是其他任何人的人格中的人性,任何情况下都同时当作目的,而绝不只是用作手段"(第47页)。这些原则的共同效用是使注意力从自身利益上转移出去,唤醒一种更加非个人的道德观点;同时,所有理性存在者都能以道德决断进行普遍立法的信念凸显了人的尊严,使人在与他人的道德关系中被赋予了尊严。在18世纪英国道德哲学家将仁慈作为一种自然情感而展开阐释的同时,康德将义务提升为理性意志的产物,与他们一道使伦理学远离了霍布斯的断言,即人是一种自利的动物,本身无法摆脱他的基本属性。但是,康德对他的立场的辩护并不总是有说服力:首先,他夸大了人作为理性存在者的观念,并且先验地确立了理性的正当性——正如我们所看到的——似乎无需批判性审查(《纯粹实践理性分析》"导论",第 102 页);其次,理性意志规定的法则作为绝对命令在他看来是强制的和无一例外的,但他并未提供充分的解释,因为人们发现它们常常是冲突的。讲真话与挽救生命这两种义务之间就可能会出现冲突,而且在所有可以设想的情况下我们完全无法确定是应该说实话,还是遵守诺言,抑或是避免杀人。正是出于这个原因,罗斯更愿意把所有的义务都说成是显见义务。在许多情况下,完全的义务很难被认为是无条件的义务。尽管在一些不复杂的情况下,摆在我们面前的义务可能是显而易见的,但有时我们的思虑显现出复杂性,从而使义务的召唤失去了它的命令色彩。无论一个人是否对他人负有责任,爱国主义都是战时无条件的义务吗?

康德认为绝对命令体现了一种行为"本身的必然性",与"审慎"(prudence)这样自我关切的行为是不同的。他在这两者之间所做的区分,同样不像他所相信的那样明确。康德在两种意义上使用"审慎":首先,适用于这样的人,他对他人能有如此的影响,以至于可以将他们用于自身的目的;其次,在一种更个人的意义上,一个人为实现其"追求他自己的最大幸福"的目的而选择手段的能力(《道德形而上学原理》,第 33 页)。一个人如果符合第一种意义上的要求,但不符合第二种意义上的条件,在康德看来总体上来说不是审慎而是轻率的,用聪明和狡黠来形容他们可能更为合适。审慎的人细心而又有远见,以有利于自己的方式行事。基于这种看法而提出审慎的概念,通常是负面多于正面地指称那些狭隘自私的人,他们懂得保护自己以免有害的后果降临到自己身上。这确实是与康德的完全义务及其法律般的不可违背性背道而驰的。然而,义务不能导向自我利益的完全忽视;正是在这个方面,义务与审慎之间的区别常常变得模糊。在某些情况下,在决定每个人的适当道德衡量标准之前,需要很好的判断。因而我们很难这样来谈论完全的义务:我们在提升他人福祉方面对他们负有不完全的责任,也在考虑我们自身的福祉方面对自己负有审慎这样一种不完全的责任。接受这样一个道德原则——既考虑他人的利益，也考虑自身的利益——将使我们回避康德的完全义务和绝对命令概念，并采取一种更普遍、更加站得住脚的视角。基于这一视角，我们所有的义务都是不完全义务，从而使我们在面对复杂的道德情景进行思虑时是可以调整的。在不复杂的情况下，说实话看起来可能是完全义务的要求，我们似乎是在遵守道德命令，但在我们必须考虑利益冲突的其他更复杂的情况下，这个相同的义务就失去了约束力。在实践道德中，完全义务可以提供一条行动的基准线。这些完全义务的践履并不总是它们应该如此，在某些情况下有充分的理由表明不应该如此。我们已经将基于个人态度和价值观的道德信念与康德那种被拔高的道德义务感联系起来，但只是在理想和劝诫的意义上将二者联系起来。在实践中，我们意识到道德义务不可能始终如一地占据如此崇高的统领地位。

显见义务

那么，我们所有的义务都只是显见义务（prima facie duties）[①]吗？如果不能将义务视为像康德的完全义务那样是无条件的，难道我们不应该将它们都视为有条件的吗？罗斯[②]用显见义务来指称"那些往往会成为我们义务的事情"（《正当与善》，第18页，注释）。[22]他解释说，检视一个情景下呈现不止一项显见义务的必要性，表明这可能不是稀奇的事，除非我们在力所能及的范围内作出决定——尽管永远不会是终结性的决定，明确我们履行一项义务比其他任何义务更加义不容辞。动机从来都不是义务的一部分。特定情况下决定哪一项义务是显见义务绝不是武断的。他对显见义务进行了宽泛的分类，并声明这一分类并未穷尽所有的

[①] "prima facie"的意思是"初看起来的""表面看来的""初步认定的"。"prima facie duties"有不同的译名，除了"显见义务"外，还有"初定义务""初始义务""自明义务"等。——译者注
[②] 戴维·罗斯（David Ross, 1877—1971），英国著名伦理学家。——译者注

显见义务。(它包括忠诚、感恩、正义、仁慈、自我完善和不伤害的义务。)虽然在一些简单的道德情景下,罗斯提出的义务是明确且合适的,但有趣的是道德实践通常涉及义务冲突的情形,从而使我们无法确定是否能提及原则问题。在某些情况下,我们需要思虑个人行为的可能后果,然后,正如图尔敏①所观察到的,我们得出结论应该采取一项行动,但通常情况下,不是说我们有这么做的道德责任,也不是说这么做就是我们的义务(《伦理学中的理性》,第147—148页)。[23] 情况越复杂,义务就变得越来越不具有约束力,越来越成为有条件的;我们需要通过权衡来确定哪一个行动可能产生的不良后果最少。在某些情况下,要决定这种情况下怎样做最好,诉诸我们提出的主要道德原则可能没有什么帮助。正如我们在前两章中指出的,由于我们的慎议既是基于理性又是基于性情的,因而,出于我们已经给出的原因,复杂的道德情景之下的最优对策常常需要群体有条不紊的讨论来决定。罗斯认为显见正当性(prima facie rightness)与数学公理一样是不证自明的(第29—30页),这种看法与上述观点相冲突,实际上也与一些当代数学哲学家的观点相冲突,因为他们自己已经对不证自明这个概念提出了质疑。我们通过深思熟虑找到义务冲突场景的最佳解决方案,这可能让我们感到满意,但宣称显见正当性具有直觉上的不证自明,其支持理由常常是微不足道的。

道德的和非道德的意义

因此,虽然康德在他的道德哲学中赋予义务以核心地位,并且在18世纪他并不是唯一一位诉诸理性来证明义务具有类似法律特性的哲学家,[24] 但在今天的道德哲学中很少有人主张它的核心地位。一般来说,当我们从有关理性存在者具有何种能力的泛泛而谈中觉醒过来,并考虑特定道德情景的复杂性时,几乎没有人

---

① 斯蒂芬·图尔敏(Stephen Toulmin, 1922—2009),英国哲学家。——译者注

会赞成道德义务在本质上是放之四海而皆准的(exceptionless)。于是,我们看到必然性的力量消失殆尽了,同时,因为对所有理性存在者具有同等约束力的完全义务如今降格为显见义务,正如罗斯说的那样不过是趋向于成为我们义务的事情,我们不难理解义务概念在当代道德话语中的哲学重要性应该是下降的。在更为一般的话语中,对于义务的更加常见的用法是回到它最早的用法之一,即指称与特定官职或职位相关的责任。这些责任含有循规蹈矩或不负众望的要求,因为我们很容易说到父母对孩子的义务、教师对孩子或社区的义务、警察对公众的义务、医生对病人的义务,等等。这些义务与道德没有必然的联系,但每一种情况下都可能产生偶发的道德责任:保护年轻人以避免处于道德风险之中,例如帮助有需要的人时完全不考虑自己。在履行职责的过程中,承担道德义务与恪尽职守之间的区别是显而易见的。对于我们承担的角色或岗位所正式规定的职责有强烈的责任心,并深信我们的职责就是竭尽所能地发挥我们对之负责的职能,这时我们就是恪尽职守的。当我们的角色是公共道路上的汽车司机时,如果我们按照所学到的指示行事,始终如一地遵守规则,我们在形式意义上说就是尽责的、服从的、谨慎的。如果我们在道路上不只是表现出遵守规则的行为,而是实际地承认他人的利益,保持耐心,避免对他人造成影响或阻碍,那么,我们的行动就已经开始伴随着道德意识,因为至少就其涉及的关切而言,我们已认识到他人的权利和我们对他们负有的相应义务。我们可以注意到,尽责(conscientiousness)可以在非道德意义上使用,也可以在道德意义上使用。在我们各自岗位上一丝不苟地专注于交派给我们的职能,这可以是道德意义上的"尽责",因为我们说的是目标坚定,绝不背离我们的道德信念。在前一种用法中,我们的行为被认为是有功德的,正如我们将在下一章中看到的。在后一种用法中,功德的问题一般不会出现,正如在康德那里履行完全责任的义务不会有功德的问题。对康德来说,理性意志没有给任何理性人留下选择的空间;在我们看来,始终不渝地坚守道德原则体现了道德态度和价值观的力量。道德态度和价值观在其约束力上虽然不及康德的道德命令，但足以解释他人在我们身上所观察到的那种尽职尽责的道德行为。

在道德哲学中，义务概念是有条件的，是被限定在某种意义上使用的。在我们看来，道德义务不是绝对的。我们的主观道德价值观一般不会僵化到没有变通的地步，这同样适用于个人价值观的总体趋势，亦即我们所谓的社会价值观。复杂的道德问题不适合以绝对的原则或规则来解决，因为相比于法庭上审理繁复的听证来说，这里更加不可能存在万无一失的标准。康德将理智或理性绝对化，并使之与抵制欲望和倾向的善良意志结合起来。他那个时代之后发展起来的经验知识，使我们占据一定的优势，从而有理由将他的观点视为源于理想的教条。

小　结

我们对权利采取的正面理解，涉及持有一项权利的主体与另一个或另一些可以向其主张该权利的人，并要求前者能够理解该权利的实质。也就是说，能够宣示或主张该权利，甚至放弃或让渡该权利。在一个存在一些共同价值观的道德-理性共同体中，持有道德权利才是可能的。

自然权利和人权都是伪权利，因为它们是单方面的宣告，缺乏权利运行的相互性条件。有一些被人们归类为人权的特定权利，例如受教育权和隐私权，我们有理由将其视为道德权利，但这与它们是否属于人权无关。

儿童权利至少提出了两个重要的权利哲学问题：第一，如何定义"成年"？第二，是不是可以说其他人能代为持有儿童权利？如果判断成年与否的依据不是个人的功过，而是诸如年龄这样惯常或武断的标准，则第一个问题在某些情况下会造成背弃正义的后果。当儿童被笼统地视为人类这个物种的年轻一代，正如他们在《儿童权利宣言》中所遭遇的那样，在理智和道德成熟度方面的巨大个体差异就被忽视了，并且几乎没有人将他们理解为成长中的人。关于第二个问题，尽管法律上承认监护权，但根据我们的积极权利观，如果本人不能持有某些权利，而将其托付给他人代为持有，那么这些权利就不是严格意义上的权利。

涉及动物时，权利持有人与可以向其主张权利的一人或多人之间通常存在的逻辑关系也一样是不存在的，但这是因为我们习惯上认为权利和义务有着必要的相互关系。根据我们采用的积极权利标准，动物不拥有权利。取消动物拥有权利的资格，完全不影响我们对动物福利的关注。由于我们在提及动物痛苦时使用的是道德语言，并且通常是道德信念的自发表达，因此，除非任意改变约定的定义，否则将有感觉的动物排除在我们的道德之外是不可能的。虽然它们没有权利，它们自己也不能成为道德主体，但我们确实对它们负有道德责任，因为它们显然拥有利益。对一些儿童来说，法定的和非法定的权利都可以被恰当地赋予他们，因为他们确实有体验和理解这些权利的能力。其中一些权利的所有权是有可能被废止的，这是值得我们关注的，因为它提请我们注意将权利归于这样一些儿童是否恰当：他们年龄太小还不能拥有法定权利，但在理智和道德上却是足够成熟以至于能够拥有权利。

权利和义务通常是对应的，但并非总是如此。甚至在人类社会也存在有道德责任却没有与其对应的权利的情况，这有助于证明如下观点的合理性：我们对有感觉的动物负有道德责任，但它们同样不能对我们提出任何权利主张。至于义务的归属，它只有在界定岗位责任的时候才是有意义的，但谈论道德义务的归属则是自相矛盾的，因为这些道德义务不可避免地与我们个人的态度和价值观联系在一起。

康德提出的绝对命令、所有理性人的目的王国和完全义务等观念，使义务在道德哲学中的崇高获得了极致的表达。很少有人为他的方案辩护，因为他未能解决义务之间的冲突问题,所以在具体的复杂情况下有必要缓解道德法则那种严苛的强制性。罗斯的显见义务更接近于当代道德哲学家看待义务的普遍方式,但由于义务像法律一样的特性存在如此明显的问题,他们很少关注它。通过更好地理解态度和价值观的实质,并通过形式层面的讨论,我们有可能为我们的道德信念添加某种类似于康德式法则或不可抗拒之义务的力量,但仅限于个人的理想追求,并且仅限于它们还在可以讨论的范围之内。

我们将在第五章应用"恪尽职守"和"尽责"概念,既有道德意义上的,也有非道德意义上的,但主要是非道德意义上的。道德意义上的尽责如果是我们所说的真实行为,而不是故作姿态,那它也不是什么特别的功德,因为道德责任心只是体现了我们惯常的道德态度和价值观以及我们为之坚守的决心。

在论述完关于教育、正义和道德的理论基础之后,我们将进入第二部分,开始探讨实践问题。

第二部分

实践的介入

第四章

实践的慎议

我们现在已经进入讨论的中间阶段。我们不是从第一部分的理论基础直接进展到第三部分的社会正义思考，而是在两者之间插入第二部分，其原因主要有二。首先，实践的考虑本身就是对之前的原则的阐明，有助于将抽象概念转化为具体经验。其次，为了避免过分简单化的处理，我们需要展示简单的东西何以变得越来越复杂。我们已经说到态度和价值观就是作为偏好和标准的价值观，并且它们所涉及的个人推理在理想情况下需要在正式的讨论中接受外在的监督。尽管这样的外在监督并不总是触手可及，但在进行价值判断时尤其需要。这些事情一直在很大程度上被我们视为理所当然，现在我们必须进一步予以探究，并考察它们在实践中的一些联系。

本章是面向实践的，因为其目的在于深入理解我们在推理应该做什么时的思维活动；特别是要探究理性的复杂性以及与之相伴的性情倾向。通过将这方面的见解与实际情形联系起来并拓展其道德内涵，本章将成为通向下一章的桥梁。当另一些实践的视角被用于审视正义、道德和教育之间的关系时，上述理解将会被贯彻到第三部分。

虽然很难说伦理学是一门科学，甚至很难设想有这样一门科学，能够根据充分的证据以及由此推导的道德原则告诉我们在每一种道德情景中应该做什么,但我们仍然有必要搞清楚我们的哪些行为是应该的,同时我们也应该深入了解人类行为中哪些是可行的、哪些是不可行的,甚至基于经验分辨出哪些是可能发生的、哪些是不可能发生的。我们不是要争论事实如此意味着应当如此:一个有杀人意图的人意味着他应该有杀人意图。我们所争论的是完全不同的问题。除非我们考虑到经验所昭示的事实或可能发生的事实,否则我们的伦理应然就是缺乏根据的;并且是如此严重地缺乏根据,以至于它们会变得空洞无物,从而在任何实践道德中毫无效用。有一些理想就一直是这样缺乏根据的。例如,有一种理想憧憬着这样的状态,仁慈在社会交往中无处不在,淹没了自私自利;每个人都为了某个超越自我的更高目标而尽其所能——一派祥和的社会景象,或者说一幅满街皆尧舜的道德画面。

本章我们也以这样一种直觉开始,即当我们进行亚里士多德在解释实践智慧时提到的那种活动时,我们还没有完整地叙述——如果能够叙述的话——我们在理性方面的限度。我们拥有这样一种直觉性的想法,这就是,当我们尽可能运用理性、慎议应该要做什么的时候,影响我们选择和决定的因素相比于我们通常所承认的因素,不仅更为繁复,而且有更加错综复杂的相互关联。我们不是要贬低理性在这些慎议中的地位,相反,我们完全支持规范性陈述,而这些规范性陈述驱使我们的实践慎议合乎理性。但这不是无条件地支持,让理性始终高踞支配的地位。我们相信可以建立一种行动哲学,它不仅重视欲望、情感、动机和意图,而且认为有一种由各种心理因素组合而成的相对稳定的构造能够帮助我们更好地理解理性在实践道德中的地位。理解理性的这个地位,将会使我们的规范性陈述更加切合实际:如果我们相信的东西,已经有经验证据表明是不可能的,或者是非常不可信的,那么再以我们相信它作为根据来争辩它是应该的,这本身就与理性不一致。换句话说,规范伦理学如果以经验知识为基础,并承认这也可能具有限度,对它本身是有好处的。想要成就的不一定都是可以成就的,承认这种可能的界限使应然的召唤更强,而不是更弱。认识到理想的本来面目,并不会削弱它们在进入我们的实践慎议时可能具有的指引力或驱动力。

为了开始我们的探究,我们首先简要地回顾亚里士多德和康德的观点,特别是他们关于理性在实践慎议中居于何种地位的看法。这些看法将推动我们思考意向,尤其是它们与理性的相互作用。

哲学家论理性

亚里士多德

那些认为理性在我们道德生活中居于至高地位的哲学家,例如亚里士多德(借助于习惯养成的德性)和康德(在他将道德推理同化到理性意志的过程中),都曾不得不寻求各种方法来解释理性与心理状态或心理倾向以及诸如此类可觉察现象之间的关系。亚里士多德清醒地意识到,理性加上诸多德性仍然无力将所有人引向实践智慧,因为存在着"不能自制的现象"(akrasia),或者说缺乏自制的现象。[1] 这里说的是指不能恰当地自我克制或自我控制,而自制要么通过习俗获得,要么是天生的(《尼各马可伦理学》,第 8 卷第 10 章,1152^a)。这是一种使获得实践智慧①的努力遭受挫败的道德虚弱状态,或者说,它使实践智慧对我们"发出指令"、指导应该做什么、不应该做什么的状态变得不可能(第 6 卷第 10 章,1143^a)。亚里士多德解释了缺乏自制的各种表现形式。有时它表现为激情,驱使缺乏自制的人做出他明知是错误的事情(第 7 卷第 1 章,1145^b);有时表现为自我放纵,或意

---

① "practical wisdom",也译为"明智"。——译者注

志的薄弱(第7卷第3章,1146^b);有时表现为"热切且容易激动的人"身上的那种冲动。有些人深思熟虑,但临到决定应该做什么的时候却感情用事,不能坚持原先的决定。另一些人则根本不进行审慎思考,使自己完全听命于情感(第7卷第7章,1150^b)。通过习俗形成的缺乏自制,比天生的缺乏自制更容易矫正,后者类似于那些"沾酒就醉的"人的状态。因此,不是所有的人都能够保持理性,或者以理性控制自己,从而能够通过慎议决定应该做什么,并且贯彻这个决定。

亚里士多德解释了缺乏自制的所有努力,挑战了柏拉图的《普罗泰戈拉》中的苏格拉底的这样一种观点,每一个慎议应该做什么的人,都会采取与之一致的行动;没有人在这个问题上作出了判断,然后出尔反尔,采取与其判断背道而驰的行动。认识到"这种观点显然违背了可观察到的事实"(第7卷第2章,1145^b),反映了亚里士多德追求科学的冲动。他对理性在实践智慧中限度的观察还可以进一步拓展,但这是一个开始。在那些缺乏自制的人身上,理性被情感干扰到如此地步,以至于要么无法通过慎议作出决定,要么进行了慎议,但作出的决定被置之脑后。在其关于实践智慧的思想体系中,亚里士多德考虑到了理性通过慎议达成决定并采取相应行动的可能性。思辨的人全神贯注于第一原则,并且超脱于人类事务,但"有行动能力的理性品质"的人把心思都放在未来,并且在其他方面具备行动能力。对于实践的、慎议的人来说,欲望与理性产生的是当下想望的目标(end-in-view);这里存在的是被欲求的目的,算计应该做什么的推理、选择和行动。好的行为需要理智与品格的共同作用,但理智靠本身"改变不了什么";"理智只有指向一个目的,同时是实践的"才能引起行动(第6卷第2章,1139^a—1139^b)。对于具有实践智慧的人来说,他们慎议的不是不可改变的事务,也不是根本不可能完成的事务,因为这些都是徒劳的;他们慎议的是能够改变且对其自身和更多的人都有利的事务(第6卷第4章,1140^a—1140^b)。因此,伦理上的应然,其言下之意就是不应该违背那些属实的情况或已知的事实,因为那都将是徒劳的。这对于我们的论证来说至关重要。正如亚里士多德所说的那样,如果某种看法"显然违背了可观察到的事实",它就不应该被允许,以免误导我们决定应该做什么的慎议。

康德

与亚里士多德相反,康德对理性完全主导的道德法则深信不疑。有道德的人的行动所依据的准则不仅对他自己而且对所有其他理性存在者都是道德命令。基于经验观察的什么属实什么不属实这方面的任何考虑,都不影响他们按照这样的准则行动。道德的客观法则只能由纯粹理性先验地发现。康德承认人有喜好和可以感知的冲动。喜好共同造成了自我关切的情感,或者是自爱,或者是自私,但与这些喜好相比,"道德感"只由理性产生(《纯粹实践理性分析》,第165—169页)。康德一再区分两种影响:对行为的心理影响是主观的,道德法则的影响是先验的、客观的,仅仅由理性主导。直截了当地说,"理性决定行动的意志"(第131页)。康德面临的困难是,要在受心理倾向或喜好支配的人与那样一种在至高道德法掌控之下更崇高的、理性的人之间进行调和。对他来说,归根结底,道德法则的理性规定除了理性本身这个事实以外不需要任何理由或解释。他关于道德法则的观点如果与指向非道德或经验事务的实践理性(practical reason)进行对比,可以更清楚地为我们所理解。《经验实践理性分析》旨在表明,在这种所谓的经验实践理性中,我们具有较低的欲望能力,首先,它具有某个对象的观念或意象,这个观念或意象进而成为当下想望的目标;其次,它有一种推动力或意欲的冲动。理性在介入这种情境时如果达到某种程度,就会为意志提供激励,而意志本身将行动——根据从过去经验中得出的原则——与欲望的对象联系起来,但法则在这个经验的实践理性中并没有任何影响。那是道德的领地:道德法则是发布规定的,这些规定对所有理性的人都有约束力。经验的实践理性充其量只服从于准则,其意志在性质上是非道德的,只涉及自爱或个人幸福。对于道德法则之欣赏

来自纯粹理性的发现(《纯粹实践理性分析》"导论",第102页)。经验的实践理性可以用这样的三段论来表达:

> 我追求的目标是赢得选举,
> 诽谤我的对手将使我成功,
> 因此,我将诽谤我的对手。

欲望体现在大前提中,用康德的话来说,它是一个准则或原则,但不是一个法则。当下想望的目标,即竞选的职位,是依靠实践理性或意志与欲望联系起来的,而这有赖于小前提中的经验知识。行动的决定最后在结论中表达出来。到此为止,康德的行动理论还是与亚里士多德保持一致的:有欲望,有一个欲望的对象或当下想望的目标,通过推理算计应该做什么,然后作出选择或决定。正如亚里士多德将不良的实践理性与良善的或导向良善行为的实践理性区别开来一样,康德,尤其是康德,将仅仅导向自我关切或幸福的实践理性与导向纯粹理性在理性意志中对应该做什么直接领会区别开来。后者不需要亚里士多德实践智慧中那种慎议的过程。因此,下面的三段论是画蛇添足的:

> 我的义务是减轻人类的痛苦,
> 向埃塞俄比亚忍饥挨饿的人运送食物将减轻人类的痛苦,
> 因此,我将向埃塞俄比亚忍饥挨饿的人运送食物。

在这里,大前提传达了理性意志本身所理解的道德法则,其余的则随之而来。一些人之所以需要有这个三段论中的慎议,是因为他尚未认识到纯粹理性对道德法则的直觉领会:在争辩特定情况下是否应该减轻人类痛苦的人,或者对他的决定犹豫不决的人,不被纯粹理性所驱使。因此,在不同于经验实践理性的纯粹实践理性中,康德的行动理论可以用以下形式来表达:通过纯粹理性领会道德法则,将其直接确立为一种指令性的应该之行动,然后是采取必要的行动。这个过程中不需要任何形式的慎议,除了谋划手段时必要的慎议外。

第二个三段论引发了欲望、情感和行动之间的一种可能关系,与康德和亚里士多德的想法都不相同;我们将顺便指出这一点,因为本章关注的是理性在我们的道德慎议中的限度。那些致力于减轻人类痛苦的人在这方面有帮助他人的欲望或心愿,也有对受苦者的怜悯或同情。在这些情况下,我们可能会想,在决定应该做什么时是否有某种对于慎议的实践理性的普遍需要。我们并没有打算提出一种行动理论,宣称所有情况下欲望和情感都会导致行动,而只是说它们在某些情况下无须理性也能够导致行动。但在这种情况下,至少有一个干预因素,不是理性,而是道德价值。

在价值无涉的情况下,很少有人怀疑欲望和情感仅靠自身就可以导致行动,就像一个孩子想要一个对他有情感意义的东西,会自然而然地伸手去拿,或者当他拿到手后高兴得手舞足蹈,但这种情形是琐碎的,也是没有道德意涵的。在经验中发现的同类情形如果被纳入我们对于道德行为的思考之中,我们就会越来越远离康德。他在经验实践理性和纯粹实践理性之间的明确区隔使他不得不以理性本身为理性辩护,并在此后一直成为大部分哲学怀疑主义的主题。从康德的角度来看,理性在道德慎议中从来不是单独发挥作用的这一观点本身就是令人怀疑的,对此他批判了休谟。在《人性论》中,休谟认为"道德刺激情感,产生或制止行为",因此不能从理性中推导出来。理性,用来发现真还是假,是"完全惰性的",不能产生或阻止行为或情感(第3卷,第457—458页)。[2]

作为道德推理的表达,第二个三段论需要进一步的评论,因为它在形式上是不充分的,除非我们把大前提曲解为理性意志的道德命令,断言我和所有其他像我一样的理性人应该减轻人类痛苦。当前表达方式的困难在于,它似乎是在陈述一个事实上的"是",就像小前提所做的那样。立足两个"是"的前提,不可能得出道德结论:正如休谟所发现的,"应该"不能从"是"中推导出来(第3卷,第469页)。如果我们试图从两个"是"的前提中推导出"应该"的结论,那么,情况就是采取如下三段论的形式:

> 人类在埃塞俄比亚承受饥饿之苦,
> 人类也在印度承受饥饿之苦,
> 因此,我们应该帮助在埃塞俄比亚和印度遭受苦难的人类。

对于康德来说,道德法则应该在第一个前提中被单独援引,诉诸行动的指令应该由纯粹理性发布。但是对于那些通过推理、通过他们所经历的那种推理进行慎议的人来说,这个三段论的结论是错误的。通过增加一个"应该"前提,我们将表述形式改正如下:

> 我们应该减轻人类的痛苦,
> 人类在埃塞俄比亚和印度承受饥饿之苦,
> 因此,我们应该减轻埃塞俄比亚和印度的饥饿之苦。

正式立场得到澄清(但不彻底)之后,我们现在回到主要议题,即实践(道德)理性中的理性限度。这里的实践(道德)理性与康德的经验实践理性不同。我们应该从欲望、情感、动机、意图、态度和价值观等方面关注它们对于理性的可能影响,表明它们如何在我们的实践慎议中错综复杂地相互作用着。它们有的时候与理性冲突,有的时候影响道德选择和判断,影响之大超出了亚里士多德说的那种使人变得"不能自制"（akrasia）的概念，或缺乏自制（这有点像是一种疾病或精神错乱，或者是不严重的慢性病），并且针锋相对地冲击康德关于理性意志不可违背的观念。我们将自始至终强调道德行动的需要，因为道德行动是道德慎议所指向的目的，并且比道德观念、思想或冲动本身所谓的高尚品质更显著地标志着它们的道德成就。

意　向

欲望和情感

我们先从欲望和情感开始，是为了表明简单的事情如何轻易地变得复杂，以及在我们精神状态或活动中各种可能的相互关系中究竟什么样的复杂性对理性施加了越来越多的限制。有两个一般性的观察结果可以预先指出。第一，欲望、情感、动机、意图、态度和价值观以及慎议本身，都有其指向；第二，它们之间的相互关系以及它们与理性之间的相互关系不是必然的或固定的。我们更关心的是展示这些特性和关系中的可能性和倾向性，以便基于我们的观察，使我们的应然（oughts）不会公开地蔑视我们通过经验发现的属实情况，特别是涉及理性在我们的实践（道德）慎议中的力量时。对某个事物有欲望（desire），就是想要得到（want）它，并且我们有可能在没有情感的情况下体验到欲望本身，不过更为常见的是，一旦有欲念的驱使两者就会变得不可分割。所以，想要某个事物就是带有情感地想要它，欲望和情感都指向这一个对象。虽然我们用"感情用事的人"来描述那些容易屈服于情感的人，但没有人的情感不是导向某个东西的，也没有人在没有一种想要一个对象的情感的情况下感情用事。欲望和情感都可能导致行动：

对温暖的欲望导致生火的行为,快乐导致喜形于色的本能行为。情感本身几乎不能导致慎重判断,但欲望和情感可以,例如,有对新房子的欲望,就有对能用什么办法拥有新房子进行的慎重判断,然后是合适的行动。正常情况下欲望并不具有迫切性:我们可以自由地改变我们的欲望,例如采取损害我们健康的生活方式。只有强迫症和上瘾者的欲望才会径直导致行动。

动机

某些特定的情感,例如对一个人的愤怒,可能会导致无意识的行动,但在更多的控制之下,为欲望-情绪的刺激与诸如报复这样的动机结合起来的时候,往往会导致行动。这里,随着动机的介入,行动发生之前的心理状态变得更加复杂。动机本身是自主选择的:说一个人被迫怀有一个他不想要的雄心作为动机,这是自相矛盾的。尽管一个人的动机可能被其他人辨识出来并被用于解释他的行为动因,但他自己可能并不自知,他意识到的只有欲望和情感。如果情感很强烈,它可能会损害自我理解,从而遮蔽动机。当一个人由于有机会去国外获得高得多的薪水而在慎议最优选择时,他可能会非常兴高采烈,以至于他的推理变成了一种合理化解释,即不符合其家人或其他受抚养亲属的最大利益的选择为什么是合理的。从观察者的角度来看,从一个人的动机与需要或欲望的关系中通常可以更清楚地理解他的动机。不知道是否是由于罪行隐匿的影响和罪行侦查的难度,人们有时会错误地认为动机是指不寻常的或出乎意料的。我们确实会询问一个人的动机是什么,这是在我们感到困惑并且无法预料他的答案是否能在熟知的习惯或常规的行为中找到根据的时候。在这种情况下,问这个问题本身就意味着一种怀疑和对不寻常的预期。然而,在许多其他情况下,我们不会询问质疑动机的问题,而是进行绝不会涉及古怪或反常行为的陈述或解释。当动机的追问出现在文学或历史中时,它总是会被揭穿,并且绝不是出人意料的。奥赛罗谋杀苔丝狄蒙娜的动机,麦克白夫人自己所说的"堕落目的",亦即鼓动其丈夫犯下罪行的动机,显然都是符合人性的。任何一个侦探想要知道犯罪的动机是什么时,他所期望的既不是寻常的动机,也不是不寻常的动机,他可能会发现这两种情形下的案例一样多。在同事之间的日常讨论中,评论一个人争取职位的动机"完全正常""可以理解"或"合乎人性"都是不稀奇的。

动机与欲望和情感一起构成基本情结(complex)。它们都有其指向;在一个人对其动机没有自我察觉时,这个指向产生于欲望和情感;在动机处于自我察觉的情形时,则产生于慎议或达成目标的恰当手段。因此,理性可能与动机相互影响,而情感的强化可能会压倒理性,或导致合理化的解释。气质(temperament)作为整体人格的一个组成部分,在欲望、情感和动机与理性的互动中可能会抑制理性。理性的慎议需要一定程度的自我控制能力,这种能力有些人有,有些人没有。因此,亚里士多德的"缺乏自制"对一些人来说天生如此,对另一些人来说是一种习惯,这与我们的观察是一致的。如果我们引入动机的概念,并且暂时排除我们尚未讨论的道德思考,则类似于康德的经验实践理性的事物对于一些人来说就不是高不可攀的:欲望和情感包含着当下目标,动机包含着意欲实现当下目标的冲动,根据经验对实现路径进行慎议,而后是引发行动的决定。对于实际事务的慎议要求理性有一个方向,要求它面向一个对象。这就是为什么亚里士多德指出,不是理智本身,而是指向一个目的的理智,才引发行动。在理智的惰性方面,亚里士多德表达的是针对思辨中的纯粹理性的看法,而类似地,休谟在评论理性产生行动的惰性时所针对的则是理论理性——辨别命题是真还是假的理性(《人性论》,第2卷第3章,第414页)。经验的实践理性提出了下面的行为图式:

包含情感的欲望—动机和当下目标—从经验中习得的实现手段(这可能要求在各种选项中进行选择)以及对该手段之效力的信心—采取行动的

决定。

在这个图式中,动机和当下目标提供了行动的动力。欲望和情感各自指向一个对象,但在某些情况下,理性与欲望和情感相互作用,表明它们的对象是无法达成的,并且涉及这些对象的动机也不会形成。另一方面,同样也有非理性的欲望,比如那些由自我提升之冲动产生的欲望,确实能够导致动机和行动,例如,举办力所不能及的社区慈善活动以获得朋友和熟人的赞赏。反过来,并且也是上述行为图式的一个例外,动机和更大的当下目标可能导致某些欲望,比如这样的情况:一个动机引起某个人注意,激发了一个拥有特定物质财富的欲望。这些物质财富而后成为达成当下目标的手段,不过这个手段来自欲望而不是算计。

动机、意图和目的

由于欲望是想要(某个东西),它是针对一个对象的倾向或偏好,通常但并非必然地与同样指向该对象的情感相结合。动机与之不同,因为它具有(知晓、理解或感知的)认知成分。即便某些动机可能是含糊不清且难以表达的,即便一个人可能并不清楚他为之行动的动机是什么,但仍然存在这样的动机,正如观察者认为的那样,是他采取行动的公认理由。一般来说,动机确实包括对自我与他人关系的认知,也包括相关的观念或信念。一个人如果有一个以特定方式行事的动机,那么,尽管不能肯定他是进行推理的人,但至少在初始的意义上,他是一个有思考的(thinking)人。他努力在内心里与一个对象构建一种积极关系,其所形成的状态不同于一个人仅仅想要某个东西或者有某种情感不同的心理状态。即使他可能受到情感的强烈影响而错误地理解了自己的动机,他心里装着的也不仅仅是欲望和他想要的那个对象的形象。从更积极的角度来看,一个人可能如此清楚他的行为动机,以至于这个动机也表明了目的或意图,就像我们说"他购买大量股票的动机是为了掌握公司的控制权"时的情形一样。这里可能有一个潜在的动机,即获得高于他人的权力和影响力,但即使动机止步于对公司的控制,动机和意图似乎也是不能分开的。如果对这个事例的特定情形进行实证调查,把"动机"当作"意图"或许看起来是不恰当的,因为实际上除了购买股票并获得公司的控制权以外,他的心里还有其他的意图,并且他的潜在动机是获得高于他人的权力和影响力。不过,正如我们将看到的,某些情况下动机是包含意图的。

意图是一个比动机更狭隘的概念。正如安斯库姆[①]所表明的,有一些动机等同于意图,还有一些则不能被当作意图(参见《意图》,第 18—20 页)。[3] 在后一类意图中,首先有后顾(backward-looking)动机,例如报复。它们明显区别于意图,因为它们不像意图那样面向未来。其次还有宽泛的"一般动机"(motives-in-general),从一个人出于友谊、出于好奇、出于家庭血缘关系或出于对后果的恐惧而采取行动中可以看出,它们与意图无关。后顾动机和"一般动机"都不是行动的**原因**。

我们将通过探讨**目的**,以另一种方式来理解意图的概念。在"目的"的使用方式中,有多种是与动机或意图都没有明显联系的,例如在表达对于根本解释的渴求时诘问人生的目的是什么、一个国家遭受大灾难或一个人痛失亲人的目的是什么。在这些情况下,"目的"具有"意义"或"终极解释"的修辞效果。因此,它与动机或意图相关联的使用方式是:首先,在动机的意义上;其次,在意图的意义上;第三,(在一连串的意图中)最后或最终的意图;第四,在我们说"他无法实现他的目的"这种情形下指称意欲获得的东西。对于最后一种用法,我们不会做进一步的评论。第三种用法是我们最感兴趣的,因为终极性概念似乎会从作为根本解释的目的概念转移到这种用法上。正如我们考虑一连串意图时所看到的那样,日常语

---

① 伊丽莎白·安斯库姆(G. E. M. Anscombe, 1919—2001),英国哲学家。——译者注

言中的一个普遍趋势是将**目的**用于表示作为达成目的之手段的目标和**意图**。我们的任务是发现"目的"在这些情况下是否不同于"意图"的概念。

一位田径教练在制订一项训练计划：

A. 他打算让他的运动员快速跑完 1500 米。

B. 他打算让他们使劲奔跑、用力呼吸。

C. 尽管运动员会感到腿和肺的不适，但他想让他们坚持下去。

D. 他的目的（意图）是增强他们的耐力。

安斯库姆对这一系列陈述的解释（她本人的解释见于《意图》，第 41—47 页）是，前三个陈述，无论 A、B 抑或 C，其所规定行为的意图都体现在最后一个陈述 D 中。如果将这个序列延展到其他陈述，例如 E 或 F，D 将被解释为一个意图。这个系列中的每个陈述都被视为前一个陈述所规定行为的一个意图，由此可以举例说，A 陈述规定运动员快速跑完 1500 米，其意图是让他们使劲奔跑、用力呼吸；使劲奔跑、用力呼吸（B）的意图是让他们在感到不适时坚持下去；而坚持下去（C）的意图则是增强他们的耐力。这里的"目的"和"意图"在概念上很难区分，因为"目的"显然具有"意图"的特征。虽然"目的"在上述一连串的陈述中所发挥的功能不同于它在表达目的而非达到目的之手段时的功能，但它具有与"意图"那样的特征。意图是指有意识的打算，这种意识的一部分是对行动的导向。这就使有意图的行为区别于那些伴随震惊或恐惧之类心理事件的自发行为。一个人可能会在震耳雷鸣之后关上门窗，但如果问他为什么这样做，他不会合乎情理地回答"因为我想要挡住噪音"或"以防下雨"，而是"这样让我感觉更安全"；并且，这么说并不表达任何意图。由于心理上的相对不可理解和思想上的私密性，抱有意图的人比观察者更了解它,并且没有个人私下的观察,它也是为他所知的。有意图的行为也是自愿的行为,从而不同于各种各样可能发生的非自愿的反应或行为。除非在极不寻常的情况下,否则一个人不能合理地说,"当我的眼睛里闪过光亮时,我打算眨眼"。我们将不再进行特征方面的分析,因为"目的"可以在意图的意义上使用已经变得非常清楚,即便只是在它作为一个系列陈述中最后一个意图的时候。

还有一个重要的区分有待阐明。假设将这个系列扩展如下:

E. 他打算在奥运会之前训练他们以达到最佳状态。
F. 他的最终意图(目的)是赢得个人和国家的认可。

在这里,"目的"在其不同于"意图"的终极性上采取了一种可能的替代意义,因为尽管 E 仍然是一个显而易见的意图,也是实现 F 的手段,但最后一个陈述不一定包含任何有意图的行为。另一种可能性是,虽然使用了意图的语言,但最后一个陈述表达的不是意图而是动机,是指向最终目标或"终极目的"的动机。说到这里,我们似乎面对这样一个重要的问题:在一个系列中最后一个陈述是否可以延展到另一个涉及行为的陈述中?如果可以,它应该可以被解释为一种意图,因为它仍然可以被用作实现其他目的的手段。如果不可以,那么似乎还有其他可能性:第一,最后一个陈述表达了目标(goal)意义上的动机或目的性目标(end-purpose);第二,这个人实际上确实有赢得个人和国家认可的自觉意图。在后一种情况下,意图和动机是合二为一的。在第一种可能性中,意图已经被公之于众,我们应该承认弄清楚另一个人的真实意图是有难度的,因为这个真实的意图不同于他可能只是一知半解的那个意图。揭示作为"终极目的"或最后目的的动机、意图或目标都是有难度的,它们不同于个人陈述的动机或意图,尽管个人陈述有更高的真实性。虽然存在这样的困难,但我们现在必须要问,是否能够有效地区别有意图的行动（但意图仅限于表示达成目的之手段的意义）与目的性目标或当下目标导向的行动。意图是否在动机和意图合二为一时只适用于第一种情况，而在我们专注于最终目标时不适用于第二种情况？目的性目标不也是意图吗，这样的意图不也是动机吗？

我们在作为达成目的之手段的有意图行动与出于动机或终极目的的行动之间所做的区分，在我们对其他人的思想意识所作的尝试性解读中显而易见。因此，对于那些在洞穴中留下画作的石器时代的人，我们要问为什么，正如我们问意图是什么那样。他们的绘画为什么是细长的与他们为什么绘画，是两个迥然不同的问题；第二个问题，也就是问他们在洞穴墙壁上作画的目的是什么。人类学家对第二个问题的回答给出了关于绘画者动机的猜测：激发对于自己和他人的信心，或者获得驯服动物的魔力，这些动物是作为衣食的必要来源，但通常庞大、体壮、跑得快并且难以杀死。这是一种目的性目标，不同于他们描绘将长矛和箭插入动物身体的短期意图。在马克·安东尼的悼词中，布鲁图斯是"他们之中最高贵的罗马人"。虽然他的意图与其他同谋者没有什么不同，也是杀死凯撒，但他的长远动机不是嫉妒，而是"共同利益"。这是一种有意识也有主动性的心理状态：以行动为导向，但不是公之于众。从这些方面来说，这近似于他的意图。但是他的动机似乎不同于他的意图，是实现动机的一个手段；反过来，动机有了"终极目的"或最终目标，亦即意味着意欲达到的最后结果。一方面是作为短期的、达成目的之手段的意图，另一方面作为长远的或者最终追求的目的，这两者之间并不只有概念上的区别，即便这种区别在各种各样的情景中有着实际的体现，例如课程目标的陈述。在作为手段的意图和作为最终目标的目的之间作出明确区分，并且承认后者有动机隐藏其中而前者没有的任何尝试，都是错误的，错在改变动机的性质并企图赋予它以稳定性。意图作为手段表达了动机，就像作为最终目标的目的表达了意图和动机一样。一个目的就是一个意图。当我们考虑那些随着新情况突然发展而自发形成或几乎不经过慎议的意图时,动机能够适用于短期的意图是显而易见的。当一个员工看到自己的机会,形成了获得另一个职位的意图,同时也有了获得更高薪水和地位的动机时,动机和意图是合二为一的;为了解释他的行为而假定其有另一个动机,并且是"根本的""潜在的"动机,甚至由于这个动机暴露了谋求个体知名度的欲望而可能受到指责,在概念上来说是没有必要的。是否存在一个深层的、根本的动机,诸如与自我提升、寻求安全或关爱相关的动机,是一个偶然的、心理的问题,但它并不能从普遍意义上区分"动机"和"意图"。虽然布鲁图斯非常清楚他参与阴谋的动机,但其他人却不太清楚他们怀有嫉妒的动机。除了动机被意识到的清晰程度有心理上的差异性以外,它们在复杂程度上也有差异性:一些动机很简单,而另一些则是"混合的";一些作为直接意图是短期的,一些作为最终意图或目的是长远的。正如安斯库姆所表明的,作为意图的动机是前瞻的。

当欲望和情感、动机和意图在实践慎议中进行着可能的相互影响时,显然理性本身也必然与它们相互作用;在作出决定之前,理性可能会受到各种复杂因素的影响。有些动机是意图,有些则不是。在认知意义上,意图通常是强烈的:当我们陈述个人意图时,我们用心表达我们所说的意思,并且知道要表达什么。但即使没有它们的帮助,当欲望和情感与目的性目标或最终目标联系起来时,也可能会影响我们对应该做什么的慎议,因为指向目标的欲望可能会被情感有效地维持着。在这一点上,我们开始看到一种复杂心理状态的发展,它在我们的实践慎议中可能配合或支持理性,也可能不配合或不支持。当我们引入这种心理状态的其他组成部分,即有时与之相联系的价值观和态度时,这一点将更加明显。如果欲望、情感和动机(包括意图)可能会共同构成一股不可忽视的力量,尤其是与目的性目标或最终目标相关的力量,那么,态度和价值观会给予这种复杂心理更为强大的指引和影响。实际上,对于我们为什么在特定情况下以特定方式进行慎议这一问题的一个回答就是，我们的理性无法掌控自己思维中的其他影响因素。这些影响因素可能表现为需要或欲望、情感、动机和意图，而且现在，我们的态度和价值观也要列入其中。我们正在展开的论证不需要完全消除理性：我们只需表明，理性在我们的实践慎议中如此备受影响，它在这些活动中不是独自发挥作用的，而是与其他因素结合在一起共同向我们示意伦理的应然。

态度和价值观

我们将首先呈现态度和价值观的总体概况，以便指出随后将要阐述的相关特征。与一个人的行为和品位最为相关的价值观体现在一些问题的应答之中，例如，在你的生命中什么是最宝贵的？在你家里什么是最有价值的？在家庭之外，你认为什么是最有价值的？对于第一个问题，一个人可能给出以下答案中的一个（或多个）：内心的宁静、幸福的婚姻、孩子、财务安全、令人满意的工作、一个花园、友谊等。对于第二个问题，他可能会给出以下一个或多个回答：古董家具、贵重的钢琴、电视机、家庭图书、音乐、有很多漂亮衣服的衣柜、安静的书房、家庭烹饪等。对于第三个问题，他可能会从这些方面来回答：和朋友一起喝酒、看足球、去教堂、打牌、出去吃饭、听交响乐、在沙滩上日光浴、在合唱团唱歌、业余戏剧、在图书馆阅读、参加流行音乐会。人们对各个问题的回答不同程度地透露了个人价值观；也就是说，它们表明了不同的人在自己的生活中认为什么是重要的或有价值的，什么是他们出于自身的利益而准备去坚守或捍卫的。它们与理想的不同之处在于，理想最多只能部分地成为现实，而价值观指的是让人感到满足的那些已经成为现实或能够成为现实的东西。对这三个问题中的任何一个都没有必要给出统一的答案：我们通常认为有价值的事物要比上述列举的更多，但我们可能会认为某些事物比其他事物更有价值，甚至有一个具有至高价值的事物。一个层次清晰的价值等级的建立是一个理想，而不是一般的经验事实。首先要指出的一个观感

第四章 实践的慎议

是,在正常情况下,人们能够陈述他们积极评价的事物,以区别于他们不重视的其他事物。第二个观感是,价值评价涉及我们的偏好,以及——在较弱的意义上——我们的品位,它们将我们喜欢的东西与不喜欢的东西区别开来。在作为偏好的价值观中,我们至少显示了分类的能力,从我们不予正面评价,亦即我们认为没有价值的事物中挑选出我们给予正面评价的事物。第三个普遍的观感是价值观意味着标准。例如,我们反对物质价值而倡导精神价值,并让那些重视物质价值的人背上毫无文化修养的污名;我们将某些音乐与另一些音乐对立起来——管弦乐对流行音乐,反之亦然——并通过这样的做法显示了评价标准。对于价值观来说,其暗含的标准不是绝对的。

价值观与态度能够保持紧密联系,这从它们共享的东西中可以看出来:它们可以指称同一个对象,各自以这个对象为导向。对于我们认为没有价值的东西,我们的态度是不赞成,或者充其量只是一点点赞成。因为认为某个事物有价值,就是对它有一种强烈的赞成态度,所以我们的价值观本身就是态度,并构成了态度系统的一部分。态度比价值观更为宽泛:说我们所有的态度都是与我们认为有价值的事物联系在一起的,这是不符合事实的。为了记住价值观具有的态度特征,我们在此之后将把态度与价值观合在一起说,但指向的仅仅是态度——表达强烈赞成的态度——价值观从本性上说是与之联系在一起的。表达对歌剧的热爱,是结合在一起的态度和价值观,说自己讨厌流行音乐表达的是一种态度,而不是价值观。通常态度和价值观越强,就越难改变;当它涉及个人自尊时,人们通常会固执地捍卫它。

我们现在来阐述态度和价值观的特征,首先是它们与欲望、动机和意图的共同点;其次是它们区别于欲望、动机和意图的不同点。它们与欲望、动机和意图类似,不能被直接地观察,而是需要推测。因此,它们需要经过实证调查,包括验证。它们也与此前已经探讨的心理状态类似,是面向行动的,并且有其自愿性。在正常情况下说一个人被迫采取某些态度和价值观是矛盾的,而如战俘被洗脑的情形,这是一种强迫。关于态度和价值观,既然可以说它们是自愿的,那我们对它们也是有自觉意识的,正如我们对意图有自觉意识一样;但不能忽视的是,态度和价值观的结合表达了强烈的赞成态度。(当态度不是这种态度和价值复合体的一部分时,也就是说,当它们是赞成或只是略微赞成时,它们可能更接近某些动机,因为我们并不总是能清晰地意识到它们。)

我们对于其他心理状态的探讨,对于我们的论证有着直接的关系,但态度和价值观与这些心理状态有所不同。我们已经说过,动机具有欲望本身并不明显具有的认知成分。但是,动机要能够影响行动,还需要一些东西来使它们更加具有坚定性和一贯性:如果它们要在这方面具有类似法律的特征,则需要进一步扩展认知要素。态度和价值观满足了这一功能要求。它们比动机本身更强大,也可能更有影响力,因为它们具有更强大的认知系统,是相对稳定和持久的,并且一旦获得就会习以为常。

我们必须再次强调,它们在实践慎议中的效力是对理性的影响,而不是对因果关系的影响。态度和价值观作为一方面,与另一方面的行为之决定之间没有必然的或逻辑的联系,这种联系的要求也不是我们的论证所依赖的。态度和价值观的认知核心是由一个对象相关的各种观念、信念和意见组成的。情感使它们凝聚在一起,从而整个精神系统变得顽固且抗拒变化;这在态度和价值观比较激烈或极端时(或者正如我们提到的,当它们与自尊密切关联在一起时)最为显著。当我们进一步考虑可能的关系时,复杂性会增强。对认为有价值的事物抱有的强烈赞成态度延伸到那些不认为有价值的事物上,就是对它们的对立面形成不赞成的态度:珍视和平意味着不要有敌意,珍视自由意味着不要有压迫。首先是不同价值观(和态度)之间的关系带来了更大的复杂性,其次是态度和价值观与欲望和动机的关系增强了复杂性。欲望(与情感一起)和动机(以目的性目标或最终目标为导向)构成的复合体可能会成为更大复合体的一个组成部分,这个更大复合体的核心是融入其中的态度和价值观,增强了它影响我们慎议的整体潜能。

  想要心灵平静的欲望有可能由抽象的转变成具体的,以退隐乡村的形式表现出来,成为一个获得合适的乡村别墅的意图(作为前瞻的动机),但所有这些都是来自一种态度-价值体系。在这个体系中,内心的满足、安静、清新的空气、与自然融为一体是有价值的,而紧张、争权夺利、噪声、污染、拥挤的街道和建筑等则是没有价值的。在这些关系中,各个部分在功能上并不总是或必然地和谐一致或相互支持,但是当确实变得协调的时候,它们对我们慎议的整体影响可能会变得更为强大。考虑到不同人持有不同的态度和价值观,我们很容易发现持有特定价值观并不简单地、直接地或必然地引发决定或行为。人们可能针对不同的特定对象而体验和表达自由的价值。看重一个对象,或者赋予其价值,与认为一个涵盖一类对象的领域(例如娱乐、艺术、民用建筑或政治)有价值,是我们需要予以区别开来的。我们赋予特定对象的价值,反映了我们在这个特定对象所属那一类事物领域中的价值观,但价值可能因人而异,甚至可能导致社会群体之间的价值冲突。因此,在1980年莫斯科夏季奥运会上,人们可能同样强烈地持有自由价值观,但以截然不同的方式赋予自由以价值:在当时,自由价值观与政治价值观以及奥林匹克或体育价值观是相互冲突的。使情况进一步复杂化的是,某些介入其中的动机是与涉及奥运会本身的态度和价值观相冲突的。态度和价值观始终是个人的,因此评价总是依据个人标准而不是外部团体或社会的标准。在我们关于应该做什么的实践慎议中,我们直接关注的价值观是道德价值观,但还有许多其他方面的价值观,例如审美价值观或文化价值观。它们可能与道德价值观相关,也可能不相关。另外,还有不少价值观与道德价值观完全没有明显的联系,例如在衣服、家具或汽车方面的价值观(或品位)。一个人可能会认为某些公然背离社会价值观的事情是有价值的:为了自己的利益而欺诈或盗窃,而不是诚实守信或尊重与他人财产权有关的社会价值观。对他来说,不诚实是一种价值,非法占有他人的财产也是如此。一个社会支持侵略和仇视敌人的价值观,而个人的价值观与这些价值观相冲突,这在逻辑上是可能的,尽管在经验上并不常见。但无论外在价值观如何,在那些认为不诚实或偷窃有价值的人背离社会价值观时,说他们是价值观缺失,或者持有错误的价值观,就是用其他个人的标准评判他们的价值观;这就像一个人在种族仇恨和暴力偏见的社会背景下因为倡导宽容而被指责价值观缺失一样。价值观可以被批评为好或坏,但不可以像我们在第一章中已经指出的那样被批评为真或假;同时,它们被评价好或坏的依据只能是进行评判的人已接受的价值观:由此他应承担的一个责任是以合乎理性的方式证明自己的标准是正当的。

理性与意向的相互作用

我们不会涉及态度和价值观是如何形成的心理问题,但会充分地给出最要紧的经验事实,表明它们是后天习得的,是积久渐成的。因此,正如我们所见,与可能是短暂存在的欲望和动机相比,它们是相对稳定和持久的,但正如我们可能会改变我们的习惯一样,我们也可能会改变我们的态度和价值观。态度和价值观的学习对儿童的教育具有重要意义,特别是在他们能够独立地进行推理之前,在他们还是很容易受到成人的影响或执政党所施加的意识形态压力之时。这是我们在第五章要探讨的一个问题。现在我们已经触及本章论证的核心要点。态度和价值观是积久渐成的,这是一个事实;同样重要的事实是,它们构成了既有认知意涵又有情感成分的相对稳定、持久和复杂的心理状态,并且常常会由于被欲望、动机(包括意图)和最终目标构成的复合体吸纳或由于其中一些因素的影响而得到强化。这两个事实共同表明,意向在合适的情况下有可能对我们的实践慎议产生相当大的影响力。在这些慎议中,理性从来不是独自运作的:在进行这些慎议的过程中,我们永远不会让我们的意向状态缺席。理性和意向以不同的方式相互作用,这取决于具体情况或个体差异:教育、某些职业的专业培训、气质和智力,包括对情绪的掌控和理性控制的潜力。但在复杂的人类处境之下,这种控制永远不会是完美的。正如我们讲到正义时所指出的,不偏不倚是一种理想,在大多数情况下会由于法律的、管理的、教育的经验或其他人类事务的实践经验而得到提升,但永远不会完美无缺,永远不会达到理性摒除意向一切影响的状态。如果真能达到这种状态,那心灵就像处在亚里士多德那种醉心于数学、物理学或形而上学的思辨理性或纯粹理性掌控之下,所有体现意向特征的东西通通被排除在外,包括诸多惯常的想法、信念和观念,偏好和偏见,归属性的情感支持,各种压力,以及这样或那样的倾向。仅凭理性不足以成就正义,我们所有的实践慎议也是如此。一以贯之和公平的原则不是来自犹如推理机器一般的心灵,而是来自具有意向支持的心灵,这些支持性意向包括人道的情感与相宜的核心态度和价值观。合乎理性本身是一种价值。它不是纯粹理性运作的结果,而是包括公正和客观的理想,承认人类之不完美与完全实现所有价值观之不可行的谦逊,共同的人性意识和对真理的尊重。法律、管理和其他需要实践慎议的情境中的正义是理性与意向的结合,尤其是理性与那些相宜的态度和价值观所构成的复合体的结合。

意向的复杂结构

我们一直是在一种特殊的意义上使用"意向"(disposition)[①],这个特殊意义需

[①] "disposition"是伦理学,尤其是德性伦理学中的一个重要概念。意向与理性相互影响、相互作用,形成道德评价或道德意志。作者在第五章论述道德教育时提到,他所说的意向亦即"品格"(character),尤其是道德态度方面的品格。目前学界对这个概念有不同的译法,比如"意向""性情""秉性""倾向"等。本书权且译为"意向"。——译者注

要说明。由于我们关心的是在我们的实践慎议中产生决定和行为的意向,特别感兴趣的是那些使个人在其影响下决心采取行动的意向,[4] 因此,当我们形容一个人的意向是平和的或暴躁的时候,我们不是在其作为一种自然倾向的日常意义上使用"意向",而是在作为一种业已形成的性情(predispositional complex)的意义上使用它。这种综合倾向由诸多不同的认知成分和情感成分构成,包括动机以及与之相联系的目的性目的或最终目标;其中,态度和价值观居于核心位置。但正如我们所看到的,这其中的每一个方面都是各种思想、观念和倾向构成的复合结构,当它们协调一致——就如它们在通常情况下那样,所有认知成分被给予相同的方向,同时动机、态度和价值观都朝向同一个目的性目标或最终目标——时,构成对于理性的强有力支持,或同样地,构成强有力的反驳。当我们的实践慎议倾向于支持我们应该做的事情时,正如它们处于伦理学所说的"实践理性"支配下时,理性对最优道德决定的支持来自道德态度和价值观的力量;相反,理性对最糟糕道德决定的支持来自道德态度和价值观的缺陷。在这个道德决定和行动产生于理性与意向(亦即,那个已经形成的性情)相互作用的理论中,我们反对一切理性主义学说,即主张单凭理性——康德所提出的那种构成自身正当性证明的纯粹理性——就可以指明应该做什么的实践智慧的学说。我们并没有主张的是,在与理性的这种相互作用中,意向的影响使决定变好或变坏了。这种相互作用的每一个方面都是不完美的,包括理性。这个作用的结果,也就是决定,本身也必须接受基于一个尽可能公正和客观的立场的批评。但我们需要再一次指出,纯粹理性不能在后续的评价中将意向视为依附性的东西而弃之如敝履,从而仅仅根据理性作出应该做什么的决断。从最初的上诉法院到国家的最高法院,无论法官的等级如何之高,判决都是由根本无法摆脱所谓的"非理性"影响的个人做出的。事实上,如果人们对他们的看法是这样的话。这种看法从态度和价值观方面来说是没有根据的,因为其核心认知在形成过程中已经包含了某种类型的理性。比较是在偏好某些事物而不是另一些事物之前发生的,我们很难看出偏好在哪个时候可以是完全盲目的,因为这与所谓的比较及其所暗示的理解程度相矛盾。此外,当意向包含公正、客观以及正直的理想时,态度和价值观必然是支持理性的,正如对合乎理性的解释所表明的那样。哲学家和法学家都清楚地认识到,与理性合拍的意向对于我们的实践(道德)慎议是非常重要的。如果正义是待人公平,意味着应用规则或标准的一致性,意味着公正性,那么,无论是一致性还是公正性,都不可能由机械高效地实现出来。用今天的话来说,它们不可能通过编程而被安置在任何一台计算机之中。亚里士多德为矫正正义而提出的算术原则只能极为有限地应用于最简单的司法场景,例如在一个人有所失而另一个人有不正当所得的情形下考虑如何补偿。但在这样的情形之外,当把规则应用于复杂情况时也需要判断;而在衡平法中,在弥补法律的缺失甚至是纠正法律的错误时,法官主要作为自由的法律代理人而在法律经验引导下行事,他有机会树立先例而不是遵循先例;在这种情况下,他自己的意向——尤其是他的个人态度和价值观——为他的理性提供特别的指导。他的行为不仅必须在把握当下问题之复杂性方面有明确的理性指导,而且还必须遵循人性的要求。他的理性和意向在相互支持中发挥作用。由此可见,并非每个人都具有以这种方式进行司法活动的能力:有些人被任命为法官,而另一些人则不可以被任命为法官。因此,对于法律传统的维系,以及对于社会传统的恰当尊重和影响它们的能力来说,法官的遴选至关重要。在这种遴选中,就像遴选管理者和对人群有影响力的其他人一样,恰当的做法不仅是暗中向头脑清醒的人倾斜,而且要考虑到他们在品性上是怎样的一种人,因为意向可以根据经验从行为或表现中推测出来。

与意向有关的理性

按照我们现在的理解,意向在我们每一个人身上构成一个复杂的心理组合,它使我们具有作出决定和采取行动的倾向。在意向之中，我们关心的是一种积极的导向，它可能是直接地导向对象——当特定的短期动机（或意图）被满足时就会达成，或者导向与长远动机有关的目的性目标。当这个心理组合的所有构成要素是协调一致或处在一种和谐的关系中时，它的势能以及作为动机的整体推动力显现为一种或影响理性或受其影响的力量。在慎议的过程中，理性有机会消除非理性的欲望和虚幻的理想，因为实践的慎议如果不切合实际，不从明确的可实现性方面考虑应该做什么，它就没有存在的意义，就是自相矛盾的。理性也可能会选择适当的手段来有效地达成目的。事实上，可以构想一个手段-目的相互接续的序列（a means-end continuum），序列中可能的手段在不断评估的过程中被理性筛选；同时，可以在社会效益不断增长的过程中设想这样一种场景，亦即社会目的（而不是个人目的）一旦达成就成为达成另一些目的的手段。这实际上是20世纪上半叶一位哲学家的理想。

由于他的个人价值观表达了一种民主观念，回应了他在工业化社会面临的个人主义和道德不彰，因而，我们可以合乎情理地解释说，他对于一个由明智解决问题的个人——每个人都通过对手段的不断评估而不断改善经验——所组成的共同体的向往体现了理想对于理性的支配。[5] 如果这个解释是合理的，那它绝对是一个讽刺：尽管哲学家们尽心尽力于弘扬理性，但即使是他们也可能在意向的影响下使理性蒙蔽。在实践慎议中，手段是否具有可行性是必须考虑的。它是被提议的行为图式的一部分，手段的有效性关系到对这个图式的信心。我们确实想要在考虑到那些明显不可行的手段的基础上确定我们应该做什么。

理性和意向经常处于紧张的而不是和谐的状态，特别是存在激情和偏见以及明显的歧视性不公正的情况下。在这方面，根深蒂固的种族态度和价值观就是很好的例子。试图诉诸一个人的理性来修正态度和价值观往往会归于失败，因为这些就是意向的核心组成部分的实质所在：它们展现出稳定性、精密性、顽固性以及防御的倾向。在它们的整合过程中,它们可能已经多次受到理性的影响。但它们是可以更改的,群体技术①已经尤其清楚地表明了这一点。这些是偶然的、心理上的情形,我们不再进一步细究。我们搞清楚下面这一点就够了,即我们的实践慎议需要经验事实来充当路标,至少是因为它们可以警示我们不要走错方向。

意向与理性之间的关系可以以三段论的方式记录,用以在一定程度上表明意向强大到足以扭曲理性或者理性脆弱到不足以抵制这种情况发生时的可能后果。前述三个三段论中的推理是不合理的,它作为意向影响的产物是我们的假设,但在实际经验中,它们是否如此受到影响,或者推理是否体现了智力有限或受教育不足等因素,都只能仅仅依据经验来确定。我们所做的假设是为了证明理性和意向不断相互作用中的种种可能性。亚里士多德式的表达方式尽管不能呈现我们的一般推理的特征,但对我们的目的来说已经足够了。在简单推理的情况下,这种表达方式似乎不必要为了套用格式而生拉硬扯,强加一些呆板的说明。在复杂推理的情况下,通常有比这些情况更多的步骤,因此将其简化为三步——包括两个前提和一个结论——似乎同样是矫揉造作的。

让我们首先设想一个像卢梭一样热情的人,他希望孩子能够不受约束地自然(即在自然状态下)成长,一直到青春期。如果他的价值观足够坚定,他可能会任由这些价值观高踞于他的理性之上,以至于得出错误的结论。即使他没有准确地解释卢梭的思想,这种情况也可能以这种方式发生:

在青春期之前,儿童应该有按照天性成长的自由,
学校教育限制了他们的自由,
因此,儿童不应在青春期之前上学。

---

① 群体技术(group techniques)指的是头脑风暴、工作坊之类的研讨方法。——译者注

不能由此推断，既然儿童有其按照自己的本性成长的需要（亦即，儿童不被强制性地塑造成成人的模样），我们就用不着考虑让他们进入学校环境。

现在我们将强烈的种族偏见置于其中，它同样不能有上述推断：

> 我们应该将我们有限的教育资源用在收益最多的地方，
> 想要在黑人儿童身上获得收益是没有希望的，
> 因此，我们应该按比例减少对黑人儿童的教育。

在这个三段论中，根据经验证据，第二个前提是错误的，进而导致了错误的结论。如果没有相关的经验证据，这个前提仍然不能推导出这样的结论，因为在特定情况下教育黑人儿童被认为有困难或实际上有困难源于许多可能的原因，例如儿童对他们在社会条件下可获得的资源的态度。这会导致不同的结论。如果教师偏见是一个因素，那么，教师的不胜任，或者由于各种因素造成教育水平得不到提升，也可以是一个因素，这也会得出不同的结论。

再来看一个三段论，我们将动机对推理的可能影响置于其中：

> 为了我们的声誉，我们不应该让我们发表的研究成果少于同类机构，
> 由于近些年发表的研究成果很少，我们的声誉每况愈下，
> 因此，我们应该发表尽可能多的研究成果。

在这里，如第一个前提所述，对地位或学术声誉的关注是第一位的。第二个前提强调了这一点，并表明对当前发表成果数量的担忧。但结论不是理所当然的，因为该结论意味着任何成果的发表都符合条件，也意味着学术声誉仅仅与发表成果

的数量有关。

在这些错误的推理形式中，我们设想了意向对于推理的控制，并且我们可以通过非正式地检视它们各自的论据来表明其结论是错误的。为了与这些错误推理进行对比，我们将陈述另一个三段论，其结论确实是从前提推导而来的，并且所依据的是形式原因。

> 所有学困生（slow learners）都需要个别的关注，
> 智力有限的孩子是学困生，
> 因此，智力有限的儿童需要个别关注。

在这个论证中，结论是符合实际的。"学困生"这个术语将第一个前提和第二个前提联系起来，结论中的两个术语——"智力有限的儿童"和"需要个别关注（的人）"——通过前提与第三个术语"学困生"联系起来。[6] 在前面三个三段论中，不管哪一个，其结论都不是出于纯粹的形式原因从前提推导而来：前提和结论的术语不具有关联性，只有存在这种关联性才可以得出符合实际的结论。但它们的缺陷还不是那么明显，以至于可以随意用于表明理性在我们应该做什么的实践慎议中并不总是主导一切；对于这些慎议中存在的不严谨推理，除了以智力水平作为人的变量来解释以外，我们还有另一种解释。

我们已经表达了这样的意思，亦即，理性在特定情况下可能是，也可能不是意向的掌控者；或者用另一种方式来说，这两者在各自为营，有时和谐一致，有时剑拔弩张。在这些意思的表达中，比喻是有误导性的。理性不是头脑的国王，凌驾于一切之上，欲望和情感、动机、态度和价值观都是它的"自然的臣民"。这样的比喻将意味着希腊人和康德所设想的那种二元体系，认为自然的冲动、爱好或"低级的欲望"构成的是一个不完美的世界，而理性则属于与这个不完美世界不同的另一种秩序。暂且不论这些形而上的假设，我们坚持认为，理性与我们的意向一样都是我们心理活动的一部分；由于它与我们的意向一样属于自然的秩序，所以是"自然"的。同样，对于这个比喻扩展出来的意思，我们不接受任何将二者视为平行关系的假定，从而认为理性奉行一条路线，意向则奉行另一条路线；在暂时失去这种平行关系、两条路线冲撞的时候，二者之间偶尔会有交叉。与之正相反，我们基于经验认为，我们的理性一直与意向存在某种紧张的关系。即使我们在进行纯数学的推理时，也持有对我们这个工作的态度，也会生发与内在动机相联系的情感。在实践慎议中，我们的推理从来不是没有意向（如我们用这个术语本身所表明）的推理，我们的意向也从来不是不包含理性的意向。有意向的推理（dispositional reasoning）描述了我们在经验中所发现的真实情形。就我们的实践慎议而言，甚至就亚里士多德的思辨观念而言，抽象的理性是空洞的。只有在具体经验中，理性才会与思辨智慧和实践智慧发生联系，因此，它不可避免地具有一种有意向的推理形式。

慎议、决定和行动

为了在论述上保持平衡，我们现在必须强调，意向不一定对我们的推理水平产生有害的影响，它实际上有可能发挥支持的作用；并且，我们在实践慎议中的推理水平并不会由于意向的影响而具有任何统一性的或单一特征的印记。在最坏的情况下，它会受到偏见或激情的不利影响。正如有些人比其他人推理得更加有效一样，有些人的意向对他们慎议的影响也比其他人更有强度。另一个条件是，通过意志或有意识的努力，我们能够在某些情况下改变我们的态度和价值观，并使我们的决定和行动改变方向。这样一种方向上的改变就是作出一个放弃某事物的决定，然后将放弃的决定付诸实施，这再次表现了我们人类能力中的一个可变因素：在这个方面有些人比其他人更擅长。但无论什么样的决定和行动，它们都是我们实践慎议的一部分,而我们的实践慎议始终是基于意向且合乎理性的(dispositional-rational)慎议。一个决定戒烟的人之所以这么做,是有原因的。例如,他想要身体更健康,以免支气管遭罪,或者想要缓解有可能会得癌症的焦虑。在他的慎议中,他关心自己和受他抚养的家属。动机或意图、态度和价值观都牵连在他的推理或反思之中。康德认为理性意志向所有具有同等理性的存在物发出明白无误的指示,告诉它们应该做什么,这是一种过分狭隘的看法。在实践慎议中,理性意志是一种毫无根据的简化,它本来的面目是复杂得多得多的基于意向且合乎理性的意志。(我们在这里不是在官能的意义上使用"意志",也不是将其视为能够同时控制理性和意向的凝聚力,而只是作为一种坚定果敢的能力。)这种基于意向且合乎理性的意志提供了足够大的空间,能够包容造成人类行为善变的各种因素。基于这些考虑,我们现在提出如下的行为图式:

  欲望(伴随着情感)—基于意向的推理(涉及动机、态度和价值观)—决定(同时对计划使用手段的有效性充满信心)—行动。

  在最终采纳这种图式之前,我们要看它在满足所有经验条件方面是否让我们满意。例如,对于援助一个第三世界国家等问题开启实践慎议,我们能够给出怎样的解释?初始的渴求或欲望是否是必要的?有没有可能一个人完全处于仁慈价值观的驱使之下,他的实践慎议就是为了确定实现其目标的最佳手段吗?这样的话,这种行为图式将会被删减成这样:态度和价值观—基于意向的推理—决定—行动。但出于仁慈而行动就是出于一个动机而行动,这预设了某个层面上的一种需求、一种欲望;这种欲望调动想要行动的感觉,为的是表现仁慈,而不仅是体验这种情感。动机本身在其被召回时是以行动为导向的。当亚里士多德在《尼各马可伦理学》中将选择描述为"要么是包含愿望的推理,要么是包含推理的欲望",并解释说"行动的起始……是选择,而选择的起始是欲望和着眼于一个目的的推理"(1139^a—1139^b)时,他给出了欲望的一般应用。身处城邦国家所获得的观察可能已经使他看到,公民的欲望相互冲突造成了争吵甚至是不正义。因此,在实践的道德慎议中,只有一种特殊类型的审慎的欲望,亦即由道德与理性一起引导的欲望,在他看来可以产生实践智慧。欲望本身显然可能会导致不道德的动机与不道德的决定和行动,它们表现为反社会的、引发冲突的行为以及社会的不正义。但当欲望引起的选择或决定产生于道德的内心世界时,它指向善的行为,并以善的行为为目的。对于亚里士多德的实践智慧蕴含的这些道德要求,我们可以暂时搁置不论,因为在形式意义上它们并不影响他的伦理学所依据的行动理论。对于他来说,行动起始于一个决定,而决定起始于一个欲望和合乎理性的慎议:行动必然是为了获得某个被欲求的东西,因为行为本身是世界中一个事件所引起的结果。正如在我们的慎议中那样,当行动来源于选择、决定或意图时,选择、决定或意图需要一个预先存在的需求。因此,欲望潜隐在形成决定的慎议之中,也潜隐在动机之中,并且似乎为慎议提供了初始的动力。

在上述行为图式的一种扩展形式中,慎议起始时的欲望可能会不同于慎议结束时的欲望,因为最初的欲求可能在慎议过程中会发生显著的改变;进行慎议之后将要采取的行动表明了这个阶段最大的欲求是什么。这种扩展的形式可以这样表述:

欲望(伴随着情感)—基于意向的推理(涉及动机、态度和价值观)—决定(伴随欲望并且对手段的有效性充满信心)—行动。

不过,在大多数情况下,行动之前欲望和决定的分离不是自然而然的情形。经过适当的慎议而产生欲求,然后决定行动,这通常是同一个过程,而不是两个过程。另一个要考虑的因素是意向的流动性：基于意向的推理牵连着动机-态度-价值观复合结构，这其中不存在一个一般的、可以固定下来的次序。动机可能从欲望发展而来，并且至少会隐藏着欲望。慎议过程中的动机、态度和价值观之间的相互关系在心理上是随机的，并且是相当多变的。人们将会注意到，意图在这个行为图式中没有自己的位置。这是出于两个原因。首先，正如安斯库姆所说，无论是在一个序列中作为达成目的之手段的短期动机，还是作为根本的目的性目标或最后目标的长远动机，前瞻的动机都是意图。其次，决定即是意图。我们不会有两个慎议的过程，先作出决定，而后形成行动的意图。在我们慎议的这一阶段决定和意图是同一个东西，正如在慎议开始时前瞻的动机和意图是同一个东西一样。自此以后，我们应该牢记意向在与理性互动中所形成的关系具有流动性和可变性，但这个行为图式可以用简化的形式来陈述：

　　欲望—基于意向的推理—决定—行动。

　　我们将概念的评述与经验的观察相结合所具有的伦理意涵，将在下一章更加清晰地展现出来。欲望、动机（包括意图）、态度和价值观具有概念和经验基础，这可以从我们对它们之间的区别以及实证研究中看出来。例如，虽然我们确实会说到态度理论和价值理论，但我们不可能将态度和价值观仅仅作为理论的表述而置之不理。当我们追问经验意义上的实例时，我们会找到足够的经验证据表明我们称之为"态度"和"价值观"的心理结构是可测量的，并且它们具有我们此前所描述的特征，例如相对的稳定性、持久性以及对变化的抗拒。意向的复杂结构，亦即一种行动导向的心理状态，是有利于慎议并且是以指引行动为目标的；它并不必然与理性发生战争，但总是会产生一种支持理性或不支持理性的张力。但在这里，我们又一次看到意向与慎议被错误地分离开来。我们的慎议最好不要被视为纯粹合乎理性的，而是正如已经描述的那样，是兼具意向性和合理性的。我们在实践慎议时内心所发生的心理事件是与意向存在张力的推理，这个推理是单一的、集成的过程。这并不能阻止我们批评该过程不够合乎理性，或使用亚里士多德的语言和比喻来敦促其他人"更好地掌握理性"。同样，这种实践慎议的看法能够很好地容纳我们内省的自我批评以及随之而来的决心，决心变得更加合乎理性，决心——再次用比喻的说法——不让我们的激情或偏见"战胜我们的理性"。我们能够并且确实可以像其他人一样，通过抑制我们认为不合理的意向压力来提高推理水平。这是慎议过程的一部分，可能会导致欲望、决定和最终行动的改变。但在我们的思考从形式方面转向实质方面之前，我们应该考虑的是，在那些意向压力与清晰推理背道而驰的情况下，使用一种形式上的方法来提高我们慎议的理性水平是否有可能。这是我们在前两章中已经预料到的问题了。

正规的商讨

我们的态度和价值观有其根深蒂固的特性，这是一个经验事实；体验到它们与动机和欲望一起被吸收到意向状态中是存在可能性的。我们的探讨将从这个经验事实和这种可能性开始，以便从它们的结合中看到慎议可能会在一种相当大的影响力的冲击下偏离基于理性而作出的最优决定。虽然我们在这么说时使用了理性的标准，但并没有偏离我们的假设和信念，即我们的实践慎议永远不可能完全不受意向的影响。我们现在准备探讨的是这样一种形式上的方法，它能够减小意向的影响，以免意向有可能严重地影响我们慎议的理性化水平，尤其是当这些意向已经具有习惯的特征并且成为我们性格的一部分时——其他人比我们自己能够更加清楚地察觉出来。慎议导致决定，亦即作出在特定情况下最好做什么的判断，因此我们更关切的是我们实践慎议的水平，以及更进一步的问题，即如何提升当下和先前的慎议。对于这个问题，由于我们的意向本来如此，我们可能不得不依靠他人的帮助来解决,最好的办法是与其他人进行协作。与他人进行商议而不是一个人慎议,从而形成比个人判断可能更优的判断,多次重复这样的经历,我们或许就会在意向和理性方面达成自我理解,从而提升我们做出更鲜明的具备理性色彩的决定或判断的能力。在实践慎议中多个人的头脑比任何单个人的头脑都好用,这种说法与民主政体一样古老。亚里士多德在他的《政治学》中指出,"集会者聚在一起评判、审理和裁决"之时,任何一个单独的成员看起来都"不如智者"。但是国家是由许多的个人组成的,并且"在许多事情上众人的判断要优于一个人的判断"(第3卷第15章,1286^a)。他在谈到大量不富有且没有特别功绩的自由人和公民时指出,自作主张使每一个人都作出不完美的判断(第3卷第10章,1281^b)。[7] 断言获得真理的最佳途径必定是运用集体智慧而不是靠个人努力,认为由于我们每个人都存在缺陷,只有通过这种方式我们才有可能瞥见真理或正确决定的实在性,这是将人引入歧途的。尽管一些人在这里很容易跟随柏拉图从一个普遍的假设出发声称,实在是在客观世界中被发现的东西,但我们所说的集体慎议不过是一种比个人慎议达成更合乎理性之决定的可能性,尤其是面对复杂问题时的这种可能性。集体的慎议、观点、决定或判断,说的是个人的共同努力,每一个体都作出自己的贡献;而不是说造成了一个"集体大脑"。正如人们有时描述的那样,在"集体大脑"中,个人不是作为个体思考而是根据共同的信条或意识形态保持思想一致的。通过集体的程序提升实践慎议和判断的理性水平,在一定程度上就是达成更高水平的公正性和客观性;个体由于受到意向的影响并存在理性上的缺陷,是不可能达成这样的公正性和客观性的。虽然我们通常不会充分地察觉到意向对于我们的慎议的影响,却更容易和更全面地在他人身上察觉到这些影响。即使当我们对欲望、动机、态度和价值观的实质有着初步的理解并且预先提醒自己时,我们也常常不会意识到这些意向的倾向如此深刻地渗透于我们自己的实践判断。众所周知,小组商讨技术的运用不仅需要一个共同的目标,也需要成员之间的同情和善意，包括容忍个体的不完美甚至性情不定的个人特质。通常来说，这个目标是对所涉及局势、议题或问题所能达成的最佳判断，但不是任何客观或最终意义上的真理；它是对慎议和最终判断的改进，而不是终极或完美的幻象。在每一个体表述自己的意见时，他是独一无二的。个体性丧失的事实尤其在一些政治性群体中可见；在这些政治性群体中，服从小团体的压力、外部游说、被迫的服从也反映了群体完整性的崩溃。相比之下，正如密尔在他那个时代所观察到的那样，作出的判断能够让人相信的人会对批评持开放态度，认真倾听反对他的看法的一切意见。确实，善于接纳各种各样的观点并乐意向他人学习，正是充分提升自身学识的途径(《论自由》，第80页)。[8]

基于这些一般的考量，我们现在撇开人类不完美的可能情况，阐述运用正规商讨的技术(a formal discussion technique)的主要原则。有四个特点需要注意。第一，商讨不仅仅是思想的表达：它包含思想和感觉，是对个人想法、意见、印象、信念、判断或解释的陈述；它与个体心灵的意向复合体及其动机、态度和价值观密不可分。我们通常意识不到这些表达中的幻象或曲解，或者我们不会把它们说出来——大多数情况下，我们意识不到它们。因此，我们的表达不仅是我们的思想，而且是与我们的意向因素纠缠在一起的思想，也是受到理性影响的思想。它们属于个人，但不是私密的。我们真诚地将它们作为我们的观点、作为我们并不为之感到羞耻的自己的一部分而展示给世界，但我们并不完全意识到我们在多大程度上表达了我们自己——作为思想者的我们。当我们倾听他人对我们思想的批评时，我们认识到我们的思想可能需要修改：可以通过各种方式对它们进行调整，从而我们可以更清晰、准确和公正地表达它们。每一个人都是不完美的，我们有赖于其他人来纠正我们的观点，就像其他人有赖于我们一样。不完美是伟大的平整器。

第二，商讨要求参与者采取一种审美的立场，要求其努力摆脱偏见和各种不相干因素的审慎。我们全力以赴,提供我们自己的意见,坦然接受批评,听取别人的意见;同时,以同样非个人的立场专注于理智目标,富有同情心地对他们提出批评。我们倾听、评价、发言、听取他人的评价,始终不偏离那个共同的目标。我们与其他人坚持不懈,就我们共同的解释形成可接受的最后陈述。如果我们不能同意这个陈述,我们不必勉强,而是声明我们的立场还有待我们或许还有其他的人进一步思考。我们认识到大多数人的看法并不总是正确的:他们的解释不一定是最好的。无法达成一致看法,不一定意味着不合作、顽固不化或反应迟钝。如果我们过分地固执己见,那么可能是一种被他人所揭穿,我们需要接受以进行适当自我调整的意向。如果我们能够消除所有关于自我的意识——我们自身的自我和他人的自我——那么,无论我们的结论如何,它都极有可能是公平的。我们不应被任何对于个性的考虑,甚至对于小组讨论的考虑分散注意力——哪怕小组讨论只是试图刺激沟通能力较差或较少参与沟通的群体成员,不论小组领导在个别讨论时可能会做什么,以避免羞辱性的家长主义。

第三,我们在商讨中向他人学习。所有个人经验在其完全个人的理解方面都是独一无二的。有一些经验是我们共有的,但往往有一些东西是我们能够从其他人处学习的,甚至当群体成员在能力、年龄或教育背景各不相同的时候也是如此。在这一点上,我们需要保持审美视角的自律:给予我们一些东西以增加我们对世界的认识的人究竟是什么人,是无关紧要的;这正如向我们学习的究竟是什么人是无关紧要的一样。我们给予并且接受,互惠互利。密尔认为,除此以外,"以任何其他方式变得明智并不符合人类理智的本性"(《论自由》,第80页)。

第四,在商讨中意见或观点的冲突往往比达成一致意见更能澄清问题。在多数情况下,如果我们有机会考虑一个相反的观点,并且想好个人如何对之进行反驳——如果我们确信自己的观点在理性上更牢靠的话,那么,我们会更清楚地认识自己的观点。在法律界,一些辩护律师继承西塞罗的做法,研究其对手的案情陈述即便不比研究自己的陈述更加深入，也要一样深入，正是为了更好地理解自己的立场。但是，就像在辩论中那样，专门以推翻反方的观点为目的去研究反方的观点，可能会导致诡辩，故意歪曲他人的观点，同时选择契合自己立场的事实或论据，压制那些不契合的事实或论据。蓄意曲解他人的观点是与商讨的精神格格不入的。

结论性的说明

我们现在已经为下一章实践层面的思考作好了准备，但在此之前，将简要回顾一下我们所采用的方法，这是更接近于亚里士多德而不是康德的方法。正如亚里士多德在分析实践智慧时所说的那样，他不愿意与可观察到的事实相抵牾。尽管他观察到不能自制或者缺乏自制的情形，但他仍然相信理性会向那些不遭受这种折磨的人发出命令。必须承认，我们现在可以获得的"可观察到的事实"比起亚里士多德来说要多得多，但对我们来说重要的是他的方法：在他对实践智慧的评论中，他必定先问什么是这个可观察的世界里的真实情况。他在这个领域的一些观察结果显得很奇怪，就像他在科学领域的那些成果一样；但他至少留心人们对于事物的普遍认知，唯恐他提出的建议会与它们发生矛盾。康德同样使用命令的语言，赋予理性更强烈的强制性力量。在他看来，心理的考量完全属于主观世界。（我们对意向复合体的论述已经被包括在内。）在这个主观世界之外和之上的是先天的客观世界，亦即纯粹理性的世界。心理的状态或事件属于"经验实践理性"，但只有纯粹的实践理性才能发布明确无误的道德命令。

这种将理性置于我们实践慎议的主导地位的看法，是与我们自己的观点相反的。我们从经验上思考具体的情况，并找到证据来论证理性在我们慎议中总是在某种程度上受到意向的影响,无论这种影响是好还是坏。我们的欲望、动机、态度和价值观相互结合,通常会形成一个有黏着力的复合体,但产生最强潜在影响力的是动机、态度和价值观。合乎理性的慎议并不都涉及我们应该做什么的道德问题,这方面的例子很多,例如,在"生产的智慧"中设计和建造房屋的慎议;在"思辨的智慧"中为解决几何问题的推理;我们在各种日常活动中的慎议,包括进行日程安排、制定时间表、做一个假期计划、为退休作准备。我们对生产或思辨的智慧以及大量不适合归入这两类的慎议不感兴趣,即使我们承认在所有这些慎议中意向的影响相对较小,对于所谓的"实践理性"或"实践的慎议",亦即涉及我们应该做什么的道德问题的慎议,我们必须承认意向对理性产生重大影响的可能性。

应该注意到,在我们提出的行为图式中,我们已经假定慎议正在发生:这个图式特指我们在道德情境中的实践慎议。在非道德的情景下,正如我们所看到的,单单欲望和情感就可能导致无意识的行为。无意识的行为显然也可能来自价值观。诚然,一个乐善好施的人可能会出于他的价值观而无意识地帮助他人,他的价值观隐含着仁慈的动机。在类似的当代场景中,有人会停下来帮助路旁的伤者,同时另一些人继续走他的路;他们都是按照各自的价值观行事,没有人停下来慎重考虑自己应该做什么。即使在这样的日常经验中,也很难断言理性是完全缺席的,或者说行动之前不存在一个理性和价值观迅速耦合在一起的阶段。我们将拓展"慎议"的概念以便这些情况被涵盖在内,并将我们提出的行为图式作为何为道德情境的标准。

古希腊和康德所信奉的那种理想状态的理智或理性,不适合充当实践道德的向导,并且意向的状态不应被降级为一种配不上人性的状态或者作为它的任何一个部分。我们的实践慎议的独特之处就在于,理性和意向在同一个思想过程中相互结合在一起。从规范的角度来说,我们可能会努力控制那些与理性相反的意向——如果继续使用具有误导性的二元论隐喻来说的话——但我们永远无法摆脱它们,并根据纯粹理性进行慎议,即使像柏拉图为他的统治者设想的那样经过长期的严格的训练也无济于事。同样,在我们的教育、正义和道德的形式概念中,我们必须拒绝任何美化直觉产生的第一原则的形而上学假定。我们关于这些形式概念的深思熟虑的判断仍然只是判断,是以与实践(道德)推理的决定、结论或判断类似的方式所达成的判断;也就是说,是通过运用我们的头脑——这个头脑里已经装备着来自经验的观念或印象,同时也存在着态度和价值观以及容易变化的推理能力——进行思考而达成的。就像我们提出的行为图式中所包括的实践慎议一样,这样的判断属于普通人的经验,并非专属于具有高度发达的智力或非凡洞察力的知识精英。我们不能像那些古希腊人一样成为理智上的精英,也不是密尔那样的现代哲学家,我们并不完全接受笛卡尔的信念,即我们的看法(和判断)之所以不同,不是因为有些人比其他人更有理性,而只是"因为我们在不同的导向下推进我们的思想,并且考虑的不是同一件事情"[9]。这个说法有一定的道理,但我们相信同样有道理的是,我们通过实践推理作出判断的能力是变化的,同时我们在这方面存在的缺陷并非完全一样,但由于意向上的不同而彼此不同。

第五章

实践的应用

本章中,我们将重点关注前面几章提出的涉及正义、道德和教育实践层面的原则,主要选择以下四个主题进行探讨:

1. 教育中的权利和义务;
2. 正义、道德和惩罚;
3. 正义、道德与道德教育;
4. 教育管理中的正义与道德。

我们首先可以注意到正义、道德和教育的实践活动存在一些共性。实践的教育显然以改进为旨归,否则就不是教育了。实践的道德始终面对着仁慈与利己主义之间的张力,因而,我们要想自己道德地生活,或帮助他人道德地生活,就要始终不懈地在道德上改进,努力做得比我们一直做的更好。实践的道德正义同样是对原初状态的改进活动,但不仅是在它与法律正义交叉的简单情形下的改进活动,例如为了亚里士多德所界定的交换正义或矫正正义,而且是实现公平待人的更为复杂情形下的改进活动。同样,一些教育活动——尤其是教学活动——与我们在第一章中考虑的一些法律正义活动有着共同的基础:至少有一些这样的活动是以对他人利益的实践考量为道德基础的。每一个人都受到社会价值观的影响,同时也具有影响社会价值观的能力——一位教师直面社会的教条主义、坚持讲授作为一种理论的演化论,其影响不亚于一名法官宣布工联主义者未加班而要求支付加班费是贪婪的。在最好的情况下,二者都有机会在推动建设性的理解和判断方面发挥创造性,从而为实现公平待人作出努力。

教育中的权利和义务

儿童的受教育权

我们先来探讨儿童的权利,特别是他们的受教育权作为一项被赋予的权利。这不仅会牵连到儿童的成熟程度及其事实上是否可以拥有任何权利的基本问题,而且涉及第三章中讨论过的授予权利的观念。当我们确信有些孩子已经成熟到可以理解什么是受教育权时,让我们想象一下我们将教育解释为一个发展他们潜在能力——智力、身体和道德上的能力——的过程,然后对他们说,"这项权利是属于你们的",或者"这是你们拥有的一项权利"。他们的部分理解是,他们的一些潜能发展取决于被提供合适的设施:体育馆和游戏的场地,音乐室和戏剧舞台,可以正规地讨论道德问题的各种小型讨论室,等等。我们不会详细讨论废除这项权利的可能性,但要注意的是,即使是发展各种潜力的权利,在逻辑上也有可能被推翻:社会的价值观可能会发生改变,比如,学校不再被认为是一个适合道德教育的场所;或者一项长期的实证研究可能以大量的证据表明,学校提供这些设施并没有使孩子们在身体或道德上得到普遍的提升——相比于一个不曾进行体育和道德教育的学校里的对照组没有变得更好。由此我们可能会同意,鉴于不断变化着的社会价值观或可靠的证据,在学校接受体育和道德教育的权利是可以废止的。

授予一项权利,使他们可以自主决定一系列事项,例如可以在学校舞会后陪同伙伴回家,可能对个人的发展产生影响,从而能够作为对他人利益的实践考量来加以辩护。事实上,在接受正规学校教育时给予他们更大的信任,强化他们对自身福祉的责任感,可能会证明赋予他们一些目前尚未授予的权利是合理的。在这些情况下,与任意取消权利一样具有伤害性的是,不对他们持有权利的能力进行恰当考虑就授予其权利。这实际上是学校中儿童权利的关键问题:他们是否能够理解在一个道德-理性共同体中拥有权利或拥有特定权利意味着什么。从现有的经验来看,对于一些在法律意义上仍然是儿童的人来说,答案有时是确定无疑的。然而,给出答案比起初看起来更难:因为在某些情况下,孩子们可能会理解有权向校长表达他们可能产生的任何不满并被给予发表意见的机会意味着什么,但他们或许仍然不明白拥有受教育的权利意味着什么。身体发育的各个方面对他们来说是足够清楚的,因为他们可以将自己的外表与长辈进行比较;但他们在经历智力和道德发展之前对于这种发展的意涵的理解能力,将会限制他们理解拥有受教育权在形式上意味着什么的可能性。我们已经认识到教育是一种积极意义上的权利,亦即持有或拥有它意味着什么是能够被理解的,并且这是能够针对某个人或某些人声称或主张它的先决条件。虽然这需要理解权利对象客体的能力,但显而易见的是,孩子们在智力上成熟到足以理解一些权利的对象,却可能不足以理解另一些权利的对象——这种情况也适用于成年人,因为我们所说的成熟与年龄或法律地位无关。讨论儿童的成熟程度和他们拥有权利之能力的一个实践困难,不仅在于不同个体的成长速度大不相同——有些人在所有方面都比其他人成熟得慢,有些人只在某些方面更慢——还在于存在着个体不均衡发展的事实:有些孩子可能在身体甚至智力上是早熟的,但在道德上仍然是不成熟的,并且这种情况在法定的成年期也可以观察得到。由于我们主要关注那些在法律意义上归类为儿童的人,因而我们应该思考的问题,不是他们在通常情况下是否成熟到足以理解拥有权利意味着什么，而是他们是否成熟到足以理解拥有权利的特定对象是什么。教育领域中最大的困难不是身体或智力上的发展，而是道德上的发展。但道德教育是一个循序渐进的过程，这个过程在孩子们能够理解它是什么之前就开始了，因此除非我们将这种活动限制在道德教导上，否则我们将面临与我们为权利持有而提出的那种理解状况相矛盾的问题。如果我们所说的接受道德教育的权利至少意味着某种作为道德行为人的能力，那么，我们必须涵盖独立推理和控制激情的能力，包括对于恪守个人道德价值观的承诺，对于社会中普遍认同的道德价值观的理解，对于他人权利的认可，以及普遍考虑他人利益的能力和对他人的尊重。所有这些都可能处于发展阶段，尚有较大的改进空间，但全部的要求如此之多，以至于对于这一特定权利，亦即接受道德教育的权利，如果它蕴含着对其实质的一种理解，那么，在我们同意它作为一项儿童能够明智地声称和主张的权利而被他们拥有之前，应该是让我们最为犹疑不定的。在智育方面，很多法律定义的儿童能够理解什么是推理和其他认知能力方面的改进，但不理解什么是培养"博雅"的大脑，成为宽容、开放并且尽可能避免错误和错觉的人。如果坚持认为一个人没有接受智育的权利，直到他能够理解他从未经历过的事情，这显然要求过高。我们只能明智地保留这样一个期望，即在受教育权的拥有者可以说他能够声称和主张它之前，要求足够的理解以确保他的声称和主张是合情合理的；这表明我们应该具体说明我们所指的是哪一种教育——智力上的、道德上的或身体上的，或者它们之中的两种或更多，由此我们实际上说的不是抽象的"教育"，而是具体的教育活动。毫无疑问，一些法律意义上的儿童在这些方面确实已经有了足够的理解，能够主张享有它们的权利，并且内心里具有朝着特定目标发展潜力或成长的打算。

在这些考虑中彰显出来的是，当我们权衡儿童的权利时，仅仅因为他们在法律上被分类为儿童就否认他们有能力拥有的道德权利是没有正当理由的。对于一些法定儿童来说,那就是不公平的对待,就如我们已经看到的,将他们排除在自然正义之外;或者简单地说,实际上是一回事,那就是对他们来说是不公正的。在道德权利与法律权利之间,存在重要的区别。法律权利是以法律为后盾享有某些事物的资格,要求其他人承认这种资格,避免采取不利于它们的行动。但是,如果将道德权利与法律权利混为一谈,使道德权利呈现出一种资格的属性,从而说幼儿享有我们给予保护或者某些福利保障的权利,那就又在权利归属上陷于错误,因为这是将权利归属于不能持有它们的存在者,除非他们作为附属的权利承载者。我们已经看到,道德权利可以被合理地赋予某些儿童,因为尽管这些儿童在法律上是儿童,但在智力上有足够的理解力,能够知晓拥有这些权利意味着什么,能够在道德-理性共同体中针对他人声称和主张这些权利。没有这种理解力的那些儿童只是被授予权利的单纯接受者,他们不拥有道德权利或任何类型的权利,除非是在一种误导性的、隐喻的意义上将所谓的法律权利归于他们,而这些权利实际上是他们的监护人代为持有的。仅仅通过能够接受和享有一项权利来论证一个人有资格获得该权利,这是不够的。即使社会在不被视作慈善或恩惠的意义上将其称为一项"权利"并颁授出去,一些接受它的人,例如婴儿和其他非常年幼的孩子以及高龄老人,也可能只是被动的接受者。虽然父母和其他公民主张所处社会的儿童接受教育是恰当的,但将其视为所有儿童的权利是不恰当的。如果拥有权利仅仅是将一个先赋的资格关联到一个人身上,那么,说权利为其拥有者创造了机会是矛盾的,因为机会只有睁开眼睛才能享有。仅仅因为婴儿或其他幼儿被认为具有理解和主张权利的潜力,并且等到他们足够成熟时就能实现这种潜力,就以此为依据说他们是权利的拥有者,这是矛盾的。拥有一项权利就是此刻拥有它,而不是在未来的某个时间,即拥有权利的能力可能会获得发展的时候。宣称一项权利就是一项对于某人或构成国家的个人提出的某些人应该拥有事物的要求,这也是矛盾的。一个应该的陈述并不创造一项道德权利:一个被定罪的杀人犯不会因为他应该是自由的这样一个陈述就具备享有自由的道德权利。

父母的权利

我们将回到那些可以被合理授予的儿童权利,但由于我们一直将教育当作通常由国家提供的必需品,我们眼下将考虑受教育权的一种替代性看法,亦即,能够被主张的不是儿童自己的受教育权,而是父母为他们代理的权利。我们一直强调权利应该是能够被其拥有者评估和主张的,也就是说,一项权利的拥有者理解它的意义,包括知晓可以向谁主张该权利。从经验事实中可以明显看出,一些父母在教育方面无法满足这些条件,因为他们对教育意义的理解是不够充分的。例如,有一些人仅仅从产生的后果上将教育视为就业与争取有吸引力薪酬的手段,他们对教育的理解是不足以主张拥有对它的权利的。但是对于那些确实满足这个条件的父母来说,他们其实只能主张他们自己的权利,而不是他人的权利,正如第三章中所讨论的那样。为了摆脱这个困境,有些人试图将这项权利说成父母为了其子女而在教育方面所具有的权利,而不是接受教育的权利。这实际上是主张,在大多数情况下,父母作为孩子的监护人和抚养其成长的责任人,对社会提出了法律认可的期望。他们本人也对自己的孩子负有一定的法律责任和社会责任,包括承担送他们上学的责任——尽管不是教育他们的责任。但是,他们所期望的,在一定程度上是国家或国家的独立机构能足够称职地为他们承担那种职能,因此无论是作为孩子的监护人,还是作为纳税人或付费者,这些法律上认可的社会期望都被转化为其孩子教育上的权利。如果享有某个事物的权利(a right-to)和在某个事物上的权利(a right-in)之间的这种区别能够站得住脚,我们仍然需要确定父母对于什么享有权利。人们已经提出了教育领域的各种附属权利,每一种权利都能够在特定的社会情景下获得充分的辩护:选择学校的权利、选择某一类型教育的权利以及基于个人信念为孩子首选某种教育的所谓信仰自由权。选择某一类型学校的权利,有时会通过反对国家充当教育提供者来进行论证,理由是一些学校在师资、物质资源和设施方面的质量明显低于其他学校。第二项和第三项权利有时会被那些持有特定信仰的人作为反对国家提供教育的理由,因为这些信仰在国家或政府的学校中没有得到充分重视。这些都是涉及父母自由权的问题,并且在一些国家获得了法律或准法律制裁(quasi-legal sanctions)的支持。在此,我们必须注意"职责"用法的一个重要差异。承担教育孩子的职责是一种已经被认可的政府职能,这一职能所承担的还有其他职责,例如提供医疗卫生服务和社会福利保障。出于对儿童和其他人的福祉的考虑,政府中的个人通常不会在就职时新加入此类职能,而是认为这些职责已经存在,并与他们的职务联系在一起。尽管它们可能具有道德意蕴,但不是道德义务。它们不像通常的道德义务那样有其对应的权利。一个民主政府的成员向这个国家的儿童提供教育的职责,并不向父母授予可以向政府主张的权利,除非是那些法定的权利。但父母作为孩子的监护人确实有相应的法律义务,即按要求确保孩子到校。因此,将政府作为福利提供者的义务与具有对应权利的道德义务混为一谈是不恰当的。清楚表达对于政府的正当期望,并非一定要使用权利语言不可。并且当这样使用"义务"时,应该明确说明它被用于指称政府的正式职能;如果不加说明,结果就是在比喻意义上与道德义务混为一谈。

儿童的自由权

由于儿童的不成熟而将权利从儿童转授其父母或其他监护人的尝试,引起了父母和孩子两方面的正当性问题。但现在我们必须要问,是否存在这样一些权利,我们可以合理地将其赋予那些已经成熟到足以满足我们提出的权利条件的儿童。在这方面,最引人瞩目的是各种自由权利。关于这些权利,密尔的三分法足以帮助我们完成讨论的目的:第一,"思想和感想的自由,在所有议题上有持守意见和情感的绝对自由";第二,"品位和志趣的自由,有制订自己的生活计划以顺应自己的性格的自由",同时要求所作所为不伤害他人;第三,在同样的限度内,"为任何目的而彼此联合起来的自由"(《论自由》,第71页)。[1] 正如上一章中已经指出的,密尔以儿童不成熟作为理由大而化之地取消了儿童拥有权利的资格:对此他的分析是不完善的,特别是在特定的权利与特定的儿童的相关性方面。他承认,关于第一种自由权利他有一些怀疑,因为"表达和出版"的自由涉及其他的人;但具有讽刺意味的是,在他生活的年代之后,一些学校的学生实际上已经主张并成功行使了思想和言论自由的权利。使不能作出成熟判断的时候恰当地成为教育工作者所认为的教育时机,并加以润物细无声式的引导,而不是搞家长主义或者仅仅将儿童用作达到教育工作者之目的的手段,这一直以来既是麻烦之所在,也是成就之所在。从道德上说,教育工作者的任务是将他们视为不断成长的人,认识到他们本身就是值得尊重的。在集会和结社自由方面,教育工作者再一次抓住了教育机会;在其他方面的权利上,也可以有诸如此类的评论。这里涉及的是政治自由权:学生有权组建自己的委员会,参与学校管理中对他们有影响的决策,以及在决策影响到他们自己作为学生的福利时提出申诉。为这项权利提供正当性的一个理由是儿童确实有其利益诉求,并且其中一些利益诉求需要从他们(不同)的角度来理解。另一个理由是,他们作为成长着的人与成年人一样对轻视、剥夺和歧视很敏感,因为这些是被人们承认和表述为不公平或不公正的行为。由于密尔将儿童排除在自由权利的拥有者之外,因而,教育工作者通常有这样的推断,并且认为密尔也如此暗示,即儿童的不成熟以及不充分的理解能力,使他们需要别人为之作出决定。一些教育工作者能够为了促进儿童的成长而将儿童的决策参与转变为他们自己的教育目标,使他们在相互信任的关系中感知为什么要不断提升自制和强化对他人的责任感。[2] 通过这样的过程,他们也为道德教育和个性发展奠定了基础。现在,我们转向后一种自由,亦即密尔所提出的第二种自由。

如果教育是个体潜能与社会价值观相符的发展,是没有任何限定目的的发展,那么,至少我们对发展——个体能力和潜力渐增的过程——的意义有所认识,因为发展同时也是独特个性显著生成的过程。它在目的上也是没有任何限定的,会在成年期随着时间的推移而变化,但其各种形式的表达仍然有着足够的稳定性和一致性,从而使每个人具有一个可辨认的身份。密尔之所以提出第二种自由,部分的原因是担心任何通常的公立教育"不过是一种将人们塑造成完全一模一样的人的装置"(《论自由》,第177页)。如果允许这种情况发生,那将与成长的自然倾向背道而驰。正如我们在第一章中看到的那样,密尔曾对洪堡的这样一种看法深表赞赏,即人类"朝向其最丰富的多样性"发展极为重要,而这同时需要"自由以及多样化的环境"(第57页,第121页)。[3] 这就是密尔的第二种自由的主旨:不是要相仿,而是要差异;不是要统一,而是要使人类个性在不受不必要干扰的情况下自由发展,从而尽可能多地实现差异化。但个性不是外表的东西,不是校服或发型的问题:这样的偏离曾导致一些儿童权利的诉求变得鸡零狗碎。这些离题的主张不难辩护,但使用这样一些论据是有问题的,即干涉这些外表的东西就是干涉儿童根据他们正在发展的自我意象合乎心愿地向世界展示其自我关注倾向。不是说服饰和发型这些外表的东西不可避免地事关一致性,而是说就个性而言它们没有那么重要,个性的培育更需要的是精神的自由。更为重要的是信任、负责的关系和对人的尊重。一些教育工作者已经证明这些都是可以做得到的,同时他们逐步放松控制,但又总是默默地准备着随时提供经验丰富的指导。由此可见,在具有最好专业技能的条件下,即使在正规的学校教育期间,密尔所预见的那种干预个性发展的自由权也能够大行其道。

法律方面的问题

立足正义和道德的观点,我们现在将考虑父母和孩子在教育领域所适用的法律,恰好也可以对法律正义和道德正义作一个比较。在此,我们将有选择性地探讨相关法律:第一,关于从童年到成年过渡的成文法;[4] 第二,关于儿童一般福利状况的法律;第三,影响父母及其子女的各种事务的案件;第四,影响教师的法律。体罚和其他形式的惩罚问题,我们将推到下一节。

儿童的不成熟状态

密尔的错误,即毫无保留地宣称儿童是不成熟的,并不少见,而且往往会由于立法错上加错。儿童不会像昆虫一样破茧而出并完全羽化成成虫,他们不经历这种形态的变化。与昆虫不同,他们从童年到成年的真正转变在身体或精神上都是不可察觉的。在个人经验的溪流中,我们并不能把握住某个时刻说这就是成年状态达成的确定时刻。当被要求承担诸如照顾兄弟姐妹之类的责任时,或者当他们被送出家门去工作和谋生时,正如历史情景所表明的那样,一些孩子会表现得像成年人一样。事实上,保护儿童不受剥削,并使他们不具有早期的工作经历,在某些方面阻挠和抑制了个人的发展。一些法定成年人,特别是没有责任和工作经历的人,表现得像孩子一样。人类发展的差异性,特别是在智力和道德方面的差异性,给法律造成了难题,因为在某些方面,例如投票资格和刑事责任,必须要划出一个界线以达成实际操作和行政管理的目的。测试每一个人在智力和道德上是否成熟到足以使他拥有选举资格,或不成熟到需要免除其刑事责任,这个让人冥思苦想的工作已经充分表明,这两种事务都不属于发放资格证书或豁免证书的领域。因此,在设置成年的法律界限时,一定程度的任意性是不可避免的。但任意性的程度和影响则要另当别论,它引发了道德正义的问题。将成年的法定年龄降至18岁具有任意性,它可能授予这样一些权力,诸如设立遗嘱、选举、拥有和处置财产、订立合同,抑或在侵权这样的民事案件中充当原告或被告。[5] 这里的任意性在于没有按照相关标准给予平等者以平等的考量。因为如果进入成年期就被授予某些法定的权利资格,并被认为有能力行使这些资格所包含的权利,那么,最为关键的问题是接受者——在这里是年满 18 岁——是否有足够的能力匹配这些权利资格,以及其他的人,如年满 16 岁的孩子,是否没有同样的能力。为什么可以允许 18 岁的人在法庭上起诉,而 15 岁、16 岁和 17 岁的人必须要由成年人代表?至少在达到法定年龄——这样所有孩子才可能被认为是成年人——之前,有些孩子被认为已达到了成年状态,这是否意味着对于成年期来说教育上的限定要比年龄上的限定少一些任意性呢?任意地将某一些人区别对待是不公平的,被认为从根本上或形式意义上背离了正义概念:一些人与其他人比较时,在他们被其他人当作某一类人时,这对他们作为人来说是侮辱人格的。目前,成年的法定年龄限定往往导致平等地对待不平等者。那些受到不公正对待的人是法律意义上的儿童,他们在智力上已经足够成熟,能够承担成年人的法律责任。不仅法律这一方面与另一方面的道德存在冲突,而且法律、道德和教育之间也存在冲突。如果教师和校长与学生建立信任关系并在决策中使学生承担更多责任,那么在这样的情况之下,学生已经为担当成年人的角色作了很好的准备。对于这样的一些学生,如果他们被告知他们仍然是未成年人,因而还没有准备好担当成年人的角色,那么,由此推断他们在教育上的准备并不是真正为成为成年人而实施的,而是某种像游戏活动一样的课程练习,是与教育的目标和学生对自身的一些认识相互冲突的。这也与他们对于一些 18 岁的人的看法形成讽刺性的对比——这些年满 18 岁者很早就不再上学,或许在担当成年人角色方面能力或潜力不足;实际上,在某些情况下,这可能是与学生从自己父母身上所获得的认知形成了对比。毫无根据的区别对待是不公平的;不公平地对待人是不正义的。

在刑事责任方面也存在显而易见的任意性。有一种推定,即低于特定年龄——这个年龄在国家之间甚至一个国家内部各不相同,本身就足以表明其任意性——儿童不承担刑事责任:就是说,他不知道他做过什么或没有做过什么是错误的。通常,超过免除责任的最低年龄,证据就会被采纳,但在未成年进入青春期并达到另一个多变的年龄界限之前,他不会被认定为对犯罪行为负全部责任。需要再次指出,给予相关方面的平等者以平等对待,给予不平等者以不平等对待,这是具有事实基础而非推定基础的应用标准,因为这是可以实行的:可以考虑一下未成年人受到的道德教育,家庭、学校和环境的影响,以及表明道德态度和价值观及自制力等相关方面存在极大差异的经验证据。[6]

儿童福利状况

实际上,其中的一些议题在一些国家正越来越多地在法律中体现出来,从而对未成年人福利的重视减轻了那种任意性。在这种情况下,人们有时会采取一种教育的观点,亦即将青少年视为一个正在发展的个体,因而需要给予同情和实践的指导,[7]这种指导在一定程度上以其家庭和社会环境的研究为基础。在这种情况下,孩子被认为是一个有自己生活前景的个体,个性仍然有待发展;福利不仅是改革,而且主要是寻找一条道路,让他有最好的机会在符合社会价值观的情况下发展自己的能力和潜力。在法律的这样一种深层视角下,教育和社会福利融合在一起。法律中一个更困难的问题是给某些福利权利——例如受教育权——的观念提供实际的支持。一些法学家认为,以法律形式规定诸如教育这样的福利供给,在可执行性方面面临着无法克服的困难,因为让法院来裁定儿童是否获得了假定拥有的权利是不切实际的。[8]正是出于这个原因,关于教育供给(educational provisions)的成文法通常仅限于明显可执行的内容,尤其是到校率。至少对于法院来说,虽然教学是否整齐划一很容易确定,但教学是否有效则不容易确定。

孩子和家长

法院在其职权之内能够决定的一些事务是由特定的法令引起的,这些法令罗列了教育供给的规定,例如父母自由选择教育的权利,他们反对课程设置中的某些活动以及不让他们的孩子参加这些活动的权利。在诸如此类事务上,法律越来越意识到儿童作为一个人不断发展的本性,同时一些国家也越来越不愿意认可父母为孩子包办的权利。就此而言,消除父母利用孩子达到自己目的的可能性,就是对孩子利益的实践考量,因而也具有根本的道德意义。

在校服和家庭作业方面也有对于儿童权利的支持,[9] 但在这些方面,道德的关联并不明显。当我们反对权利持有的代理观念,转而关注儿童自己有能力理解、声称和主张的权利时,我们更接近于形式的正义、道德和教育概念。由此我们可能会意识到,在我们的社会态度和价值观中,我们对父母在法律上的权利给予了过多的重视;相应地,对儿童的道德权利以及道德的条件——具备这些条件,那些足够成熟的人应该作为人而受到尊重,而其他所有人作为成长中的人而受到尊重——给予的关注太少。从正义、道德和教育的角度来看,我们特别关注那些具备权利持有能力的儿童的权利。如果家长声称有权让他的孩子退出与他个人信仰有抵触的课程活动,而他的孩子已经足够成熟,可以作出自己的决定并且不同意家长的意见,那么家长的任何法律或准法律权利都可能不符合正义、道德和教育的要求。因为孩子的权利恰恰在于接受教育从而在专业指导下得到发展,当他在理智上成熟到有能力作出自己的选择,并且这样的选择会影响他正在发展的个性时,否定他不受干涉的自由权既有违正义,也背离道德。同样可以确信的是,一些法定的未成年人,例如那些度过青春期早期的未成年人,如果形成了与父母一方或双方的信念不一致的个人信念,并且假设他们在理智上同样已经足够成熟,那么,他们有要求自己得到尊重的道德权利,也有不进入其父母纯粹出于自身个人信仰而为他们选择的学校的道德权利。[10] 与儿童的自由权利相比,父母的权利超乎寻常地强大。我们仍然保留着过去一些传统社会的态度和价值观,将孩子当作父母的财产。这种所谓的财产权,从足够成熟的未成年人的角度来看,实际上是对人的生命的奴役;当它被用来阻碍他的潜力和个性的持续发展,或这种发展是为了父母的目的而不是他自己的目的时,它与正义、道德和教育的要求是冲突的。

教师与法律

我们现在考虑适用于教师处理其与孩子和父母的关系的法律,首先是集中考虑教师的职业自由;其次是治理失职的法律;第三是针对侵犯儿童的刑事诉讼问题,这将引导我们进入下一部分关于正义、道德和惩罚的探讨。在第一个问题上,当教学内容由于威胁到原教旨主义或其他信仰而受到社团的强力干预时,教师的职业自由权已经受到挑战。在某些情况下,法院推翻了先前的决定。根据公平待人的正义观,要求对教师作为合格从业者的自由施加限制的任何异议者有责任给出这么做的正当理由。美国联邦法院曾按照"正当程序"对教师的思想和言论自由权表示支持。[11]个别家长出于限制教师的意图而提出的异议,往往是因为他们错误地理解了课程——它的性质和目标。推动个体在理智方面的发展要求教师鼓励批判性的思维,这进而要求教师和儿童就社会和其他问题自由地交流意见和观点。教师草率行事的怪异案例与这种郑重其事的场合没有关系。孩子和教师都要有思考和表达他们的想法的自由。教师如果想要培养批判性思维,但自己却在有争议的问题上成为缄默不语的示范,他就不可能达到目的;如果他在某些主题上变得思想闭塞并习以为常,他就不能成为一个批判性的思考者,并且在社会态度和价值观变迁的背景下,当保守的社会情绪渲染这种变迁对未成熟的心灵来说是危害,从而将孩子们阻隔在变迁之外时,他就不能有所作为以帮助他们意识到这种变迁。

教师或聘用他们的机构被家长指控失职存在着两种情形:首先是被指控教育失职,或未能促进儿童在特定方面的发展;其次是被指控在监管儿童方面失职,造成了严重的身体伤害。这其中的任何一种情况一经证实,都会直接违背基本的或形式的道德、正义和教育概念。对于第一种意义上的失职来说,其指控的依据一般是阅读等基本技能没有得到发展,儿童的生活前景受到严重损害。如果老师们被认为失职的情形延续多年,那么为公平对待老师起见,需要考虑到导致儿童基本技能没有获得发展的诸多其他可能的原因,例如儿童自身态度方面的原因,尤其是家庭环境方面的原因。[12] 因此,"正当程序"在确定教师责任时会遭遇到一些困难。这是一个实际问题,但在某些情况下,由于儿童的特殊学习障碍没有得到适当的诊断,可能会造成延续多年的失职,这是一个事实。它引起了人们对一个具有道德、司法和教育意义的重要社会问题的关注。每一个教师都肩负着让年轻生命沿着最佳路线以实现其潜能的重任,他们在可行的范围内承担着社会所能赋予的最高道德责任。尽管可以在法庭上以教育失职为由提出赔偿要求,但其所造成的损害可能是无法弥补的:当涉及个体生命的成就时,赔偿是无法用金钱来衡量。公平待人的正义观还要求学校提供充分的教学资源和足够的设施,从而为有学习困难的儿童提供诊断与合适的教育;同时,要配备足够多的教师,从而使班级规模保持在每个儿童都受到关注的合理水平上。有的时候,可能是管理上的局面阻止或妨碍了教师对每个儿童进行有效教学,并且要求教师为之承担责任。在这种情况下,将教育失职归咎于他们可能是没有根据的。

教师或管理人员面临的更为常见的失职诉讼是父母根据侵权责任法提起索赔要求,理由是发现儿童没有受到适当的照料,存在监管方面的过失。法院必须认识到,游乐场、运动场、出游的路上甚至教室里都存在复杂的状况,事故易发,想要保持百分之百的警觉是有难度的。教师的职责是给予照料,但照料的职责不仅是保持警惕,还有预防,因而被指控的失职可能与管理措施不到位有关。[13] 亚里士多德的矫正正义概念不同于分配正义,它试图运用一个数学公式,正如我们在第一章中看到的那样,以便在纠正错误行为引发的不公平时保持客观性。侵权法是这种矫正正义的一个例子;在当代社会中,人们往往像亚里士多德一样担心法院在裁定是非、恢复公平方面能否最大程度地保持客观性：也就是说，确保被冤枉的人获得等同其损失的全额赔偿。对于校园里或教师监管的其他地方发生的受伤事故来说，企望其满足正义和道德的要求，必须面对两个复杂且困难的问题：第一个是罪责归因方面的问题；第二个是进行补偿的问题。因教育失职而导致的永久性残疾或行为能力丧失，例如失明，是再多的钱也补偿不了的；而比较轻微的残疾也可能会严重妨碍个人潜能的实现。在侵权责任法中，在造成这样伤害的行为实施之前，被认为不正当的行为就已发生了。从孩子受伤时承担监管责任的教师的角度来看，如果他没有过错，那么追究其责任是不公正的；也就是说，他不应该由于未能防止伤害发生而被追究失职的责任。从父母的角度来看，孩子受伤可能不是由自己的任何作为导致的，因而认为孩子应该得到一些补偿，但这种考虑与是否有过错行为的核心问题无关，就像教师或儿童是否参加保险以防损失或伤害的问题与之无关一样。侵权法中所认定的过错行为可能包括不作为，这种不作为甚至——正如我们已经指出的——在伤害发生之前就发生了。[14] 与教育失职一样，衡量矫正正义的尺度在儿童受伤的案例中也是不存在的。教师的职责显然是道德义务，而不仅仅是按照正式规定的岗位职责例行公事。问题的另一方面是，法院必须保证有多少过失的错误就承担多少责任，使教师受到公正的对待。如果教师仅仅被用作一种手段而不是目的，无论实际承担多少责任都成为父母要求其为受伤儿童进行赔偿的手段，这违背了最底线的形式意义上的正义和道德。

我们现在将考虑涉及教师与家长及其子女关系的相关法律的第三个方面，即因侵害而对教师提出的刑事诉讼。我们将在这里简单地记录一些事实，作为本章下一部分关于惩罚的正义和道德的介绍。由于人们认为法庭上不适用"代尽父母之责"(in loco parentis)的指导原则，一些国家的法院不得不自己确定对儿童进行体罚是否超出了"合理"范围。如果被认为"不合理"，所涉及的教师或校长可能会依据侵权责任法或刑法而被裁定承担责任。过度体罚可能会造成儿童身体伤害，但对于态度和价值观的影响或许会严重损害儿童的理智和道德发展。从这个意义上说,它未能考虑到儿童长期的和根本的利益,因而可能被认为有悖于正义和道德。[15] 可以说,残酷和过度的惩罚对教师所监管的其他孩子的影响,至少不亚于它对教师的自尊以及其他孩子对他的尊重所造成的损害,其严重程度可能会使好奇心和学习的意愿遭受无法挽回的打击。我们将在下一节探讨惩罚特别是体罚在道德和教育方面的后果。

正义、道德与惩罚

一直以来,关于惩罚的哲学理论所涉及的几乎完全是成年人的惩罚,但我们要问它是否也适用于儿童,特别是那些在学校里的儿童。我们的首要任务是探究惩罚的内涵;第二个任务是考察不同哲学观点关于惩罚的目的和正当性是什么的回答;第三个任务是追问在学校里惩罚孩子的目的是什么,这种惩罚是否具有正当性。在探讨第三个问题时,我们将对体罚予以特别的关注。

惩罚的本质

霍布斯从法律的视角给出了他对惩罚的定义。它是"公共权威裁定一个人的行为或不作为违反法律而施加于他身上的恶"。其目的是使人的意志"更易于服从"。[16] 霍布斯断言,惩罚是违背公共权威的人所遭受的不愉快体验,公共权威有责任维护一个规则体系,使之成为社会内部公认的法律。他特别排除了人与人之间私下发生的那些不属于公共权威范围的"恶"。出于同样的原因,他排除了那些不法行为的自然后果,比如,一个人侵犯他人时导致自身受伤。惩罚可以是身体上不愿忍受的痛苦,如体罚,也可以是精神上不愿承受的痛苦,如公开羞辱或流放带来的极度痛苦。霍布斯还进一步从法律的角度指出，惩罚要以公开听证为前提，否则施加不愉快的体验只不过是一种敌意行为。如果我们抛开这些特殊的法律观点，霍布斯对惩罚的分析具有广泛的适用性，甚至在学校里也是适用的。惩罚是权威对违反社会内部（包括学校这样一个社群内部）公开颁行的规则体系的人所施加的一种不愉快的体验。如果遭受不愉快的人不了解规则体系，则该受罚者并非有意冒犯；也就是说，他从制定规则意图上来说并非是一个冒犯者。在这种情况下造成的不愉快体验并不是严格意义上的惩罚，而是霍布斯所说的"敌意"行为。它的任意性源于这样一个事实，即受罚者无论如何不能为自己的所作所为负责。如果惩罚取决于规则以及对规则的知晓，那么，对规则一无所知就是声称相关行为不构成违法的一个正当理由。

惩罚的目的和理由

现在开始第二个问题的探讨，即不同哲学立场关于惩罚的目的和正当性的解释。在此，我们要谨记霍布斯基于法律视角提出的使违法者产生服从意向的看法，但代之以道德的视角来考察。惩罚是为了灌输服从规则或法律的意向，这不一定就使惩罚有了道德上的正当性，因为规则或法律可能是不道德的。在转向有关该主题的特定哲学理论之前，我们将提及有关惩罚的两个一般性问题。第一个是程序上的困难，第二个是使惩罚限定在违法者身上的困难。程序上的困难涉及惩罚是否应得。正义始终不外乎平等的理念，即对相关方面的平等者予以平等的对待。但在我们可以给予同等违法行为以同等惩罚之前，我们必须衡量每个违法行为在多大程度上应当受到惩罚。正义要求我们不应该过度惩罚；也就是说，惩罚应该与违法行为相适应。过度惩罚作为对他人的警示可能会产生有益的社会后果，但大多数人会认为这是对违法者的不公，他应该受到的惩罚不应超过其应得的惩罚。将正义比作天平的隐喻已经显现出诸多问题——这些问题比鲍西娅需要衡量不多不少一磅肉的天平要麻烦得多。如果可以将应得量化并根据亚里士多德的矫正或交换正义进行处理，那么如何惩罚将变得很容易确定。但是相对来说，思想是难以捉摸的，只能通过推理被他人所领会；正如那些被撤销的法律判决所表明的那样，有的时候犯罪意图的调查和应受惩罚的评估是极为复杂的。此外，即便惩罚是正当的，并且在一般情况下犯罪者应受的不同惩罚是依据其不同罪行而定的，从罪行本身推定应受的惩罚并不总是显而易见，也可能取决于个人的种种境况。一个学生已经拥有了丰富的家庭藏书，却任意妄为，无视借阅规则而从图书馆里偷书；另一个学生来自没有任何书籍可读的家庭，出于一种被剥夺和受到不公正对待的感受而产生攻击性，从而不能自制地偷书。在一些人看来，前者比后者应该受到更严厉的惩罚。如果我们能准确地描述犯罪者在犯罪时的意向，他的愿望或欲望、动机——包括意图，他的态度和价值观，并且有可靠的技术来测量罪责的自觉意识，那么我们可能就会有充分的理由来证明罪行相似、惩罚不同的正当性。一旦我们接受了免责条件的原则，就会出现一系列无法衡量的因素：在应得的评估上应给予这些因素多大的权重？关于正义与应得的第二个一般性道德问题是，在对犯罪者进行惩罚时通常难以避免造成无辜者的难受。痛苦会蔓延到他人身上，从而使惩罚的行为僭越了自己的规则。母亲和妻子的痛苦可能比因犯的痛苦大得多。对于在学校里因为受到惩罚而情绪不稳定的孩子来说，父母遭受的情感波动常常会超过孩子的痛苦。

报应主义

那些将惩罚与应得联系起来的哲学家通常被称为报应主义者（retributivists）。对他们来说，惩罚的目的是使犯罪者为其触犯社会的罪行付出代价。基于这样的视角，他们不是寻求对于作恶者的报复；相反，他们强调人的尊严，而不是贬低人。康德拒斥关于惩罚的所有后果论的观点，例如惩罚是为了社会的利益或者为了罪犯自己的利益。他尤其关注法律上的惩罚以及刑事法典。按照这样的刑事法典，罪犯必须毫无例外地受到惩罚,"没有其他原因,只是因为他的犯罪行为"。有罪的人必须接受"罪有应得"惩罚。法律—违法—惩罚的接续发生,是不可阻遏的。这种严厉的希伯来语措辞中内在包含着一种尊严,即惩罚抵消罪行。这是事关信守道德秩序的问题,是使人得其所应得的问题。一个世纪后的布拉德雷解释说,"我们受到惩罚",乃是"因为我们应该受到惩罚;除此之外,别无他因"(《伦理研究》,第 26 页)。[17] 罗斯不同意不惩罚犯罪者就是在信念上背弃他、不再将其作为道德行为人给予应有尊重的论点,而是坚持认为国家有权惩罚罪犯,并且这项权利在共同体中受到民众的普遍支持,因为民众的普遍看法是信守诺言具有不言自明的重要意义。这两方面的考量共同解释了在这个共同体中何以有罪者受惩罚使人产生道德满足感,何以他们没有受到惩罚或无辜者受到惩罚让人感到义愤填膺。[18] 有一些人确实赞成惩罚意味着对犯罪者保持信义这种看法,并且有时会提到犯罪者在受到惩罚时所经历的那种回首人生式的反思,涉及名誉、尊严以及与他人的平等。但是,从精挑细选的个案中完全不能得出普遍的结论:很可能至少有同样数量的罪犯在逃脱逮捕和惩罚时欢欣鼓舞。如果惩罚是为了平等对待他们,保证他们与他人一样有荣誉、尊严并受到尊重,那么,他们极力逃避侦查和惩罚就是不能自洽的。实际上,报复主义者的核心弱点在于他们所强调的是无法精确评估的方面——责任和应得。他们似乎认为罪犯的罪行、责任和应得是不证自明的。但即使在报应主义者大多时候用作例证的刑事案件中,由于存在着事实错误、意外事故、胁迫、强制和挑拨等诸如此类的辩解或例外,法律通常对犯罪意图的自明性倍加怀疑。在某些情况下,可能符合其中的一项或多项就足以排除责任;而在其他情况下,则足以减少责任。这是陀思妥耶夫斯基在他的《罪与罚》中向人们呈现出来的一部分复杂性:应得仅仅是在初步的法律意义上具有确定性;对于一个敏感的人来说,惩罚之所以被需要,是因为它给愧疚折磨的心灵带来平静。但愧疚和责任的含义远远超出了报复主义的简单解释。如果从表面上看严厉惩罚是唯一的赎罪手段,那么在表面之下,正如陀思妥耶夫斯基表明的,关于应得还有许多令人困扰的问题有待解决。

后果主义:个体与社会的利益

要说明白罪犯的罪行、他的责任以及他应受的惩罚,常常是困难的,有时是不可能的。某种程度上正是出于这一原因,一些哲学家主张惩罚的重心应该从报应转向改良。后者是一种后果主义的观点,它凸显的是惩罚可能使罪犯受益。在一些报应主义观点中,由于惩罚对于人的尊严和自尊的后果被纳入其中,因而确实存在后果主义的应用,但在这些观点中,惩罚的主要目的是抵消恶行。而改良主义者所提议的则是,当且仅当惩罚可能使罪犯受益时,它才应该被赋予道德上的必要性。衡量好坏的标准在于一系列的后果,但人们通常认为道德观的根本变化受制于短期产生的利益。惩罚作为威慑是后果主义的另一个观点:这里考虑的后果不是为了个人的改造,而是为了他所属的社会群体的利益,或者为了更广泛的社会的利益。惩罚还是工具性的。但是,仅仅把他人当作手段而不是目的来对待是有悖于康德道德哲学的精神的。作为以工具性视角看待惩罚的反对者之一,黑格尔认为,这是将罪犯视为"必须使其变得无害,或者被当作需要加以威慑和改造的有害动物",而不是将其视为理解其罪行以及他应受惩罚之判定的理性人(《法哲学原理》,第 70—71 页)。[19]

关于惩罚的报应主义和后果主义之争在功利主义理论视野中得到了集中体现。作为后果主义论者,功利主义者试图证明只要行为有助于整体的幸福或满足就是善的行为,但按照其定义,所有惩罚本身都是恶的,因为惩罚这个观念包含着减少幸福或满足的意涵。因此,惩罚只有在能够被证明将会产生好的后果的情况下才是正当的。尽管它本身是恶的,但如果它阻止了对满足或幸福造成更大损失的事情的发生,那么,总的来说它是有益的:这是两害相权取其轻。如果认为只要产生有益的后果,惩罚就是正当的,那就很容易歪曲功利主义者对于惩罚的看法;

因为那样的话，甚至无辜的人也可能受到正当的惩罚。这种推论是荒谬的，因为惩罚的观念要以罪犯的存在为前提。在另一方面，功利主义者对惩罚的看法构成了严重的道德威胁。首先，对于罪犯来说，对他的惩罚可能不会与他的罪行充分适应，因为在某些情况下，如果惩罚超过他的应得可能会带来更大的整体幸福。在刑事案件中，为保障社会免于暴力危机而作出过度的从重判决就是这样的例子。第二个道德威胁来自规则功利主义视角。如果社会将惩罚作为一种实现所谓有益后果的手段并推而广之，那么，对他人利益的实践考量就有可能相应地普遍减少，同时也相应地造成对人的尊重的丧失。反对功利主义惩罚观的一个更普遍的看法是，它受制于行为后果可预测性的假定。事实上，惩罚所造成的好处多过坏处的假定不可能是错误的，因为惩罚本身就被功利主义者视为一种恶。当惩罚导致罪犯所属的社会形成违法行为不可为的共识时，它最有效地维护了功利主义者的论点。对不良行为最为广泛的吓阻，可能是来自同龄人的群体性反感。的确，一位哲学家曾指出，最合适的惩罚是社会性的反感，而这也正是犯罪所应该需要的惩罚。[20]

惩罚的社会后果显然是法律所关注的，但最近也有哲学家对其发生兴趣，例如我们将在下一章对其基本思路予以更为详尽探讨的约翰·罗尔斯。罗尔斯认为，从社会契约而非功利主义的视角来看，刑事制裁在理想情况下应该被视为社会的一种稳定器，而对于责任的最合适理解，是将其置于理性人用于"规范其合作"的公共规则体系的背景中（《正义论》，第241页）。[21] 在他看来，这与刑法中的观点相似，亦即，惩罚的作用是给予保护、维持秩序和社会稳定，而不是作为一种报应，伸冤雪恨，使违法者得其应得。黑格尔曾将罪犯视为理性的存在者，他们能够理解惩罚作为应得的正义性。罗尔斯则将人们引向在一个社会中相互合作的成员的视角。对他们来说，遵守公共规则是合乎理性的；如果他们不遵守，那就需要惩罚来恢复稳定。

对学校儿童的惩罚：前理性与有理性的区别

我们现在探讨本节的第三个问题，即学校里惩罚儿童的目的是什么，该目的是否具有正当性。惩罚曾在希腊和罗马时代的学校教育中占有重要的地位。在这样的几个世纪里，每个教师惩罚学生的理由可能多种多样，而且经常多个理由混杂在一起，例如为了报应甚至是驱除原罪，也包括出于后果主义理由的矫正和威慑。如果有人将功利主义的看法作为一个理由，认为惩罚会使学校成为一个更幸福或更令人满意的小社会，那他们应该是着实令人乏味的。根据贾奎斯①的描述，16世纪英格兰的小学生有充足的理由蜗行牛步，就是"不愿意上学"；像很多人说的那样，法国的小学生也不见得有多好，在那里"挨打孩子在哭喊，老师们在怒吼"（蒙田，《随笔集》，第70页）。大约一个世纪后，奥布里②在提出他对教育的看法时说道："孩子们遭受如此暴虐，变得如此沮丧，以至于再多的温柔和技巧也无法弥补。"[22] 特别令人关注的与其说是惩罚的残酷以及显见的频繁，不如说是其价值受到了相关论者的质疑。由于它的有害后果，蒙田敦促人们消除暴力。让布林斯利③确信无疑的是，"残酷而持续的鞭笞，使人变得麻木的无尽折磨"扼杀了头脑中"理性提供的所有创造力"（《文法学校》，第26章，第277页）。

奥布里指出，对儿童的暴虐让他们精神崩溃，导致他们"惶恐不安"。进入19世纪后，政府官员开始反对这种惩罚，尽管使用藤条、手杖、戒尺或直尺、皮鞭或教鞭、桦条等的惩罚仍然继续存在。[23] 质疑体罚的依据是后果主义的：它影响到了儿童的天性以及他对学校的态度和学习能力。对于报应主义者来说，在这里没什么

---

① 贾奎斯(Jaques)，莎士比亚戏剧《皆大欢喜》中的人物。——译者注
② 约翰·奥布里(John Aubrey, 1626—1697)，英国作家。——译者注
③ 约翰·布林斯利(John Brinsley, 1587—1665)，英国教育家，曾担任英国累斯特郡一所学校的校长。——译者注

好说的：如果犯了错误，就必须受到惩罚。然而，无论从哪个立场来说，同情心都不应被忽视。蒙田和奥布里显然对儿童的福祉极为敏感。正是他们提出了这样一个问题，即惩罚儿童在道德的理据上是否站得住脚。我们将从道德的角度探讨这个问题，考虑儿童的利益，包括他们承受痛苦的能力。我们认为报应主义的观点是过于简单化的。在这种观点看来，犯下错误就意味着一项通过惩罚予以纠正的权利，而惩罚的正当性就在于它抵消错误，洗清冤屈，让罪犯重获新生，让他们拥有理性存在者应有的尊严，而不是那种不得不接受家长式改造的屈辱。

然而，可能还需要从不同的角度来关照儿童。如果他们没有成熟的理性能力，包括推理和自我控制的能力，如果他们不了解社会所需的合作规则，如果体罚的后果对个人没有好处，我们为什么要使他们忍受惩罚？显然，我们既需要理由，也需要证据。第一步是必须重新认识到，儿童不是从一个模子中刻出来的，在理智、道德和身体方面并非都处于未成熟的状态；实际上，其中的一些儿童能够像成年人一样根据他们个人的价值观分辨是非。如果考虑到成年人之间在理智上的较大差异，那么儿童在理智上的成熟程度也达到了某些成年人的水平。因此，我们可以将所有法律定义的儿童分为两类——尽管每一类在其内部并非铁板一块：一类是由理智和道德上不成熟的儿童构成的；另一类是由理智和道德上成熟的儿童构成的。这里说的成熟指的是基于充分的发展而达到了被视为有理性者和担当责任者的水平，是在一种允许存在个体差异的宽泛且普遍的意义上与法律定义的成年人不相上下的状态。

学校处罚的正当理由

前理性的儿童

既然惩罚就其定义来说会造成不愉快，那么惩罚第一类儿童有什么正当的理由呢？某人不能为一种行为或不作为承担责任，却要因此而受到惩罚，这存在着显见的矛盾。即使我们对他承担全部责任心存疑虑,我们通常也会对要不要惩罚他犹豫不决,这不过是因为没有办法消除疑虑:没有办法干脆利落地确定他要承担多少责任。而第一类儿童之所以被归为一类,正是因为无论是从推理能力,还是从自控能力来说,他们都无法对自己的行为承担全部责任。因此,我们可以摒弃以改造为目的的惩罚观念,因为这意味着脱离了理性状态,而这种理性状态在这些儿童身上实际上从未存在过。依照有关儿童刑事责任的法律,如果我们采取报应主义立场,则我们唯一的选择是承认这一类儿童的不成熟可以作为免于责任追究的条件。但是,如果我们采取的是后果主义立场,同时也是道德和教育的立场,则我们无论如何论证惩罚的正当性,都将把他们自身的福祉放在核心位置,将他们当作处于理智和道德的成长过程从而需要我们予以引导的个人。在这里,正义、道德和教育这些基本概念在同一个视角中结合在一起。只有在个别情况下,需要消除成长的思想障碍时,惩罚才是正当的;并且这常常是针对非常年幼的孩子的情况。在这方面,代尽父母之责的原则有其用武之地。正如我们将在下一节关于道德教育的内容中看到的那样,在儿童能够进行推理之前有这样一个时期,他们被教导按社会和道德习俗行事;有人更愿意将这个阶段的教导称为"训练"(training),以便于将其与发展判断力的教育区别开来。在具备自我控制能力之前,需要有外部控制,同时在某些情况下还需要展示教师的权威力量。身体上的手段是万不得已的办法,能够为之提供充分理由的只能是对个人和群体中其他人产生的可能后果的最敏锐感知。

过渡期与有理性的儿童

在正义、道德和教育方面显现最严重问题的第二类儿童——他们已经获得充分成长而具备了一定的推理能力,并且拥有个人的道德态度和价值观;这些道德态度和价值观与他们所属社会群体并与之有联系的人的价值观是基本一致而非完全冲突的,因而道德的交流是可能的。由于不成熟与这种特定的成熟之间并非泾渭分明,对于那些处于过渡阶段的儿童来说,情况尤为复杂。智力和道德的发展并不总是完全同步的:一些具备了实际推理能力的青少年可能在道德发展上会出现滞后,即处于尚未形成明确的道德态度和价值观的时期。既然如此,为了有助于以下对于惩罚的辨析,这些处于过渡期的儿童将被认为更接近第一类而不是第二类;他们还没有具备道德判断的能力,因此不需要为他们的行为承担道德责任。我们必须承认,凭借他们的推理能力以及一定程度的自控能力,他们是能够做到这些事情的:观察和理解他人的是非判断,从而如果他们愿意的话,避免受到惩罚。事实上,自作自受的惩罚与我们承认他们身上具有的那种理性是背道而驰的。尽管如此,如果过渡阶段的儿童实施了他人认为的错误行为,而且他们并不能意识到这些行为本身错在何处,那么,惩罚他们必然是被认为不公正和不道德的,因为他们仅仅被当作手段以用于达成教师的目的,比如威慑的目的。从教育的角度来说,这种惩罚有阻碍道德发展的危险,因为它强化了社会认可的行为。基于上述说明,我们是否可以断定,那些可以明确归入第二类的儿童由于具有了理性能力,并且已经形成了明确的道德态度和价值观,因此应当对他们的道德行为负有全部责任?

关于自由与必然、自由意志与决定论,以及这样的传统哲学论战——有人主张人从宽泛意义上说能够自由选择自己的行为,因而应当对其行为负责,另一些人则认为人不是自由的,自由是一种幻象,人的行为由施加于他的外力促成——我们将不会在此详细讨论。休谟和密尔都赞成必然性的存在。[24] 密尔在受到批评之后不得不承认"必然性"并不像有时看起来那样具有约束力。他坦言,我们事实上确有抵制我们可能的特殊冲动的力量,并且也不是像被施了魔法一样不得不服从于它们。对威廉·詹姆斯①来说,这是在避实就虚(《信仰与道德文集》,第 149

---

① 威廉·詹姆斯(William James, 1842—1910),美国机能主义心理学和实用主义哲学的先驱。——译者注

页),[25] 但密尔认为任何建基于强制性和不可抗拒性的决定论都必须予以驳斥。借用休谟的术语来说,无论是"自发的自由"(或者说不受约束的自由),还是"中立的自由"(或者说拥有其他选项的权力),都与某些版本的决定论不能相容;[26] 事实上,如果细细探究,决定论者和自由意志主义者(libertarians)——他们被如此称呼——之间的所谓对立通常会烟消云散。因此,自由意志主义者承认习惯是影响我们诸多行为的力量,从而将他们所认为的具有道德意义的自由行动限定于这样的情形,即他们具备有效阻止欲望或偏好的强大理性。当然,我们的许多行为依赖于传统、习俗和习惯,这一事实与成年人以及足够成熟的儿童所拥有的自由能力无关。同样,我们预先存在需要或欲望、动机(包括意图)、态度和价值观的任何经验证据也不能否定这种能力。我们将假定第二类儿童在实施其道德行为时确有自由行动的能力,并且关于决定论的论证不能提供免除他们对这些行为承担道德责任的理由。但是,如果像对待成年人那样对待他们,那就需要考虑另一个极为不同的问题,即他们应该受到多大的惩罚才算是罪有应得。正如我们已经指出的,很难确定多大的惩罚才是应得的:在一些人看来,这是地球上任何人都不能做到的事情。[27]

因此,以报应主义作为理据来对这样一些处于特定阶段的儿童施加惩罚是很难有说服力的。他们应该承担怎样的道德责任,应受怎样的惩罚,与家庭环境、同龄群体的影响、性格禀性、健康状况以及是否疲劳、是否受到教师的刺激等诸多因素有关,因而对他们的评判是因人而异的,通常来说也不是教师能够全盘把握的,更何况教师需要在有限的时间里作出评判。用一些高年级学生的观点来支持体罚是没有道理的。在这些高年级的学生看来,体罚是干脆利落、公平合理的,因为它不是以家长式说教来贬斥犯错的人,而是通过给予尊重和有尊严的对待来恢复秩序。正如我们所指出的,这些看法是挑选出来的,不具有普遍性。此外,主观感受作为辩护理由本身是不可接受的:个人对特定做法的感受不能证明这种做法的正当性,这在任何情况下都是如此,无论征集到多少人的主观感受。另一方面,如果体罚的目的是威慑,它就是不公正和不道德的,因为这样是把个人用作示众的材料,把他们仅仅当作手段而不是目的。如果采取另一种后果主义的观点,即体罚的正当性在于它为犯错者及其所属的社会群体带来有益的后果,那么,有必要将这两者明确地区分开来。为犯错者带来有益的后果,可能是唯一站得住脚的正当理由。但这如何可能呢?从理智和道德上来说,体罚不会让犯错者受益,因为对于同一个群体的孩子来说,它并不会增加他对已有的是非观念的理解。身体上的受益是完全不可能的:唯一可能的后果是伤害。从实用的意义上讲,体罚可能对特定的高年级学生产生一些暂时的有益影响,因为他们情愿承受惩罚,以便快速实现道德上的矫正;但这很难说是具有教育意义的行为,除非出现这样一种不太可能出现的情况,即它导致了自控力的提升。若非如此,对这一类的儿童施以体罚只能造成教育上的损害:第一,正如布林斯利在当时观察到的,它可能会影响教育方面的态度和价值观,造成对于教师、学校、特定课程或所有知识的负面看法。如果体罚成为普遍的做法,它可能会损害班级或学校的风气,甚而影响到校外,激发社会上更多的攻击性行为。对于实施体罚的教师来说,它可能损害他们的自尊,弱化考虑他人利益的道德能力,从而引起自身的堕落。从功利主义的角度来看,它在道德上是危险的,因为它开启了方便之门,使学校这个社群中以提升预期总体满意度为目的的过度惩罚变得更为可能,同时教师将所谓的有益后果看得比个别犯错者的利益更重要也变得更为可能。这些看法以功利为导向来看待惩罚,会引起根本上的反对,因为它们背离了关照他人利益的形式性道德观念,并且它们关于后果是可预测的假定也是有问题的。那些以体罚相威胁的人通过制造恐惧或忧虑加剧了预测之后果的危害,而不断重复的威胁可能会对一些儿童的道德发展产生抑制作用。如果错误行为与焦虑和惩罚联系在一起,则可能会导致一些孩子在道德发展上停滞不前的危险,使他们只是循规蹈矩,却并不关心如何自主地思考特定情况下应该做什么,也不关心他们作为独立的道德行为人的自由。密尔认为,如果惩罚首先使犯错者受益,其次也使其所处社会的他人受到保护,那么,它就是具有正当性的。[28] 这种功利主义的观点一旦面对后果无法测算的事实就经不起反驳了。

对于第二类儿童,即那些成熟到足以被认为是理性的、拥有个人道德态度和价值观的儿童,我们从维护其个体福祉的角度找不到对他们施以惩罚的理由。任何有益的后果都可能是短期的、实用的和视情况而定的,例如对课堂上的冲突起到暂时缓解的作用。如果考虑其他一些形式的惩罚,例如课后留校,则会牵连出正义和道德方面的问题。一群犯错的学生不论究竟犯了什么错都被悉数隔离,并在正常放学时间后由值班老师看管,这种做法不可避免地包含着专断和报应的意味:过错是不一样的,老师们的要求和标准是不一样的,因而这明显违背了正义作为公平待人的基本要求。作出处罚的决定可能是仓促的,没有考虑到犯错的动机、是否受到挑衅、是否有其他人的挑唆等诸如此类的问题。在这种情况下,教师的动机通常是威慑,从而造成这样的局面,即我们可以再一次注意到犯错的人没有受到作为人的尊重,因为第二类中的这些儿童既是理性的,也是对轻视和不公正的歧视极为敏感的。对于第一类儿童来说,作为成长中的人,早在理性发展之前就已经意识到相比于他人的不公平。无论在什么样的情况下,只要处罚的理由是不明确的,学生就有权要求解释,这是正义的要求。如果这一点被拒绝,或者当他知道他已经受到不公正的指责和惩罚,但为了维持同伴对他的尊重而不要求解释,那么,将他课后留校从道德性质上来说就是在没有正当理由的情况下限制个人自由;并且依据某些人的解释,存在着错误监禁的法律后果。法院审理的不当惩罚案件通常涉及体罚,但在一些国家,也可能针对其他校园惩罚而采取法律行动。[29]

关于校园惩罚的结论

我们关于正义、道德和惩罚的看法,可以通过应用对他人利益给予实践的考量这一基本的道德标准来进行总结。这里首先要考虑的是儿童的利益,而不是作为惩罚者的教师的利益。如果体罚是出于报应的冲动,出于让冒犯者付出代价的原始动机,那么,这对于教师和儿童来说都是有损人格的。如果它是基于一种报应哲学,认为错误行为需要通过应有的惩罚来加以纠正,并且认为以这样的方式对待有理性的存在物在某种意义上张扬了人的尊严,那么,这在信念和实践上都似乎是误入歧途了,因为应得的惩罚是多少在最理想的情况下都难以判定,而在通常的情况下更是不可能判定。同时,没有证据表明惩罚是合乎理性的——这是所有理性罪犯和非理性罪犯的期望。如果以后果主义的观点为理据,则面临着这样的难题,即确定体罚会对犯错者产生什么有益的后果,进一步说,对学校这个社群会产生什么有益的后果。任何后果主义理论,只要它的关注点偏离了儿童作为一个成长的个体的利益,从而使其只是作为达到其他目的的手段,就是与道德、正义和教育的基本观念背道而驰的。唯一可以获得正当性辩护的体罚,是教师对处于前理性发展阶段的儿童使用的,是在所有其他管教办法都失效的情况下教师代替父母尽责所采取的行动。惟其如此,并且假定实施的过程是有节制的,我们才可以公允地说体罚是符合孩子的最大利益的。在所有其他情况下,它充其量只是一种权宜之计,一个实用的应急之策,但由于攻击性行为招致进一步的攻击性行为,其结果是事与愿违,对犯错者或他的同伴来说不会带来任何形式的长远利益。与成年人完全一样,有理性的孩子在他们的日常行为中并不总是依从理性。所有的孩子都不免处于意向的影响之下,正如我们在前一章中所指出的。所有的孩子都不免受到老师和父母的影响,同样也受到同伴的态度和价值观的影响,有时候还会受到老师、父母和同伴的激励或挑唆。对于那些由来已久的社会弊病的敏感受害者而言,学校的心理辅导是居高临下且毫无教益的:体罚可能只会加剧根源于学校之外的不公正。在这些情况下,教师也是他们无法控制的环境的受害者,并且在某种程度上超出了他们的责任范围。至于其他形式的惩罚,放学之后留校的惩罚在中学尤其容易被滥用；教师这么做的动机往往是混杂的，既有报应主义的成分，也有后果主义的成分。因此，对所有报应主义和后果主义的惩罚的普遍批评同样适用于最糟糕形式的课后留校，即为了便于管理的任意留校。

一般而言，当教师作出惩罚的决定不是为了孩子的福祉而是为了他们自己的福祉时，当它们导致不必要的痛苦，包括可能扩展到父母的精神痛苦时，它们就违背了我们所定义的道德。惩罚者有责任以基本的正义、道德和教育为标准来证明惩罚的正当性。但凡在孩子看来是违背正义的任何形式的惩罚，都不可能造就真正的道德教育。这是下一节要探讨的主题。

正义、道德和道德教育

我们已经注意到，正义、道德与道德教育之间存在某些联系，尤其是这样一种情况，即极力采取灌输或达到灌输之效果的办法使孩子不假思考地服从法规或学校规章，造成了阻碍道德发展的危险。我们在继续讨论的过程中应该谨记第二章的要点，因为道德教育概念不可避免地取决于道德概念的界定。在本节中，我们将要考虑的是，首先，态度和价值观在道德教育中的重要性；其次，自律的可能性；第三，方法论的原则；第四，内容方面的问题。

我们将从几个初步的看法开始。首先，在道德教育这样的实践活动中，我们不能忽视事实究竟如何的经验问题，因为对它的忽视可能意味着用理想而不是事实作为出发点——正如我们在实践道德中发现的那样。也就是说，尽管我们可能无法跨越"是"与"应该"之间的鸿沟，但"应该"的思考至少必须将"是"纳入其中。其次，尽管理想激励人心的价值是不可否认的，但为了避免我们再次被理想引向不切实际的境地，我们的道德教育与个人的道德实践一样，需要对普遍的人类之局限保持敏锐的意识。让孩子去实现不可能完成的目标,将会削弱他们对目标之完整性的信心;与其如此,不如认识到他们的不完美。因此,孩子们应当获得这样一种全面的认识,即人的所有与道德相关的能力和倾向都是有限的:慷慨和利他的冲动是有限的,因而会造成仁慈和利己主义之间常有的冲突;推理能力是有限的;控制与道德态度和价值观对立的冲动或倾向的能力是有限的;对他人之意向的察觉力和一般的移情洞察力是有限的;自知之明是有限的;对与特定道德情景相关的重要事实的理解力是有限的。由此可见,道德付诸实践并非轻而易举,而道德教育则需要认识到这个简单的事实。第三,从我们关于道德的已有探讨和本节将要探讨的道德教育来说,道德发展上的积极引导在很大程度上有赖于父母和教师双方的道德品质。他们要么相互支持,要么——如果一方明显弱于另一方——发生冲突,从而丧失信心,导致一方削弱了另一方的积极影响。那些装腔作势、掩饰真实道德态度和价值观的教师,是很容易被孩子们看穿的。道德教育者所需要的高素质不仅体现于个人道德水平,也体现于知识水平——关于我们的心理和社会状况、儿童发展等方面的知识。此外,在这两个方面还需要有足以示范他人的理性能力,公开而平和地说明理由以及控制情感的能力,敏锐和谨慎的个人品性,潜移默化的诲人技巧,以及帮助他人根据自己的价值观进行观察和感受——只要他们的判断经受得起他人的批判性评价——的不懈热忱。然而,除非所有老师相互配合,否则这一切都不过是一个完美的忠告。争执或冷漠能够使学校道德教育所必需的风气毁于一旦。

态度和价值观

我们现在开始探讨本节既定的四个主题,先来看态度和价值观对于道德教育的重要性。由于道德教育不只提供相关知识,更重要的是发展道德行为的能力,因而我们必须重申我们已经予以简化的行为图式:欲望—基于意向的推理(包括伴随意图的动机、态度与价值观)—决定—行动。我们当前要做的是表明态度和价值观在这个图式中的核心地位,尤其是道德的态度和价值观对于道德行为的重要性。一个普遍的伦理认识是徒有善心(动机)是不够的:意愿与行动之间存在距离。我们需要的是一种催化剂;事实上是两种东西,或者至少是同一个东西的两个组成部分:理性与我们的态度和价值观。在许多情况下,正是后者构成了行动之前最有效的意向力量。它们与基于理性-意向的慎议所获得的理由结合在一起,引发决定和行动;而在决定或判断与行动之间并没有行动提供动因的意志力(faculty of will)。这其中的催化剂是理性和意向:理性有时主要与动机相互影响,另一些时候则是与态度和价值观相互影响;但行为图式表明了这样一种常态,即在个体的慎议和决断中,态度和价值观是驱使其做出个性化行动的重要力量。有的时候,理性使态度和价值观的倾向性变得缓和,而在另一些时候则显著地扭转这种倾向性。我们现在回到前一章的解释,需要再度强调我们的理由,因为态度和价值观不是孤立的,而是与之结合在一起发挥作用的。我们不会看重我们对之持有消极态度的事物;就是说,消极态度不是价值观的表达。但对于一个对象的积极态度可能是较弱的,也可能是较强的;只有相对较强的态度才会与涉及同一对象的价值观融为一体。我们将态度和价值观放在一起说,是为了提示价值观是表征态度的(attitudinal),因为对于其关涉的对象来说,它们与强烈的积极态度是结合在一起的;它们就意味着持有一种态度,使价值意识延展成为一种以认知和情感为内核的观念,包含着一系列具有相对稳定性和持久性的思想、信念或观点,是固守的、防御的以及抵制改变的(尤其是涉及自尊的时候)。

我们的态度和价值观在我们所提出的行为图式中居于核心地位,因为尽管它们与我们的欲望、动机(包括意图)一样导向行动,但它们比动机具有更大的认知复杂性,并且它们像欲望和动机那样常常是飘忽不定的;同时,它们是一贯的,是我们意向中最为根深蒂固的东西。态度和价值观可以通过多种方式习得。我们的欲望和动机——尤其是我们的"后顾性"动机,例如报复——相对来说可能是盲目或非理性的;但我们的态度和价值观与之不同,体现着我们对它们的偏好和态度,不可能是盲目或非理性的,尽管我们拥有偏好的有些理由可能并不坚定。

我们在专门讨论幼儿道德教育的开端时将会扼要地论及习惯在道德发展中的重要性。现在,我们将回顾第一章中提到的亚里士多德关于习惯的观点。他不仅表明了关于道德美德来自习惯的信念,而且还表明了他深信不疑的一个观点,即要想形成持久的道德习惯,最好尽早培养并且确保它们是正确的习惯,因为习惯有好有坏。"所以,我们是否从很小就养成这样或那样的习惯,这不是件小事;它非常重要,比一切都重要。"(《尼各马可伦理学》,第 2 卷第 1 节,1103^b)[30] 我们将以此衔接本节关于道德教育的第二个主题,从而将我们的讨论聚焦于实证研究提出的三个问题上:第一,习惯在道德发展中的长远意义;第二,道德发展理论的局限性;第三,道德自律的观念。道德教育不是一个用理性取代习惯的过程;它永远不会完满地做到一点。在前理性阶段,整个道德教育就是习惯养成,因为从前理性的定义来说,这是唯一的方法。尽管如此,但方式方法却对道德发展可能产生持久的意义,因为幼儿时期的习惯养成过程如果完全没有情感的投入,那么,有证据表明,其导致的后果可能是无法修补的情绪不稳定。我们对这种异常心理状态的影响范围不再赘述,也不探究正常情况下孩子的习惯养成情况,而是讨论习惯化(habituation)在前理性和理性阶段的理智发展中的双重效应。亚里士多德认为,孩子有"愤怒、愿望和欲求"是很自然的,因为这些是从出生开始就根植于他们身体之中的(《政治学》,第 6 卷第 15 章,1334^b),[31] 理性和理解力则随着年龄的增长而发展。这是毋庸置疑的。但正如他在《尼各马可伦理学》(第 10 卷第 9 章,1179^b)中指出的那样,使儿童从小准备好接受理性的指引是必要的。如若不然,他们可能会继续在激情的驱使下生活,听不进道理,罔顾我们为改变其行为方式而施加于他们的影响。他们所需要的是这样一种习惯化,它能使心灵一直保持开放,愿意倾听——当时机成熟,能够懂得道理的时候——避免不道德行为的劝诫。因此,孩子养成这样一些习惯是最为重要的。亚里士多德认为,即使在前理性层面,也可以逐步培养对崇高的爱和对卑贱的恨,从而发展出一种"已经近似于美德"的道德品格。对于"品格",我们代之以"意向",尤其是指道德态度,因为它们是通过习惯化而形成于孩子能够推理之前,从而也是形成于他能够独立取舍道德价值观之前。尤其是在前理性阶段,亚里士多德的看法涉及教师和幼儿之间的关系,其中的关爱和信任有助于这样一些道德态度的习惯化,例如对于残忍、说真话或帮助他人等的道德态度。

　　道德习惯化的另一面是不合人意的,因为教育者和孩子之间的信任关系可以用于教育者自己的目的,而不一定符合孩子的利益。这就是我们称之为灌输(indoctrination)的一面。这个词源自拉丁语"doctrina",起初仅仅指教学,并没有指教育者在儿童能够理解发生在他们身上的事情之前滥用其教育机会的意思。通过培养习惯、说服或胁迫来一味填充一套思想、信念或观点,而不涉及学习者批判性思维的培养,这毫无疑问令人警觉教育者自身的动机问题,包括他的意图和长期目的,也包括他的个人态度和价值观。因此,人们如今在贬义上使用的灌输有其意向层面的核心内涵。正如亚里士多德所暗示的那样,习惯化可能仅仅是为蕴含可理解的道德教育而做的准备,但如果发生下面的情况,就完全不是这么一回事了:教育者的动机或意图不是让孩子们敞开心扉接受理由充分的道德观念(当他们长大后就可以思考它们),而是采用威胁或恐惧的手段,抑或是把亲密和绝对的信任关系作为手段,用一套排斥其他所有观念的特定观念来填塞他们的头脑,使他们封闭起来不再触及其他的可能性;同时,力图表明实践道德作为我们生活的一个领域与理智活动不同,不需要个人理性的运用,只需要服从、信任长辈及无条件的接受。灌输者不是教育者,因为他没有促进个人在道德和理智上的发展。从意向上来说,亦即在其个人态度和价值观的意义上,灌输者不是一个有道德的人，尽管他可能自以为他的目的是合乎道德的。他之所以从根本上违背了道德，是因为他考虑的不是孩子的教育利益，而是他自身的利益；他不仅违反了我们的根本道德原则，而且背弃了由此原则衍生的尊重待人的道德价值——这一道德价值在儿童发展的理性阶段是适用的。就其自身的态度和价值观而言，他不是一个正直的人，尽管他常常不这么认为；他从根本上就是在操纵孩子，甚至在孩子年幼且还不能理性思考之时就把他们仅仅当作手段而不是目的。同时，灌输者也违背了正义，因为他蓄意且竭力封闭有理性的人的心智，并运用各种强化的心理程序作为达成这一目的的方法，这是在利用自己所处的优势地位，是在不公平地对待那些要求被当作人从而有权以自己的方式进行思考、感受、奋斗和筹谋的人。由于孩子们确实学到了很多老师想让他们学的东西，因而检验是否是灌输，一方面要看孩子被传授的信念的真实性，另一方面要看教师的动机，包括意图。如果教师教授达尔文进化论时不是将其作为具有相关支持证据的理论，而是作为最终的和无可争议的知识，那么他就是一个灌输者。如果他教授的东西不仅是可信的，而且根据目前的知识进展情况也是正确的，至少有足够的证据予以支持，那么他就不是在灌输。另一方面，如果他所教授的知识是无可争议的，纯粹是信仰之类的知识，同时他并不试图在认识和相信之间加以区分，他传授教义如同灌输达尔文进化论，那么在这种情况下他也是在灌输。无论何时，只要一位教师竭力将特定的信念或者他自己的信念塞进那些年幼尚不能进行批判性评价的孩子的头脑中，只要他蓄意利用孩子成长期间的可塑性，那么他从动机或意图上说就是在进行灌输式的教育。

自律

在关于自主的讨论中，最常用到的术语是他律（heteronomy）和自律（autonomy[①]）。

[①] "autonomy"既指"自主"，也指"自律"。实际上，"自主"和"自律"在很多道德哲学家看来是同一回事。——译者注

前者涉及他人所强加的法律或道德,后者涉及源自内心的法律或道德。[32] 道德教育领域最具影响力的实证研究者关注的是自律概念。皮亚杰的研究使他得出这样的结论,即自律来自同伴关系中的相互尊重。与根源于强制的他律不同,"自律理性"(autonomous rationality)根源于相互关系(《儿童的道德判断》,第 395—396 页)。[33] 科尔伯格自称发现了儿童道德发展的等级序列。这是一个不变的单向发展,尽管并非所有人都可以如预期的那样充分发展,尤其是在最后两个阶段。他认为,任何人在未经历较低的阶段之前达到更高的阶段在逻辑上是不可能的。最后一个阶段代表着个体朝向自律的发展:此前每一阶段都比前一个阶段有更高的认知结构,而它则是此前每一个阶段的最后结果。[34] 到了这个时候,他已经确立了个人的道德准则,有他自己的一套价值观,并且只需依其行事,用不着担心他人如何评判。他是他自己道德的掌控者,并且只对他自己负责。

皮亚杰和科尔伯格都是从某些假定和成见开始,错误地将道德发展的本质解释为以理性为中心,而不是理性和意向兼具的。在科尔伯格看来,当个体形成抽象思考和综合归纳的能力时,道德学习就已经完成,因而它在他的心目中根本就是理智发展。理智发展确实使个体有了靠自己建立个人道德准则的能力。但是,如果一个人到这时还不得不摸索道德价值观,那么使他具备能够依靠自己的理智能力就是于事无补的:否则,当个体摆脱权威和习俗的桎梏,因为初获自律而感到自豪之时,更可能倾心于追名逐利的利己主义,而不是任何形式的合作抑或是对他人利益的考量。因此,科尔伯格在第六阶段包括了尊重个人的价值,正是这种价值使受过道德教育的人有资格享有理性的道德自律。

但是,实证研究者所说的这种"自律"是什么?人们常常认为理性为道德提供指引,比如说,一个人我行我素、不顾他人的利益,就是失去了理性的自我控制;当他回归理性时,他也会回归依道德行事的轨道。正如我们已经认识到的,这个假定在很大程度上依赖于康德的先验论证。康德将自律视为道德的基本原则,亦即行动的意志完全取决于理性(《纯粹实践理性分析》,第131页)。第二章的论述已经足以反驳任何声称道德和理性之间存在必然联系的说法:理性和彻底的利己主义并不是互不相容的。

遵循同样的思路,我们可能会想,"道德"与"自律"是否必然地联系一起?我们能否在没有自律的情况下道德地生活,或者在没有道德的情况下保有自律?康德对自律这个词的用法顾及了该词的希腊语衍生词"autonomia",指的是自我管理的共同体,亦即其法律(nomos)是自己加给自己的共同体。在他看来,具有善良意志的人在道德上受制于作为一种执行力量的纯粹理性的支配。但自我管理的隐喻从字面意义上来说存在严重的困难,尤其是当管理权被诸如理性这样的单一力量所操控时。决定论者会提出一些常见的反驳,比如说,我们没有意识到影响我们行为的可能因素是多种多样的,而理性只是其中之一;如果允许社会中的每个人自我管理,并且由此表达的观念是每个人制定适合自己的法律,那么这是无法实施的,因为社会和道德的基础都会被摧毁殆尽。我们更不可能确认我们或者他人是否是自我管理的,无法检验对于自主权的主张是否有效,因为这种主张是主观性或自述性的,并没有可靠的依据。还要考虑到心理上的可能性,即不断自我立法的生活,即使仅限于道德方面的事务,在实践中也是无法忍受的,如果不是匪夷所思的话。

如果自律所意味的那样一种使自我立法变得可行的内在能力被剥离出去,我们仍然可以简单地追问,在不再有隐喻造成混淆的情况下,一个自律的或独立的个体在什么样的意义上可以被认为是独立地作出他的道德决定或判断。一个人不依赖于其共同体中的他人;要么不受法律的支配,要么不受外在权威的支配;要么超然于社会制度的规范,要么超然于一般社会的风俗;但都只可能在有限的意义上,而绝不会在完全意义上。他永远不可能不受到他的核心态度和价值观,他的欲望、动机或意图的影响,也不可能不受到理性的影响:所有这些都将在他的道德决定或判断中发挥作用。说一个人有能力独立于这些构成其自身特质的东西,是自相矛盾的,因为这会使他失去大部分的个性;因此,我们可以合理表述的独立只能是有限的,只是避免了某些外部的约束或影响。然而,如果可以说一个人在他的实践道德方面是自律的或独立的(也就是说,他忠实于思想和理想、信念和准则所构成的意向结构,亦即他的道德态度和价值观),并且可以说他的理性思考不受外在影响,有着高度的独立性,那么,道德与自律之间的任何逻辑关联仍然是不为我们所知的。很明显,道德并不能使人自律或独立,而自律或独立也不会使人有道德。一个有明确道德价值观的人——能够积极考量他人的利益——有可能依然是习惯和传统的奴隶;另一个不受外部影响、具有高度独立性的人可能持有不道德的态度和价值观,也可能持有非道德化的(a-moral)态度和价值观,而这些态度和价值观都可能在其基于理性-意向的慎议中发挥主导性的作用。

  我们的结论是,道德与自律或独立,只有在这样的情况下才会关联在一起,即自信和自制这样的相关人格属性与道德意向和理性是相互契合的时候。虽然完全意义上的道德自律是无法实现的,但如果我们将自律解释为日常意义上的那种不受外部影响的相对独立性,同时将实践道德视为理性与道德态度和价值观的意向结构——包括作为其认知基础的原则和规则,也包括具有情感支持的信念、思想和准则——的相互作用,那么,我们可以承认它在有限的意义上是可实现的。从一种内在管理的隐喻意义上来理解自律是具有误导性的,因为它意味着我们内在拥有一种潜在的力量,驱动我们如此这般地行动、思考、决断,无论这种内在力量是康德所说的纯粹理性,还是意愿,抑或是包括我们的核心态度和价值观在内的意向系统。这些都不足以使我们在思想或行为上合乎道德。道德是理性与我们的道德意向——尤其是我们的态度和价值观——相互作用的结果。当我们具备足够的自我理解,并且在适当的道德境遇中决意根据我们的道德信念自主地行动,而这些道德信念是源于我们的道德态度和价值观时,道德自律就在一定限度内得到了实现。道德自律最接近于这样一种本真的状态,即个体始终如一地忠于自己的道德态度和价值观,并具有充分的勇气、决心、自制、创造力以及不悖于它们的道德热情。至于皮亚杰和科尔伯格的实证研究,我们认为它们是令人误解的,尤为突出的是它们假定道德教育与理性的渐进发展密切相关,把理性自主视为道德的最终成熟,却没能认识到道德态度和价值观的发展在与理性的关系中有着双重的效应。关于理性,有人将其与自律作为一种自我管理的隐喻联系起来,但重要的是他们也承认,理性不是孤立的,是与一种必定存在的东西相关联的。这就是我们称之为态度和价值观的东西,而与态度和价值观相关联的认知内容是思想、信念、原则、规则等。没有了这些内容,自律作为自我管理的整个阐释就将失去立足之地。[35]

方法论

我们的看法是,对于最有效的学校道德教育来说,在儿童理性能力发展到恰当的阶段,同伴间的正规小组商讨(formal group discussion)是一个必要但不充分的手段。我们相信,如果没有这个手段,理性上充分成熟的儿童通常不会在青春期获得道德潜能的发展,尽管一些儿童在学校以外的地方通过其他方式得到了弥补。如果是这种非常特殊的情况,即家庭中有可能存在适合的批判性讨论,那就另当别论了。最重要的是存在这样的可能,出于家庭与社会环境方面的原因,包括工作场所方面的原因,一些儿童离开学校之后也没有经历这样的过程,从而始终没有获得道德上的发展。

在上一章中,我们给正规小组商讨赋予了一种矫正的功能,它使参与者在共情的其他人面前袒露根深蒂固的思维习惯,从而有助于他们更好地认识自己。在这个过程中,所有参与者是相互平等、相互裨益的。这种看法有助于鼓励人们在道德观点的交流中发表见解,这些见解不是保密或私下里的,而是公开的,从而使我们所有人身上普遍存在的幻象或曲解有可能被逐渐消除,尽管永远不可能完全消除。在理想情况下,正规小组商讨是所有参与者的一种自我修养活动。它所注重的是诚信,是对不相关事物的排除,同时——在道德语境中——热切寻求问题或情景的最佳道德解决方案,因而它的目的也是道德的。一旦合作取代了课堂上的普遍竞争,对他人的尊重将衍生出向他人学习的意愿,并乐于吸收他人观点中的长处。在理想情况下,它还会使我们认识到,与我们相反的观点通常有助于我们更清楚地审视自己的观点;个体的、不同的各种观点碰撞通常比类似的观点更有助于实现小组的目标。理想状态的讨论可以被趋近,但无法完全实现,这是因为可能存在这样的情形:一些成员始终是拘谨的,而另一些成员则可能爱出风头或引发混乱,但同伴的态度可以发挥纠偏的作用。正是这种同伴影响(假定讨论的引导者是善解人意的),最有助于培养道德态度和价值观,也最有助于矫正在不幸的家庭和邻里环境中承受负面影响的儿童。

我们认为小组商讨是正规的,不是为了突出它们之中存在领导者-参与者关系,而是它们所展示的正规特征使之区别于另外一些群体讨论。这些特征包括目标的一致性、小组的凝聚力以及人人都受到尊重的基本道德要求。正如我们已经指出的,澄清一个处境或一个问题的真相还有其他的方式,如围绕议题展开辩论、法律上的对抗制度(adversary system)——诉讼双方律师唇枪舌战——以及会上在陈述论文之后进行辩解。在最坏的情况下,这些活动都显现为争吵的状态;在最好的情况下,竞争仍然存在,但相互亲近和尊重的根本道德结构往往是缺乏的。尤其对人格尚未成熟的儿童来说,道德价值观的种子存在于相互合作的求真活动中,而一味竞争的过程是不能提供这些种子的。理想状态的商讨过程包括两个层面的实践考量,从而不仅提供了理性层面的道德教育,也提供了态度和价值观层面的道德教育。这也意味着避免了直接的道德说教。

内容

指导原则

我们主要关心的仍然是能够推理和表达独立见解的儿童。基于这一限定,我们将内容设计的原则概括为以下方面。首先,教师的教育需要开设道德哲学、社会学以及个体和社会心理学的基础课程,以便于他们——作为商讨的主导者——面对讨论的局面时能处置得当。其次,内容领域的选择不仅必须考虑儿童的接受能力,而且必须考虑与其经历的相关性。第三,从道德教育旨在提高对自身和他人的理解这一方面来说,需要充分地注意到基于意向的推理,亦即受到欲望、动机(包括意图)、态度和价值观影响的推理;它不应该仅仅关注假想中的那种孤立的理性力量。第四,要引导儿童走向理性的价值观,特别是实事求是、公正、尊重真相和宽容的价值观。第五,要培育一种道德上要求他们负责任地行使个人自由的观念。第六,要引导孩子认识到,有些道德情境的复杂性在所难免,无法以简单或一目了然的方式来解决,需要他们像陪审团一样坐下来,并且要有真正的陪审团那么多的人数,通过平等相待、共同努力寻求解决方案;此外,相比于任何一个成员原先的想法来说,这个解决方案或共同判定很可能是更好的。第七,要明确将道德的价值观和情境与非道德的价值观和情境区别开来,从而有助于深化对道德的理解。第八,要尽可能地从当代社会问题或共有的经验中获取讨论的题材,同时也要重提由于不断成长和更多经历而日益复杂化的一些问题。

内容方面

熟悉儿童的兴趣和经历的道德教育者诚然可以自由选择他们自己的教学内容,只要他们不抱有灌输的意图,但以下方面的内容是应该被包括在内的:权利和义务;弱势群体;歧视;对有感觉动物的道德义务。

在权利和义务领域,自由权尤其与年龄大些的青少年直接相关,隐私权和公民权问题也是如此。法律意义上的成熟与理智和道德上的成熟,这两方面之间的矛盾引起了诸多正义问题,即公平待人方面的问题。在弱势群体领域,分配正义问题是主要的焦点,而形式意义上的正义、道德和教育则为讨论提供了根本标准。在讨论就业前景、住房、休闲和教育机会以及性别歧视——正如密尔在《妇女的屈从地位》[36]中所提出——等话题时,歧视情形的存在为事实认定和情绪控制提供了契机。在所有这些领域中,道德都是作为实践的、积极的自律产生的习得性规范,而不是外部强加的规范。第四个领域——对有感觉动物的道德义务——同样提供了对既定事实进行研究和理性反思的契机:例如研究和反思高等动物和低等动物的神经系统,人类通过压迫性饲养——包括在干旱或洪水易发地区进行高风险的饲养——给动物造成的痛苦,[37]以及对自然栖息地的破坏。反思,不仅使利益冲突显现出来,也使我们关于有感觉动物的某些态度和价值观的人类中心主义立场彰显出来。当言不由衷与合理化辩解不断被揭穿时,道德的敏感性也会变得更强。

就此而言,我们必须承认许多学校未能提供小型小组商讨的条件,从而使之无法进行。这既是管理上的责任,也是道德上的责任,从而关涉下一节的内容。

教育管理中的正义与道德

我们将在本节探讨正义和道德方面的五个主题领域:第一,决策;第二,领导与沟通;第三,行政推定与对人格的妄论;第四,管理者的其他道德责任,比如课程设置方面的道德责任;第五,道德责任与审慎。

决策

作为对决策进行讨论的基础,我们将陈述三种不同的行为图式,道德在其中的地位各不相同。为了便于比较,我们逐一阐释这三种图式。第一种图式与已经提出的行为图式完全相同,道德自始至终贯穿于以行动为导向的意向和理性之中。这在管理的语境中必然被视为极其特殊的情形,但在逻辑上仍然是可能的。

(1) 道德的图式(对他人利益的实践考量):
欲望—包含目标的道德动机(或意图)—道德的态度和价值观—基于理性-意向的慎议—行动的道德决定—行动。

(2) 管理的图式(考虑机构的利益或目标):
欲望—包含目标的非道德动机(或意图)—非道德的态度和价值观—基于理性-意向的慎议—行动的决定—行动。
(这一图式中的目标是非个人的,例如生产目标、经营效率或者包括人力资源在内的资源优化利用。基于理性-意向的慎议不受道德的态度和价值观影响。)

(3) 管理-道德的图式(个人和机构的利益或目标都被考虑到):
欲望—包含目标的综合动机(包括意图)—综合的态度和价值观—基于理性-意向的慎议—决定—行动。
(这里有可能存在不同动机、不同目标之间的冲突。道德与非道德的动机、态度和价值观之间也可能存在张力。)

动机以及态度和价值观中,道德与非道德的动因之间此消彼长的关系,决定了各种决策结果都是可能的。在(1)中,冲突是不会发生的,因为管理部门即便牺牲机构的目的,也总是会不惜一切代价追求道德目的。非道德的目的是被抑制的。在(2)中,冲突也不会发生,因为管理部门宁愿牺牲道德目的,也要不惜一切代价追求非道德的、非个人的目的。道德的目的是被抑制的。但在(3)中,冲突在大多数情况下是不可避免的,除非是以下一些例外的情况:其一,所有个人和道德的目的都获得实现,并且恰巧无须以牺牲效率这样的行政目的为代价;其二,行政目的通过个人目的实现而实现。也就是说,竭尽全力地满足个体需要以达到个人目的的实现,也意味着行政目的本身的实现:最佳的业绩和效率几乎就是实现个人成就的副产品。这种和谐一致是极为理想的状态,在大型组织中尤其如此;而在小型组织中则仍然取决于个人之间的和谐程度。更普遍的情况是,个人之间的竞争与人们的动机和目标相互冲突,个体为一己私利而费尽心机,关心他人的福祉不过是说说而已。如此一来,决策和领导便融为一体,领导的水平与领导者所采用的决策的道德水平有关。这时,领导者是调解人或仲裁人,并且在必要的时候,他支持某些人在组织中获得比其他人更高的职位。在这种情况下,如果一个职位的竞争者不止一人,从而需要进行遴选,那么,管理者在其慎议中就不能完全使用道德标准。如果他要使用关心他人利益的标准,那么决定最合适的人选会立即使他陷入矛盾的境地,因为照顾这个人的利益必然不能照顾那个人的利益。但与此同时,尽管非道德的动机、态度和价值观促使领导者将机构的目的作为更优先的关切,他在某种程度上仍然是道德的行为人,并且也是正义的行为人。因为既然承担了为一个职位挑选最合适人选的责任,对候选人的差别对待就不是容易对付的事情,他必须公平待人,评判标准的应用要一视同仁,并在维持他所认为的该组织成员之间适当平衡或比例的过程中做到公平公正。另一方面,如果他让自己受到裙带关系的影响,或者屈服于威胁或不相干的压力,那么他就既不是道德的行为人,也不是正义的行为人,并且大多数下属也会这么认为。从机构效能方面来说,他的行为就如搬起石头砸自己的脚。风气通常有其道德的内核,并且在具有道德的内核时通常是最为持久的;但在某些情况下,比如大肆渲染工作价值,使工作风气暂时改善、工资增长预期过高的情况之下,风气和道德并没有直接关系。

管理者如果主要以道德态度和价值观指引他的决策,往往会处于冲突的状态之中。出于对人的尊重,他将他人视作努力实现个人目标的个体,理解他们与自己一样拥有人生计划;这样的慎议,使他倾向于尽可能地促进他们的目标追寻,因为这样才不会造成对他人的伤害。有人心怀叵测,动机或意图明显不纯,例如散布虚假谣言以诋毁其他谋求职位晋升的竞争者,这是他不难遇到的一种情况。但在另一些情况下,个体的目标可能在道德上是真诚的却不切合实际,促使它们实现会给机构的风气和效率带来无法抵挡的冲击。在学术机构中,可能有一些经济考虑很有说服力,但与道德的考量背道而驰。在资源贫乏的时候,资金的约束可能会造成管理的困境:道德和正义在影响员工利益的决策中都可能受限;管理者尽管抱有强烈的道德信念,但别无选择,只能以务实和审慎的态度行事,作出对他来说道德上不可接受的决定。任何情况下,在机构目的与道德目的发生冲突之时,优先考虑第一个目的总是需要提供合理的理由。

　　管理者无法逃避决策工作。如果道德的与非道德的动机或意图、道德与非道德的价值观之间的冲突使他疲于应付,以至于显得左右为难和优柔寡断,那他显然存在能力不足的问题。如果他的意向中占主导的方面是自私自利,根本就是只关心自己的声誉,而不是作出有利于实现员工个人目标或机构目标的决策,那么他也存在道德上的缺陷。他作为决策者而显现出道德缺陷的另一种情形是,把员工仅仅作为达成非个人目标,亦即提升组织效益的手段。他在道德上不合格的第四种情形是,基于理性-意向的慎议未能避免受到来自机构内部、根本上非理性的威胁性力量的左右。

　　认为利己主义与利他主义或仁慈一样是合乎理性的,这种说法对于利己主义的管理者来说可能是适合的,因为他是不道德的,也是不公正的。从表面上看来,尼采的权力意志作为一种人生准则是合乎理性的。[38] 它决意通过摧毁对手以追求绝对的自我利益,为此不惜采取可以使用的最直接、最有效的手段,包括欺骗和阴谋；它践踏现存的道德价值观，通过操弄和设计战胜每一个对手以攫取权力和影响力，从而甚至在运用这些手法中展现出狡黠的创造力。尼采的超人没有理性-道德的考虑，而是出于欲望和念想而行动。相比之下，康德使理性与道德合二为一，承认有善良意志的理性人有能力保持宽容、同情和富有想象力的洞察力；这就提供了个人参与委员会商议的道德基础，即相互尊重并抑制个人主义的泛滥。但是，管理者是不是有真正的道德，应该受到实践的检验，要看他们是否真正地并且在多大程度上做到了相互协商、共同决策：一些人的道德可能被证明是毫无意义的粉饰，是为了遮掩把控权威和职权的私欲。对于大型官僚部门或教育办事机构的一个普遍看法是，决策权下放可能仅仅是对下属的家长式引诱；将涉及具有深远影响的政策制定权保留在处于最高层职位的人手里，程序性决策由等级结构的中层人员承担，剩下来留给那些底层人员的则是绝不会影响整个组织发展方向的常规性决策。在决策中，身份地位和创意的好坏可能没有什么联系。

领导与沟通

　　管理者与组织中其他成员的沟通方式，在最出色的情况下常常使他被认为是道德领袖。如果他只是关心一己私利，防备他人觊觎其权威和地位，他可能会隐瞒信息，使他人产生仰慕之心或感到低声下气。如果他营造出一种畏惧或焦虑而不是相互尊重和相互理解的气氛，那么他可能想通过他的沟通方式来达到这样一种效果，有助于使他与其他人保持距离。但在其他方面，由于其他人对于沟通并非全神贯注，并且保持的时间也是短暂的，因此可能沟通本身就是受限的。高高在上地与下属进行正式沟通，倾向于强化权威结构，是有损个体作为人的人格的。领导与下属之间关系疏远，没有相互信任，交流就不会畅通；对于下属来说，这是被迫的沟通，是万不得已的。上下级之间自由畅通的沟通是相互尊重的表现。尽管我们关注的是领导者的道德动机、道德态度和价值观,但下属也应该认识到他们自身的道德动机、道德态度和价值观不是尽善尽美的。如果平级之间的非正式的沟通,是基于平等之假定的沟通,那么,这从表面上看来是为个人的满足、团结和凝聚人心提供了最佳条件;但是,不道德的动机、不道德的态度和价值观,以及下属与领导者一样的自私自利,可能会产生一种故作诚恳的沟通,以便达到个人或部门的目的。认为只有领导者才会不符合道德,这是一个错误的假定。如同自由畅通的沟通那样,道德责任也是相互的。

为了在尽可能大的范围内进行共同决策,领导者组织委员会,对被他委以处理问题任务的成员信任有加,避免推翻或改变他们的判断,当然也不会用他自己的权威判断来干预他们的商议活动。他又一次做了道德行为人所应该做的。在这种情况下,领导者进行沟通在一定程度上就是清晰地界定问题并消除可能的模糊认识,公开所有的相关信息,包括那些他所保存的并被刻意地归类为机密的信息。没有什么比真正地尊重他人更有利于领导者的了,没有什么比家长作风和装腔作势更糟糕的了。

行政推定与对人的妄论

对蒙田而言,推定"是我们天然且原生的恶习";[39] 它在管理活动中极为广泛的表现自不待言。感同身受(empathy)就其字面意义而言只能是一种大致接近完全理解的状态,但没有任何工具可以衡量它与另一个人的实际心理状态的接近程度。某些时候,对于观察者来说更为明显的是,人们自认为能够洞察和评价他人,能够参照那些他们确信已经毋庸置疑(其实毫无根据)知晓的同一类人来认识他人,这种对他人的推定理解与真正的理解相去甚远。处在下级职位或上级职位的人都存在这样的推定,但有证据表明,当后者达到更高位置的目标并且以权势影响他人时,他们的推定通常会造成更多的不幸。从道德敏感性的角度来看,评价他人方面的推定在任何情况下都是对个人品性的质疑。我们首先探讨这种推定在评价教师时发生的可能;其次是这种推定在大学内部人事评估中发生的可能,例如在选拔和晋升程序中发生的可能。在一些国家,学校督导或监事负责报告教师的绩效或晋升的适合性,并管理着被用于升降、赏罚教师的档案。在这种情况之下,个人的看法发挥着举足轻重的作用,但包含偏见、成见和主观印象。在一些人看来,任何人承担这项工作都是草率的,尤其是需要在短时间内作出判断,以及在这样一种特殊而不是常规的情形下:来访的测评者作威作福,任意妄为地影响教师的职业生涯。运气成为取得成功的决定因素,可能会破坏教职工的团结,机会主义者不遗余力地配合以满足测评者的期望,偶尔会得到好处;相反,其他的那些不愿意逢场作戏或因为道德反感而不愿尽心表演的人则可能与成功失之交臂。这种情况之下,很难有职业方面的坦诚交流:交流往往是虚伪、僵硬和疏远的。假如有些督学和监事自以为有独特的洞察力,能看到普通教师看不到的东西,那么从那些长久以来与同事有日常交往的教师的角度来看,这是讽刺且不可信的。那些自以为是的人在态度和价值观方面是有问题的,他们对别人感同身受的能力尤其是有局限的。但同样地,就它们的对立面而言,道德和正义是同一情形呈现的两个方面。所谓不正义,就是根本没有做到公平地对待人,是在他人按其本性来说不可能受到完全正确和可信的评价的情况下对他们妄加评价。如果不是浮于表面的泛泛而谈,教师工作成效的评价标准仍然是难以确定的。一个有良好道德品质的教师,通过他自身的人格示范,他的公平、趣味、乐于助人,他对他人的关切和理解,持续渐进地影响着儿童和青少年的道德态度和价值观;对于督导和监事来说,这种影响是不可能用一种有效的方法来加以评估的。尽管共同认可的评估标准可能是存在的,但这些标准都是形式化的,被赋予了各种各样的实质内涵。教师的个性特点虽然可能被排除在共同认可的评估标准之外,但确实会影响评估者,并且会以不同的方式反复影响他们。

问责程序缺乏对教师作为人的尊重也是显见的。[40] 孩子的成长应该是教师、家长和孩子自己的共同职责。问责程序将这种共同职责归咎于教师,就是对教师人格的伤害。但这还不是要害所在。问责程序在道德和教育上最严重的缺陷是,它们是建立在对教育的根本误解之上的,教育本应是各种潜力或潜能与社会价值观相一致的发展。责任测评(accountability tests)忽略了道德态度和价值观方面的重要且切实的成就。它们倾向于将教师和孩子视为技术产品,教师把可测试的信息或可测量的简单技能植入孩子体内——就像植入机器之中一样,却同时忽视了教师与孩子之间由于道德和理智上的联系而产生的另一些教师工作之成效,这些成效的取得是持续的,并且从来就不能被简单归结为刻板的教学,也不能通过细节的测试来加以检验。

在一些大学,学术委员会的建立如果是为了遴选新的教职工或确定适合晋升的教职工,那就是无比糟糕的事情;其成员的推定常常背离纽曼和其他思想家认为大学教育本应着力培育的崇高理想,即自由思想,尤其背离了其中所要求的客观、公正和清晰的思维——具有讽刺意味的是,他们在没有正当理由的情况下,或者是凭着个人品性方面的主观印象,就直接作出结论和浅薄的判断。他们无视重要证据;同时,他们将外行和专业人员一视同仁地混合在一起,在没有足够多的熟悉候选人研究领域的人作为代表的情况下,把不着边际的看法当作重要的信息。晋升委员会的组成人员是机构中具有较高等级地位的专业人员,他们在最坏的情况下也可能会基于类似的推定行使职责,很容易对依据地位和影响而作出的判断持有过分的自信;从而同样具有讽刺意味的是,他们对于在各自学科和研究中所信奉的客观性原则漠然视之,因为他们依据的是简短面谈所形成的粗略印象,以及相关但有时是充满偏见的文档资料。轻视人,而不是尊重人,在下面的情形和做法中是显而易见的:管理人员误解委员会成员之间的个性差异,将沉默与迟钝、健谈与睿智混为一谈;仅凭官大一级的权力,就推定对他人专业领域的了解比他们自己了解得还要多;使学术论争服从于谨慎维护机构的要求,甚至使论证不得不以违反理性、证据和道德的方式加以解决;诋毁他人的学科,对其作出自以为是的断言;在分配资源时,没有根据地假定某些院系或部门比其他院系或部门更重要;无论什么时候,总是先最大化自己的利益,最后才考虑别人的利益。

管理者的其他道德责任

我们此前关注的主要是一些承担教育管理之责的人在道德上的缺陷,他们刚愎自用地推定自己有能力评判他人,未能尊重他人的人格。除了未能将他人视为具有自身欲望、动机、目标、态度和价值观的人,以及未能通过公平合理的行政程序而非粗陋程序(这可能是既不正当又不可信的)坚持正义和道德的要求以外,我们将简要提及教育管理中的另一些道德缺陷。我们必须从一开始就明确指出,道德上的尽善尽美是无法达到的;如同我们个体生活中的道德实践,我们需要不断努力以减少利己主义对仁慈的干扰——这是大多数道德行为的特点,道德理想和管理实践之间也总是存在某种程度的张力。比如说,将个体需求之满足与机构目标结合起来的高效领导,是一种理想,但在实践中,各种矛盾、各种冲突都是不可避免的。领导与下属之间开诚布公的交流,并且相互体谅、相互信任,是一种理想,但在实践中,出于各种原因,保密是不可避免的。理性本身就是一种理想:管理实践定然不会完全合乎理性,尽管如此,我们仍然可以注意到管理所应担责的道德缺陷很难仅仅以人性的不完美来加以辩解。如果另一个机构的学术管理人员打算提交一份伪造的推荐书,将其个人目的看得比诚信更重要,那么,即便是高级职位的人员招聘中也可能出现严重的错谬。正是因为遴选委员会无法充分了解候选人的意向,也无法完全了解其学术能力,大学之间需要建立信任关系,但这种信任关系有时会被破坏。当非道德的目标被要求实现时,例如为了维持合适的人员编制而提高第一年入学人数，不管新招学生的质量如何，也不顾及有些学生最终不能通过课程考核的后果，管理的动机和目标同样会与道德发生冲突。在这样的情况下，学生就成了达成管理目的的纯粹手段。

在课程设置方面，负责安排学校正式教授之课程的教育管理者承担着最沉重的道德责任和教育职责。由于学校提供的课程是实现教育目的的基础，不能为儿童的持续发展提供足够的课程，没有充分考量儿童的利益，就是违背了道德要求。如果将他们用作实现其他目的的手段，比如说为了实现国家的目的，要求所有中学生——不管能力如何——学习数学和科学或者是技术方面高难度的课程，以便满足国家未来的需求，这同样是不道德的。如果他是一个道德行为人，则他作为一个教育管理者，包括作为政策制定者的管理者，只需要这样一门课程，那就是为所有儿童发展潜能提供所有设施和资源，尽一切可能减少社会原因造成的教育机会不平等，对弱势群体和优势群体、残疾人和健全人都一视同仁。正义要求公平地对待所有人，不使任何人被忽视。基础教育的目的不是实现国家目的，而是实现个人目的，亦即发展独一无二的综合能力。甚至配置我们认为对于学校道德教育，尤其是青少年道德教育来说必备的小型讨论室或研讨室，也是管理人员的道德责任；为此目的的招聘和配备合适的教师，也是如此。

道德责任与审慎

在"教育管理中的正义与道德"这一节的最后，我们将探讨责任和审慎的问题。正如我们在第二章中所看到的，这两者之间并不总是有明确的区别，但在某些管理情景中区别是存在的；并且，在道德责任可能要求道德行动的时候，审慎恰恰反映了一种道德缺失，一种未采取行动的缺失。大学校长、中小学校长在自利冲动的驱使下为保护自己的个人声誉及其所认为的机构声誉，罔顾道德责任，例如对于教职工的严重不端行为不承担道德责任，使他对于道德和正义的背离昭然若揭;这样的不担当,每出现一次都会对机构的道德风气产生影响。在另一些情况下,复杂的情境可能要求管理者仅仅将道德责任视为罗斯所说的显见义务,因为不可能完全掌握所有相关事实——如果可以完全掌握的话,这些事实将导向完全义务。管理者的责任在于,向所有相关者说明他为什么认为特定情景下的道德义务具有显见性,从而消除人们对审慎行动的猜疑。

  道德责任常常牵涉谨慎的思虑。出于责任而履行职责,实质上通常是管理者根据其职责的官方规定而按规则行事。绝对地服从他人,并将其作为一种义务,就是放弃思想和表达的自由。将道德义务视为按照机构或他人所期望的那样履行各种承诺的事情,并不意味着担当了一个自律的道德行为人的角色。正确的行动方案通常需要根据公认的道德原则以及对当下情景相关事实的耐心调查来制定。教育管理者的选拔通常不是特别地基于道德态度和价值观、道德动机的丝毫表露,以及道德上的体贴或敏感;如果他们具有这些特质,那也是在被选拔以后才会显露出来;在这些方面,选拔是无规律可循的。由于他们的道德经历,他们可能不具备作出道德决定的能力:只要有理智上相称的能力,就会产生马基雅维利所描述的那种争权夺势的强大驱动,[41] 或者产生一种故作姿态的亲和力,其目的是操纵,或者表面上有利于他人但却是虚假且最终转向利己的关切。常见的是,致力于道德行为的形式和外在迹象,却破坏了管理者的道德态度和价值观:当出现重大道德问题时,他谋求方便和权宜的行为会使他自己深受其害。相比之下,一个机构的管理者如果就职时自愿与所有工作人员建立道德关系,则他必须承担的道德责任就是明确的。并不是管理者考虑自身利益的所有情形都涉及审慎;在某些情况下,实践道德要求我们不要忽视自身的利益。当他无视明显而且并不复杂的道德律令,例如为了保护个人名望——在康德意义上,这是出于纯粹偏好的不完全义务——没有说真话,审慎就发挥了作用。

总　结

本章基于实践视角从四个不同领域探讨了正义、道德和教育。对此，我们不再做详尽的回顾，而是梳理一下其中的一些重要方面。这些主题领域之间尽管存在联系，例如在我们的意向性推理中存在联系，但其中的某些内容是独立的，分别对应着相关的领域。

关于"教育中的权利和义务"，必须将未成年人区分为两类：一类是处于前推理阶段的幼儿，他们不能理解教育作为发展潜能的意义，从而没有能力维护或主张教育权；另一类是年龄较大但仍在上学的儿童，尤其是高年级的青少年，他们能够理解教育作为发展潜能的意义，从而有能力维护或主张教育权，尽管在道德发展方面仍然存在困难，因为道德发展并不总是与理智发展保持同步。至少，人们确实承认一些高年级的青少年具有行使法定权利的能力，但法定成年的年龄门槛使他们未能获得作为人的应有尊重，因而是武断的，是与正义和道德的基本观念相冲突。孩子在学校里应该得到恰当的照顾，教师在这方面的过失既是法律正义问题，也是道德正义问题。正如教师在这方面对儿童、父母和社区负有道德责任一样，法院也有责任确保教师在被认定存在过失的情况下得到公正对待。在主张教育权方面，家长不能为孩子代理：在由相互关系构建的道德-理性共同体中，权利只能由其持有者来主张和维护。但通常认为，父母对他们的孩子享有自由权利：父母基于"良心"或个人信仰而将孩子送到特定学校，这是他们拥有的权利。一旦儿童在理智和道德上足够成熟，并形成了自己的个人信仰，这项权利就变得令人质疑了。

在"正义、道德和惩罚"一节中，我们探讨了惩罚的一般目的和理由，特别是基于报应主义和后果主义的解释。报应主义的观点是，社会应当坚决要求犯错者有尊严地付出代价、受到惩罚，并且是应得的惩罚。这种观点在实践中的困难是不可能在每一个个案中做到公平的评判。根据惩罚是出于改造的动机、威慑的动机，还是出于功利主义考量，后果主义者在这个问题上分为不同派别。改造主义者面临的困难是将后果合理地解释为道德观念方面的持续转变，但问题在于，观察到的后果通常是惩罚之后不久所发生的。威慑论的后果主义者把犯错者仅仅当作实现他人之目的的手段，因而存在道德缺陷。而功利主义者则为了使惩罚有助于提升群体的总体满意度，对犯错者的利益漠然视之，因而也是有问题的。这些论调无一不是对基本的、形式的道德观念的背离。在学校惩罚孩子的目的和理由也受到类似的批评，但对于无法理解为什么需要行为规则的年幼孩子来说是例外。惩罚具有推理能力的儿童，尤其是青少年，通常是追求实效的。除了偶然有利于非常年幼的孩子，或者作为万不得已的办法，惩罚通常不会有什么有利的后果，因为任何后果主义的惩罚观都是难以立足的。为了孩子的最大利益，惩罚者必须承担的责任是合理地解释惩罚何以是必要的。

"正义、道德与道德教育"关注的是态度和价值观在道德教育中的重要性、态度和价值观在我们意向中的核心地位，因为它们具有认知上的复杂性、积久渐成的特性以及相对的稳定性和持久性。习惯的重要性在前理性层面得到了凸显，但随后被放在不那么重要的位置上——相对于我们的道德态度和价值观而言。习惯化不合人意的一面是灌输；儿童仅被用作灌输者达到目的的手段，因此不仅灌输活动中信念的真实性在道德上存在问题，而且灌输者的动机或意图也是成问题的。在皮亚杰和科尔伯格研究的基础假设中，道德态度和价值观的重要性似乎也被低估了，他们都将道德教育指向理性的目的。如果自律适用的是个体的本真状态，而不是那种不受任何外在或内在力量影响的假定状态，它似乎得到了最合理的解释。这里的本真，是指忠实于道德态度和价值观，并在适当的慎议之后有足够的勇气和决心使其付诸实践。对于大多数能够推理的孩子尤其是处于青春期的孩子来说,正式的商讨技巧被认为是在学校进行道德教育的必要手段,但不是充分手段。在内容上,提出明显具有道德相关性的社会热点问题以供讨论,同样适合中学生;这不仅为他们发展具有可靠认知内核的道德态度和价值观提供了机会,也为他们独立自主地充任道德主体提升了信心。

在"教育管理中的正义与道德"中,我们讨论了决策、领导和沟通、行政推定和人格遭受的质疑,以及管理者的道德责任,特别是提供课程方面的责任。在管理-道德的图式中,道德和非道德的动机、态度和价值观混杂在一起;这个图式表明,作为领导的管理者必然会陷于频繁的冲突状态之中。管理者在评价他人时的推定,通常不具有充足的事实依据;在某些时候,不仅显现出洞察力和自我批评的缺乏,而且表现为道德上的麻木不仁。如果管理者审慎行事并且在一目了然的情况下意识不到他必须承担的道德责任,他们从道德上来说就是不能胜任其工作的。

关于管理者及其在教育中的责任,我们的研究是尚未完成的。事实上,我们尚未触及这样一些最紧要的道德责任,即我们所关心的机构以及在一定程度上掌控这些机构的政府官僚体制所承担的全部道德责任。除此之外,还有政策制定者和最高的资源分配者:代表这个国家的政府的成员。分配不公的问题不能归咎于那些不掌握足够资源以供分配的政府官员。教育机会的不平等不是教师、校长或学校负责人乃至部门官员所能矫正的。从本章对于正义、道德和教育的实践应用来看,我们在探讨了家庭和学校层面的一些社会正义问题之后,有必要在第三部分探讨更为宏观的社会正义问题,即个人与国家的关系。我们坚信,一开始提出的形式概念已经为我们提供了可靠的试金石:我们所选择的实践应用已经从根本上显示了它们的意义。它们也有助于提高我们在正义和教育问题上的道德敏感性,以便于我们更好地应对在探讨个体与国家的关系时即将浮现出来并且更趋复杂的问题。

第三部分

社会正义：国家—个人之关系

第六章

哲学的视角

本章的目的是从传统和当代理论中挖掘一种阐释社会正义的思想资源,并将其作为具有明晰性和实质性的参照,使第七章和第八章有据可循;这就像正义、道德和教育的基本内涵被提出之后作为形式性的参照而发挥作用一样。后者体现了连续性,前者则将提供比照。

在前一章中,我们认为教育是国家提供的公共产品;父母期望国家不仅为他们的孩子提供教育,而且能提供充分的教育。我们注意到,父母针对国家所主张的一项自由权,是他们可以根据个人的信仰将孩子送到他们选择的学校。我们也注意到,国家有时试图要求教师为孩子的基础知识学习成效负责,而学习成效则通过学习结果来衡量。这表明国家拥有影响个体的权力;正如先前的例子所表明的,它回应人民的期望或遵循社会的价值观,因而更恰当地说,它是人民的仆人。我们已经预先提及国家与个人之间的上述关系。此外,在第三章中,我们讨论了受教育权,以及政府为所有儿童至少应该提供基础教育的责任。我们已经指出,这些是道德的要求,是文明的标尺。由于道德的根本在于对他者利益的实践考量,因而对于政府的工作人员来说,考虑个体的利益,认识到个体未来的成败系于教育,就是意义深远的道德责任。社会哲学中存在着两种截然对立的立场,一方过于忧虑对国家让步以使它拥有支配个人及其自由的权力,因而主张严格限制国家的权威;另一方乐于相信国家能够代表全体人民的利益,将其视为普遍的公共产品提供者,拥有支配个人的无限权力。

然而,这样的看法过于笼统,未能呈现有关社会正义的具体哲学观点,例如关于国家与个人关系的观点。因此,我们将采取比较的方法,通过对比彰显对立立场之间的深层差异。对于个别思想家来说,这一方法需要在一定程度上化繁为简,但不会扭曲他们的主要观点,也不会打乱本章的总体计划,因为我们的目的是在后续章节中对社会正义作进一步的探讨。基于这个简化的思路,我们提出了三组哲学家关于社会正义的哲学观点:第一,霍布斯、洛克和诺齐克的观点;第二,柏拉图、卢梭、康德和罗尔斯的观点;第三,洪堡和密尔的观点。在主要观点上,第一组哲学家强调维护自我利益;第二组考虑到社会全体成员的利益;而第三组则代表了中间立场,既考虑了自身利益,也考虑了他人的利益,与此同时对于国家凌驾于个人自由之上的权力深怀忧虑。

如果仅仅从理论上理解社会和政治的观念,那么它们在实践慎议中就和休谟的理性概念一样是迟钝的。通过将观念与特定时空的具体情景联系起来,我们的目标是进一步消除这样的顽固教条,即某些社会和政治的价值观或偏好要么是真实的,要么是虚假的。在这个过程中,我们对社会正义的判断的本质形成一种更具包容性的理解。

以自利为取向的哲学家

霍布斯:《利维坦》

霍布斯并不关心对他者利益给予实践考量的基本道德,也不关心依从社会价值观发展潜能的教育。他的根本关切是他的自身利益。对他来说,社会正义是这样一个问题,即国家之所以要拥有凌驾于个人之上的权力和势力,是因为个人需要用它来保障安全。高于一切的是自我利益。

霍布斯承认,他的主要作品《利维坦》"是现时的骚乱局势催生出来的"(第728页)。[1] 正是那样的混乱不堪,促使他过多地关切个人的生命安全,从而不再具有从总体上关注人类社会的广博视野。他对正义和道德的看法表达了他的信念,即所有人都追求自身利益。对他来说,考虑他人的利益和公平待人在实际生活中都是无关紧要的问题。无论是管理一个人自身的事务,还是管理国家的事务,根本的任务是理解人性及对自身利益的关注。

人性、权力与主权

霍布斯关于人性的论证使他从欲望的探究转向权力、冲突,以及为了共同利益而将个人权力转移给主权者的必要性。欲望及其对立面,即厌恶,涵盖了一系列倾向——感官的愉悦、心灵的愉悦以及其中的激情。当一个人认为某物是好东西时,他不过是说这个东西是他的欲望或欲求的对象(第120页)。仁慈也仅仅是一些人所体验到的诸多简单激情之一(第123页)。当我们深思熟虑时,我们在欲望或欲求以及厌恶的驱使下考虑行为的后果(第129页)。我们都有一种使我们的欲望或欲求得到满足的强烈冲动。他进一步论证说,我们无一例外地具有一种争取某种权力的天性,因为它是我们"在未来获得一些明显好处"的——仅就我们自己而言——手段(第一部分第10章,第150页)。每一个人的价值就是他的价格:人们因为"使用他的权力而付给他多少",他的价格就是多少(第151页)。人的天赋不同,财富、名誉和朋友也各不相同;正是这些东西,或者正是一个人拥有的这些东西超过了其他人所拥有的,才表明他拥有权力。但由于所有人在追求权力时有着相似目标,因此他们之间的冲突不可避免;同时,使这种冲突局势更趋恶化的还有这样一个事实,即有些欲望几乎是没有止境的。"对权力的永无休止的欲望"(第11章,第161页)至死方休;它所造成的人与人之间你死我活的不断争斗,对社会中的每个人来说都是一种危险,由此产生了服从一个共同权力的需要。那些渴望有闲暇去追求知识和"太平之世的艺术"的人当然也会愿意受这个共同权力的保护,以免受到其他个人权力的侵犯(第162页)。那些畏惧压迫、伤害或死亡的人也愿意有这样的保护。

个人为了使内心安逸和身体上得到保护而将权力让渡给一个共同的权力;阐明这一论点之后,霍布斯开始转向以自然状态为起点的论证,但导向的结论是类似的。他首先(第13章)断言人是天生平等的,并对此进一步解释说,人与人之间在身体和心灵上的差异并不明显。例如,所有人都懂得谨慎行事,并且当给予相同的时间时,所有人都能从经验中同样地学会谨慎行事(第183页)。每个人都同样拥有自然权(a Right to Nature),亦即使用自己的权力"保全自己天性"的自由(第14章,第189页)。霍布斯随后介绍了两条他所称的"基本的自然法则"。第一条是"寻求和平,信守和平",以及"尽我们所能,保卫我们自己"。第二条是规定一个人在自然状态下由于尚未开化而拥有对一切事物的权利,并且"满足于对他人的自由权,就像允许他人对自己的自由权一样"(第190页)。权利的转让是一种契约。他认为正义就是信守约定的事项,并将此称为第三条自然法则(第15章,第201—202页)。

在此前断言"一个人的价值或身价,跟所有其他事物一样,就是他的价格"(第10章,第151页)的时候,霍布斯提到了亚里士多德的正义概念,包括交换正义和分配正义。在他看来,交换正义在于立约的东西价值相等,分配正义在于将相等的利益分配给条件相等的人(第15章,第208页)。但是,当他将人作为市场上的一种有其自身价格的商品时,他认为人的价值与其他商品的价值一样,取决于立约者在他们的欲望或私欲的影响下愿意支付的价格,因此交换正义是立约者的正义。分配正义的更确切说法是公平——这也是一条自然法则:任何人在人与人之间进行裁断时都必须"秉公处理",给予各人理应得到的东西(第15章,第212页)。

霍布斯把实施任何一种行为的权利称为权威(authority)。任何人都不能被迫信守契约,除非契约是他自己自由订立的。人们将会自愿放弃他们个人行使其权力的"自然权利"或自由,并为了共同的利益而将其交给主权者;他们这么做是合乎情理的(第18章,第238页)。个人的自由在于能够在不受任何人阻碍的情况下做他意愿、渴望或喜欢做的事情(第21章,第262页)。但是,作为主权者的臣民,既然他受到了保护,而且只是由于他受到了保护,他就必须服从(第272页)。自私自利支配着人与人之间的所有关系。主权可以是一个人,就像君主制那样;也可以是由多个人构成的议会,比如民主制或贵族制。自然法则要求公平、正义、感恩和其他道德美德,它们本身就使人趋向和平与服从,但仅靠它们本身还不足以实现和平与服从的目的。这就需要主权者颁布法令,即民法(civil laws),并对不服从法律者施以惩罚:实际上,制定法律的目的就是对个人施加限制;没有法律,就不可能有和平(第26章,第315页)。所有不成文的法律都被视为自然法。霍布斯现在扩展了他的正义概念,它不仅仅是他早先所指的信守契约。在法律正义方面,他看到了公平和公正的可能性,因为他承认法官进行裁决时可能会犯错,因而在往后的类似案件中保持一致并不是一项义务:"任何人的错误都不能成为他自己的准则";同时,"任何不公正的判决都不能成为后继法官判决的典范"(第323、324页)。虽然权利意味着自由,但民法意味着义务(第334页)。在这些方面,他对他那个时代的法律显然是熟悉的。

当代意义和局限性

霍布斯关于社会正义问题的论述在当代有什么意义?从我们的角度来看,他对社会中的个人关系的看法可能显得狭隘,但我们从来不会指责他不诚实抑或不一致。他准确地解释了他所看到的,即英国新兴中产阶级群体自私自利,公然追求物质利益,并以越来越强大的声势反对贵族特权。霍布斯是坦诚、直率、公正和敏锐的。他的解释源于他对自己所熟悉的那个社会的看法,即一切以自利为中心。在当今复杂得多的工业化社会中,他的许多看法仍然是中肯的。他所描绘的社会从根本上说是自私的,人们追求个人欲望和目标,服从法律,遵守契约,承担明文规定的责任和义务;除了在国家危亡之际,这样的社会凝聚力是有限的。在一些人看来,它与我们当前的情况相比,并没有什么显著的不同。但这是为实然提供合理解释,而不是对应然的论证。霍布斯对欲望或欲求所驱使的个人的描述,基本上就是一个不存在道德的(a-moral)社会的描述。在这个社会中,人们在遵守契约,但服从民法和履行正义义务时并不伴有羞耻心,因而依据我们对道德和正义这些概念的理解,他们既不道德,也非正义。他们所认同的,不是道德,而是审慎。尽管霍布斯承认法律传统中的衡平法,但正义对于他所描述的社会来说并不是不可或缺的。尽管他承认"自然法"中存在某些道德美德,但这是因为它们被认为是有用的,能够产生使人趋向和平与服从的后果;因而,道德也不是他所描述的社会所不能缺失的东西。他的人人平等观念所需要的,是这样一种对人的尊重:每个人都可以为出售他自己的一些权力自由定价,以换取他渴望的保护和安全!不仅如此,相比于我们在第二章中的主张,即我们在给出道德建议时需要将我们发现的任何属实的情况纳入考虑的范围,霍布斯走得更远。他所追求的始终是科学的而非规范的目的:解释和证明他所了解的现实与一种治理体系牢不可破地联系在一起;依凭行之有效的手段,实现审慎带来的好处。他在哲学上的缺陷在于没有贯彻他自己在哲学和审慎之间所作的区别:将自己过多地局限在自己的经验以及所处时代的紧张和恐惧中,而不是去了解所有的社会,去接近具有总体概括性的"普遍、永恒和不变的真理"(第46章,第682页)。虽然他是当时社会场景的近距离观察者,但他的看法是单向度的,缺失了基于道德的社会正义视角。

洛克:《政府论(下篇)》

洛克受到霍布斯这样一种观点的影响,即自然状态下的人们需要聚集在一起,以确保他们的人身安全并使其财产得到保护。这是他的政府契约理论的基础:人民和统治者之间确立协议,前者将他们作为个人的一些权力交给统治者或主权者,后者反过来保障他们最渴求的东西——人身安全和财产安全。从根本上说,洛克和霍布斯一样,首要的关切都是自身利益。与霍布斯一样,他熟悉当时的法律,因而对于公平和非歧视的必要性明确表示认同。

人性与自然权利

对于人性,洛克和霍布斯一样不抱有浪漫的想法:正如自然状态所显示的那样,人们在固有的利己心的驱使下追求欲望的满足,如果有必要,不惜诉诸暴力,因而他们是好胜的、相互敌对的、不能信任的;尽管理性在自然状态下是存在的,但共同认可的有权解决争端的法官是不存在的,"世人都不会呼吁纠正它们"。因此,"脱离自然状态"的必要性是显而易见的(《政府论(下篇)》,第 3 章第 19—21 节,第 348—350 页)。[2]霍布斯关于人的自我保全的自然权利的概念,在洛克这里被表述为"保全其财产,即他的生命、自由和财产不受他人损害和侵犯"的自然权利(第 7 章第 87 节,第 387 页)。他在前面的章节中专门讨论了财产这个主题,并且讨论了保护财产的必要性:他指出,土地是献给勤劳和理性的人的礼物(第 5 章第 34 节,第 357 页);一个人的劳动,他在土地上所做的一切,赋予土地以价值(第 40 节,第 361 页)。事实上,在自然状态下,导致财产权产生的是劳动(第 45 节,第 364 页)。自由是一种自然权利,公平的概念只适用于在这种自然的自由方面享有平等的权利,因为个体之间实际上存在着显著的差异,有些人天生就比其他人优越(第 6 章第 54 节,第 368—369 页)。因此,对生命、自由和财产(或所有物)的保护关系到每个人。他同意霍布斯的观点,即这种保护在订立社会契约之前是得不到保证的,尽管霍布斯没有像洛克那样主张对财产的自然所有权——可以在自然状态下提出的所有权。

社会契约

订立社会契约的意图之所以产生,是因为人们认识到生命、自由和财产——所有这些都构成人的"所有物"——在自然状态下无法得到充分保护,从而自然状态不得不让位于公民社会。在这个转变过程中,标志性的事件是个人放弃了他与生俱来的保护财产的权力,将其交给共同体或政治社会。这样,每个人都在"共同制定的法律和可以向其申诉的司法机关之下"联合起来(第 7 章第 87 节,第 388 页)。他解释说,共同体是根据多数人的意志和决定建立起来的;在以这样一种方式结合在一个共同体中的每个人都放弃了多数人履行其公民政府职能所需的所有权力(第 8 章第 96、99 节,第 395—396 页)。没有任何外力可以强行使一个人加入这个独立的共同体。洛克将这个共同体称为"联合体"(common-wealth),它所表明的不是特定的政府形式(第 10 章第 133 节,第 416 页),而是一种同意行为,一种社会契约,"确切的承诺和协定"(第 8 章第 122 节,第 411 页)。他反复强调,人们通过社会契约形成这种联合体的"重大和首要的"目的是保护财产(第 9 章第 124 节,第 412 页)。他所放弃的权力(再次呼应霍布斯的看法)首先是自我保全的权力,这在联合体中由法律加以保护;其次是使用他的"自然力"实施惩罚的权力(第 9 章第 129 节,第 413 页)。政治权力也被放弃:通过社会契约,个人在自然状态下拥有的这一权力被移交给社会的管理者,即那些拥有行政权力的人;他们获得默许,将行政权力完全用于共同的利益(第 15 章第 171 节,第 441 页)。当专制权力被加以行使时,个人就真切地丧失了他们"为了其自身利益而交由统治者"(第 15 章第 173 节,第 442—443 页)的权力。

政府的本质和目的

就政府的性质和目的而言,它们与社会契约相关联的主要线索已经被呈现出来。因此,正如霍布斯所解释的那样,为了保护人们的自由,保障他们免受他人暴力的自由,以及享受自己财产的自由而不是服从他人的专横意志,法律是必要的(第 6 章第 57 节,第 370 页)。在很大程度上正是对财产的关注使洛克放弃绝对君主制,转向一种立宪政体:绝对君主制是"与公民社会不相容的"(第 7 章第 90 节,第 390 页)。在一个联合体中,任何掌权者都无权在未经一个人同意的情况下剥夺他的毫厘财产,但当权力归属于一个人时,就像绝对君主制那样,这种风险就始终存在,因为在那样的情况下,专制者随时可能为个人利益而抢夺公民的财产(第 11 章第 138 节,第 421 页)。无论政府形式如何,某些限制都是适用的,这些限制部分来自社会契约:人民应受"正式公布的既有法律"的约束,这些法律一视同仁地适用于所有人,不能有任何歧视;政府的目的完全是为了人民的利益;未经人民同意,不得对财产征税;立法机构不得将其制定法律的应有职能转让给任何其他人或任何部门,除非获得人民的认可(第 12 章第 142 节,第 423—424 页)。当立法机关违背社会契约,将专断权力凌驾于人民的生命之上,从而失去人民对它的信任时,人民有权选择一个新政府来使他们获得安全和保障(第 19 章第 222 节,第 469—471 页)。小的错误可以接受,但一连串的权力滥用是不能容忍的:正是这些权力滥用为革命提供了正当理由(第 19 章第 225 节,第 472 页)。洛克在他的《政府论(下篇)》结束时隐晦地提示了君主专制的危险:人们必须保有更换政府的权力(第 19 章第 243 节,第 485 页)。

正义与道德

洛克对立宪政体的偏爱不同于霍布斯对君主制的偏爱,但这种偏爱是否出于正义的考虑是值得怀疑的。与霍布斯一样,洛克也明显是一个审慎的人。每一个人在他人身上看到的那种自利也支配着他自己:在洛克这里,它表现为对于他的"财产"以及生命和自由无时无刻的关切。然而,正义作为公平待人至少获得了形式上的认可,因为他施加于每一联合体的立法权的限制是,它确立的规则应该对富人和穷人、宫廷权贵和乡村农夫一视同仁(第12章第142节,第423—424页)。同时,可能正是因为熟谙衡平法这一法律观念,他也明确承认,法律有时是不完美的,不能期望它们考虑到所有可能的意外事件,并且应该使统治者有权在特定情况下缓解法律的严厉性:"由此为行政机关留有一定的自由空间,以便在法律没有规定的情况下可以作出选择"(第14章第160节,第435页)。霍布斯在《利维坦》中也提出过类似的观点(第二部分第26章,第323页)。至于道德,尽管洛克表面上谈到了共同利益,但他是否比霍布斯更多地考虑到仁慈的要求,这是非常值得怀疑的;此外,二者对道德标准的看法也是相似的。在《人类理解论》中,洛克解释说,"事物的好坏仅仅取决于快乐和痛苦"(第2卷第20章,第231页)。[3] 我们称之为"善"的东西倾向于引起或增加快乐,抑或是减少痛苦;我们称之为恶的东西倾向于产生或增加痛苦,抑或是减少快乐。快乐和痛苦,以及造成它们的善恶,是"驱动我们情感的转轴"。之后,他对这些情感分别作了界定。霍布斯对欲望与善之间的关系给出了类似的解释(《利维坦》第一部分第6章)。

作为一个像霍布斯一样审慎而不是遵奉道德原则的人,洛克认为,社会的职能不在于公平分配资源,而是保护每个人已经为他自己所获得的东西——主要是通过他自己的努力而获得的东西。富人和穷人可能受到相同法律的约束,但它不是旨在减轻穷人或弱势群体负担的道德法,也不是在实现分配正义意义上显现任何仁慈之心的道德法。在政治上,生活依然是不安定的:光荣革命刚刚发生,证实了洛克的一些关于政府的观点,但最终的结果仍然不明朗。对于霍布斯和洛克来说,奉行人的本性中的自私自利也是一种个人价值。尽管洛克的政府思想总体上缺失了道德关切,但与之不同的是,他在《教育漫话》[4] 中积极倡导道德。在这本书中,他的论述在一定程度上是规范性的,但仍然小心谨慎,唯恐逾越实际可行的范围。他在书中指出,美德的基础在于一个人能够"抗拒自己的欲望,能够不顾自身的自然倾向而纯粹遵循理性的指示,尽管这与欲望背道而驰"(第21页)。这种能力是可以通过培养或养成习惯来不断提升的。这样一种对于道德的倡导与他在其他地方表达的社会和政治价值观念相冲突,暗示着他只是对其所处时代有影响力的道德家有所示意,而不是转向真正的道德立场。

诺齐克:《无政府、国家与乌托邦》

以利己为根本的霍布斯-洛克传统,缺乏对社会正义的关注;无论如何,社会正义涉及一些人为了他人的福利而作出牺牲。在我们的时代,这一传统通过诺齐克①焕发生机。尽管诺齐克几乎不关心对他人利益的实践考量,也不关心与社会价值观一致的个人潜能的发展,但他公开表示他极其关心人如何被对待——正如他所理解的——的正义问题。他自己对正义的实质性解释是基于国家不干涉个人权利的所谓公平。只要是个人通过合法手段获得的东西,他就具有道德上的所有权。对他人利益的任何承认都只是形式上的。这就需要回到最小国家的概念,即针对个人的权力和职能不超过个人安全和财产保护所需的最低限度的国家。

最小国家②

最小国家允许个人以自己的方式尽情挥洒自由。这种"守夜人"国家是古典自由主义理论所青睐的,其功能仅限于保护个人免于暴力、盗窃和欺诈,以及实施其他基本功能,例如强制执行契约。由于它迫使某些人为保护他人支付费用,因此它似乎会涉及再分配(亦即有助于在公民之间更平均地重新分配社会财富),但这种再分配功能并没有得到进一步的发挥(第 3 章,第 26—27 页)。⁵ 最小国家的基础是洛克的社会契约理论,即个人承认自然状态的不利因素,并选择与他人一起进入公民社会以便于保护权利(第 2 章)。这些权利是不可侵犯的,个人的完整性(integrity)也是如此(第 4 章,第 57 页)。这种个人完整性原则构成了诺齐克道

---

① 罗伯特·诺齐克(Robert Nozick, 1938—2002),美国政治哲学家。——译者注
② 也译为"最弱意义上的国家"。——译者注

德观的核心。个人的权利有其道德界限的保护,国家和其他个人都不得跨越这个道德界限。正如诺齐克所说,这些权利关系到个人的生命和人身安全、免于胁迫或监禁的自由,以及他的财产或"占有物"。对于这其中的最后一项,他有着洛克那样的热忱,尤其在意保护它免受国家权力的侵犯。在分配正义的名义下,个人的财产,例如其积攒的存款,可能被国家(错误地)用于在财产较少的人之间重新分配。任何政府胁迫人民或实施道德禁令的权力,必须是人民已经拥有的权利。换言之,国家可能拥有的任何强制性权力都要通过人民的个人权利和义务授予其合法性(第1章,第6页)。

道德界限与正义

在诺齐克看来,那些与免于强制的自由以及财产权相关的道德界限尤其不应被逾越。持有财产的正义(justice in holdings)首先是涉及它们的最初获得,第二个方面涉及它们从一个人到另一个人的转让,第三个方面指的是矫正与它们相关的不正义(第二编第7章,第150—153页)。在理想的情况下,当所有公民都有权享有分配给他们各自的财产时,那么分配就是正义的。第三个方面提出了他无法解决的难题:对于历史上被迫流离失所的人,例如北美印第安人和澳大利亚原住民,必须要追问的是,我们应该追溯到过去哪一个时刻才能消除历史上的不正义现象。他对分配正义的主要关注是应得权利(entitlement),他的这种关于分配正义的权利理论是历史性的,因为应得权利是否正义取决于它是如何产生的。他拒绝正义的最终状态,也拒绝正义的程式化原则:前者的正义取决于分配的结构,例如其中体现的平等程度;后者基于某种程式持有财产,例如依据道德价值的大小、需要的多少或智力的高低,抑或是依据诸如此类自然因素的固定组合。应得权利包括个人可以选择做什么、制造什么,他人可以选择为他做什么以及选择给予他什么(第160页)。物质条件的平等只能通过重建社会制度来实现,而这必然要以侵犯个人财产所有权的方式来进行。在正义的应得权利概念中,没有提供实现平等的条件。有一种观点认为,对于诸如医疗这样的社会物品来说,唯一合理的分配标准是医疗需求。诺齐克对此表示质疑,认为应该换一个角度来看,即从仅仅关注分配转换到关注用于分派和分配的物资或服务从何而来(第234—235页)。权利是真正不可侵犯的。只要财产的获得具有正当性依据,它们就不可以被剥夺,即便是为他人提供平等的机会也是不允许的。践踏人们的应得权利——即便是为社会中的一些人改善条件——是不可能具有正当性的。当人们对某些事物和行为享有权利和资格时,其他人就无权拥有它们。这是诺齐克反对机会平等的主要理由,因为对于机会平等的任何权利都会要求事物、物资和活动作为其基础,而其他人可能对这些东西已经拥有权利和资格(第238页)。

理论的局限性

由于实践道德与人性的张力,我们一直主张实践道德通常需要付出努力,需要牺牲一些明显的偏好。诺齐克的核心假设是个人权利的不可侵犯性,这是他的应得权利,也是他免于强制的自由。对他来说,国家在合理范围内能做的,不是减轻经济和社会上处于不利地位的人的负担,而是保护所有的个人,以便他们免受杀戮或人身伤害,他们的财产免受破坏或侵占,个人自由免受剥夺。在不侵犯他人权利的情况下,个人在获得财产时发生的不平等是正义的,而非不正义的。因此,我们关于正义的假定,即奠基于正义作为待人以公平这一形式概念的正义,是诺齐克所不能认同的。对他而言,社会物品分配不均衡所造成的不平等并不是不平等;但如果持有财产的获得是正当的,它就仅仅是一种合法的不平等。从我们的立场而不是他的立场来看,他有一个错误的假设(可以通过实证研究证明它是错误的),即所有人在资源或持有财产的竞争中都有公平和平等的机会。人权的理想以改善弱势群体的命运为宗旨,在一定程度上保证所有人平等地达到最低福利标准,无论他们具体的社会条件或"自然博彩"(natural lottery)是怎样的。从诺齐克的角度来看,如果不侵犯道德权利或逾越他所说的道德界限,人权理想是无法实现的。国家提供教育、医疗保健、住房援助计划和最低生活标准的保障,只能意味着将干涉某些个人的权利。用当代政治哲学中有时采用的一种区分来说,诺齐克不是自由主义者(liberal),而是自由至上主义者(libertarian),因为他将个人行动自由置于国家权力之上,将个人拥有其财产的权利置于国家对弱势或贫困阶层利益进行重新分配的福利理想之上。密尔在《论自由》一书中概括的个人自由表明了自由主义理想,诺齐克总体上接受了这些理想。但正是在国家希望将理想转化为可实现的目标时,诺齐克看到了危险,因为对某些人的给予不可避免地意味着从其他人那里拿走他们原本有权持有的东西。对他来说,他们是否闲置那些他们放弃的东西,这个问题与压倒一切的权利问题无关。他对个人主义的理论辩护是新颖的,并且不同于个人主义本身的解释。[6]

诺齐克的立场在教育方面的寓意显而易见——尤其是对于教育机会的平等的寓意。生而幸运的人将继续保持好运,有其不受侵犯的权利和资格保驾护航;生而不幸的人终将不幸,并且很有可能将不幸传递到子女身上。最好的教育设施应向有能力支付的人开放,而那些没有能力支付的人则被拒之门外。立足于诺齐克的论点,人们可以合理地预见,当父亲挥霍无度时,孩子会由于父亲的罪孽而承受不幸;并且即便他们没有挥霍无度,只是因为状况不济,使孩子没有可继承的财产,则孩子无论如何也无法摆脱不幸的遭遇。教育作为发展个人潜能的关键所在,以及它与父母持有财物多寡的无关性,似乎被漫不经心地忽略了。

在诺齐克的筹划中,包含着对他人利益的考量,但这里的他人是一个筛选出来的群体,是那些具有应得权利的人。宣称所有的人在形式上都拥有这种或那种应得权利,导致了对于社会中处于最不利地位的人的无视。诺齐克并不关心弱势群体。他强行塞入其理论图式中的那种对于人的康德式尊重,是一种肤浅的理解。尊重的基础是永远不将他人仅仅视为一个手段,而诺齐克的信条则是那些持有财富的人不应该在任何再分配的设计中被用作实现他人目的的手段。他在意的不是这样一种意义上的对人的尊重,即从他们的个人观点看待他们以及他们为实现目标、动机、计划或需要所付出的努力。他所认定的那种观点就是一个具有应得权利的人的观点。在一个社会中,社会条件甚至不足以给一些人提供基本的物质生活资料,他们因此而承受精神和身体上的痛苦,但同时他们的观点被忽视了。无论如何,诺齐克的观点与霍布斯一样是直截了当、毫不含糊的。至少两个世纪以来,从霍布斯和洛克,再到赫伯特·斯宾塞,他们一直采取了一种类似的观点。诺齐克的假定从根上说是个人主义的。他的道德奠基于一种为了个人自由的特定观念,即获取、持有和转让的自由,以及对于国家强制权力的坚决反对。对他来说,根本性的不道德行为,就是从任何人那里夺走他有权拥有的东西。赫伯特·斯宾塞的世界观中隐藏着许多这样的观点,包括:工作造就品格;个人的奋斗是必需的;一个人有权保有他通过合法手段获得的东西;国家的福利供给可能会弄巧成拙;国家一旦从一个人身上夺走他通过自己的努力所获得的东西,那就相当于在实行一种奴隶制。[7]

关于国家-个人之关系中的社会正义,许多思想家所关切的是根本上的自我利益,即便他们公开声称个人自由是其兴趣所在;霍布斯、洛克和诺齐克是这些思想家的代表。我们现在将其与另一组思想家进行对比,这些思想家的主要取向是给予他人利益的实践考量,因此他们在反思社会正义时似乎采取了更严格的道德立场。现在要做的是从自我的观点转向社会中所有其他人的观点。当作为公平待人的正义因此拓展为社会正义时,它从字面上来说是指向每个人的——而不仅仅是个人财产需要保护的特定群体。无论是那些没有"财产"或不占有财富的人,还是那些比他们更加富足的社会成员,社会正义都是一视同仁的。它是在整个社会中不偏不倚、一以贯之的东西。在社会哲学中,宣扬社会正义的主要推动力是道德的力量——一种将人引向从实践上考量他者利益,包括他们的福祉或总体福祉的动机。

以他人利益为取向的哲学家

柏拉图:《理想国》

柏拉图的理想社会是这样一个社会,其稳定性来自承认个体的差异;同时,当每个人都做他天生最适合做的事情时,社会正义也就在这个社会中得以实现。通过适当的教育,所有人都将有机会展示自己的能力,但只有在智力上最有天赋的人才有资格成为国家的哲学王。其他人会认可他们的卓越天赋并尊重他们。因此,所有人的社会正义——在柏拉图看来——有赖于一个正义社会的预先建构。

公民的三个等级

《理想国》中的公民按自然禀赋被划分为不同等级。相比于他那个时代希腊各城邦内部以及城邦之间发生的纷争,柏拉图可能更切实地受到一个社会稳定和谐的理想的强烈召唤,但将《理想国》主要看作是为了总结其所处社会的教训,而不是阐释一种关于社会正义观的严肃尝试,这还需要我们有更多的证据。这种看法可能由于下述事实而受到质疑,即柏拉图的最后一部著作《法律篇》对《理想国》(创作于他的中年时期)中的观点进行了相当大的修正。我们可以将《理想国》视为理想的理论,不是因为柏拉图在这里仅仅表明他所信奉的一种关于社会和谐的个人理想,而是在一种不同的意义上,他提出了一种普遍的社会正义理论。这个理论以人性中不变的东西为基础,不只适用于希腊的城邦国家,而且适用于任何地方的国家。他是这样提议的:假设人们将成为他们按其本性所成为的样子,而不是努力成为另一种样子,也不能超出可能范围变得更好;再假设只允许他们在这个国家从事他们能够做的而不是超出他们能力范围的活动；那么，他们接受自己的状态和认可他人的状态都是正义的，因为自己和他人本该如此。但出于某种原因，首先被论述的是社会正义：正义的社会由正义的统治者建立，这些统治者接受过适合其角色的教育，并且也正是他们，能够严格按照其他人的自然禀赋来发现他们适合的角色。前两个等级的成员分别是满足社会物质需要的手工业者和农民，以及保卫社会的军人；他们并不只是承担着世袭的职能，因为他们可能具有与父母不同的品质。从品质上来说，前一个等级中的成员类似于铁和铜，后一个等级中的成员类似于银，而哲学王作为精英阶层的成员类似于金；最后一个等级的责任就在于"热忱地守护和观察后代，看看他们灵魂中所混合的究竟是哪一种金属"（第3卷，第415页）。[8] 每一个人都接受与之相适应的教育，而教育也是识别或确认其真实本性的一种手段；由此，每一个人都在适宜的社会等级和职业阶层中获得"与其本性相符的荣誉"（第4卷，第434页）。同样，灵魂的三分法解释了三种能力的区分。在这个方面，正义的人忠实于自己，认识到自己心中起主要作用的是什么，并以自制管控他自己的灵魂。对于军人，如果欲望或欲求在他的灵魂中起主要作用，这种自制将会抑制任何使勇敢发挥次要作用的倾向；如果他的灵魂中起主要作用的是军人的勇敢，这种自制就会抑制理性的作用（第4卷，第443—444页）。特别是对于最低等级的人而言，由于他们被欲望或欲求支配，说他们能够达到这种程度的自律，这难免是矛盾的。柏拉图的信念是，接纳我们原本的样子以及最适合的社会角色，我们就会在灵魂各个部分的内在支配下心满意足地生活。这样，在统治者警觉的注视下，社会正义得以维系。也只有统治者才能够在"看到存在的美好"中获得最高的快乐（第9卷，第582页）。最后的跃升使他们拥有令人敬畏的正当权威，但其他等级的成员将会因为他们的知识、理性和善良而尊重他们。

假设与不足

在这个理想的理论中，每个公民都按照自己的本性履行职责（尽管需要对他自己的灵魂加以控制,因为他的灵魂与外部的政治国家一样存在内部冲突);基于这样一种观念,正义、道德和教育都是共同达成一种和谐的功能要素。这里的社会正义不是对任何已知社会秩序的描述。鉴于人性的不完美,它不能被视为对完全可以实现的东西的说明,但它是一种社会正义的典范,一种社会和道德进步的典范。在后来的《法律篇》中,柏拉图将其关注的重点从统治者的教育(占用了《理想国》的大部分篇幅)转变为其他人的美德教育,因为他在此期间似乎已经清楚地认识到他们的行为需要道德培训:不能理所当然地认为他们会遵循哲学王的智慧并且通过自我管理进行控制。不只如此,他们的理解也还是极为有限的,以至于这种道德准备从根本上来说是一种习惯化。这里真正重要的是他们的道德意向:他们可能被期望出于善意的动机或意图,抑或其他习得的意向状态而行动,所有这些都是道德习惯的产物。他们的行为图式可能包括欲望(受道德习惯控制)、道德动机或意图(习惯养成的)、道德态度和价值观(也是习惯养成的)以及行动。这表明他们缺乏基于理性-意向的慎议:确切地说,接近于自动反应。

《理想国》作为一种极权主义模式受到了人们的谴责。对我们这个时代的一些人来说,它被视为专横的、家长主义式的,但面对希腊人所处的那种战争频发的社会,柏拉图有理由寻求一种更好的社会,因为他关心的是稳定。他的主要缺陷是忽视了事实;相比来说,他的学生亚里士多德更多地通过观察事物来作出解释,因为明显表现出更强烈的科学态度。可以肯定的是,个体之间存在巨大而显著的差异;同样可以肯定的是,职业与能力和才能相适应也是令人向往的,从事不相适应的职业无疑是社会混乱的一个根源。然而,柏拉图解决个人与权威关系问题的方案在我们看来是不切实际的,甚至是天真且过于简单化的。至于他的社会正义体系的道德性,它是一种单方面的仁慈,是处于最高权力位置上的人给予的自上而下的恩惠;但悖论的是,并未允许平民——农民和手工业者,以及军人——拥有个人自由的空间。美好社会的井然有序为这些人在其中各尽其职提供了机会:保持社会结构稳定所需要的只是平民的俯首听命,心中认可并将其他事务交给懂得更多的人,能够获得处于更高等级的成员的不言自明的信任,而这些更高等级的成员则是共同利益的保护者。柏拉图的方案是基于等级制的:在他所处的时代为了表明这一点,只需要一位能言善辩的工匠或一名能言善辩的士兵从他自己同样有偏见的立场出发提出社会正义的方案。并不是说理智可以在政府的实际事务中被搁置一旁,而是说拥有同样理智的公民比柏拉图所认为的要多得多,并且这几乎不能被认为与职业相关。后来在《法律篇》中,当他谈到对精英的统治阶层以外的人进行合适的教育时,他保留了这个假设:天赋较低的人可以通过习惯但不能通过理解而变得更优秀。因此,尽管柏拉图认为社会正义与道德和教育联系在一起,但他的论证存在根本性缺陷。第一,他没有为禁止职业流动提供实质性的理由,也没有具体解释能力和资质的相互排斥性。(如果不是基于特定等级有特定能力的错误信条,还有什么理由可以解释为什么农民不能成为军人,军人不能成为统治者?)第二,在他看来,教育的目标是有限的,只是为了让潜能在特定范围内发展,以便于从事特定种类的职业。这表明他不了解人类的潜能有不断提升的空间。第三,他相信,欲望或欲求支配着所有等级的人,使他们没有机会发展其理性力量;他们只是通过习惯而绝不会通过理解成为道德生物。如果他的时代有更高的识字率,那么他的这一信条很可能会受到谴责,教育机会的不平等也会大大减少。(他看起来如此远离人间烟火,却仍然要使他的哲学王显得经验老到!)第四,统治者和普通公民之间的家长制关系没有充分地建立在人类理解的基础上;令人感到有些惊讶的是,柏拉图显然是在蔑视雅典民主经验的情况下提出这种关系的。难怪他的统治者必须被提升到几乎神的地位,拥有超理性的力量,可以揭穿尘世不完美的笼罩而进入超凡入圣的境地。然而,尽管柏拉图有其种种缺陷,在求解社会正义问题,包括公民的自由和权威的限制方面,他仍然是西方思想史上的奠基者。他还没有完全转向政府契约论,但在统治者和平民之间的关系中仍然存在一种默示协议,表达了彼此牢固且明确的社会角色的共识。这种共识使得对统治者权威的任何挑战变得毫无意义,也使得质疑任何人的社会职能的正当性变得毫无意义——只要他已经被统治者明确地归类于某个等级。柏拉图的诸多反讽之一是,在一个社会组织中,如果使各个阶层拥有一种自我认知以及对他人的认知,使他们不再具有一般程度的宽容和理解,与此同时仅仅使统治者在理性的主导下行事,而手工业者和农民仅仅受制于欲望或欲求的驱使,那么,当今政治理论中常见的问题,例如权威、自由、服从、权力等都不再是问题。对人类关系中的道德和正义问题,柏拉图的答案是创造一个正义的社会。这样,公平对待他人,以及对他人利益的实践考量,都会随之而来。事实证明,虚无缥缈的是手段,而不是目的。

柏拉图的错误假设并不减损他在寻求正义社会中所秉持的道德信念的真诚性。社会正义源于对他人利益的考量,而非不顾一切地追求一己私利。这与霍布斯形成鲜明的对比。柏拉图是空想的,远离现实的。而霍布斯对于他所处社会的所见所闻使他将自我利益视为第一位,这阻止了他从更为广阔的视野来认识人类社会,从而失去了从总体上把握社会正义的基础。教育是潜能的发展和改善社会关系的手段,从道德上来说尤其如此。但霍布斯并不像柏拉图那样对教育感兴趣,因为他认为人们就是现实呈现的那样(他也如此相信),道德状况也就是现实所呈现的那样。至少他尝试了柏拉图没有做过的事情:他确实认真思考了他在自己的经验中发现的情况。他没有理由去争论什么样的状态是应然的,他的局限在于他依赖于自己的观察以及对人性的感知;他的思考是以科学为取向的,因而他认为没有必要将这些观察结果与其他人的观察结果进行比较。然而,相比于柏拉图来说,他更近距离地观察到了熙熙攘攘、利来利往的市场。而柏拉图则像奥林匹斯山的诸神那样凝神思考正义社会的架构,从而为有利于芸芸众生的社会正义奠基。

卢梭:《社会契约论》

就契约理论来说,卢梭与霍布斯、洛克的主要差异在于,他意识到人民与其统治者或主权者之间的协议使他们有机会与他人建立自愿的道德关系。因此,他们不仅会利用协议来保护自己的安全和财产,而且发现自己置身于一个公民社会;在这样一个社会中,施加于个人的真正道德要求就是道德的根本内涵,即对他人利益的实践考量。由此,他们将在道德共同体中发展成为道德的存在者。相比于他们在原先状态——自然状态——之下遵从暴力原则的生活,他们现在的生活将遵从一致同意的道德原则和规范。

道德关切

卢梭仍然愿意以与洛克大致相同的语气说,任何政治联合的目标"都是其成员的安全和繁荣"(《社会契约论》,第 9 章,第 130 页)。[9] 然而,卢梭并未止步于这个老生常谈的看法,他将公民社会视为人类发展成为自由道德主体的契机,因为接受道德法则的约束恰恰意味着被赋予自由。他在法律和自由之间建立了一种道德联系:在这里,正义和道德都更接近于我们赋予它们的形式概念,而不再像霍布斯和洛克那样将其与自我利益和审慎联系在一起,他们是出于保护个人利益的需要才关心和平与强力政府。正如我们将要看到的,卢梭并不关心分配正义问题,但其原因不同于(本身就是有产者的)洛克。

正义与道德

卢梭关于正义和道德的观点与其独特的社会契约观念以及由此产生的道德变革有关,也与他的公意观念以及法律、道德和自由之间的联系有关。当自然状态下人们不再能保全自己,继续这种状态将导致自我毁灭之时,"社会公约"——正如他有时所称谓的那样——就成为一种必要。他关于社会契约问题的论述,尽管一开始明显受到霍布斯和洛克的影响,但随后转向了个人自由。问题在于要达成这样一种联合:一方面要保护每个成员的人身和物质财富,另一方面要让个人仍然像以往一样自由,除了服从其本人,不服从任何其他人。用适用于某些当代社会理论的话来说,既然每个人将他自己以及他的权利交给这个共同体,"对于所有人的条件便都是同等的,正因为它们对所有人都是同等的,所以没有人想要使这些条件成为其他人的负担"(《社会契约论》,第1卷第6章,第60页)。在社会公约中,每个人都将他自己和权力交给公意;但这个公约与霍布斯和洛克所发现的社会契约有所不同,因为在这里不存在权力从个人到主权者的转让:主权属于并且始终属于人民(第60—61页)。从自然状态到公民社会,个人身上发生了意义深远的道德变化:事实上,正是他作为公民社会成员的资格,将他从一个服从生理冲动、欲望和自利动机的生物转变为一个有道德的人。我们可能会忽视卢梭倡导高尚情感和开阔思想的热情。显然,他关于社会契约的论述是另起炉灶的,并意图展现霍布斯和洛克所遗漏的东西,即处于自然状态的人是一种相对"狭隘、愚昧的动物"。同时,卢梭假定了一个新的条件,即自然状态下的人由于自愿地屈从而悖论性地获得自由,服从为自己所规定的法律的自由。这种自由是道德的自由,是他作为公民社会的成员而获得的。他的公民自由受到公意的约束(第1卷第8章,第64—65页)。公意是规范性的,因为它以公共利益为依归;不过,尽管它在这个意义上是"正当的",并且不会故意腐化人民,但它很容易出现人为的错误(第2卷第3章,第72页)。因此,立法者是必要的,是一个具有最高智慧的人,但作为立法者,他决不能拥有行政权(第2卷第7章,第85页)。自始至终,他一再强调主权属于人民。卢梭很容易从一个角度转移到另一个角度,也从一个重点转移到另一个重点。他能够很快地把社会契约的巨大道德优势放在一边,不再关注个人进入公民社会的变化,从而几乎回到霍布斯和洛克那种传统的、更为局限的观点。他总结说,社会契约使个人的处境比他在自然状态下好了很多:他已经为了更安全的生活而放弃了不确定和不稳定的生活,为了自由而放弃了天然的独立,为了社会的保护而放弃了身体上的强力。在这里,卢梭与他的两位前辈的区别仅仅在于他谈到了自由(第2卷第4章,第77页)。

困难与幻灭

在另一些方面,尤其在论及公意、权利平等和法律时,卢梭的道德观点是明确的。社会公约明确指出公民社会中人人平等:所有人都受到同等条件的约束,所有人都享有同等的权利(同上,第76页)。法律是公意的体现,因而就其定义来说不可能是不正义的:人民是法律的真正制定者,说他们制定对自己不公正的法律,这是自相矛盾的。甚至君王,也不能凌驾于法律之上。但由于公意并不总能洞察一切,因此需要专业的"法律工作者"(第2卷第6章,第82—83页)。道德是法律的核心,因此可以恰当地将其称为"不可动摇的基石"。尽管在公民社会中,法律具有很高的道德地位,但个人作为自由道德主体也面临着一些问题。卢梭认为他遇到的困难无从解决:在名义和理论的层面上,公民社会成员在公意下拥有主权,他们是自己的法律的制定者;在实践中,他们必须将立法工作委托给具有合适才能的人,同时要成为自由的道德主体,他们需要有机会对政府和立法方面的事务作出道德判断。立法者制定谋取私利的法律,这样的腐败甚至比政府或拥有行政权力的人滥用法律更为严重。在他的信念中,"从来没有真正的民主,也永远不会有"(第3卷第4章,第112页)。代议制政府使个人处于道德上的被动状态,而不是处在他为自己的道德发展应承担责任的道德主动状态。个人应该有机会表达"责任之声",但在像英格兰这样的代议制政府中,人们在自由地选举政府成员之后就开始被"奴役"了(第3卷第14章,第141页)。他的结论是,除非是非常小的共和国,比如希腊的城邦国家,人们能够通过在市场上集会作出自己的决定,否则个人在公民社会中行使权利并将主权掌握在自己的手中的观念似乎是空中楼阁。这不免进一步让人感到悲观,怀疑公民社会能否保持其道德上的凝聚力。它也说明了卢梭的社会正义观念的局限性。对于任何政府,无论是家长式的还是真正仁慈的政府，将自己视为分配正义的代理人，在教育或其他方面根据既有资源分配利益，都限制了人民个别地主动参与道德议题的机会。卢梭对社会契约理论的贡献在于从自由和道德发展方面维护个人的利益。我们将在后文探讨罗尔斯的社会正义理论是否能够弥合卢梭留下的鸿沟，并将重点从个人道德福祉转变为整个社会的道德福祉。最后，卢梭看到了这样一种可能性：公意的声音被压制，社会的联系被破坏，自私自利在公共利益的名义下大行其道（第4卷第1章，第150页）。社会公约没有兑现早先的承诺。尽管如此，卢梭仍然对社会契约理论作出了重大贡献。关于人性以及使人有可能从自然状态悖论性地进入对他来说更加自然的状态——因为这为他提供了自由的道德发展机会——的政府形式，卢梭虽然心存疑虑，但他补充了一种此前在很大程度上缺失的道德认识，并且至少是第一次试探性地提出了这样一种看法，即契约可以是实现一个更有道德的社会从而也是实现社会正义的手段。

康德：《道德形而上学原理》

康德虽然有时被归为契约论者一类的人物，但他不能与霍布斯、洛克和卢梭同属于一个类型，除非对"契约"的含义不加限定，并忽略他在观点上与他们的根本差异。尽管他们都有公民社会的观念——在这样一个公民社会中，其成员就他们意愿生活于何种社会达成特定协议，并认为据此联合起来符合他们的利益或对他们有利，但对于康德来说，寻求个人利益的任何一种联合体都与道德无关。他心目中理想的联合体来自理性的人为自己和所有其他人的道德立法。这意味着，只要理性的人遵从道德法则，特别是将他人视为目的，而不仅仅是作为手段，那么，社会不公正就不会发生。在他的理想中，组成这样一个理性人联合体的每一个人都是自律的（或独立的），每一个人的道德立法既为他自己也为他人，每一个人根据善良意志的指示履行义务的要求。卢梭看到了人们在道德意识的推动下为了互利互惠而结合的可能性。康德对此给出了强有力的论证。他认为,理性意志要求每一个人在与他人的交往中必须按道德行事,将任何其他人都视为目的本身;除此之外别无选择。这样一种以道德关系为根本的联合几乎不需要契约。理性意志一旦具备,它就是一种共同理性和共同道德的必然状态。与卢梭注重道德的公民社会观念相比,康德哲学深入内心,产生的是强有力的个人道德。对于理想社会的意义显而易见,无需赘述。

道德法则与自律

一方面是自由,另一方面是个人在脱离自然状态而自由地服从公民社会的约束时施加于自己身上的道德法则;这两方面之间的似是而非是卢梭热衷于探讨的。从宽泛的意义上说,他孜孜以求的是近乎于康德的自律概念;但康德将这个基本概念发展为一种伦理理论,同时改造了卢梭关于公意神圣的观念,使其本身就具有法则和道德命令的力量。康德在《道德形而上学原理》中一开始就断言,在这个世界上,除了善良意志以外,不可能有可以被称为无条件善的东西(第9页)。[10]

在第二章,他探讨了所谓的从大众道德哲学到道德形而上学的过渡。根据他的解释,自然界的每一种事物都遵从规律运行,只有理性的人才能按照法则或原则行事;也就是说,只有理性的人才会被认为具有意志。根据原则行事需要理性的运用,因而可以说,意志就是实践理性(第29页)。命令式是一种理性的要求;对于意志来说,它意味着具有强制性的客观原则。命令式可以是假言命令,也可以定言命令。如果一种行为是善的,但并非本身是善的,而只是作为达到其他目的的手段,那么,要求这种行为的命令式就是假言命令。如果行为本身是善的,亦即被理性意志认为本身是善的,那么,这个命令式就是定言命令。因此,定言命令表达的是一种行为具有不涉及任何目的的客观必然性(第30—32页)。审慎(在康德的意义上)是假言命令的一个例子,因为它所要求的行为是达成另一目的的手段:影响他人是为了将他们用于自己的目的,实现暂时的或长远的利益(第33

页)。只有在定言命令的情况下,义务才具有道德意义,因为只有这样的命令,才对我们的行为具有立法的权威性(第 42 页)。应当通过意志使行为的原则或准则变为普遍的规律,这一关于定言命令的观念意味着这样一种自律,即排除所有个人利益、所有外在目的的影响,采取一种道德美学立场的自律。

人格与立法意志

康德将所有理性存在者都作为人来看待:就其本质而言,他们是目的本身,而不仅仅是被他人任意使用的手段。为此,他补充说,每个理性存在者的意志都是普遍立法的意志(第 49 页),从而使意志摆脱任何自我关切的嫌疑。康德认为,如果理性存在者的意志不被视为立法者的意志,则它本身就不被视为目的本身(第 52 页)。根据共同的客观法则,也就是在这样一个原则之下,即每个人永远不要把自己和任何他人仅仅视为手段,而是要同时将其当作目的本身;所有理性存在者结合在一起,构成了康德所说的目的王国。意志自律的对立面是他律,指的是行为遵从这样一种错误的假定,即道德生活旨在追求某个目标(例如幸福)。正是自律,赋予人类以尊严(第 54 页),使理性存在者成为目的本身。因此,意志的自律是道德的最高原则(第 59 页)。

辩护问题

在第三章,康德解释了另一个过渡:从道德形而上学过渡到纯粹实践理性批判。他在此指出,为意志自律提供解释的是自由概念;对于所有理性存在者的意志来说,自由必须被设定为其固有的性质(第 66—67 页)。但出于种种原因,他在本章中的论证难以辩护。由于涉嫌循环论证,他试图通过区分物自体世界与表象世界,或者说本体与现象,来确证自由的存在。正是这种区分,作为一种将行为自由归属于本体世界并试图予以辩护的方式,引起了康德批评者的广泛质疑;[11] 同时,这也与他在《实践理性批判》中对自由的看法存在不一致。康德首先指出,我们通过感觉自动获得的是事物的印象,但这些印象并不使我们理解它们自身的本质:我们通过这些印象所能获得的只是关于现象的知识。因此,在感性世界和知性世界之间存在着对于理性而言具有重要意义的区别,它显现了理智世界超越纯粹感性世界的程度。就理性存在者隶属于感觉世界来说,他服从自然法则,或者说是他律的;但就其隶属于理智世界来说,他遵从独立于自然之外的法则,这些法则以理性为基础,使意志的自律成为可能。正是自由的观念使他同时能够构想出自律的观念。康德认为,这一论证消除了从自由到自律,再从自律到道德法则的循环推理(第70—72页)。他接下来追问,定言命令如何可能？他看到的问题是:他必须阐明,人的意志自由与致使其服从自然法则的决定论之间的矛盾不过是一种表面的矛盾。这只是看待人类处境的两种不同方式,二者并非不相容(第76页)。但是理性的思辨哲学不能解释自由,正如它不能解释纯粹理性如何是切实可行的一样。解释需要事物可以参照的自然法则,但自由是一种抽象,一种"理想的概念"(第79页)。一个定言命令只有被赋予自由的观念,才可以被视为是可能的,但人类理性本身所能做到的只是声明这个命令与道德法则的有效性。假定理性存在者的意志是自由的,则必然可以推导出它是自律的(第81页)。但康德在最后指出,任何时候,如果一个定言命令没有被视为具有绝对必然性,则其原因在于一般人类理性的本性。他将自律作为最高道德原则的推论仍然是毋庸置疑的。至少,通过使他的论证尽可能地"达到人类理性的极限",他能够理解定言命令的不可理解性(第84页)。关于理性决定行动意志的力量,他毫不怀疑:没有这一点,他就无法捍卫自律。这是无需借助任何经验的事物就能够做到的(《纯粹实践理性分析》,第131页)。

康德不时地面临类似的辩护问题,尽管有时他对理性的信心更甚于他在《道德形而上学原理》中对结论表现出来的信心。他的先验辩护在前面已经提到:没有任何东西能够为理性本身辩护,它必须被提升到无需辩护的状态。他试图将本体的人合理地解释为理性的、自由的、自律的、属于理智世界的人;相比之下,现象世界的人服从自然的因果律,因而是被决定的,很大程度上依赖于对自由的直觉信念。但让康德满意的是,本体与现象的区别使他能够独立地确证自由的存在,正如他所孜孜以求的那样。

实现社会正义,或者对于一个社会所有个体来说的正义,在康德这里大概只需遵从人的理性本性,正如在本体自我中所做的那样。相比之下,柏拉图相信,社会正义的最终实现有赖于建立一个秩序井然的社会体系。我们现在转向当代哲学家约翰·罗尔斯,他是我们这个时代关于社会正义的最重要论述者之一,并且也是被认为与康德道德理论有着密切联系的论述者。

罗尔斯:《正义论》

根据罗尔斯自己的解释,他的《正义论》属于契约论传统,与洛克的《政府论(下篇)》、卢梭的《社会契约论》以及康德肇始于《道德形而上学原理》的伦理著作有着显见的理论渊源。[12] 罗尔斯指出,他的作为公平的正义(justice as fairness)观念类似于康德的自律观念;他的原初状态(original position)可以被视为从程序上对康德自律和定言命令的阐释。他采用这样一个程序来促成各方作为自由和理性的人达成共同选择,既是为了避免他律(区别于自律),也是为了保持康德所提出的手段-目的之别;他的正义原则是康德意义上的定言命令(第 251—253 页)。除了自律和定言命令之外,他还特别提到了康德理论的一些方面,例如以目的王国为旨归的立法、与现象不同的本体、自由与道德法则之间的联系。我们现在将转向罗尔斯的理论,但首先要指出的是,康德与卢梭一样没有提供分配正义方面的指导原则:他们所关切的都是个人如何选择在自我施加的道德法则之下自由地生活。罗尔斯明显地偏离了康德的理论:尤其明显的是,他对分配正义以及教育机会公平进行了论述。

罗尔斯将他的理想社会理论建基于这样一种认识之上,即现实社会秩序中存在着不平等；尤其不平等的是，人们的吉凶祸福既取决于天生禀赋如何，也取决于生逢何种社会境遇。为此，他意图构建一个理想的社会制度，在不平等中寻求平等。他在这么做时没有像柏拉图那样遐想万里或具有远见卓识。他将他所了解的这个社会——不平等世代相传的社会——作为他的出发点，因而，关键在于反复考虑、不断修正，直到最后实现他所认为的那种理想的平衡。柏拉图的方法相对来说更为激进——以他熟知的那个社会的大致认识为基础，创建一个不一样的社会。尽管对他人利益予以实践考量的道德观念和公平待人的正义都是罗尔斯的基本关切，但在教育方面，他没有将其视为与社会价值观一致的个人能力的发展。他对于所声称的他与康德相接近的其他方面——康德关于自律、定言命令以及本体自我和现象自我的概念——模糊不清的回应掩盖了他们之间的实质性差异。

与康德一样，罗尔斯构建了一个关于道德关系的理想理论。他从康德那里借用了人们在理性和善良意志的驱使下相互合作的观念；也从康德那里借用了这样一种道德原则观念，即对于所有具有善良意志且有理性的人来说，道德原则具有普遍吸引力，并且也正是在这个意义上变得具有普遍约束力。但是，当罗尔斯论及原初状态下理性的、不偏不倚的慎议时，他却对理性是否应当有完全一致的导向犹疑不定；这给我们造成的印象是，他将原初状态中的人与康德的本体自我之间进行类比是勉强的，因为原初状态下明显存在各种各样的理智立场，罗尔斯认为只存在一种理性立场的主张是难以置信的。

理论的主要特征

罗尔斯让我们想象，如果"想要增进他们利益的自由且有理性的人"将在一种假设的契约中确定他们相互联合的条款，从而构建正义原则，这些原则将作为基本的组织原则调节所有进一步的契约，指定可接受的社会合作类型以及可接受的政府形式，那会是一种什么样的情形(第11页)。如果我们置身于这样的境地，我们将要做的是在一起决定什么是正义，亦即如何才是公平地对待所有人，但我们是在原初状态之下,在他所谓的"无知之幕"后作出决定的,因为我们完全不了解我们在社会中的位置抑或地位,也不了解我们以后将如何在社会中分配益品(goods)。我们的智力相对他人而言是高是低、我们各自持有什么样的善的观念,以及我们有什么样的特殊心理倾向,比如乐观或悲观,这些都是我们不了解的。但这个"无知之幕"并不会导致完全的无知,因为在这种情况下,我们被假定确实拥有关于人类社会的常识,例如社会组织的基础,同时我们也确实拥有关于心理学的常识。事实上,在与正义原则的选择有关的常识方面,是没有任何限制的(第137—138页)。我们是有理性的、平等的、无私的——我们之所以是平等的,是因为我们所有人都受到同样的限制,具有获得相关常识的同等途径;同时我们对他人的利益不感兴趣,我们都是有理性的利己主义者。但是,我们随后了解到,理性的力量在于它与道德之间具有一种牢固的康德式联系,因此在原初状态下自私自利是不可能的。我们被要求想象这种假设的场景,从而可以获得一个关于公平对待所有人的合乎理性的表述,并将它与我们现实拥有的关于此种公平或社会正义的各种道德信念进行比较。也就是说,甚至我们的道德意向,特别是我们的道德信念所体现的态度和价值观,也是可以被修正的。我们可以使合乎理性的模型和现实的道德信念相互参照,并对二者进行修正,直至达成我们可以接受的折中方案。因此,正如罗尔斯所说,通过"从两端进行"和"反复来回"的修正,我们最终达到一个不需要再进行调整的阶段——"反思的平衡"阶段(第19—20页)。在这个过程中,我们会发现,需要修正的不仅是原有的道德判断或道德信念,而且是在"无知之幕"背后通过不偏不倚(却合乎理性)的选择而初步获得的一些公平原则。最后达成的折中方案就其根源来说是一种主观的道德判断,是我们自始至终修正个人道德态度和价值观的结果。用罗尔斯的话来说,我们所能达成的是"通过直觉取得平衡"(第34页)。

假设以这样一个原初状态来确定使我们联合起来的条款,然后将这些条款与

第六章 哲学的视角

我们现实道德信念所蕴含的正义观念进行比较,这一运用想象的过程使我们能够考量我们自己的利己主义和有限的仁慈。一旦我们返身回到现实世界,回到现实世界中的现实自我,我们的意向就会全方位地发挥作用,我们的慎议也会一如往常,是基于理性和意向的。我们可能在一定程度上变得不那么仁慈:我们可能不再希望将他人视为平等的人。如果我们接受原初状态的假设以及努力实现反思平衡的程序,那么我们至少可以期待的是,仅仅依靠理性就足以揭露利己主义的粗鄙。尽管罗尔斯承认我们在最初的状态下就是有道德的人——是有理性、有自身目标的,也是能够产生正义感的(第12页)——但他假定,当我们进行慎议或反思以便在原初状态与我们心目中的正义信念之间寻求平衡时,合乎理性和道德的视角会继续存在。然而,我们没有必要通过模拟原初状态下人如何反思来确立我们的正义观念;尽管这可以说有助于解释我们的道德判断,并且也有助于阐明我们的正义感,但它完全是一种假设的情景(第120—121页)。在实践中如果的确会有对这样一种反思的模拟,那我们大概是在进行想象力的训练。对于社会正义来说,似乎不难找到一种直截了当、考虑全面的探求方法,这就是让我们充当同样不偏不倚的裁判角色,在我们力所能及的范围内达到最高程度的公正严明,以至于我们将这一情景的相关事实全部考虑在内:不只是社会组织和心理学的事实,而且是多种多样的兴趣和动机、理想、态度和价值观、能力和资质等,也就是说,不需要假定原初状态的无知之幕。另一方面,如果我们假定有这样一个原初状态,我们在这种状态下与他人交往并共同决定实现联合的条款,但与此同时,我们需要保持警觉,以便我们能够查明关于他人以及我们自身的所有事实并将其考虑在内。那么,对于罗尔斯来说,认为这个程序不太可能公平地对待他人,从而也不太可能达成一种能够被用作进一步思考社会正义之基础的理性立场,是有理由的。这是因为,罗尔斯似乎默认了我们的意向(在我们使用这个词的意义上,特别是指动机、态度和价值观)在慎议中的作用。如果我们试图将其排除在假想的原初状态之外，然后再回到基于理性和意向进行慎议的现实情形，那么，认识到我们的个人意向所具有的作用和影响，认识到我们的个人利益，有可能会使我们在我们的正义观中添加更公平的因子。罗尔斯假想的原初状态阻止了我们所有人的一种或许是无意识的倾向，即在这样的反思中合理化自身利益的倾向。如果我们对正义原则进行反思时能够采用无知之幕，然后像他所描述的那样达到一种平衡的状态，那么启示是，尽管我们的决定总是主观的，因为它们不可避免地与个人意向有关——无论理性有多大程度的介入，但它们将不会赞成我们各自的条款：我们将有理由认为我们制定的正义原则对社会中的所有人都是公平的。对于这样一个重要的主张，我们在后文中还有阐释。这里，我们先探讨罗尔斯自己的原则，这些原则大致是以这种方式推导出来的。

不平等和分配正义

罗尔斯从一开始就让我们相信他探究正义的社会视角是恰当的。他不是从个人道德的角度来探究正义的，因为他有这样一个假定：如果社会中的个人可以通过某种方式接受道德教育，或者通过习惯的培养，从而能够认识到与他人的道德关系就是对给予他人利益以实践的考量，那么，一个正义的社会必然随之而来：个人必然会使之实现，也就是说，他们之间将建立道德关系，并在此基础上组成社会。如同柏拉图那样，罗尔斯也假定，我们必须首先关注社会的基本结构：只有结构是正义的，个人才有可能合乎道德地生活。他的理由是，个人是受到各种因素的影响，因为他们甚至在出生之时就面临着不同的生活前景。因此，我们制定的原则应该尽可能减少这些不平等（第96页）。从订立契约的角度来看，其目标是采取一种作为公平的正义的观点，基于平等的原初状态确定一些原则，以便能够在以后规范社会合作和政府的形式（第11页）。我们可以非常笼统地说，不正义就是指不合乎任何人利益的不平等。所有的社会益品，我们在社会中珍视的一切——自由、各种各样的生活前景、包括文化利益在内的教育、休闲或娱乐的机会等——都应该平等分配,除非可以证明某一方面或多个方面的不平等分配合乎每个人的利益(第62页)。这个一般性陈述,以及他的两个正义原则(第60页)的首次陈述,由于这样一个假定而受到了更大程度的限定,即处于原初状态下的理性人会考虑社会中最弱势者的境况;正是这个最弱势者,构成了罗尔斯构想社会正义的底线。他认为原初状态下由理性所决定的针对制度安排的两个正义原则由此产生了。(罗尔斯将制度解释为一种公共的规则体系,它就是社会的基本结构,第55页。)第一个原则是,每一个人对与其他人所拥有的自由体系相容的最广泛的基本自由体系都应有一种平等的权利;第二个原则是,社会和经济的不平等安排,应当使最弱势者获得最大利益,并且应当依系于职务和地位"在机会公平平等的条件下向所有人开放"。在排列上,第一个原则优先于第二个原则。对任何一种自由的限制,必须是为了在制度上加强整个自由体系;使平等的自由变得更少,必须是那些拥有较少自由的人可以接受的。第二个原则优先于效率原则。另一个条件是一种机会的不平等必须增加那些机会较少的人的机会。总体的思路是,所有社会的基本益品(包括教育)都应当被平等地分配,除非一种不平等的分配有利于最少受惠者(第302—303页)。子孙后代也被考虑在内。在原初状态下,订立协议的人在承认他们公平地从前辈那里接受东西的同时评估如何公平地给后世留下一些东西;但这个"正义的储存原则"作为第二个正义原则的限定条件,根据特定社会的现有条件规定了公平的储存比率:在入不敷出的地方,较低的储存比率是意料之中的。

机会平等

我们现在将考虑机会平等理论,特别是教育机会平等的理论,提出了什么样的规定。罗尔斯之所以强调必须以社会的基本结构作为起点,使正义从一开始就彰显出来,是因为他认识到当下社会的不平等;在这样的社会里,很多人一出生就不得不接受黯淡的生活前景。这是我们社会一直存在的情形。社会条件所导致的不平等,以及那些与"自然博彩"造成的个人禀赋相关的不平等,是不应该被接受的。这样的不平等显然非常之多,它们显然也是需要实质性考虑的,例如,社会条件应该保障具有同等才能且具有同等干劲的人有同等的机会,阶层壁垒不应损害任何人获得文化知识和技艺的机会。对于某些社会来说,更有争议且乐观的建议是,学校体系(无论是公立学校还是私立学校)都应当设计得有助于填平阶级之间的沟壑(第73页)。在本章中,我们仅限于从纯粹理论或理想概念层面探讨社会正义,正如罗尔斯所说的那样,它针对的是制度及其公共规则、权利和义务等;同时考虑它是否足以提供一个对机会平等进行实质性考虑的框架。为此,我们主要关注差异原则,以及他赋予其理论作为一个整体的合理性和道德性。

评价

  罗尔斯的差异原则对制度的要求是提供平等的基本自由和公平的机会平等。在这些方面,一些成员在社会背景和自然禀赋上比其他成员更幸运。根据差异原则,只有当境遇较好者改善了处境较差者的期望时,提升他们的自身期望才是正义的(第75页)。罗尔斯认为,由于社会条件的影响如此普遍深入,以至于影响到儿童学习的根本动机,因此有必要采用这一原则,以减轻自然博彩在各个方面的任意影响。当然,正如他所承认的那样,那些拥有相似能力和才艺的人应该有相似的生活机会;如果他们准备好使用他们的能力和才艺,那么无论他们出生在哪个社会阶层,都应该能够大展宏图。但是差异原则试图解决两个不同的问题:社会弱势者问题,以及能力和天赋较差者的问题。罗尔斯相信,从有理性且无私利性的原初状态出发,契约的各方会采纳差异原则。这是值得怀疑的。在这种情景下,是否每个人都会同意通过确保社会计划不对社会弱势者的机会产生不利影响来实现公平的机会平等,这是完全不明确的。在原初状态下,考虑社会中每个人基于需求的利益,与此同时没有任何明显的区别对待,这难道不是合乎理性的吗?正是考虑到将分配正义应用于教育时,差异原则看起来最失宜,甚至是与机会平等问题无关的。罗尔斯阐明了差异原则如何分配教育资源，以提高那些天赋较差的人的长远期望。他的差异原则将天赋视为共有的资产予以分配。分配的收益是要共享的。人们的共同看法是，教育不仅要考虑经济效率和社会福利，而且同等重要的是考虑到它的文化方面，以及它为参与社会事务做准备的作用（第101页）。教育资源配置的重要结果是，只有那些天赋较差者的境况得到改善，天赋较好的人才能从他们的好运中获益。这种后果主义观点的缺陷在于它有悖于教育使个人完善的原则，因为根据这一原则，更有天分的人的潜能发展是目的本身；这些人本身就应当被视作目的，而不仅仅是实现他人之目的的手段，这是罗尔斯后来认可的康德主义原则的要求。将能力较强者与能力较差者的命运捆绑在一起，这不仅是歧视性的，从而是不正义的，而且归根结底也是不切实际的。那些天赋较好的人通常会在很多方面从他们的好运中获益，而这并不会影响那些天赋较差的人的处境，例如，在好奇心和理智的愉悦方面获益。

就教师和物力而言，我们可以假设教育资源总是有限的：当它们受到限制时，是否每个人都应该从任何可用资源中获得同等比例的收益，这是有争议的。在这一点上，天赋较高的人无疑会变得相对更好，因为他们可以自学，可以更多地依靠自身的资源；而这种情况的发生是无法阻止的，除非采取措施剥夺他们个人发展的公平机会。原初状态下的人如果具有关于什么是教育以及它意味着什么的知识背景（并且罗尔斯已经承认可以使用任何相关知识），那么，他们作为有理性的利己主义者，并且从他们相互之间漠不关心的角度，有可能这么认为，即应该根据每一个人的需求，向其提供可获得的资源，使他们可以逐步发展其潜能。同时，在总的资源不足以满足所有需求的情况下，其缺口应该在所有受教育的人之间尽可能平摊。如果在资源极其有限的情况下采用差异原则，那么，企图改善天赋较差者的教育，可能会导致对天赋较高者需求的忽略。从教育作为发展与社会价值观相一致的个人潜能这一形式概念的角度来看，并结合道德作为对他者利益的实践考量这一形式概念,任何可能限制天赋较高者发展潜能的条款(例如差异原则强加的条件)都是不能被允许的。

改进罗尔斯社会正义原则的设想

以罗尔斯的理论为基础设想一种修正过的社会正义原则,部分是为了进一步对罗尔斯立场进行评估,部分是为后续章节中进一步考虑社会正义奠定基础。

罗尔斯的第一个原则是指个人对满足前述相容条件的最广泛且平等的基本自由之总体体系享有平等的权利。我们必须将这一原则作为基本原则,同时也使其在排序上优先于第二个原则,后者就其现在简化的形式而言是指在公平的机会平等的条件下,所有的职位和地位向所有人开放。罗尔斯认为基本自由包括:政治自由,即投票权和担任公职的资格;言论和集会自由;信仰的自由和思想的自由;人身自由以及持有个人财产的权利;免于任意逮捕和剥夺财产的自由(第61页)。显而易见的是,不仅在一个公正的社会中,所有公民都应该拥有这些基本权利,而且没有必要赘述的是,除非首先保证基本自由,否则所有公民有权担任公职和职位的正义性就没有保障。只是需要注意,在一些社会中,在担任公职、教育和其他方面的歧视是由当权者的政治和宗教价值观立场造成的。基本自由是防范专制政府,因为它可能在招募公职和职位时存有偏见或歧视。基本自由是根据共同价值观对包括教育资源在内的资源进行公平分配的基础,如果它们被代议制政府所忽视,或倾向于支持小团体利益,公民就有机会行使政治自由以恢复适当的平衡。换言之,基本自由确证了形式的正义观念,及我们所表述的公平待人概念。教育资源调配中的公平分配意味着接受者之间的恰当的平衡或合理的比例,从而不仅使有天赋和处于社会优势地位的人,而且使学习迟缓者、学习障碍者和社会弱势群体都能获得适当的关注,无论他们在经济和文化方面的社会贡献的大小。由于这些千差万别的情形要求各种各样的教育供给,满足我们正义原则的唯一标准就是需求。任何后果主义的考量都是次要的。正义的储存原则也是如此。作

第六章 哲学的视角

为教育者，我们并不是刻意发展文化遗产，使其更加丰富以传递给下一代，这样我们这一代人就能在历史的传承中发挥自己的作用。它是否变得更好与变革无关：那将是下一代根据其特定标准做出的价值判断。

我们现在可以对罗尔斯的第二个制度正义原则进行修正。在保留他提出的所有公职和职位对所有人开放的同时，我们将其差异原则改换如下：

每一个人都有按需享有基本社会益品的平等权利。

由此，如果我们再次假定每个社会中的资源都是有限的，那么，在这些资源的分配中，教育——作为要分配的社会益品之一——将满足个人的成长需求，并且当资源不足以完全满足他们的需求时，任何一个学习者群体——有天赋的、弱势的或有学习障碍的、能力一般的或有其他种种问题的——都不会在降低需求满足（从资源角度来看）的比例上低于其他群体。每一个普遍的正义原则都必须具有足够的弹性空间，以容纳基于对他人利益的考量和公平对待他人的理由而具有正当性的特殊情况。"平等权利"原则并不假定所有人都将在基本社会益品或社会总体珍视的物品上有同等的获益，因为除了需求标准之外，还有其他决定个人实际获得什么的因素，包括抱负和成就。这其实意味着满足个人需求的一个恰当的最低限度；同时某些社会益品如此紧密地联系在一起，以至于一种益品的获得取决于预先获得另一种益品。因此，就教育而言，基本社会益品必须包括适当的最低水平的物质福利，例如住房和食物，以及个人对其相对于他人的社会处境达到一定程度的满意。贫困以及对社会的不满意会严重地削弱了学习所需的动力和成效。教育唯有以乐于学习的意向——积极的动机、态度和价值观——为基础，才能发挥其发展潜能的有效作用。

职业准备提出了一个特殊的困难。让人们接受职业培训，以便成为商人、技术人员或各个行业的专业工作者,这对社会中的个人是有利的。通过这种教育,个人和社会的需求都得到了满足。在企业自由经营的社会中,如果个人在一个界限之外接受了高于满足其最基本的教育需求(就其发展潜力而言)的教育,则相比于被视为社会集体中的个人而言,他将在这种教育中受益更多。对于那些需要高等教育以进一步发展其理智潜能的人,被认为是有权接受高等教育的;但是,如果涉及的是那些试图为职业准备而深化专业学习的大学生,由于这种学习的主要受益者是他们自己,并且根据我们的教育的形式概念,这种学习也超出了他们的教育需求,那么说他们有权接受这种教育的理由就变得不充分了。在这里,稀缺公共资源的管理者需要作出分配正义的裁断:对于某些人来说,将他们归入例外的一个类型或许是有理由的,但这有赖于这样的一个假定,即他们接受高等教育的支出很可能在整体上使社会上的每一个人都受益。例如,这一理由可以适用于各级教师的职业准备,也可以适用于按社会标准收入不算太高的那些职业人员的职业准备。但就其他一些人而言,根据现在已经修正的原则,由公共资金来支付高等教育课程的正当性是可疑的,其所依据的需求标准可能是服务于小团体利益的。

我们回顾一下,罗尔斯的第二个正义原则的部分内容是说,在机会公平均等的条件下,当公职和职位向所有人开放时,社会和经济不平等就是具有正当性的。也就是说,在机会公平均等的基础上,每个人都有权成为公职和岗位的候选人。由于这作为他所认可的政治自由的一部分已经体现在第一个原则之中(第61页),无需重新陈述。因此,我们将简化罗尔斯的说法,但不再修正他的表述。我们提出的社会正义的两个原则是:

  第一个原则:在不侵犯他人自由的前提下,每一个人对基本自由都应有一种平等的权利。

第二个原则：每一个人都有按需享有基本社会益品的平等权利。

关于基本的社会益品，我们的看法是与需求相对应的，因为它部分地受到社会条件以及社会供给能力的影响。

对罗尔斯论据的批评并不一定证明与他的社会正义原则相似的社会正义原则是错误的。[13] 我们将简要梳理我们与他的立场不一致的一些方面，特别是那些与理性和道德相关的部分，以及在康德那里寻求可靠性的倾向方面。同时，我们将忽略一直以来不断被提出来的那些更为琐碎的批评，比如认为原初状态及其无知之幕是虚构的；这种批评似乎更多地出自对罗尔斯意图的误解。首先，在理性与道德之间的关系上，罗尔斯极为仰赖康德的看法，正如他希望在通过对作为公平的正义给出康德式解释（第 251—257 页）中所表现的那样。他宣称他的理论是以康德的自律概念为基础的。一般认为，康德的这一概念是指一个人作为一个自由且平等的理性存在者按照他所选择的原则行事，原初状态下的无知之幕使其不可能做出不自主的选择。也就是说，不可能从社会地位或特殊需求等方面考虑。他进一步宣称，正义原则是康德意义上的绝对命令；而康德所理解的绝对命令则是一种行为原则，这一原则源自一个人作为自由且平等的理性存在者的本性。罗尔斯说明了他的观点与康德的观点之间存在某些对应关系，例如相互冷漠的假定与康德的自律概念之间存在一致。他将原初状态下的立场称为本体自我看待世界的立场，本体自我是完全自由的，能够选择他们想要的任何原则。他相信他延续了康德的传统；而康德的目标在他看来则是深化和证明了卢梭的思想，即自由是按照法则行事，按照我们赋予自己的道德法则行事。总之，他将原初状态视为对康德自律概念和绝对命令的程序性解释。当我们将罗尔斯的理论与康德的善良意志概念进行对比时，罗尔斯所宣称的联系并不紧密。罗尔斯的理论中最为缺失的是康德的自律和绝对命令概念所规定的道德义务的强制性。在本体自我等方面与康德所搭建的联系是脆弱的,并不能支持罗尔斯的立场,因为这些在康德本人那里就已经被证明是很容易受到批评的。

其次,罗尔斯认为理性具有道德指引能力,这是需要检视的主张。有这样一个假定,即原初状态下的那种理性继续在实现反思平衡的慎议中发挥主导性作用;正是在这里,与其他地方一样,意向的作用被忽略了。在某些情况下,这些意向可能会对还不具有道德性的平衡发挥强大的影响。本体自我的那种自由且理性的姿态可能只是一种合乎理性的理想表达;对它来说,意向的调节作用是一种驳斥。可以说,原初状态本身就是一种理性的游戏,尽管——正如我们所看到的——它有一个明确的目的;罗尔斯声称,这个游戏的一部分是仁慈的演练,因为控制它的条件组合在一起,是为了驱使每个人考虑他人的利益(第148页)。但除了原初状态这个人为的假定之外,被反复提及的原初状态下理性与道德之间的联系往往会造成一种误导性的想法,即理性的就是道德的。"一个好人,"他说,"具有的道德品格特质,是一个秩序良好的社会的成员们可以合理地期望他们的同伴都具有的。"(第437页)罗尔斯对理性与道德之间关系的辩护依赖于直觉。

第三,罗尔斯在社会和政治方面的价值观和假设有时是隐匿的,但它们确实对他的总体论证有着重要影响。[14] 事实上,他的原初状态不加批判地接受了不平等的情况。他的推理是试图妥善处理一些人所认为的那种糟糕局面。为什么处于原初状态的理性人不会考虑一种不存在严重不平等和不公平的初始状态的可能性呢?

关于社会正义原则的探讨先到此为止,我们将在后续章节中进一步推进。尽管对罗尔斯的社会正义理论有各种批评,但他与柏拉图、卢梭和康德同属一个阵营,他们真正地关切他人的利益,并且基于道德的立场寻求一个每个人都被公平对待的社会。他将自己归入洛克、卢梭和康德所形成的契约论传统之中,这对于社会正义的理解来说并不那么重要;重要的是,他与柏拉图、卢梭和康德携手并肩，一致认为一个正义的社会要有稳固的道德基础。但在康德和罗尔斯那里，这样一种信心，即理性（和善良意志）将肯定无误地指明道德之路，都建基于一种理想化的理性。如果我们要记住理想的理论究其本质来说是什么，如果我们要在一定程度上追问经验的情形究竟如何以便获得指引，那么，我们在这个方面的质疑还将继续存在。

洪堡和密尔提出的折中方案

首先是第一组以自利为导向的哲学家们，然后是第二组具有更加积极的道德关切的哲学家们；现在我们要探讨的主要是利己主义和仁慈之间的张力。这在很大程度上构成了与他人日常交往的实践道德的一个特性。洪堡和密尔将第一组的自我保护与第二组的某种道德关切结合起来。我们在一种强大的个人主义展现出来时可以看到这两种冲动之间的冲突。进而，我们可以看到，尤其是在密尔那里，社会正义被淹没在防御性和自利的精英主义和家长主义之下。基于对他人利益的考量而提出的理念，即公平对待社会群体中的每个人，变得越来越模棱两可。贫困和不平等的情况很少被视为对社会正义的威胁。

对于密尔这样的哲学家来说，19世纪对个人及其自由的关注是可以理解的。洪堡关于独特个性发展的看法为他提供了支持自由的论据。洪堡和密尔都没有远离实际和实践的考虑，二者都不同程度地表达了那个时代的政治焦虑。他们一起为我们进入下一章从实践的视角探讨社会正义搭建起了一座桥梁。洪堡和密尔在他们称谓的个人主义议题上，更多的是政治游说和合理化，而不是缜密的分析。但是，从霍布斯、洛克和诺齐克的纯粹利己主义，到洪堡和密尔的直截了当的个人主义，国家权力对个人构成威胁这一主题始终存在。在他们那里，正义、道德和教育的形式概念有着根本性联系的观念是不存在的。

洪堡:《国家行动的界限》①

诺齐克在很大程度上是仰赖洛克以获得道德支持的,而不是填补他的理论背后的道德依据,尽管他认为那是一个很大的缺失(第9页)。相比之下,洪堡的写作源于他对社会的观察,他预见了19世纪自由主义的大部分内容,[15]并自信地给出了他进行道德和社会判断的理由(这可能是他作为普鲁士教育体系的设计者和柏林洪堡大学的创始人而为人们所期待的)。他的论证始于这样一个主张,即个性是人的真正目的;并且,随着个人在社会群体中与他人交往的展开,它能够被培养以达到最充分的展现(第11章,第16—19页)。这不是原创性的观点,接下来才是更重要的,也是他的中心思想:个人只是受到自身力量和权利上的局限的限制,尤其重要的是他不受制于任何外力因素,他靠自己的自由和活力来发展自己(第20—21页)。致使所有这些发展自己的真切努力毁于一旦的是国家对其公民福利的操心(第3章,第32页)。人类最好的政治境况是生活在一个包容丰富多彩个性和具有最广泛自由的共同体之中,每个人都有与他人的"深刻的联系"。对于国民教育,他有严重的不信任。他的主题是人类"最为丰富的多样性"的发展具有根本的重要性(第5章,第57页);正如我们已经指出的,密尔承接了这个主题,因为洪堡所阐述的他的这一著作"总体的首要原则"给密尔留下了深刻的印象。洪堡梳理了他反对政府操心国民福利的理由。第一,这样的政府造成了国家的一致性,限制了个体活力的自由发挥,抑制了个性冲突所产生的蓬勃生机。第二,这种积

---

① 威廉·冯·洪堡(Wilhelm von Humboldt, 1767—1835),是柏林洪堡大学的创始人,也是著名的教育改革者、语言学者及外交官。《国家行动的界限》写于1792年,书名德文为"*Ideen zueinemVersuch die Grenzen der Wirksamkeit des Staatszubestimme*",英文译名有两个,一个是"*The Sphere and Duties of Government*",一个是"*The Limits of State Action*"。现也有中译本的书名译为《论国家的作用》。——译者注

极的政治制度往往会削弱国民的活力;当个人受到胁迫时,道德品质会恶化;当救助被认为是由国家处理的问题时,互帮互助会减少;独立自主作为个性的核心会被削弱。第三,每个人都应该努力发展自己的"内在生命",通过修炼使灵魂达成统一与和谐。第四,政府措施是为大多数人设计的,不一定能适应个人的需要。第五,它阻碍了个性作为独一无二的品性的发展。第六,行政管理出现自我膨胀,对于人民来说变得越来越繁复和铺张。第七,人没有受到作为人的尊重:由于关心的是总的后果,他们仅仅被当成事物,他们及其创造性被忽视。总而言之,他们不再是"充满活力地工作和享受"的人,而是变成了"有生命但没有生命力地工作和享受的工具"(第3章,第23—35页)。同时,他的身上只剩下了最低限度的生存状态。洪堡的结论是,只有为了共同安全和抵御外敌,对自由的限制才应该是必要的。从这些观点中可见,洪堡的个人主义道德是与国家的家长式统治相对抗的:认为国家服务全体民众的举措能够为个人所带来的效用,大过他们为自己——通过自己的奋发图强以及他们在多种多样的情景中与其他不同个人的自由交往——所带来的效用,这在他看来只是一个推测。但他的个人主义道德是一种与仁慈相容的道德:互帮互助,亦即个人出于一面之缘而伸出援手的精神,确实是被人们普遍认可的;相反,家长式政府的虚假仁慈并不出自对个人境遇的这样一种了解,从而不仅因其无效而且因其威胁到真正的道德关系而受到人们的抨击。

尽管在个人活力与灵魂和谐等方面偶尔有浪漫的华丽辞藻,但洪堡的自由主义已经背离了洛克(以及后来的诺齐克)那种对财产保护的关注,同时在某种程度上,他的自由主义也与我们的形式性道德概念显现出一致性。至于分配正义,他与诺齐克一样将其视为一个实践问题,尽管是出于不同的原因:不是因为高于一切的自身利益,而是因为对个性发展免受政府追求一致性之影响的真正关切。按照我们的假定,这种道德进步之中仍然存在道德的鸿沟,因为任何这样的假定,即认为互助将为机会平等提供充分条件,或至少有助于机会不平等的根本性改观,都与当代社会境况所提供的经验证据相悖。进一步说,洪堡设想的那种国家还有一个既不专属于他那个时代也不专属于我们这个时代的困境。这样的国家会是什么样的,变得越来越难以想象;不仅如此,如果在最小国家之中留下的个人资源将会比当代社会已取得的份额更大,那么,那种机会均等也变得令人愈加难以相信。即使可以从国家权力的角度将社会设想为最小的社会,它们现如今所达到的规模和复杂性也是洪堡所不能预见的。

密尔:《论自由》与《代议制政府》

我们最后转向密尔在《论自由》与《代议制政府》中所阐述的关于个人和国家的观点;同时,将结合他在《功利主义》一文中所提供的哲学背景来加以探讨。我们将首先说明他接受洪堡观点的影响如何之深,然后呈现密尔本人的特别之处,尤其是他强烈的理智偏见,包括他在教育方面与政府有关的看法。洪堡的著作在英国出版后没几年,密尔开始了《论自由》的写作。他在其中盛赞洪堡对于自由之于个性发展的必要性的重视(第121页);[16] 这种重视是洪堡的著作《国家行动的界限》中通篇反复重申的,部分原因是他担忧国民教育会被推行。密尔同意这些观点,声称全面的国家教育"不过是把人们塑造成一模一样的精巧工具"。像洪堡一样,他忽略了缺失国家教育的实际后果,特别是对教育机会平等造成的后果。他在《代议制政府》中没有特别提到这个看法,但他后来的一本著作《奥古斯特·孔德与实证主义》表明他的这个看法并没有改变。[17] 国家教育使他对那种刻板的整齐划一感到畏惧,是他在《论自由》中称谓的"习俗的专制"(第136页)的一个方面,这无论如何都是与自由精神相抵牾的。在追求完善的名义下,一个群体可能不得不接受与他们的个性相冲突的改变;同时,由于代议制政府的自然倾向是"集体平庸"(《代议制政府》,第265页),危险变得复杂化了。密尔与洪堡的明显不同之处,除了他的功利主义观点之外,正是在于他对后者的强调。密尔具有强烈的知识分子和精英主义偏见,原则上赞成代议制政府,但出于对他那个时代教育水平的可理解的担忧,他对民众是不信任的。因此,他敦促最出色的知识分子在政府中发挥作用,成为抵消习俗的专制的一种手段(第 195 页)。卓越的知识分子虽然是少数人,但必须发出他们的声音(第 266 页);多数人的暴政令人恐惧。密尔注意到了有见识的选民的需求,这来自强化独立自主、批判性思维的力量,但他所面临的社会形势是这种理智的力量并未普及到人人拥有的程度。尽管他主张所有人都应当接受教育,并且应该由自愿组织实施教育,以便保护和发展个人身上的多样性,但坚持认为国家不应该指导教育(《论自由》,第 176—177 页)。密尔并没有将这两个原则——需要有见识、有思想的选民和需要有自愿的教育体系——结合在一起。这造成的一个结果是,他对机会平等的问题置若罔闻;并且,正是由于不再有他所谴责的国家控制,这个问题甚至变得更加严重。因此,在代议制政府中,他更愿意考虑实际情况,而不是提出任何通过教育提高选民素质的计划:他建议有学历的人应该一个人多张选票,使大学毕业生以及其他一些受过良好教育的人获得相应程度的"优先级影响力"(第 287 页)。后来,他在《奥古斯特·孔德与实证主义》中对孔德的如下提议进行了评论,即所有人,无论贫富,无论男女,都应该在 14 至 21 岁之间接受特定的教育;在他看来,孔德满足于培养被动、乐于接受的心灵,而不是批判性的理智(第 412—413 页)。然而,密尔不认为有必要针对英国的情况实施任何重新修正的教育方案,他轻视普通人,以至于疏忽了这对于最卓越的头脑发挥其影响力并且使人民听到其声音是必不可少的。密尔的自由主义受到这种理智偏见的局限。在不受国家控制的条件下培养独一无二的个性,这有赖于少数人的智慧,但在这种柏拉图式的思想中,最显著的一个疏忽是它对多数人意味着有限的机会。密尔并不认为有必要坚持教育机会平等的原则。他最后公开的思想,除了在他的自传中发表外,还包含在《就职演讲》(作为圣安德鲁斯大学校长而发表)之中。在该演说中,他强调了在普通大学教育中培养逻辑思维习惯的必要性,以及开设有助于实现该目标的各种科目的必要性。培养职业人士——律师、医生、工程师——之前先要使他们完成理智教育(正如我们在第1章中提到的那样):大学不适合进行专业或职业的教育[18](第5页)。密尔不曾有过这样的提议,即提高普罗大众的教育水准,以培养他们清明的理性,从而,或者为他们成为有见识、有批判性的选民做好准备,或者有助于达成最大多数人的最大幸福的功利目的。他的两个主要观点从未达成完全一致:第一个观点是,针对文明共同体中任何成员行使权力且违背意愿的唯一理由是防止他人遭受伤害;在此限定条件之外,必须保障所有人的最广泛的自由(《论自由》,第68页)。第二个观点是这样一个推定,即少数的精英知识分子能够通过代议制政府最有效地服务于人民的利益。处于这两者之间的是机会平等的原则:一方面给予广泛的自由,另一方面则是家长式地剥夺自由。

总　结

　　关于社会正义的看法,以自我利益为导向的哲学家们与另一些哲学家们形成了最鲜明的对比,后者注重的是对于他人利益予以实践考量的基本道德取向,以及公平地对待社会中的每一个人。一般来说,自我中心主义(egocentrism)的核心主张是旗帜鲜明地赞成最小国家,反对以再分配政策实现国家福利。由于特定的历史、社会和政治环境,洪堡和密尔的看法反映了现实生活中的道德。与17世纪的霍布斯一样,我们认为他们同样拘泥于实际事务,无法避免地视个人保障和基本的自我利益高于一切。然而,两者都认为自由主义理想符合所有公民的利益,并且对他人有着真正的道德关怀。

个人之间、群体之间的比较有助于凸显社会正义观念的差异性,并引导我们从四个方面进行总体性的评述:第一,关于公共、习俗的道德与私人、真实的道德之间的差异;第二,关于正义和道德的形式概念所存在的诸多实质性差异;第三,关于国家支配个人之权力的普遍且几乎一致的关切;第四,关于平等和公平的不同假定。我们将依次予以回顾。

首先,霍布斯和洛克都在一定程度上知晓他们那个时代英国法律中的衡平法,以及它所产生的背景,即英国普通法存在的缺陷。因此,二者都在衡平且反对任意歧视的意义上明确接受作为公平待人的正义。鉴于他们强烈的自我利益关切,这可能被认为是一种习俗的道德。当这种自我利益关切滋长为诺齐克的这样一种忧虑,即国家可能会掠取某些人的财产并给予他人,从而摧毁权益不可侵犯的原则时,反思所有个人道德及其真实性的程度和广度就变得有理有据了。当国家索要一部分合法所得时,谁能不感到道德上的冲突?人们通常在公共道德和私人道德之间所做的区别在每个时代都有其现实性:我们信奉的道德,例如考量他人利益的道德,可能不同于我们据以生活的私人的且更真实的道德。即使知道税收将被大量用于福利分配,也还是存在对于纳税的广泛抵制,这可能反映了个人的公共道德形象与利己主义主导的真实私人道德之间的冲突。

其次,真实存在的个人道德与形式的道德观念以及正义观念大不相同,它们总是受到社会环境的影响。柏拉图关于个体差异的观点与我们现在从社会科学中所获得的知识毫无关系。因此,公平待人,作为一种依照他所知道的标准而构想的形式观念,是不会被抛弃的。他的职业分层是一种公平观,建基于他对灵魂三分法的信仰。它与给予他者利益以实践考量的形式性道德概念是一致的,因为它根据对他来说坚不可摧的自然法则来考虑所有人的利益。罗尔斯和诺齐克都在我们的形式概念的基础之上表达了道德的诉求,但实质上他们在关注资源的公平分配和考虑他人作为权益持有者的利益之间存在分歧。

第三，关于国家权力对个人构成的威胁，所有人——除康德外——都明确表达了相同的看法。（康德专注于人的状态，而不是社会状态。）霍布斯、洛克和诺齐克所感受到的担忧最为强烈，但罗尔斯——尽管他充满同情心并且对社会资源的公平分配有着浓厚的兴趣——也主张建立一个有限国家，保障公民享有广泛的自由。诺齐克最近撰写的文章提及很多社会有越来越多的福利供给，其中的再分配方案对于更为富足的人来说是具冒犯性的。霍布斯观察到下议院日益强大的权力和冲突的征兆，他对个人的安全忧心忡忡。洛克在著述时从来不敢确证英国革命的稳定性或持久性。因此，关于国家-个人关系的观点总是受到特定社会环境的影响。重要的是，无论这些环境如何不同，社会哲学家普遍关注保护个人自由免受国家侵害。然而，如果社会正义要以这样一种方式构建，从而确保每个人都作为人受到公平对待，并且尤其关照那些对他的生活前景有着积极影响的利益，那么国家干预与保护个人自由之间的紧张关系是显而易见的。

第四，在与社会正义有关的平等（equality）和公正（equity）上，存在各种各样的假设。霍布斯和洛克在社会契约中所预示的那种粗糙的正义就其一致性而言是公平的（fair），但从公正的角度来看是不公平的。因为一个人拥有其持有的东西，并且已经假定了财产的分配是合乎正义的。这意味着一种看待财产的特殊方式。法律尽可能涵盖了获取问题。但是关于财产的根本假定是，存在或过去曾经存在获取它的机会平等；而在英格兰这样有阶层分化的社会中，考虑到农业工人与土地所有者截然不同的社会境遇，这种假定是经不起推敲的。除了对契约的表面尊重从而将彼此保护的利益考虑在内外，以给予他者利益实践考量作为形式基础的道德在霍布斯和洛克那里都是严重欠缺的。在这样的视域之下，他们不会想到减轻弱势群体的负担，也不会想到通过发展个人潜能的普及教育使道德与教育结合在一起。

就罗尔斯而言，他的理想理论以不平等是社会秩序的一部分为前提；始终存在于他心目中的正是他自己所处的那个存在阶级对立的社会。尽管这一理论承认教育资源不仅要用于获得经济回报,而且要用于提供获得文化享受的机会,但它只是简要提及教育,并且没有提出这样的建议,即在公平的基础上同时也是在发展每个人潜能的意义上分配教育资源,可能成为符合个人需要、普遍减少社会不平等的手段。诺齐克也局限于关注他所了解的社会状况,他所认为的正义的资源分配只能是他所发现的作为道德权利而言的正义。如果以此为根据,那么财产和生活前景方面的不平等必须被辩解为是正义的。正义并不关乎通过再分配改善社会弱势群体状况的问题。不正义不是贫困者与超出个人需求的富有者共存于一个社会的问题。教育机会的不平等产生于合法的社会过程,是无可非议的。

关于平等和公正的假定也存在于洪堡和密尔的个人主义,尤其存在于这样一种自由主义观念,即每个人都应该独立自主、自食其力,而慈善组织会造成劳动意愿的破坏,从而动摇一个民族的道德。每个人都有平等的机会选择自己的路:没有人比其他人更值得帮助。密尔将这些观念与一种典型的理智主义叠加在一起,这导致他支持大学教育应当将个人培养成为理性清明、知识渊博的精英人士,而不是柏拉图那样培养未来的统治者。但是,对民众的不信任、对国家侵犯基本自由之后果的担忧以及他自己作为知识精英的价值观,都为他的自由主义打上了独特的烙印。

上述四个方面中的最后一方面——关于平等和公正的假定——将本章与接下来的两章直接联系起来;在后面的两章中,我们将结合我们的形式概念——正义、道德和教育——探讨教育机会平等问题。我们将通过进一步的思考阐明涉及以下这些方面的思想观念:个人自由以及与之相容的国家权力和权威的范围;个人才能和个人需求;人生起点的好运和不幸;社会状况内在的不平等,包括教育机会的不平等;以及由于上述所有这些方面,并且由于它们在历史和社会背景下的各种表现形式,豁达大度地承认我们共同的不完美,甚至理性本身之不完美的需要。我们将不会期望仁慈与利己主义、特权与公平对待所有人之间的张力消失殆尽。在社会正义中,我们将越来越多地关注公正,不仅是作为公平的公正,而且是人与人之间拥有恰当份额的公正。我们关于哲学家们的社会正义观的讨论已经表明意向(诚如我们一直使用这个词所表达的)和理性之间存在怎样的张力,因为所谓的正义现在被视作一个复杂的判断。这样的判断不是超然运用纯粹思辨理性的结果;相反,理性受到了各种各样的影响,包括个人价值观以及与之相关联的态度所造成的影响,也包括社会和政治状况条件的影响。尽管如此,我们仍然拒斥相对主义的社会正义观,其原因与我们拒斥相对主义的道德价值观是同样的。在任何特定的判断中,什么构成了社会正义,都应该援引最具说服力的理由来予以论证。揭示价值和社会的影响可能有助于对社会正义的判断进行评价,但剔除这些影响并不能发现客观的社会正义。霍布斯、洛克、诺齐克、卢梭、罗尔斯、洪堡和密尔无一不受到意向的影响。柏拉图也同样如此,尽管由于缺乏传记方面的根据而不那么确凿;康德也是如此——尽管他同样致力于一种理性的生活。如果不能客观地发现社会正义,那么在各种哲学家的观点中,就存在着关于社会正义的这样一些思想观念:它们对人类社会具有普遍意义,并且与我们随后的讨论有关。这是因为,尽管意向和社会状况是多样化的,但人性中仍然存在某些不变的东西。

第七章

实践的视角

前一章的哲学视角为反思社会正义提供了思路:我们已经指出,社会情景中的正义无非是公平对待社会群体中的每一个人,国家不能逃避它在管理上的道德职责。这些方面必然包含着对他人利益的实践考量——尤其是不加歧视地考虑到所有其他人的福祉——尽管这样不可避免地需要考虑管理上繁多的紧急情况和可行性,因为显然没有任何一个国家机构有如此多的时间能将每一个人的所有利益都考虑到。我们已经对洪堡和密尔的自由主义的个人主义有所了解,但还没有阐明这种立场作为社会正义的不足之处。我们已经提到了社会正义判断的主观性。这与我们的一般伦理立场是一致的,也正是这一点与本章的主要内容直接相关联。如果我们关于社会正义的判断是主观的,并尤其受到价值观以及与之相关态度中的意向因素的影响,那么,它们就不可能总是像我们预想的那样牢靠得合乎理性。此外,我们判断的对象可能基于各种原因而被误解,这些原因就是我们现在从哲学视角转向实践视角时将要考虑的。在这些误解中,与社会正义存在冲突的机会平等,以及它与教育的重要联系,是最为显见的。

本章的内容编排是,首先探讨机会平等和均等的概念,引出关于教育机会平等原则的陈述;其次探讨我们关于社会情景的看法中产生幻象的可能症结。厘清概念有助于我们理解所面对的问题的本质,但这样的理解只是一个开始,它随后可能会被虚假的认知所湮没。有两类幻象值得注意,一是来自意识形态的幻象;二是来自政治欺骗的幻象。本章的标题"实践的视角"指的是社会关系在实践中被认知的方式。这种方式显然不同于罗尔斯和诺齐克那样抽象的理想理论,也不同于柏拉图对于理想社会的构想。它比霍布斯和洛克梳理他们那个时代的政治形势所表现的现实主义更进一步,也比洪堡和密尔警惕国家权力侵犯那样的坚定论断更进一步。本章所起的作用是提请警觉,类似于第四章。我们在那一章通过探究意向与理性的相互影响而呈现了"实践的应用"。那样一种相互影响也与本章有关,但它现在变得更为复杂了,因为我们现在探究的社会情景的种种可能并非如我们和其他人所认知的那样。

概 述

平等

  与人权和自然正义一样,平等(equality)这个语词通常呈现出抽象的特点。例如,在社会契约之下与他人平等意味着什么?一旦联合的条款被确定下来,规则也公之于众,那么作为公平的正义将要求承认所有人在规则下享有平等和不受歧视之待遇的权利,因为"自由和平等的"原则意味着每个人都应该作为一个人而受到尊重,并且被赋予平等(同样)的基本权利。这显现出亚里士多德所指出的那种平等考量的必要性;此外,也显现出那些对他人有权力或影响力的人务必做到始终一贯、不偏不倚地应用规则的要求。这通常是不可能做到的,除非是在这样一些小型的社会组织中,即在相容性或同质性方面处于最优状态,例如这些商讨小组的成员可以通过挑选产生,依据对所有个人都公平的合作基础而达成一致的联合条款。我们将搁置特定的理论框架,例如社会契约和功利主义,尽管我们将认识到声称完全无理论的立场是困难的,因为我们已经提出了一组假定,特别是在道德、正义和教育这些形式概念在特殊情形下的实质性延展方面。当我们认为某些人受到的待遇与其他人不同,而这种不同待遇具有正当理由时,我们基于不偏不倚的考虑重申人人获得同等尊重的假定。这种程序上的平等考虑并没有回答某些实质性问题,例如平等是什么意思,不偏不倚是什么意思,抑或确切地说,正义作为公平待人是什么意思。拥有针对他人之权力或影响力的不同管理者,即便自以为以平等考量为行事原则,但由于缺乏共同的实质性标准,可能会以不同的方式来判断人与人之间的平等。正如我们一再强调的那样,有理性的男人和女人在推理能力和意向上都是存在差异的,因而他们怀着同样的良好意图,但作为道德行为人却几乎不可能是平等的,至少关于能够对他人做出同样合理评判的任何假定是难以成立的。但"平等的"不应被解释为"相同的"。说所有人都具有"平等的内在价值",并不是说每个人都具有相同的道德行为潜力,因为它没有考虑到能力和潜力、知识、对他人的理解、价值观、品位和理想上的相关差异。如此说来,那些能够获得人应有之平等尊重的人,如果仅仅是由于他们是人,并且没有其他原因,则他们作为道德行为人会存在实质性的差异,而且他们在特定情况下应得的道德赏罚——就其他同样在道德上有限的人所能给予的评价而言——与这些差异,两两之间或众人之间的相关差异,是有关联的。因此,关于平等以及以平等对待平等者、以不平等对待不平等者的泛泛而谈往往会回避这个问题。追问人们在哪些方面是平等的,这会立即引出一个更为关键的问题:他们在哪些相关方面存在不同?如果以他人之间存在与道德境遇相关的差异为理据而给予他们不同的待遇,则对这些理据给出解释就是必要的:谁主张有差别的对待,谁就承担给出解释的责任。同样，不偏不倚要求忽略不相关的差异。歧视性做法在道德上通常令人反感，是因为它们涉及与当前事态毫不相干的因素，例如，黑人儿童不能获得与白人儿童同等质量或同样年限的学校教育。

教育机会平等

教育机会平等的观念不免会让人思索机会为了什么的问题。那些在社会正义的背景下看待这一观念的人所想到的，通常不只是教育作为形式概念所表达的个人之提升，因为除此之外，还有一个更高的个人福祉之目的（不同于集体或累计的功利主义之目的）。

教育机会的含义涉及两种不同理解；这两种理解所使用的"教育"，在目的上可以是内在的，也可以是外在的，或者说是工具性的。前者是教育的形式概念，即与社会价值观相一致的个人潜能之发展；潜能不断发展的过程伴随着越来越多的满足，因而个人福祉是这一过程中不可或缺的组成部分。后者造成的机会指向比前者宽泛得多的目的——包括前者，但通常将其视为扩展生活前景的一种手段。这种工具性视角通常是关心职业机会的父母和学生的视角，但也被对分配正义感兴趣的各种理论家所采纳，因为要被分配的社会益品不仅是形式意义上的教育本身，也包括依循特定社会价值观而产生的各类利益，例如物质财富，以及有阶级意识的社会中的优势地位。当我们从内在视角转向正义和道德视角时，我们发现我们不能再断然拒绝对教育机会的工具性看法。这是因为，尽管一方面我们可能会谴责社会的物质主义价值观，它使很多人把教育仅仅当作一种手段，目的通常可能是在理智和道德的教育结束时拥有一份赚钱的工作，但另一方面，我们发现我们必须在我们的推理中考虑经验证据，特别是精准可靠的研究所确定的事实状况；[1]这就将我们引向教育机会的两种不同意义之间的重要联系。在考虑弱势群体或社会上处于极度不利地位的人的基本状况时，我们不得不注意到这种联系：他们的状况很容易代际传递,因而他们将教育视作改善自身状况之重要手段的相关态度和价值观,和他们在与他人比较时所感受到的社会不公结合在一起,对于学习动机有着不可避免的影响。对于那些常常掉入分配不公的陷阱中的人来说,情况尤甚:他们的住房、他们的工作前景、他们维系物质上生存下去的努力以及由此产生的意向,可能使他们几乎没有机会从限制他们发展其潜能的社会条件中解脱出来;而失去发展潜能的机会反过来又使他们裹足不前,处于无力改变的社会抑郁状态。在这种情况下,追寻分配正义的任何企图都会徒劳无功。

要使教育有一个合适的基础以推动改革,就必须有为未来带来希望的社会条件。当具备了这样的条件时,个人就有机会通过教育进一步改善其状况。就此而言,我们没有理由谴责教育的外在动机——个人将教育视作工具的看法,因为动机在许多情况之下是混合的;并且一个学生以寻求一份稳定的工作为目标而勤奋学习,与此同时发展他的潜能,这两者之间并非不能相容。从正义和道德的角度来看,一个正义的社会不会止步于将教育仅仅作为在工具意义上的社会益品来加以分配,因为那将造出一个无所谓道德的社会,或者一个道德水准低下的社会;在这样的社会中,对他人利益的考量将被占据主导地位且到处泛滥的自私自利所湮没,个人福祉的观念将被物质主义的冲动和人生观所操控。然而,一个正义的社会必须关注实现潜能充分发展的中小学基础教育的分配,从而为所有人带来更公平的生活前景。同时,它必须关注教育利益一定程度上依赖的那些社会益品的分配:充足的物质生活条件;与其他人相当的可比性,以便消除嫉妒和有害的不公正感所造成的负面情绪影响。在某些情况下,教育的工具性优势可能根本不会发挥作用,因为从绝望的病态或愤怒表达中显现出来的态度和价值观使人产生了萎靡不振的意向。

教育机会平等问题需要将正义、道德和教育结合在一起来思考。基于我们到目前为止所进行的探讨，我们可以断言教育机会平等的首要原则是：每个人都有按需接受教育的平等权利，无论他天赋异禀还是天生愚钝，也无论他成长的社会条件是优渥还是糟糕。作为一条形式原则，这涵盖了所有情况，包括那些即使在国家强制提供教育的情况下也无法仅靠自己的努力摆脱贫困社会境遇的个人。从本质上说，国家有义务在必要时通过社会改革和再分配措施使该原则发挥效用并具备可行性，因此该原则不仅仅是而且不应当仅仅被视为是一种自由主义的姿态。任何人都不应该仅仅由于其社会条件的限制而无法按需接受教育。这个形式原则并不意味着教育机会平等将追求某一特定方面的事实平等，例如在知识或其他教育成就方面，在对社会秩序的尊重方面，抑或在教育被作为工具看待时的物质利益方面。天真的平等主义者才会设想这样的平等追求，即通过各种方式，例如通过适当的补偿性课程以提高学业成绩，可以造成人人平等的局面。事实上，由于能力、潜力和意向方面的个体差异，产生这样的局面是不可能的。通过教育发展潜能的平等机会只能是一个初始原则。除了能力之外，个人境况方面还有很多不确定因素，比如家庭成员的身心健康、学生自身的健康、个人的不幸遭遇等可能会影响一个人的机会；对于他来说，这些因素与他的自然禀赋一样是不可控的。

政治意识形态

问题之一是，即便在我们表述的理想中，对机会平等的理解也可能并不像它们看起来那样。我们观察社会状况的方式部分取决于个人已经持有的想法、信念和先入之见，它们存在于我们的动机、态度和价值观所构成的意向偏好之中。在某些情况下，我们确实观察到了我们想看到的东西，或者观察到了符合我们利益的东西。因此，当我们观察到的是平等时，其他人可能会观察到不平等；当我们考虑政府官员的看法时，这对社会来说就不是小事，因为他们观察机会平等的立场可能为了有利于他们自身所属社会阶层的利益，而不是为了他们所处社会中的每一个人的利益。那些以意识形态阐释如何认识社会的人就是持有这样的看法。我们现在将要探讨这些看法，并将它们与上一章得出的结论联系起来——该结论表明，个人对社会的主观看法是独特的，正如我们在霍布斯和洛克、卢梭、洪堡和密尔、罗尔斯和诺齐克那里所看到的那样。在他们关于个人自由具有压倒一切的重要性以及对国家凌驾于个人之上的权力施加相应限制的看法中，这些思想家都在某种程度上表达了古典自由主义意识形态的元素，强调通过个人努力获得物质上的成功。尤其是洛克和诺齐克，他们通过直抒胸臆，强调最小国家应该保护个人"财产"或"占有物"，确立了更加明确的界线，张扬了更为个人化的视角。古典自由主义这一主要流派（另一流派是支持代议制政府，受到了包括密尔在内的一些思想家的关注）的基础是我们已经指出的这样一个假定，即人人都有大致平等的机会；如果教育机会是获得其他机会的一个因素，例如物质上的成功，那么，它要么被假定，要么被忽视。通常情况下，这种假定可能未被言明，或是被隐瞒的：这种观点的拥护者可能不会尝试思考这些问题，或者事实上可能没有意识到它们的存在。在这样一些讨论的基础上，我们将探讨关于意识形态的不同观点。这样一来，前一章有关哲学家对国家-个人关系的看法，以及这些观点受社会和政治环境影响的程度，将作为对此的补充，因为每一种方法都促使我们注意到准确把握问题之实质以及决定赞成谁之社会正义观的困难。有两个已经讨论过的事项，我们应该予以重新确认：第一，意向对推理的影响，这在第四章中已有阐述；第二，政治和社会的价值观与道德价值观的地位相类似，因为它们的评价标准不是真或假，而是支持它们的论据的相对强弱。

意识形态的特征

正如我们将看到的,关于意识形态的构成存在相当大的分歧。在最一般和最形式化的意义上,我们可以说意识形态是一种信仰体系,一种看待世界的方式。因此,如果说理论指的是一种试图如其所是地解释世界的观念构造,则意识形态是一种世界观,而不是一种理论。尽管有一些意识形态表达了政治抱负和社会愿望,并且意图改革,但其他的一些意识形态则旨在维持现状;无论意图为何,它们都有规范的基础。由于我们不会将他人的态度和价值观辨别为真或假,因此我们也不会尝试将意识形态评定为真或假,除非涉及它可能包含的特定信念。事实上,意识形态构成了我们在第四章中所描述的那种意向复合体的组成部分,但并不是必不可少的组成部分。意识形态的这个组成部分属于态度和价值观系统,显现出它们的一般特征:我们对一系列的观念、信念和价值观念形成情感上的偏好,从而使我们不仅在认知意义上,而且在导向行动的意义上都为之全力以赴。意识形态具有态度的属性,它使它的信奉者对与其相关的对象作出典型的响应。这些响应可能是合理的,却并非完全合乎理性;信奉者可能会如此热衷地献身于意识形态,以至于他们可能根本感觉不到自以为是或傲慢自大,只是相信他们的响应行动是无可非议的。因此,意识形态可能在某种程度上的遮蔽认知。尽管不同的理论家可能会在试图实事求是地解释世界的同时达成相互的包容和尊重,就像在科学领域一样,共同寻求经验知识,但各种意识形态的信奉者却并非如此。相互的包容和尊重不是意识形态信徒的特征,教条才是他们的特征,并且这是他们所追求的那种思维的特征,通常是态度和价值体系固有的顽固和防御,以及他们对于扬言改变的不同思想的抵制。这并不是说意识形态的建构没有合乎理性的根据:在完全接受或不完全接受这种信仰体系的情况下,维护它们的理由会受到检视,从而相比之下,一些意识形态可能被认为更为强大、更值得支持。这些理由还提出了正义和道德的问题，以及教育问题，特别是在机会平等方面。正如我们在上一章中谈到的一些社会和政治理论中所指出的那样，某些理由也可能无法脱离特定历史时期的条件。因此，意识形态在试图使社会关系永远不变的同时，可能——通过它们对变革的抵制——无法注意到必须在不断变化的世界中适应极为不同的社会环境的需求。然而，在足够长的时间内，意识形态可能会发生变革；它们之间的差异，从一个世纪到下一个世纪，特别是从 19 世纪到现在，可以在一些思想家那里察觉到，即便其他一些思想家严格保持了原始表述的基本结构。对一些信奉者来说，没有什么比社会不正义的感受更具胁迫性了；在这些不正义的感受中，没有什么比威胁他们的物质财富更具胁迫性了。因此，作为意向复合体的一部分，动机也与意识形态有关。

马克思和恩格斯对意识形态的分析

对于马克思来说，"意识形态"是贬义的，尤其是在他的早期著作中，它指的是虚假的意识，是这样一种欺骗状态，即工人被诱导从而相信那些不符合他们的利益，却符合处于统治地位的资产阶级利益的东西。[2] 他认为，在意识形态中，人以及他们的关系是对现实的扭曲，显现为颠倒的状态。当马克思在《资本论》中将其用于表示不同的生产方式所决定的社会意识时，他则是在一种不同意义上使用了"意识形态"，但在该书以及后来的其他著作中，他偶尔会继续从贬义上使用它。在《德意志意识形态》[3] 中，马克思和恩格斯解释了虚假意识是如何由当权者生产出来的。统治者有思想、有意识，因而也在整个历史时期以思想家或思想生产者的身份进行。在没有一个统治阶级独揽大权，并且皇室、贵族、资产阶级等各个阶级竞相争夺统治地位的情况下，获得主导地位的信条是三权分立，因为该信条对于争权夺利的各方来说都是利好的。当贵族掌权时，主导性的思想观念是荣誉和忠诚，因为这些思想显然符合他们的利益。当资产阶级当政时，诸如自由、平等之类的观念占据主导地位,并且统治阶级认为这些观念适合于每一个人的意识。在这些过程中可以发现,统治阶级将自身的利益作为社会所有成员的共同利益传递给其他的阶级:它向所有人灌输虚假的意识。这样一种典型的过程,即统治阶级向所有其他人灌输占据统治地位思想的过程,以社会组织的改变而突然终结;也就是说,到那时社会的构建不再取决于一个阶级的统治。在同一著作的后面部分,马克思和恩格斯批评了这样一种看法,即基于"人类天生亲近和团结"的想法而将平等意识视为人人共有的自然情感。这也是一种虚假的意识:每一时代,甚至封建制和奴隶制的时代,都在这样的旗帜下存在着社会不平等。出于马克思早前指出的相同原因,这种虚假意识只是从表面来看是自然的:它是一种统治的思想,一个历史的产物,是符合统治阶级利益的。

那些相信特定的阶级统治着当代资本主义社会(在意识形态语境中我们将其称为"自由主义民主国家")的人,或许可以是工人阶级,抑或——更有可能——是相对富裕的上层和中产阶层(取决于选举的运气)。对他们来说,马克思和恩格斯的阐释在平等和机会平等方面是影响深远的。并且,其影响对于后一种境况中的某些人来说更为明显,因为这样的时候虚假意识的观念对他们来说更加显而易见。根据这种阐释,宣扬所有社会成员自由且平等、人人都确实拥有平等教育机会的观念,并使人将其想象为真实的图景,是符合社会权势阶级的利益的。这样看来,如果工人的孩子没有像当权阶级的孩子那样晋升,这并不是因为缺乏机会;毋宁说,这是一个付出了多少努力的问题,因为国家提供的学校教育使所有人都有机会接受平等的教育。所有人都有机会接受高等教育,从而摆脱他们的社会处境获得更好的发展,甚至从事更有回报的职业。

因此,对马克思和恩格斯来说,意识形态是指个人的社会意识,它的阶级性以及对现实的歪曲符合统治阶级的利益,从而是他们不断灌输和宣扬的:一段时间之后,所有的阶级都变得木然,被动地接受那些作为社会意识之组成部分的主导性观念。马克思和恩格斯认为,使这种不加批判的接受更加稳固的是异化的历史进程,包括人与他的同类、与他的劳动产品以及与自然的异化。马克思主义经济学观点为这种意识形态增添了一个新的维度。马克思和恩格斯在《德意志意识形态》中解释说,劳动分工制度的历史发展使人与他的工作异化:工作表现为一种他所不理解的异己的力量;他不知道生产的目的是什么,因为他失去了掌控力。随着他和他的工友的活动范围的扩大,所有人都越来越受到一种陌生力量的奴役:这就是世界市场。这样,阶级斗争就开始了;资产阶级的发展是缓慢的,随后由于劳动分工而变得七零八落,但最终成为所有有产阶级的集合。个体的人组成了不同的阶级,随机被卷入阶级间的斗争。因此,人由于分工而与他的同类异化,个人关系转变为物质力量。在资产阶级的统治下个人感觉比以前更自由,这一事实表明意识形态是一种扭曲社会意识的力量:他们实际上不那么自由,而是被物质力量以他们所不知道的方式支配着。[4] 这种社会意识中的自由和平等使教育机会上的差异变得难以辨别,导致人们在无孔不入的意识形态中想象自己是平等的,从而变得容忍,亦即容忍不平等。立足于资产阶级——资本主义生产发展过程中的统治阶级——的视角,马克思看到了这样一种可能的意愿,即一些人不希望改变工人阶级未受教育的状态,他们致力于发展一种与巨大的经济机器相适应的意识形态,而支撑这个经济机器的正是用脑工作的人与用手工作的人之间的粗暴划分。从这种意识形态的立场来看,教育机会的平等不可能适用于所有社会成员,因为机会只能给予一个阶级。[5] 基于这种意识形态的角度还可以看到,统治阶级所构建的幻象有可能拓展,从而涵盖经济方面的考量:经济收益有赖于这个信仰体系包括这样一种观念,即资本主义生产需要一群愿意为了最低工资而工作的工人以便保持生产机器的运转。资本家自己通过尽可能便宜地购买商品并以高于其价值的价格出售来获利,如果他按照劳动价值支付工资,他将永远不能成功地将他的货币变成资本。因此,按照马克思的说法,资本主义意识形态中的谎言之一是体力劳动者具有较低价值的说法,⁶ 这是体力劳动者自己也认同的一种说法,由此他们低人一等,也不期望受到良好的教育,抑或平等分享任何其他社会益品。

阿尔都塞的观点

就马克思关切的主要问题而言,路易·阿尔都塞①关于平等的观点与马克思相似。马克思关注的主要是意识形态上被伪装成平等的不平等:在所有公民中传播自由平等的神话,使他们把一种构想出人人机会平等的意识形态当作生活的信条,这符合资产阶级的利益。在《保卫马克思》中,阿尔都塞将意识形态描述为一种由形象、神话、观念或概念所构成的表象系统(第231页),⁷ 但与马克思不同的是,他认为意识形态绝不是一种异常的东西,而是每一种社会生活中都必不可少的东西——即使共产主义社会也不能没有它,因为与生产的社会组织相对应,它需要一种意识形态构造(第232页)。正如他说的那样,意识形态与思想意识没有什么关系,它事实上是"深层的无意识"。作为结构主义者,阿尔都塞认为意识形态是形象的建构,偶尔是概念的建构,它们深深印刻在大多数人的头脑中(第233页)。意识形态是人与其世界之间的一种被感受的关系。

相比于马克思或恩格斯,阿尔都塞对正规教育及其对教育机会平等的影响有更多的看法。这些看法之所以令人感兴趣,首先是因为它们与19世纪的马克思主义意识形态有关;其次是因为这些看法本身的思辨性,尤其是就它们在社会正义方面所表明的观点而言。

阿尔都塞将社会视为一个有复杂结构的系统,意识形态在其中与经济、政治和文化等其他子系统相互作用。除了公开的政治和法律机构外,国家还有一个包括文化和教育在内的意识形态机构。他说,随着工业化社会的发展,教育已经成

---

① 路易·皮埃尔·阿尔都塞(Louis Pierre Althusser, 1918—1990),法国思想家,马克思主义哲学家。——译者注

为主要的意识形态机构。正如马克思在《资本论》中所解释的那样,为了存在下去,每一种社会形态都必须有生产资料的再生产。[8] 阿尔都塞相信,恰恰是学校,比其他任何职能机构更能够有效地进行价值观的灌输,从而确保资产阶级作为统治阶级始终占据支配地位,并且使工人处于相对应的屈从地位。国家机器包括政府、行政机关、军队、警察、法院、监狱——阿尔都塞罗列这些机构是希望引发人们对国家镇压功能的关注。这是因为,国家就是国家权力,在此之外再无其他含义(《列宁和哲学及其他论文》,第140页)。意识形态国家机器(Ideological State Apparatuses)是呈现在我们面前的不同机构:宗教机构、教育机构、家庭、法律机构、政治机构、工会、通讯机构、文化机构。国家机器主要通过镇压发挥作用;意识形态国家机器主要通过意识形态发挥作用,尽管镇压也是其发挥作用的次要方式(第145页)。如果不控制意识形态国家机器,那么任何阶级都无法掌握国家权力(第146—147页)。正是统治阶级的意识形态,不仅在意识形态国家机器之间,也在它们与压制性国家机器之间,为生产资料的再生产提供了必要的平衡(第150页)。与所有意识形态国家机器一样,教育机构也有助于生产关系的再生产;在资本主义社会,它再生产的生产关系就是剥削关系(第154页)。占统治地位的意识形态渗透在幼儿园及其之后的所有学校的课程之中,当青少年最后从学校毕业时,他们已经为从事特定阶层的职业做好了准备,有些人准备好成为工人,有些人准备好成为技术人员,有些人准备好成为知识分子——成为半雇佣的人,或者,要么充当剥削或镇压的代言人,要么成为职业的意识形态理论家(第155页)。阿尔都塞声称,毕业生在离校时甚至会获得一些与其社会角色和职业相适应的行为模式(第132—133页)。

很明显,阿尔都塞的教育消费观念和教育作为与社会价值观相符的潜能发展的形式概念是不一致的,并且他说的根本不是形式意义上的教育。如果使形式意义上的教育实施下去,则潜能得以发展,这不仅本质上是有益的,而且在工具的意义上也是有益的,因为它们使学生胜任适合其发展潜能的职业。对于一些特定教育管理体制的亲身经历者以及一些对特定国家教育制度发展史有研究的人来说,阿尔都塞所认为的学校应该发挥其社会-政治之作用,即实现所谓的职业分层,可能显得过于一厢情愿。阿尔都塞的主张也与一些关于毕业生的实证研究不一致;这些研究证实,仅仅在涉及最底层的社会弱势群体时,社会背景和职业之间才有紧密的对应关系。如果政治和社会训示的不断渗透并不总是受到指责,那么保持意识形态对课程的影响要容易得多。对教育作为意识形态国家机器进行批判的依据在于,针对男孩和女孩、成功者和不成功者,抑或那些在继续接受高等教育方面有能力者和无能力者的课程体系是有区别的。有些人将这种区别与不同的学校联系起来,例如,为特权阶层开设的私立学校由于获得国家补助而优势明显,为工人子女举办的公立学校却无法获得充足的资助;综合学校(non-selective schools)招收的是预计达到法定离校年龄就不会继续接受正规教育的学生,重点学校(selective schools)招收的则是那些注定要上大学的学生。在阶层分化的社会中,被认为对某些人不公正的教育差异化,无论形式如何,几乎都会在某个时候因为显现意识形态的影响而受到批评;这种差异化被认为不是为了学习者的利益,而是为了统治阶级的利益。如果这种批评是有道理的,并且机会平等作为意识形态的面具掩盖了使劳动力分流以适应阶层分化社会的目的,那么从正义、道德和教育中的每一个角度来看,这都是一个严峻的挑战。然而,在对其进行全面的实证调查之前,我们必须认为这种批评在很大程度上是基于直觉的。尽管如此,还是有一个非常重要的原则被提了出来,这就是,教育系统表面看来如此,但表象背后所发生的事情可能并非如此;被视为理所当然的机会平等可能是虚构而不是真实的,它的再生产可能与社会阶级的再生产联系在一起。无论对教育的这一解释是否合理,这种情形都有可能存在。

自由主义意识形态

人们几乎不会怀疑,自由主义的某些基本原则一直影响着国家与个人之间的关系,机会平等也是自由主义思想的一部分。为了表明这种看法并非一成不变,我们对美国的历史趋势进行了较为全面的考察,将美国《独立宣言》中的权利主张,尤其是享有生命、自由和追求幸福的权利,与约翰·洛克的《政府论(下篇)》及其中关于生命、自由和财产的论述联系起来。虽然最初的美国宪法没有宣布人人平等,但一些独立的州宪法确实有这样的条文,只不过这些正式声明与弘扬的自由主义意识形态是矛盾的,因为平等只适用于一部分人。在早期的美国社会中,被视为平等的人并不包括所有人:土著印第安人、南方的黑人奴隶显然不在其中,那些依靠公共慈善组织生活或不能通过努力自谋生路的人也可能不在其中。对于任何有勇气、主动性和具有努力工作能力的人来说,自由主义所展现的是一个自由且充满机会的社会景象。正如洛克的观点所呈现的那样,成功的人依靠自己的努力取得成就,并对他们所获得的物质财富拥有完全的权利。

虽然这种在追求物质成功方面机会平等的自由主义景象一直存在,但伴随快速工业化而出现的狭隘的个人主义,尤其是在20世纪,导致了一种不同类型的自由主义景象——一个在一切平等的条件下人人自由参与、人人具有适应能力的景象,竞争与合作、个人主义与社群理想在其中相互碰撞。自由、平等和充满机会的自由主义景象经过修正之后,通过向所有人提供平等的教育的方式使机会平等的观念融入进来。[9] 曾有这么一段时期,自由主义意识形态以经济机会平等为核心理念,但等到杜威和其他一些思想家表明学校作为社会改革之工具的可能性后,他们的共同影响迅即在自由主义意识形态中注入某种不仅仅是机会平等而且是教育机会平等的观念。自由主义意识形态的决策者和支持者几乎全然不理解杜威关于个性发展的深刻教育洞见,这与洪堡一个世纪前在普鲁士的遭遇没有什么不同。意识形态所强调的仍然是教育机会,即能够自由和开放地接受教育;它被视为通往平等经济机会的通道。社会自由、社会平等和社会正义的自由主义观念在人才强国的理想支持下变得更加深入人心,因为人才可以来自任何群体,无论贫富,也无论黑人或白人,都不应当受到歧视。自由主义的景象和实证的社会情形(公开的,亦即可以进行经验测度的)之间的鸿沟已经变得越来越大了。

意识形态影响力的经验证据通常被用来证实自由主义意识形态的存在。尽管价值中立的立场是不切实际的,而且通过慎议得出结论或者对研究证据做出解释之前,我们无法将意向从头脑中消除,但一些研究人员会为了迎合他们的先入之见而作出不合时宜或简单化的解释,从而减损他们的可信度。[10] 在美国,一些最直接相关的证据表明,社会弱势地位的代际传递造成了教育机会不平等的代际传递后果。(直到最近,为黑人和移民的孩子提供的教育与为那些处于优势社会环境的孩子所提供的教育仍然存在着历史遗留下来的明显差异。[11])所有人如今都能获得平等的教育,从而拥有平等的教育机会,这样一种解释在一些人看来明显是一种自由主义的幻象,因为他们的研究提供了相反的证据。为了挑战这样一种自由主义的精英社会景象,即每个人都在与他人的自由竞争中仅仅靠能力脱颖而出,研究者指出如下事实:第一,一些孩子在竞争的起点上就是严重残疾的;第二,矫正这种情形的补偿方案并没有改变穷困者的基本社会状况;第三,通常来说,家庭背景,包括其所处的社会阶层,会持续且明显地限制一些人的教育机会,同时增加另一些人的教育机会;第四,更具体地说,教育机会的不平等直接源于家庭与家庭之间的显著差异,表现在语言激励以及父母的支持、学习用品等方面;第五,认为学校而不是个别儿童处于弱势地位并且需要额外资源,对于内在意义和工具意义上的教育机会来说都是不得要领的。在一些研究者看来,这些未能为个人提供平等教育机会的现象完全应当归咎于这个国家所信奉的自由主义意识形态。但是,这些研究者没有尝试研究当时执掌国家统治权力的人的态度和价值观,从而由于连贯性的缺失而没能进一步验证他们的主张。出于同样顽固的先入之见,人们通常不会尝试寻求替代性的解释,从而以意识形态表明教育机会不平等的程度,例如,那些当权者只是对学习障碍以及语言激励在幼年时期的重要性缺乏了解。问题的复杂性也没有得到充分承认,例如极端社会弱势群体之外的适用性。[12] 另一方面,一旦有研究证据表明机会不平等,包括教育机会的不平等,可能与社会条件直接相关,任何政府如果对之无动于衷就不单纯是教育理解方面的缺陷——它也是未能按照正义和道德原则行事的缺陷。在他们根据社会正义的实践道德要求作出决定之前,他们基于理性-意向的慎议必须像我们在规范性思考中的慎议一样,考虑到已被证实的境况。

关于政治意识形态的结论

大多数人同意的看法是,政治意识形态的产生和终结都是为了统治阶级的利益,拥护者意识不到他们是生活在想象的社会条件下,还是置身于实际的社会条件(例如,可能处于被剥削的位置)中。任何人如果主张存在一种能够被个人理解的、客观的社会现实,都将面对着巨大的困难。这样的社会现实意味着,如果我们搁置意识形态的信仰体系,那么就可以使我们看到事情原本的样态,没有任何的扭曲。这是人类经久不衰的梦想:是柏拉图梦想的完美世界,超越了日常的不完美世界,是只有少数有特殊天赋并且受过特定教育的人才能瞥见的更高现实。个人对政治制度作出自己的价值判断,有时——也许并不常见——会对相较而言的优点进行理性思考。对于那些思想上不愿意接触另类或对立之信念的人来说,意识形态的强大力量是显而易见的。也正是在这样的情况下,社会正义判断的主观性最为明显,因为意识形态在一定程度上发挥着决定性的影响。

权利与正义的意识形态

概述

现在,我们扩展意识形态作为具有广泛社会接受度的虚幻信仰体系的观念,以及政治意识形态服务于执政党成员之利益的观念;为此,我们需要检视言说一种权利的意识形态(an ideology of rights)是否恰当。如果我们表明确实存在这样一种权利的意识形态,并且权利包括诸如受教育的权利以及在教育中和通过教育获得平等机会的权利,那么明显存在的一种可能性是,经过足够长的一段时间之后,人们可能会相信他们拥有这些权利,而实际上他们并不拥有,或者这些权利可能适用于某些人而不适用于其他人,也或者这些权利对某些人的适用性要强于其他人。

同样,我们可能也需要检视一种正义的意识形态,人们通过这种意识形态将一种情形想象为实际的情形。这种想象的情形或许是道德正义和法律正义合而为一;又或许是——如果二者是分开的话——法律正义不可侵犯,要求绝对的遵从,或者司法机关被抬高到几乎无懈可击的地位,从而法律判决具有无可置疑的有效性;又或许是立法者制定法规时保护所有人的利益,例如通过提供免费的义务教育以创造平等机会;还可能是法律哲学促进了这样一种观点,即法律呼吁并且值得心怀敬意地接受。这种意识形态——如果存在的话——可能会也可能不会有利于执政党,但更恰当地说,可能会被证明不是有利于社会中的所有个人或者社会正义的。由于其中的许多问题都很复杂,我们只能从相关文献和经验中推测种种可能。

是否存在权利的意识形态?

在考虑我们是否可以恰当地谈论权利的意识形态时,我们首先注意到我们时代的重点从政治权利——正如霍布斯、洛克和另一些思想家基于最小国家的概念而构想的——转向那些个人的,甚至有时是私人的权利,正如《人权宣言》、各国宪法以及国际公约和惯例所宣称的那样。

国际公约和惯例可能具有类似的功能。它们可能被当权者在政治上用来掩盖内部对权利的压制,在国内广泛宣传它们,其用意就是使人们产生这样一种印象,即那些公约和惯例所描述的广泛权利是他们实际拥有的权利,需要改进的仅仅是一些较为不幸的国家,例如存在种族歧视的国家。[13] 无论什么样的国家,国际公约和惯例都正在确保权利适用于所有人,这可能就是其中具有欺骗性的内容。[14] 在某些情况下,对于权利声明的误解,进一步增加了意识形态幻象产生的可能性。正因如此,《美洲人的权利和义务宣言》[15] 特别提到了接受平等教育机会的权利。该宣言意在提升穷人改善生活的机会,但却用基本的解决方案掩盖了穷人的全方位不利社会处境,例如,建议全民接受小学教育,却没有关注到根底上的负面态度和价值观积重难返,可能会回到孩子身上,在极端情况下,在他出生的社会处境中重新滋生。《经济、社会和文化权利国际公约》(1966年)也有类似的宣示,强调教育要以"人的个性的充分发展"为导向。

当权利体现在宪法、公约和惯例中并且成为灌输课程的内容,尤其出现在学校和成人感化院中时,说存在一种权利意识形态的依据就全然不是一种推测了。强化个人对其社会处境的认同,并使之虚无缥缈地相信他们事实上享有那些被称为权利的自由,包括教育机会的平等权利,这很可能是符合当权者利益的。

是否存在正义的意识形态?

存在一种正义的意识形态的可能性之一在于这样一种被宣传的信念,即国家和法律是一体的,其根基要么在政治哲学,要么在法律哲学。认为国家在其法律中颁布的法令在道德上是正义的,这种观点可能会成为一种普遍存在的幻象,其目的在于为立法者及其司法行政人员的利益服务。

马克思将法律视为资产阶级国家的意识形态武器,它维护着工人与利用他们以创造剩余价值的资产阶级财阀之间的伪善关系,从而使神圣化的财产权仅仅服务于一个阶级的利益。在《德意志意识形态》中,马克思和恩格斯注意到民法随着私有财产的发展而发展。[16]《共产党宣言》宣告,革命将造就人人平等的社会,无产阶级首先推翻资产阶级,进而扫除一切阶级差别。[17] 最后,正如马克思在《哥达纲领批判》中所指出的,当劳动被视为"生活的首要需求",作为共产主义更高阶段的社会将能够遵循以下原则:"各尽所能,按需分配"(第 23、30、31 页)。恩格斯在《反杜林论》中解释说,正是在那样的阶段,国家将会消失,或者是慢慢消亡。[18] 同时,法律也会在那个阶段消失,因为尽管个别人会有一些极端行为,就像列宁承认的那样,但他们由人民自己加以控制。[19]

在自由主义民主国家中,法律哲学——尤其是实证主义哲学——同样着重强调国家和法律是一体的,尽管其影响力远不如马克思主义意识形态那么直接且具有思辨性。这两种方法的显著区别在于,法律和道德在实证主义中是分离的。法律是强制性的,是君主的命令,而人民则是服从的臣民,但道德问题被认为是与这种情况无关的。在《完整法典概论》[20] 一书中,边沁解释说,无论良法,还是恶法,都必须得到维护。一经改制、完成、编纂,百年不改;只有它的语言会过时(第 34 章,第 210 页)。在强调服从立法者的严苛要求方面,霍布斯和大卫·哈特莱已经躬先表率。[21] 边沁将法律描述为命令(《万全法简论》(*Pannomial Fragments*,第

217、219 页)。他不承认自然权利,宣称唯一存在的权利是法律权利(第 221 页)。他的一位信徒约翰·奥斯汀①重申,法理学的主题是"不考虑其好坏"的实在法。[22] 这种法律实证主义立场的批评者指出了理论与实践之间的鸿沟,因为法官并不总是受到法治的约束,从而削弱了这样一种观点,即唯一可以被认定为真实的法律主张是基于恰巧存在的法律之内容的。[23] 它还削弱了法律实证主义哲学可能具有的任何意识形态的影响。更具意识形态潜力的可能是实证主义的中心论点,即法律就是法律,与道德不存在必然的联系。[24] 实证主义者汉斯·凯尔森②延续了这一思路,他在《纯粹的法理论》(*The Pure Theory of Law*)[25] 中也敦促人们将国家和法律视为一体(第 318 页)。法律实现强制性秩序,其目的是产生符合社会秩序的行为形式。[26] 这些观点将在法律科学中得到发展,而法律科学正是要通过理性的方式发现社会规范。[27]

这似乎明显地回避了意识形态倾向,只不过它如果被顺利实施,可能会使公众对法律有如此信任,以至于只要法律和道德仍然被视作是相异的,这种信任就是无法证实的。但是,法律可能是一种社会调节手段的观点也吸引了一些实证主义的批评者。[28] 罗斯科·庞德③声称在法学家中发现了这样一种趋势,即开始关注满足各种需要或欲望的协调。[29] 他认为法律应当在社会或分配正义方面发挥作用,调整个人的需求和要求,以便在不造成纷争的情况下有效且公平地分配社会益品。[30] 这样培育出来的对于法律的尊重建基于社会学依据,正因为如此,它几乎不可能成为意识形态幻象的基础。从这个意义上说,法哲学从有可能造成幻象,转变为实践的指引。

---

① 约翰·奥斯汀(John Austin, 1790—1859),英国法学家,是分析法学派——或更为具体地说,"法律实证主义"——的创始人。——译者注
② 汉斯·凯尔森(Hans Kelsen, 1881—1973),奥地利裔法学家,法律实证主义的代表人物。——译者注
③ 罗斯科·庞德(Roscoe Pound, 1870—1964),美国法学家,"社会学法学"运动的奠基人。——译者注

公民普遍的不服从并没有强化对于一种正义意识形态的猜测，因为这表明法律的脆弱性，以及其国民不愿接受强制。公民不服从需要行动，而不只是在原则上与法律对立，它通常是指非暴力的、示威性的行动。由于法律被视作与道德不同的东西，因此人们认为违反不道德的法律是符合道德的。在罗尔斯关于正义社会的概念中，存在着关于基本原则的共同理解。只要法律中出现了违背这些原则的情形，不服从该法律就是有责任感的公民义不容辞的行动。罗尔斯将公民不服从界定为公开的、非暴力的和负责任的政治行为，其目的通常是改变政府的法律或政策。[31] 正是对公民不服从的这种理性控制，才能最为有效地引起公众对法律不完善之处的广泛关注，从而使正义（或法律）意识形态出现的可能性降低。事实上，当对法律自身改革有兴趣的法学家指出其缺陷，其中一些人承认法律体系"在很多情况下的正确解释充满不确定性"时，这种可能性会进一步降低。[32] 法律改革运动在提升人们对法律的尊重时，一方面没有宣扬虚假的形象或信仰，另一方面也没有怂恿那种在蒙田时代并不少见的对法律的极端蔑视。[33]

只有在对法律的尊重缺失正当理据的情况下，意识形态上的危险才会存在，因为这样的尊重不仅不能服务于人民的利益，反而使他们盲从。一些法学家已经注意到普通法传统的影响力，特别是法律以学识和理性为基础的传统。在一些人看来，普通法传统与当代的某些实验有着鲜明的差异：这些实验是在不再具有关注过往和当前的历史视角的新型法院中进行快速审判，在压力团体的影响下寻求快速解决办法；他们的知识不足以使他们意识到一般人类事务的极大复杂性，他们对文化的认识肤浅，缺乏推理方面的训练，对传统毫无敬意且学会欣赏其价值的能力有限。判例法的价值是毋庸置疑的，它以男男女女的判断为基础，他们各种各样的经历使其对于社会冲突的状况有着直接的认知，他们在法律知识上的深度以及对于他人的责任感使其在许多情况下保持谨慎并且达到如此程度的公正，以至于为了更加光鲜亮丽的东西而出卖公正会是一种愚蠢的行为。卡尔·卢埃林①一直是普通法传统最坚定的支持者之一,[34]但他的支持由于建基于一个推测而被削弱了。这个推测就是,法官普遍具有冷静地运用理性的能力,从而在相似情况下可以作出相似判决。对于判例法先例或普通法传统的任何一种顶礼膜拜,本身都可能是对特定案件有特定要求的无视,并且增强了人们对法律拥有不可侵犯性和道德正义性的印象。对于法律不加批判的接受,无论何时都是为立法者将法律用于意识形态之目的留下了方便之门。但在一些国家,推测普通法传统在这方面的影响力几乎没有什么根据;在这些国家中,有人认为"法院的地位越高,具有约束力的判例在范围上就越狭小"。[35]社会和道德价值观确实会影响法官对法规的解释,而在自由主义民主国家,通常被考虑的是个人,而不是集体或整体的国家。总而言之,表明普通法传统具有意识形态影响的证据并不具有说服力。

非意识形态的错觉:政治欺骗

我们认为意识形态的解释有时带有高度推测性的原因之一是,它们忽略了对我们社会状况的幻觉或误解存在其他可能的解释。对于其他种族或信仰其他宗教的人的一般偏见,犹如导致对敌人的认知扭曲的战争激情,显然是幻觉的来源。我们许多幻象的形成模式并没有任何明显的意识形态基础。有些甚至可能是在学术团体中的成员,或者赛马或帆船运动员,或者国家教育部门等官僚机构的成员中形成的。但是,如果拓展"意识形态"的用法从而涵盖社会共同体中特定人群持有的各种虚幻信仰,并且所有这些信仰并没有广泛的社会接受基础,那么,这将造成严重的曲解。

---

① 卡尔·卢埃林(Karl N. Llewellyn, 1893—1962),美国法学家,法律现实主义法学主要代表之一。——译者注

人们通常相信,"为了统治阶级的利益"的归因揭穿了阶级社会各种各样的虚幻信念,但这样的意识形态解释不仅常常被滥用,而且掩盖了存在于政治欺骗中的更明显的幻象来源。假定某个自由主义民主国家是两党交替执掌政权,再假定其中的计划、政策制定和决策是在没有意识形态导向的情况下进行的,或者如果存在意识形态导向,至少是独立进行的,那么,我们可以观察到许多关于社会关系和社会状况的幻象根源在于纯粹的权力斗争和党际竞争。当法国国民议会发表《人权宣言》(1789年)时,它一开始的三个条文总体上概括了——正如托马斯·潘恩随后不久所写的那样——整个宣言的内容,并且对个人和国家而言都构成了自由的基础。[36] 除了宣告"人生来就是而且始终是自由的,在权利方面一律平等""所有政治集合均旨在维护人自然的和不受时效约束的权利"(这些权利被表述为自由、财产、安全和抵抗压迫的权利)以外,宣言第三条声明,"整个主权的本原根本上存在于国民;任何个人或任何团体皆不得行使国民所未明白授予的权力"。在论证这些原则时,潘恩问道:"除了管理国家事务之外,政府还有什么意义?"(第145页)并且在特别提到这三个条文时评论说,其间并未包含激发个人野心的诱因。其所要求的只是智慧和能力,它们是为了服务于公共利益,而不是为了获得任何"报酬抑或男性或其家族更加显耀的特定称谓"(第146页)。如果像罗素所争辩的那样,自由主义教育的目的是"对于统治权以外的其他事物的价值有所理解",[37] 那么自由主义民主国家的解决方案可能就是对统治者和国民一视同仁的教育,尤其是基础道德方面的教育。

受命管理国家事务的那些人的主要任务之一是根据需要公平地分配社会益品,比如教育。说教育是一种社会益品,并不是以消费者的视角看待教育。分配的东西归根到底是机会——不仅仅是诸如书本、建筑和设备之类的有形物品。教育是辅助成长的机会,是给予个人潜能发展的机会,而不是集体发展的机会;后者的依据是存在着共同需求这样一个错误假定。国家的责任是通过分配使所有人有条件获得平等的教育机会。然而,政治实践以各种显见的方式与道德政府和社会正义的理想相冲突。在争夺权力的斗争中,政客们的个人动机占据着主导地位。我们将说明关于教育机会不平等的解释如何关涉与依赖意识形态解释无关的政治动机。首先,我们将考虑到政治家的意向。孩子受教育的好处自不待言;我们关于教育机会平等的思考已经使我们清楚地认识到,政府提供具备所有基本设施的学校教育不足以应对极端社会弱势群体的问题。我们将深入考察政府成员,特别是教育部长及其作为高级公务员的顾问的处境,他们在制定关乎教育规划和教育机会的政策之前,都是作为个人而进行着合乎理性且基于意向的慎议。我们可以回顾一下相关的实践行为图式:

> 欲望、动机和目标——态度和价值观——基于理性-意向的慎议——结论或决定——行动。

在这里,所有的意向因素都是至关重要的,因为当动机和目标是自我关切而非考量他人的利益从而以道德为指向时,理性可能会被运用于谋划达到目的的最优手段,并因此忽略个人的权利和需求——进而,急功近利的决策理念可能会使人产生损人利己的想法。教育方面的一些决定就是造成这种深远后果的决策,例如决定孩子在哪里上学,就读什么类型的学校,接受多长时间的正规学校教育,接受高等教育的机会有多大,严重贫困家庭的儿童通过学校教育全面发展智力、道德和身体潜能的可能性有多大,等等。在任期间,部长对声誉的看法,以及想要通过展示推出强硬或不受欢迎的政策的能力(甚至不顾相关文职机关常任负责人的建议)而在党内获得晋升,可能对决策有着重要影响。虽然在某些情况下,教育部的最高文职官员可能会受到信任而代替部长作出决策,但他们也是有着自身愿望、动机、态度和价值观的个体,他们的慎议同样受到其切身利益的影响。热衷参与重要决策事项,可能不是出于对教育需求的关注,而是出于对公众赞誉的关切,抑或为了展示权力或影响力。然而,每当部长或高级助理显现出他们是从儿童的最大利益或国家利益出发作出决策时,他们都是在进行价值判断,而这些价值判断的好坏是与其自身价值观的质量以及他们对教育的理解联系在一起的。换言之,对儿童和教育活动相关的其他人的福祉来说,他们的道德品质非常重要。与党派或专横的决策——其可能的根源在于自私的动机及混乱的道德态度和价值观——相对比的,还可能是部长下定决心,要"争取必要的资源,实现更平等的教育机会",或者是要"改变造成男孩和女孩自我放弃的环境,使他们的潜在能力得到充分培养":假定这些决心是发自肺腑的,那么它们的道德意图清晰可辨——即使第一个似乎有可能忽略了机会平等涉及的社会弱势群体的极端情况。[38]

必须承认,一方面是道德和教育原则,另一方面是政治原则,它们之间的冲突可能是不可避免的:经济上的限制可能会导致教育计划不被认可,或者党派的优先事项可能由于不可预见的社会和经济形势而被调整,例如全球经济衰退。但更为晦暗的是信誓旦旦却没有行动计划的景象,是隐瞒而不是公开的局面,其典型的幕后背景是党际竞争。这样一来,压倒一切的关切就是赢得权力并保住权力;同时,党派的政策可能有利于人民,但一样可能是针对反对党派。一旦党派处于执政地位,经济限制就会发挥作用,也因此不得不重新确定优先事项。在这种情况下,即使是坚守崇高道德原则的部长,也可能被迫妥协。但同样处于晦暗之处的是,内阁确定优先事项的标准可能会受到不相干问题的影响,即考虑如何吸引选民这样的问题。内部的价值观冲突往往是短暂的,因为这会导致更大的冲突:无须多费口舌就可以让党内叛乱者相信他们保有的职位和权力面临威胁。与这种波谲云诡的局面形成鲜明对比的是,政策制定和规划编制的公开不会由于反对党的持续施压而受到阻拦,其本身就是夺取政权的伎俩;它能够以这样一种方式合理解释无法满足所有教育期望,即尽可能不偏不倚地展示出社会需求何其广泛多样,它们都在与教育争夺可供分配的有限资源。

　　要在自由主义民主国家的两党制下取得权力并保住权力,显然需要选民的支持,而这反过来又要求针对越来越明确的选民群体承诺满足许多相互竞争的部门需求,但资源总体上有限,不可能满足所有这些部门的需求。这是一种不由得让人大搞政治欺骗的局面。在自由主义民主国家的政治领导人所有未履行的职责中,最显著的一项就是为所有人提供平等的教育机会:认真解决严重的社会弱势问题,而不是一次又一次的欺骗,使人们相信在教室和师资方面提供同等的基本教育条件就意味着教育机会平等。只有在认识到所有人享有社会正义的基础上,才能引导所有儿童形成激励他们每一个人发展其潜能并且以普通教育法规保障自身利益的态度和价值观。在自由主义民主国家,保障教育机会平等的社会改革就其存在的问题而言常常表现得过于复杂,并且可能具有破坏性,以至于政客们一筹莫展。歧视是与严重社会弱势地位联系在一起的问题,因而在一些国家,黑皮肤、种族背景和女性性别都可能成为实现机会平等的障碍。这一点在自由主义民主国家中显现得最为淋漓尽致;在这些国家,政客们未能完全充分地解决职业机会平等问题,即使对于那些受过同等教育的人也是如此。为了表明这一点的重要影响,我们将拓展我们的社会正义概念以涵盖职业机会平等;职业机会平等本身有赖于教育机会平等问题的先行解决。这一原则意味着每个人对他基于相关理由而选择的职业拥有平等的权利——相关理由可能是学历、经验、才智、承担重体力劳动的能力、适应能力,等等,但不包括性别、种族背景、肤色、宗教、就读的学校——无论是政府举办的还是私立的。这仅仅是公平待人之原则的应用,或者说是对正义的基本原则的应用。如果政府履行其在教育机会平等方面的责任——为所有能够通过进一步教育而发挥潜能的人提供中等教育和高等教育,消除严重的社会弱势以及其他问题——那么可能会达到这样一种局面,即在各级各类教育机构中,来自特定社会经济地位或种族背景的人数与他们在所属群体总人口中的数量不会明显不成比例。[39]

　　政府的频繁重组以及不断将权力玩弄于股掌之间,使政客们能够驾轻就熟地回避那些需要通过重大改革加以解决的问题,特别是在这样的时候,他们可以表现出汲汲忙忙,致力于解决那些更引人关注但却无关紧要的问题,并且在这些问题上消耗他们可以使用的资源。欺骗和不信任深深植根于我们对"政治"这个词的用法,就像伊丽莎白时代的人们对其同源词的用法一样。

　　意识形态解释的泛滥使用并不意味着所有意识形态的解释都是无效的。关于教育机会平等,我们将在下一章再次予以特别关注;我们已经表明,它可能是意识形态上的幻象,也可能是受到政治家或其他人的影响而产生的非意识形态幻象,还可能是两者兼而有之。只要人们认为法律正义和道德正义之间没有必然联系,并且只要幻象遮蔽了我们对社会关系的认知,社会问题也就同时是道德问题。正是因为这样的社会问题可能持续存在,我们将在最后一章回到社会正义或分配正义的概念上。

回顾与总结

　　我们已经将意识形态视为一种看待世界的习惯性方式,但它使幻象变得习以为常,因此我们可能生活在虚构的而非实际的关系之中。如果我们永远无法完全客观地了解实际情况,至少我们可以认识到他人意识形态中的扭曲。我们的偏见可能被他人更清楚地看见,并在正式商讨中被戳穿,这对我们来说是有益的;同样,我们可能对自身意识形态的扭曲视而不见,但在某些情况下能够洞察他人的意识形态的扭曲。尽管如此,意识形态幻象的普遍性仍然是不能确定的。我们已经特别指出了一种马克思主义观点,即资本主义意识形态中的虚假意识扭曲了工人与他们的资产阶级雇主相互对立的社会现实状况,这是为统治阶级的利益服务的。这些虚假意识总是维护统治阶级的利益,尽管这不一定是唯一的,但却是根本性的批评。至于资本主义国家的自由主义意识形态,马克思的批评在一定程度上得到了研究的证实,尽管其中的一些解释显然是推测性的。特别是在一些资本主义国家,贫困家庭无法阻断其极为弱势的社会地位表明了教育机会不平等的代际传递。即便这种情况仅仅涉及一小部分人口,也违反了我们教育机会平等的原则:根据受影响人口的比例和国家补救成本将问题量化,与这一原则无关,而是实际的政治和管理事务。

如果下述两个假定能够成立,每个人都有平等的受教育权这一结论就是不言而喻的。首先,道德的基本概念是对他者利益的实践考量;其次,无论从内在缘故还是从外在缘故(一个关心的是从教育中获得的自我满足,这是其最基本和最形式化意义上的教育,即潜能的发展;另一个涉及的是教育开启的生活前景)来说,教育都是个人利益的一个重要方面。此外,尤其是在阶层分化的社会中,人生从一开始就受到家庭氛围、环境和学校以及自然禀赋的影响,我们将每个人在教育机会上都有平等的权利作为推定的结论。因此,政府工作人员对每个人都有一种道德义务,以确保平等权利原则在切实可行的范围内得到实现,因为在这方面为某些人而不是另一些人的利益服务是违背道德的。由于教育以及向所有人开放教育机会是实践的活动,因此我们需要考虑到本章提出的所有问题:在我们对应该做什么的实践判断中,可能会受到某种意识形态幻象的影响。这样的意识形态幻象——尤其可能的是,我们要么接受,要么无意识地生活在一种权利的意识形态之下,使我们相信实际上不存在的平等教育机会是存在的;同样可能的是,我们要么接受,要么无意识地生活在一种正义的意识形态之下,相信国家规定的平等教育机会确实是向所有人开放的,但实际上并非如此——是国家法律以道德正义的名义提供的,因而为了共同利益,而不是为了当权者的利益,应该得到尊重和接受。

法律实证主义对于主权权威与法律作为国民必须遵从的命令和强制手段的强调，以及对于实在法的相应重视，无不体现着对社会秩序的尊重。特定法哲学以某种方式助长一种正义意识形态的可能性在很大程度上取决于该哲学的大众化程度。在我们这个时代，公民的不服从在一些悬而未决的问题上变得越来越公开并且越来越具有挑战性，推进法律改革的内在压力越来越强大。相比较而言，追求法律完整性的普通法传统在过去更倾向于造成意识形态幻象。

　　意识形态概念对于解释某些虚假的信念体系是有用的，这些虚假信念广泛存在于社会各阶层而不为人们所自觉。意识形态不允许争论，使重复的语言形式和循循善诱的娱乐活动发挥出神秘的作用，言论上必然导致针对他人的意识形态的评价（因为信奉者自己并不知道他们生活在某些幻象之中）；这确实提醒我们注意这样一种可能性，即在我们观察社会世界的习惯性方式中，我们或许一直是怀揣幻象的。正是出于这个原因，它们才应该被认真对待。社会正义要求采取行动，以消除任何可能使其在实践——正如为所有人提供教育机会那样的实践——中遭受阻碍或耽搁的错误观念。

　　回顾上一章说到的哲学家们，我们会再次意识到，历史上可能从来没有过这样一个时候，公民能够安心落意地将权力托付给统治者，更不用说权力被统治者攫取或肆意侵占了。从霍布斯到洛克，再到诺齐克，在某种程度上包括罗尔斯以及洪堡和密尔，他们的关切表明每一个社会中都存在着对国家权力凌驾于个人之上的普遍忧虑。英国、美国和法国的革命所产生的立宪政体并没有带来宽慰，使人们感到他们的利益和整个社会的利益都得到了妥善处理。本章中，我们阐明了意识形态和非意识形态的政治欺骗可能被用来制造危及社会正义的幻象，使哲学家们对国家权力的忧虑更加复杂化。在最后一章中，我们需要谨记哲学的观点和实践的观点，因为我们试图更加聚焦社会正义，并对于它在教育机会公平方面的一个主要问题予以特别关注。

第八章

社会正义的反思和结论

我们将首先回到正义、道德和教育的形式概念上，并由此表明教育机会平等之原则与这三者的关联；进而在这种综合的道德基础上表明它是明确指向社会正义的。接下来，我们将对已经提出的重要论点进行最终的反思。这里说的"反思"首先是字面或审视意义上的，其次是沉思意义上的。

形式概念

所有形式概念在整个商讨过程中都发挥着指引作用，它们所包含的意义足以避免形式陈述的空洞性，那样的形式陈述可以同样容纳相互对立的观点。对他者利益的实践考量不能容纳完全不考虑他者利益的利己主义。作为公平待人的正义不能容纳给人以无条件的不公平待遇，或不给予他们作为人的尊重。作为一种道德概念，形式意义上的正义不允许以违背道德的方式对待人，例如仅仅将他人视为达到自己目的的手段，从而也意味着完全考虑自己的利益。教育作为发展与社会价值观相一致的个人潜能的活动，首先将任何无助于个人潜能发展的实践活动排除在外，例如把人晒黑或让人厌恶体育锻炼，或者更严重的是——在课堂这样的场景中——

练习本身成为目的。这个形式概念同时还排除了——通过社会价值观的这一限定——这样一些发展潜能的活动，即完全不关心学习者作为潜在或现实的社会成员的利益，并在实施过程中存在明显违背社会价值观的做法。社会价值观是这样一些价值观，首先，即使在多元社会中也是能识别其主导地位的，特别是为了儿童的利益而需要在他们身上加以培养的；其次，本身是不违背最根本道德原则的。

道德

为避免歧义，我们使用"道德"来表示它在根本上的或者形式意义上的观念，而不是指诸如一种"个人道德"中可能包含的道德思想体系。对于后者，我们使用"伦理立场"或"伦理体系"。道德作为对他者利益的实践考量，是体现着道德思考臻于成熟的观念。道德的思想、观念、价值观或意图不足以表明一个人在他的社会关系中有道德地生活。道德在形式上达到完备的特有表征是标准的道德行为图式；在这个图式中，道德的判断、决定或结论显现为引发行为或道德行动。行为或行动是思想的确证。

认识到完备的道德引发道德行为，对他者利益的实践考量意味着什么现在就变得清楚了。有些道德思考确实可能是真正以实践为导向的，并且在这种有限的意义上也存在对他者利益的"实践"考量。但在这个阶段，不可能判别这些考量将在行为或道德行动层面产生何种结果。因此，道德的形式概念包含道德循环的完成，它通常结束于行为或道德行动。

在实践道德中，行为图式本身说的就是行为过程（抑或说是行动或事迹）。与"行为"形成对比的是无所作为——这样没有作为或不作为，以至于道德的思想、想法、意图、慎议、决定或结论止步于心理事件。"行动"（act）和"行为"（action）之间可能仍然需要加以区别。善意可能最终达成慈善的行为，例如向慈善机构捐款；这与自愿向有需要的人分发食物和衣服的行动或活动是不同的。行动或行为都将善意（或决定、结论等）付诸实践活动。因此，我们有理由将行为称为实践道德中行为图式的最后阶段，但它必须被认为是包含道德行动的。

在实际事务中，道德行为图式与其他非道德性质的图式是不同的，例如之前提出的管理行为图式。如果是管理上或非道德的动机或目标，则在某些情况下最合适的决定可能是不采取行动。但在道德的情景中，亦即动机或意图以及基于理性-意向的慎议都具有道德性质的情况下，通常的模式是把道德思考落实为适当行动的道德行为图式。对于某些复杂或两难的局面造成的例外情况，是可以作出合理解释的。即便如此，在大多数情况下，诉诸某些行为比拒绝行动在道德上更胜一筹。例如，抚养一个无法独立生活的母亲而不是去当兵打仗。如果动机或意图是恶意的而不是善意的，例如在受到报复心驱使的情况下，慎议可能会使不道德的局面转变为道德的局面，那么适当的道德决定可能是不采取行动。这样的一些实例不符合标准的行为图式。还有一些例外的情况是，慎议之后的道德动机或意图可能导致这样的结论，即不采取行动最符合他人的利益，例如想要通过手术帮助身患绝症的人，却延长了临终的痛苦。

道德作为对他者利益予以实践考量的形式概念以对他人作为人的尊重为基础，其根由在于这样一种简单的认识，即欲望和情感、动机和目标、态度和价值观、慎议、决定和行动是普遍的人类体验。洞悉了这一点，我们就不得不面对这样一个重要事实，即他人有其利益，如果我们在与他人换位思考方面竭力而为，那么我们就会少一些自我中心，并开始给予他人作为人的尊重。当然，在我们社会中与他人一起有道德地生活还需要另一种努力，亦即在一定程度上摒弃我们的自私自利，从而不仅要了解他人的利益所在，还要以实践的方式承认这些利益，进而在实践中克制我们的利己主义以扩展我们的同情心或仁慈心。当一个人在自身的一连串体验中感知另一个人的存在时，他自己的连贯性行为是将他作为一个实实在在的人而给予尊重。在某些情况下，并且在某种程度上，这种对他人的实在性的可视化是包含想象和建设性的，因为我们对这个人的了解还不够充分，无法充分了解他的独特性。因此，我们在他们身上投射了我们自己的和我们确实了解其个性的其他人的某些东西，从而使这个人在这些方面依然像我们自己和其他人一样受到尊重。他也在不断地产生欲求，不断地形成动机和目标，反复思考如何实现他的愿望，承受计划受挫带来的痛苦，但他会修改计划、作出判断并得出结论。我们在这种行为的连贯性中看到他的人类潜能，但并非康德乐意看到的那种抽象的理性意志。因此，考量他人的利益所表达的利益既是人类的共同利益，又是独特的个人利益；相比基于理性的尊重来说，基于这些利益的特殊性的尊重是对人的更大尊重。

把对他者利益的实践考量作为道德的形式概念的一个相关理由是，另一个人的某些利益就是他的权利，并且这些权利在当今每一社会中——无论其政治和经济如何组织——都被合理地认为具有越来越多的重要的道德意义。每一个人都被认为拥有一般人权，这与将他作为一个人应当受到公正的对待联系在一起。这些利益必须得到他人的尊重，因为拥有权利就意味着他人对他负有义务，他人或任何强权不得无故侵犯这些权利。权利的归属确认了个体的实在性，强化了对人的尊重。维护自己的权利不仅仅是维护自身利益，也不是采取非道德的立场来妨碍与他人的交往。相反，在适当的情况下，这是向他人宣示这些权利是他们必须认真对待的切身利益，是不应该被疏忽、无视、蔑视或压制的。结合维护我们自身可能具有的正当利益的道德派生原则，我们能够以权利的形式声明我们的一些利益，并且在恰当的时候这么做并不会减损对人的尊重；相反，这是一种维护自身人格的宣示。有必要再次强调的是，不可化简的道德概念是对他者利益的实践考量，因为声明自己的利益就是促使他人注意到这些利益，从而把自己变成基于他们的立场而看到的另一个人。

道德本身不需要外在的正当理由，但确定将他者利益的实践考量作为不可化简的道德概念的第三个原因是,从社会角度来看,其目的在于使冲突变得更少。以激化冲突为基础的道德是自相矛盾的,尽管有些社会一直建立在热衷侵略的社会价值观的基础上;以毁灭社会为目的的道德是毫无意义的,因为社会这个概念本身就意味着运用规则调节人际关系,从而使人类的共同生活变得切实可行。遵守这些规则实际上也是一种有限度地考虑他者利益的方式,并且遵守规则至少是道德的开端。

基于个人信念或者基于产生这些信念的态度和价值观的主观道德视域,并且假定我们在这方面的信念并非标新立异的话,我们不应该武断地将道德限制于传统的人类交往领域,从而使有感觉的动物的利益被排除在外。因此,对他者利益予以实践考量这一形式概念包含了能够拥有利益的所有存在者的利益,也包括那些满足最低条件者的利益,即那些能够体验痛苦和愉悦之间差别的存在者。树木和环境之类的存在物无法体验到这种差别,但有感觉的动物能够体验到。有感觉动物的利益尤其应予以考量,因为它们能够感受痛苦,并且有时能够与人一样强烈地感受痛苦;同时,它们有能力过欢愉的情感生活——享受照顾幼崽、玩耍、行动自由等乐趣而不是被圈禁。它们的利益不包括拥有权利,它们的利益也确实是非常有限的,但显而易见的是,它们确实有一些我们应当予以考量的利益,这些利益并不依赖于拥有权利——那种要求我们对其承担道德义务的权利——的能力。正如我们已经指出的,就责任或义务而言,这种情况即使放在我们人身上也并不罕见,例如,感恩和乐善好施就是这样的情况。由于我们将道德概念建立在他人的利益之上,因此我们无法在实践中从考虑他者福祉的角度来为它的形式概念辩护,因为那样将会涉及没有感觉的植物以及其他不拥有利益的生命形式。

正义

正义形式概念的正当性理由大多与对他者利益予以实践考量的道德相关联,

因为正义是一个道德概念,适用于一部分个人对他人实施权力或影响的所有场景,并要求其能够以特定方式"对待"他们。亦即,以改变他人利益或福祉的方式作出决定并加以执行。这一概念包含着两个承载价值的语词——"公平"(fairness)和"人"(persons),以便其可能蕴含的指示足以被用作可靠的参照,尽管这两个词都可以有各种各样的不同理解。由此,它并非那样一种空洞的形式概念,即不包含任何观念,并且能够自相矛盾地容纳道德意义上或非道德意义上的对立观点。第二个理由是"公平"具有足够广博的包容性,能够承载不同类型的内容,这些内容需要根据道德分别加以解释。尤为重要的是,它包含了规则适用的一致性观念,在不同个人之间实现平衡或正确比例意义上的公正观念,以及依据相关方面予以平等对待的观念。"人"也是一个价值语词,它的实质含义并不存在于这个语词本身,但它确实蕴含着道德主体性和道德责任感的可能,因而是不具有任何身份和道德意义的"个人"(individuals)所不能比拟的。另一些理由是更为根本的,因为它们与道德有关,类似的解释也适用于对他者利益的实践考量。公平待人的要求来自对他者利益的承认,包括对他们的权利的承认。如前所述,他们的人格要求他人公平相待,而对于人格最为清晰的认知存在于具有实实在在特性的个体中,因为这些个体就是经验观察的那样,或者在经验中通过投射而被认定的那样,每一个体都像我们自己一样是有意向和理性的生命。"对同一类别的人予以平等对待"的正义概念对于确立一致性和公正性(在平衡或正确比例的意义上)来说是足够的,但缺失了道德的要求。"公平"消除了这样一种缺陷:它排除了严酷、残忍甚至野蛮对待的可能性,即便这种对待是一致的并且是同等不人道的。正义是一个道德概念,也就是说,作为公平待人的正义是道德的一个方面,因为它也是对他人利益的实践考量。法律正义未必是正义,这是毋庸置疑的。它是一种专业术语,指的是法院根据现行法律作出的裁决。如果案件的处理结果碰巧符合作为公平待人的正义,那么就此而言,法律正义和道德正义是一致的。如果

第八章 社会正义的反思和结论

法律正义是适用不正义法律的结果,未曾考虑到他人的利益,那么法律正义和道德正义仍然是不一致的,而且法律正义只是对于依现行法律处理的案件的实证主义援引。法律正义和道德正义无论在什么情况下表现为合而为一,都纯属偶然;认为二者之间别无二致,是不准确,也是不公平的。这将否定某些国家的悠久法律传统(特别是普通法系之下法官不只是被要求阐释法规的传统);在这些国家中,公平对待个人一直是一个被公开运用的原则。即使在阐释法规时,法官也存在着受个人道德态度和价值观影响的可能。

到目前为止,我们还没提到过质疑以公平待人作为正义形式概念的理由。这在一定程度上是由于章节顺序所造成的;我们从教育和正义开始,然后是对二者之间的某些关系——教育的本质决定了这些关系必然是人际关系——的考察。随后,当我们在第三章谈到道德、在第四章论及权利时,我们拓展了道德的范围,从而将有感觉的动物也包括在内。在最后两章中,我们聚焦社会正义或分配正义,它涉及的是向社会成员公平分配包括教育在内的社会益品。由此,我们又重新直面正义与教育的关联,这涉及仅仅出现在人类关系中的教育机会问题。

现在,而不是先前的某个时候,似乎更适合对正义的形式概念作进一步反思,其部分目的在于回答可能的反对意见并考虑替代方案。如果我们将这个形式概念定义为公平对待他人是更为合适的,那么是否应当考虑拓展"他人"的范围(就像定义道德那样),以便(至少)包括有感觉的动物?例如,我们可以反思在多个国家里发生过的事件——人们怀疑是野生动物掳走了孩子,从而不管发现多少这些种类的野生动物,都凶狠地统统将它们捕杀,后来才发现儿童实际上是由其他原因导致失踪的。人们并没有像我们对待谋杀案那样要求证据确凿,而是在没有证据的支持下就贸然采取报复性的行动,这种反应如果被称为不正义是否合适?如果我们的道德范围被扩大到包括有感觉的动物,并且如果正义是道德的一个方面,那么正义的范围不也应该扩大到将有感觉动物包括在内吗?进一步说,将正义运用于有感觉动物(至少是这些动物)在逻辑上是不可能的吗？从形式上说，我们应该记住，下面这个全称肯定命题的逆命题是不成立的：所有正义的事件都是道德的事件。就是说，我们可能无法由此推断所有的道德事件都是正义的事件——例如，可能有些道德事件涉及我们与有感觉动物的关系，但它们并不是正义事件。然而，在我们与家庭宠物或驯养的农场动物的关系中，有一些情况下我们似乎可以谈论公平地对待它们，因为当我们将它们视为扩大化的家庭的成员时，我们的认知往往是拟人化的。因此，将公平和非歧视这样的基本概念应用于它们，在它们之间建立恰当的平衡或比例，这似乎是合适的；如果偏袒某些宠物，或者在给予食物、住所、关爱等方面厚此薄彼，我们会感觉到这是不公平的。

尽管如此，出于各种原因，将正义延伸到动物(甚至只是延伸到有感觉动物)的倾向会导致一大堆麻烦。首先，我们会变得有选择性地公平对待和区别对待，即便我们的一时兴起并想变成这样。也就是说，我们将正义应用于某些动物——甚至只是一些有感觉的动物——那些我们在驯养过程中与之建立了某种关系的动物。而那些与我们没有这种关系的其他动物——安第斯山脉的美洲狮、缅甸和中国的老虎等——都被我们置之度外。因此，我们的拟人化不会推及所有动物：我们不认为正义适用于所有有感觉的动物。其次，我们面对生物世界时自行其是地设想自然神论的能力，这使我们的拟人化更加不具有一致性。就是说，我们以上帝眼中的公正来提升我们的人类处境，从而我们不仅要对人际关系中的正义负责，还要对我们自己与地球上所有其他生命之间的关系负责。再次，如果我们假定自己是地球上唯一有理性的存在者，那么我们也假定了自己拥有超越实际人类能力的那种完美的、类似上帝的实践判断能力。由于我们是人，我们的理性必然受到自己意向的影响，我们必须预见到它至少在某些情况下会按照我们的喜好而厚此薄彼。最后，如果允许正义适用于公平对待动物(即使是有选择的、驯养的动物)，并且如果假定我们作为唯一的理性存在者有责任以正义对待动物，那么有什么理由将任何其他的生物排除在我们的正义范围之外？我们是否愿意包括蚯蚓、水蛭、海蜇等，甚或任何为生存而竞争的植物：花园里的杂草、果园和牧场上令人讨厌的植物、草坪上的刺果？严格地公平对待所有生物意味着给予所有动植物完全一视同仁的对待。这样一来，我们很快就会失去对正义形式概念的把控，因为我们再次假定了我们拥有超出人类能力范围的力量，并且未能意识到我们的理性存在缺陷。我们推断出一种上帝对所有生物的看法，但却无法捍卫这种看法，因为我们无法超越人类的局限性或完全摆脱我们自己的竞争性环境。

  关于我们人类与有感觉动物的关系，我们的道德态度和价值观已经足以给出合乎它们自身利益的解释和理由。我们的那些不具备道德性质的态度和价值观有助于解释和证明我们人类与无感觉动物和所有其他生物之间的关系。正义作为公平对待他者的形式概念——如果"他者"是指地球上的所有生物——将会导致不一致、自以为是和不切实际。对于我们来说，做到公正地对待人已经够难了——有时甚至不可能做到。在这个正义的形式概念中，我们认为人是理性的；也就是说，这意味着施与者和接受者具有通过理性相互理解的能力。尽管我们的道德形式概念作为对他者利益的实践考量涵盖了有感觉动物的利益，这确实意味着人与有感觉动物之间存在着不对等的关系，但对于正义的形式概念来说，它并不隐含这样的不对等关系，因为正义对待的接受者有能力理性地理解他受到了怎样的对待。这并没有提出这样的要求，即正义的施与者必须得到回馈性对待：如果 A 正义地对待 B，那么正义的形式概念并不包含要求 B 在这个正义行为完成之前应当感恩图报。婴儿、未成熟的儿童、低能儿、有感觉的动物，都在正义的范围之外：我们作为不求回报的存在者而对他们负有道德责任。但由于他们不具有理性，我们不会像对待理性存在者那样谈论如何公平地对待他们。在某些情况下，我们负有的道德责任之一可能是不歧视他们，但如此显见的公平也是他们无法感知的。对接受正义的人在理性能力方面有所要求并不意味着他必须赞成他接受的对待：尽管他是理性的，但他可能会不赞成——至少不是即刻赞成——正义已全然实现，这很有可能是受到了意向的影响。因此，基于理性的回应能力并不意味着正义在所有情况下都会被如其所是地感知。此外，在某些情况下，怎样的行为是正义地对待人有可能并不特别清楚，以某些行为对待他人也难免会使人有些许怀疑正义是否真正完全实现。当我们做到公平待人时，其实意味着存在一个正义的施与者和接受者都是其成员的理性存在者共同体，它也是一个具有显见共同利益的共同体。因此，作为公平待人的正义不仅仅是数量上的交换或矫正：它具有人类理解所达成的道德内核。正义是一种人类特有的体验，探讨正义也是一种人类特有的行为。

教育

教育的形式概念，就像正义的形式概念一样，乍一看似乎在实质性方面是错误的；因而，我们首先需要说明这为什么不是错误的，进而阐明这个表述何以需要避免成为一个可能存在内部矛盾的形式概念。教育作为潜能的发展，其所造成的缺失类似于把正义的形式概念表述为"对同一类人予以平等的对待"一样。将教育定义为人性的展现（the unfolding of human nature）的任何尝试都是错误的，这一错误也是将教育视为潜能发展时有可能会发生的。人类可以展现或发展出许多不符合我们普遍利益的倾向：侵略、敌对、谋杀、反智主义、对权力或暴力的崇拜。"潜能的发展"在生成的意义上，或者在亚里士多德式的可能性意义上，无论如何设想教育是什么，都意味着它既可能是道德的，也可能是不道德的。因此，正如对正义的理解那样，有必要在道德的语境下来理解教育，认识到它——正如希腊人和康德所认识到的那样——是一种道德活动，而不仅仅是发展智力的活动。与正义一样，教育只针对人，不涉及动物。在正义的形式概念中，我们发现使用"人"这个词是必要的，但就教育而言，这是不合适的，因为它的一些活动涉及我们认为尚未形成人格的那些非常年幼的儿童。

就社会价值观而言,这个形式概念允许特定时期、特定地方的社会以自己的方式解释道德,但前提是教育应该认真对待学习者——尤其是儿童——作为社会成员的利益。这并不是承认文化相对主义。从道德的主观理解来看,每个社会都有责任用理性捍卫其价值观,但在某些情况下,个人可能会在道德责任感的驱使下偏离一些被广泛支持的价值观。但是,在对社会价值观——包括我们主要关注的道德价值观——共同的理性审视下,当代社会中的分歧很容易被夸大。教育的形式概念承认其具有合乎道德的意图:与社会价值观相一致,也就是与作为对他人利益予以实践考量的道德形式概念相一致。我们已经注意到,社会观念本身其实也有一种最低限度道德——促使人们调整行为以便与他人共同生活——的预设,只要这种调整是自愿的,并且至少在一定程度上是出于对他人的考量。

正义和道德的形式概念与教育的形式概念之间的区别,比它们之间的相似之处更为显著,这有助于我们理解每一个概念的本质。概括地说,我们的探究方法可以表述如下:正义和道德有可能以特定的判断或行为作为目标和实现路径,但教育可能不是这样的。也就是说,教育在本质上并不像正义和道德那样存在于特定的判断或行为之中。教育是一种生成,但从某种意义上说,生成什么样子是未知的。我们会衰老,但从其字面意义上说,我们从来不会真的受过了教育。就像与之有着密切关系的提升(improvement)一样,教育总是在生成,永无止境。没有人能够将教育本身概念化,说明接受过教育会是什么样子,抑或是在任何特定时间经历过教育过程会是什么样子。我们所指向的是所谓的教育活动和教育目的,这个教育目的也是学习目的,尤其是在知识、态度和价值观以及技能方面的目的。学习者可以体验到学习成绩提高的满足感,例如在演讲或阅读技能方面取得成绩,但没有人可以将教育体验为某种令人满意的状态——就是说,它不同于提高学习成绩的体验。我们之所以没有将教育理解为内在于提升过程中的事物,其原因就是，从某种意义上说，它就是这个过程，但仅仅是就这个过程以特定方式助力特定个人之发展而言的，因而从另一种意义上说，它不仅仅是提升的过程，它也是对这个过程的判断，是对我们认为教育应有发展目标正在实现的认可。

教育的形式概念包含着这样一个意思，即个人潜能的发展是可以根据符合社会价值观的标准从外部视角进行观测的，并且只有在取得了一些提升后才能观测到。因此，在这个形式概念中，我们必须使学习成果的具体体验发生双重的概念转变：首先，我们提炼出了提升的观念；其次，我们进一步将提升的观念概括为实现个人潜能发展。在第二个转变中，我们的视角从显现着某种提升的活动本身转移到了目标的部分实现，亦即个人取得提升的效果。因此，教育不仅是一个表述提升的概念，它也是一个评判性的概念。第二种视角并不一定与第一种视角融合。具体学业成绩上的进步，例如学会拼读"receive"和"believe"的规则或代数乘法中指数的功能，并不能让人觉得其本身有助于提升个人潜能，这样的例子并不少见。但是，认为教育的形式概念指涉的是一种认知，其对象是特定个人取得具体学业成绩的潜能，这是一种误导。教育作为一种生成，是从一个包含一系列成就的更具客观性的角度被认识的。它是基于总体的和评判的立场，而不是具体的、琐碎的立场被视为潜能的发展。

在这三个形式概念①中，教育的独特之处在于，当我们将其与学习或造就博雅的心灵(the liberal mind)混为一谈时，有一种使其具体化的误导性倾向。首先，这种倾向导致教育被认为与个人所学到的东西相关——尤其是所获得的知识储备，与"受过教育的人"等一些同源的表述方式的联系加剧了这种倾向。第二，教育并不是一种特殊的理智事业——通常被描述为造就博雅的心灵。正如纽曼在他对大学教育作出个人评论时无意中指出的那样，博雅的心灵是一种理智的理想，其

---

① 指道德、正义和教育这三个形式概念。——译者注

实现当然会有程度上的不同,而且永远不会是完满的。教育形式概念的独特之处是,我们必须超脱于所谓的教育活动,并在与个人潜能的发展——主要是理智、道德和身体上的发展——的联系中认识它们,注重(就像亚里士多德那样)由于学业追求上取得一定程度的个人成就所产生的满足。教育的形式概念在某种意义上说是一个专业术语:它指称的东西并不是它在日常语言中所表达的东西。当我们试图认为教育涉及那些学习到的东西时,我们马上就会遇到矛盾和不确定性,因为我们永远无法就教育需要哪些特定的知识、态度和价值观以及技能达成一致看法。我们很快意识到,造就博雅的心灵不能与教育等同起来,因为它也无法就此作出明确规定;并且,按照它的某些构想,任何人都无法始终如一地将其付诸实践。教育作为与社会价值观相一致的潜能发展并不是一种想象。只有包含这个嵌入其中的限定性条件,它才能作为一个形式概念而存在。

在对这些形式概念作最后的反思中,我们可能会问它们的价值是什么。现在,我们有条件在教育、正义和道德等实质性问题的背景下探讨它们的价值了。我们必须首先认识到,并非在所有情况下我们都能够深入了解与正义或教育相关的实质性道德价值观,从而径直把握每一种情况下潜在的形式概念。即便存在公平待人,但由于"公平"本身与"人"一样是价值语词,因而一个正义的行为可以从不同的实质性角度来解释。可以提出的一个不同类型的问题是,是否只要有对他者利益的实践考量,就可以说我们持有实践道德的立场?随之而来的回答必然是肯定性的。那么,我们在讨论中不断援引的形式概念有什么样的价值?这其实是显而易见的。如果讨论中不呈现这些观念,我们就可以断然地说这些讨论压根不属于道德、正义和教育的各自领域。也就是说,如果不包含对他人利益(因为所有人都生活在某个社会群体中)予以实践考量的观念,我们的讨论就不是关于道德的讨论。如果不包含公平待人的观念,我们的讨论就肯定不属于正义领域,无论其可能采取什么样的实质性变体。如果不包含与社会价值观相一致的个人潜能发展的观念，我们的活动就不会是教育活动。它们有可能指向的是完全不同的领域，例如空袭训练或消防演习，但它们不是作为生成的教育。我们对正义、道德和教育的形式概念的每一处重要援用，都保持着我们在一开始时就坚持的连贯性。进一步说，一些不正义的情形与它们有着直接的相关性；这种相关性一旦被注意到，即刻就会产生回应，就像教育机会不平等这样的情况。可以说，这三个形式概念体现了理性或理智的声音，超越并区别于它们各自的诸多实质性定义，这些实质性定义在某种程度上受个人意向的影响。每一个概念都在保留实践意涵的同时尽可能地具有概括性。这些形式概念作为理性思维的表达具有普遍的适用性。

但是，如果每一个形式概念对于相应的行为或活动——实践中的道德、正义或教育——都是必要的，它们是否也是充分的？必要的不一定是充分的：原因存在于行为图式的慎议阶段。形式概念只不过是基础性、理论化的观念。当它们各自在基于理性-意向的慎议中发挥作用时，对它们各自的解释都是主观的，并且始终是形式概念在某种程度上的实质性变体。尽管我们使用了诸如"道德作为对他人利益的实践考量"和"正义作为公平待人"等表述，但在所有这些情况下，我们所指的只是它们各自的基本观念，而不是形式观念的客观化，以至于它们好像本身就构成了每一种实践道德或每一个正义行为的恒定要素。主张形式概念其实是客观道德的一个组成部分，这是错误的，并且与我们对主观道德的看法相矛盾。在政治镇压或剥夺公民自由的情况下，统治者和他们的批评者可能都会同意正义作为公平待人的观念或形式概念，但这种情况是否违背正义是引发分歧的。不存在这样一个恒定且客观的内核，可以从正义的每一个实例中显现出来。对形式概念的解释是一种主观的解释。另一方面，所有人都会同意的是，形式概念在某些情况下根本不会作为依据被人们运用，无论他们对正义或道德这样的概念有着什么样的实质性理解。如果一个人因为一个并不是他犯下的罪行而受到惩罚，但这既不是意外遭遇,也不是失误所致,更没有任何其他能够想到的免责条件,那么,这样的情况不会让人想到援引正义或道德的形式概念。可见,正义或道德的观念并非这样呈现在任何人面前,以至于我们可以说,具体情况下的任何关于正义或道德的讨论都需要形式概念。但是,并没有充分的条件表明,如果我们具有形式概念,那么当它们被转化为行为时,正义或道德的一些因素必然会展示出来。冷酷无情的人可能仅仅由于残忍或者为了报复或威慑而惩罚他人,但他同时仍然接受正义或道德的观念或形式概念。在作为对他人利益的实践考量的道德形式概念上,诺齐克和康德的解释是同样真切的。对于社会正义的形式概念,主张种族隔离的理论家与罗尔斯是同样赞成的。因此,在它们各自的实质性解释中,形式概念有发生极度变化的可能性。这并不意味着所有解释都具有同等的正当性。每一种解释应该有支持的理据,他人也正是通过理据的好坏而对每一种解释进行评判的。

我们所使用的形式概念被赋予最低限度的意涵,从而既保持着一贯性,又具有导向性,这避免了那种可以容纳对立观点——教育与非教育、正义与不正义、道德与不道德——的空乏结构。要不然,它们就不能被用作——就像佩雷尔曼的正义形式概念不能被用作——整个讨论中的可靠参照。它们最适用于违反基本原则的简单情景;在这样的情景中,我们可以因为某个行为或活动由于缺失道德、正义和教育各自的必要基本观念而明确地指出它们是不道德、不符合正义的,或者不是一种教育活动。在实质性价值观念发生各种变化的更复杂的情景中,它们作为讨论的不可或缺且不可动摇的基石仍然是有必要援引的。

这些形式概念具有理性的基础。从很大程度上说,正是在此基础上,并且在考察包括他人判断在内的其他各种可能表述后,才形成了它们的表述方式。然而,以一种看似自我证成的方式回归它们,并且务实地参看它们在各种情景中的表达方式,这个过程中存在一个内在的循环。但它们经受理性审视的方式,并不会滑向理性本身的先验辩护，而是使它们获得辩护的最强有力的理由。只有当他人有更充分的理由支持一系列可替代的基本观念时，才可以对它们加以反驳。鉴于它们以实践为导向，并且摒弃了完全脱离正义、道德或教育活动的那种毫无意义的形式主义，我们有理由坚持这些形式概念。

现在，在对形式概念有了重新思考之后，我们将尝试复盘我们对分配正义的看法，并将其作为解决教育机会平等问题的框架。

分配正义

需求标准

我们在思考罗尔斯的说法之后提出的分配正义原则之一是，每个人都有按需享有获得基本社会益品的平等权利。然后，在上一章的前半部分，我们提出了下述教育机会平等原则：每个人都有按需接受教育的平等权利，无论他在自然禀赋或成长的社会条件方面是否幸运。

我们现在将教育视为一种有待分配的社会益品，并寻求需求作为分配正义之标准的正当性。显然，从我们教育的形式概念来看，国家所能分配的除了发展的种种可能以外，再无他物：教育不是一整套的东西；教室、教师和书籍不等于教育。它就是使生成得到支持的力量，并且根据每个人的智力、道德和身体潜能以不同方式支持生成，但它的分配仍然可能是平均或公平的，或者它也可能是有偏袒的，使某些人比另一些人处于更加有利的位置。同样，对于每一个儿童、青少年或成人来说，接受教育的需求不是由条条款款规定出来的，以便与根据评估程序以年龄、能力或成绩划定的不同标准相适应，而是为每个人提供的一套与他的个性一样独一无二的标准。划定不同层级的需求标准主要是基于经济方面的考虑,这构成了任何完全实现教育机会平等之目标的第一种制约。有些个人的需求是明显的,例如身体和智力上有障碍者的需求,但儿童在课堂上与特殊学习困难有关的需求则要不明显得多。因此,我们只能在这种不太理想的意义上趋近教育支持方面的分配正义,但永远不能使之完全实现。这种完全实现的情形是,个人在最宽泛意义上的各种特殊需求,亦即与他们在智力、道德和身体方面的独特个性发展相关的需求,在由国家或独立机构提供的教学、辅导和其他资源的支持下都获得满足。如果个人需求得到专业的诊断和照料,完全不受到基于任何理由的歧视性对待,并且特别地考虑到环境方面的限制——这些限制或造成了额外的需求,或者阻碍了受教育者和教育支持者对这些需求的关注——那么,支持资源就契合了教育机会平等的条件。

在当代社会,由于各种各样的知识和技能迅猛扩展,人们更容易认识到教育的永无止境(non-finiteness);而过去则不然,例如,文艺复兴时期的夸美纽斯就认为一个人可以掌握所有已知的知识,因而成为一个受过完备教育的人是有可能的。如今,个体学习者的教育需求相应地得到了更为积极的重视;尤其要承认的是,尽管从理论上说,教育的形式概念可以使教育在没有学校和教师,甚至没有书本的情况下成为可能,但实际上这种设想在我们所了解的世界中是格格不入的。那些成为受教育的人确实需要这三者;离开了它们,一般不会取得什么进展。因此,教育的基本需求之一是提供支持性的资源、学校建筑和合适的教室、书籍以及其他的资源,例如电影或磁带,在一些情况下还包括显微镜等仪器设备;尤其需要提供教师和辅导员、图书馆员及各种助理等人力支持。由于满足这些需求有利于实现目的,因而对于他们的学习,对于他们在无止境的意义上成为受教育的人来说,这些需求是发挥手段性作用的。它们是我们社会的需要,因为在大多数情况下,离开了它们,未成年学习者就只能取得有限的进步;如果没有它们的支持,未成年学习者的生活前景将会受到严重的损害,这种损害甚至一两年内就能显现出来。因此,教师在形式上并且是在作为手段意义上的促进者身份发生了实质性的变化,他们成为经过专业培训的教师,并不可替代地为学习者所需要;在大多数情况下,没有他们,就像面对身体上的疾患而没有医疗服务一样糟糕和危险。同样糟糕的是,学校里没有由校长或负责人、教师和受过专业培训的辅导人员共同提供的咨询服务,因为那些发展其潜能的人也有着需求:例如,寻求基于个人标准的个人成就感,而不是比照虚构的和人为的群体标准从而使人产生挫败感或自我怀疑。因此,学校通过对学习障碍的专业诊断和不断激励的心理支持来满足一般需求以及特殊的个人需求。如果假定它有着足以胜任这些工作的能力,却仍然未能满足某些人的一般需求,那么,障碍和动机不足的根源可能在于根深蒂固的社会状况,而教育机会不平等的问题也就必须转由政府的工作人员和公众的良知来解决了。

应得标准

因此,如果立足教育的观点,并将教育视为一种社会益品,则需求为分配正义提供了最合适的标准。原因之一显然是那些正在通过接受正规学校教育发展潜能的人还是未成年人。现在的问题是,提供给成年人的教育是否仍然应该以需求为基础,还是应该运用其他的标准,例如应得标准?

查士丁尼[①]主张正义就是给予每个人应得的部分,哲学家密尔认为公正的司法制度就是让无辜者和有罪者得到他们应得的(《功利主义》,第 318 页)[1];他们都提出了应得如何评判的问题。人们甚至可以声称一个人从社会中所应获得的东西就是他需求的东西;按照这种解释,"应得"等同于"需求"。根据应得标准,密

---

① 查士丁尼(Flavius Anicius Justinianus,公元 483—565 年),系东罗马帝国拜占庭皇帝。引用观点出自《法学总论》,是查士丁尼在位期间(527—565 年)下令编写的一部法学教科书。——译者注

尔认为有两个同样合乎正义的原则,一个原则是——基于个人的视角——任何人只要尽力而为,就应该得到与他人一样的善待;另一个原则是——基于社会的视角——高效工作对社会的贡献更大,应该比相对低效的工人从社会中得到更多。这样说来,社会正义和分配正义的最高标准存在于这样一个原则,即我们应该力求平等地善待所有应当得到我们平等善待的人,社会也应该这样平等地善待所有应当得到它平等善待的人(第335页)。在此之上,还有一个至高无上的原则,即每一个人对幸福,包括获得幸福的所有手段,都拥有平等的权利(第336—337页)。如果有这样一个假定,即教育在本质上被认为是获得幸福或满足的手段之一,则密尔的功利主义在很大程度上是倾向于主张教育机会平等的;但正如我们所看到的,密尔没有支持赞成普通教育的想法,因而他自己也没有做过这样的假定。他区别的个人视角和社会视角为应得的评判提供了某种基础:第一,运用尽力而为的标准;第二,运用基于效率的个人成就标准。从第一种视角来看,社会益品将根据最大程度的个人努力来分配,个人生产多少产品以及产品质量如何不影响分配结果,但第二种视角采用的是奖励高效的差别原则。即使我们区分了正规学校教育期间未成年学习者的教育需求和毕业后成年学习者的教育需求,想要将这些标准应用于教育领域也是有问题的。从未成年学习者的角度来看,他们中那些没有尽最大努力学习的人有各种各样可能的原因,而教育者的任务就在于诊断问题并尽一切可能进行补救。从成年学习者的角度来说,教育作为一种社会益品被分配给他们,而他们则是主动接受教育扶助;如果他们在接受教育的过程中没有尽最大努力,或者更重要的是,没有尽力工作而对社会作出贡献,就以此为理由而取消或减少这种扶助,这明显是没有说服力的。实际上,成年人确实需要通过接受教育进一步发展他们的潜能;如果他们的工作业绩部分地受到他们的态度的影响,那么,他们的发展越是充分,个人处境就越能改善,从而他们的社会贡献就越有可能随着他们的满意度的提高而增加。换言之,如果潜能的进一步发展增加了个人福祉,它就不应该被禁止或受到惩罚,反而应该受到鼓励,因为这有利于个人,也有利于社会。作出这种判断不一定要信奉功利主义,但这是一种后果主义的观点,其依据显然是出于实用的而不是道德的考虑。如果赞同教育应该按需平等地提供给所有人,无论一个人是否努力,或者用密尔的话来说,无论这个人是否实际地做到了"尽力而为",那么,在其他社会益品的分配上采用相似的论点是否具有正当性?从接受者和其他作出贡献的社会成员的角度来说,这是值得怀疑的。当一个人在工作中一贯地不尽其所长、尽其所能,还期望从社会的利益分配中获得与他人同等的份额,这显然违背了作为公平待人的正义。这样的人对我们认为的实践道德要求不以为然,甚至可能对他人采取藐视的态度。如果社会将他与其他人平等对待,那么其他作出贡献的社会成员的正义感也会受到伤害——追求一致性和公正性的公平观念将受到质疑。因此,基于道德和正义,我们能够允许将继续教育视作一个例外,它不需要适用于这个分配正义的一般原则,即按需分配资源。只有在个人各尽所能,成为有所贡献的社会成员的条件下,需求标准才是适用的。接受的人也必须付出:公平是双向的。如果有人付出的少于他们所能付出的,那么他们在所有的利益上都应该得到更少,包括教育。因此,我们必须对已经工作的成年学习者与未成年学习者相区别;对于后者来说,需求标准完全适用于国家规定的教育。

当前技术革命中一个日益严重的社会问题是失业问题,这不仅表现在学校毕业后的初次就业上,也表现在裁员和缩减以及再培训问题上,因为生产技术的快速变化产生了不同的就业需求。这两种情形下都不涉及应得的问题。还有一种情形是,一个人在工作中始终不肯尽心尽力结果被解雇。这由于涉及应得而造成了复杂的问题——很大程度上是这样一个问题,即针对个人的具体情况进行诊断,而后是作出行政判断以确定哪方面的再培训合适,并提供社会责任感方面的咨询。我们主要关心的是前两种情形。在第一种情形中,毕业生没有机会展示自己的工作能力；在第二种情形中，失去工作不是由于道德上的失误，也不是由于任何一种个人的失责。这些潜在的劳动者和当下的劳动者对社会没有什么亏欠：责任——确实存在一种责任——是另一个方向的。根据考量他者利益的道德和公平待人的正义，社会有责任按需分配教育资源，不但认识到技术领域的再培训正在变得越来越有必要，而且在力所能及的情况下确保工作有着落之前始终提供职业培训和再培训。因为工作被认为是实现人类福祉的一个条件，我们认为社会正义的一项原则是，每一个人都有根据其能力和才干获得工作的平等权利。社会在按照这一原则履行责任时应该持续提供教育机会，这不仅关乎职业流动，也关乎个人潜能发展。

在考虑密尔关于分配正义的第二观点，即奖励高效之前，我们需要区分不同意义上的"需求"，特别是这样两种需求：一是与人权相关并且是所有社会成员共有的基本人类需求；一是特殊的，甚至似是而非的需求。教育需求指的是前一种意义上的需求，无论它多么需要个性化以便做到因材施教。与此相反，那些基于良好愿望而宣称具有某种需求的人，其所表达的是欲望，有时也是动机。基于这种需求来分配社会益品是不可能具有正当性的，因为把欲望当作需求，例如，在没有相应的能力和潜力时把高等教育当作需求，可能只不过是一种不切实际和非理性的意愿或野心，是社会资源的浪费。这样的个人需求对其他社会成员来说即便不是漠然视之，也是毫不相干的。把欲望当作需求，堂而皇之地要求社会分配给个人相应的利益，是故弄玄虚的权利主张；人类需求的真实表达不是这样的，照料这些真实需求是社会对其所有成员或者重要的群体成员应尽的责任。

在社会益品的分配中奖励高效，这使应得与努力程度和成就大小联系起来，并通过它们与自然禀赋联系起来。努力能够在多大程度上影响效率，这是不确定的，因为对社会福祉作出贡献的高效至少部分地被社会视为源于自然禀赋。取得重大成就的个人得益于能力与天资，包括身体和精神上的健康。他也可能受益于社会优势地位，或者至少没有受到那些根源于极端弱势社会地位的消极态度和价值观的抑制。将效率评价作为应得的依据，这需要的是衡量自然禀赋和社会境遇对工作效益的综合贡献度——一个在经验上几乎无法攻克的难题。当代大多数社会的社会价值观明显抛弃了精英主义和特权观念，因而尽管天赋和社会优势都对个人的成功有着重大影响，但原则上有一个广泛共识，即二者都不构成道德应得的合适基础。此外，由于应得本身是不确定的，因此它本身并不独立充当分配社会益品的适当标准。从道德和正义的角度来看，需求原则优于应得原则；后者本身可能受到特权的正面影响，也可能受到贫困处境及其相关态度抑或自然禀赋的负面影响。但是，教育和医疗卫生服务这些领域中的差别化需求，需要公正和专业的评估；同时，如果把欲望和动机与需求混为一谈，或者把那些暂时的和特殊的需求作为权利，而这样的权利主张相对于其他社会成员的需求而言不能获得理性或经验上的正当性，那么，这些差别化的需求不应该被支持。

到目前为止，我们已经指出我们的一般原则，即每个人按需享有基本社会益品的平等权利，适用于作为社会益品的教育，无论是针对未成年学习者，还是成年学习者，但需要在二者之间加以区分，因为没有尽最大努力为社会作出贡献的成年人不应该与他人那样平等地获得社会益品。那将是对正义作为公平待人的背离。由此，我们推导出的原则是：每一个人只有尽其所能地工作，才享有按需获得基本社会益品的平等权利。换句话说——实际上是用马克思的话来说——各尽所能，按需分配；这几乎就是分配正义的普遍理想。

天赋的分配

罗尔斯等人认为，天赋是一种应由社会分配的国家财富。这种观点在没有阶级的国家中被广泛接受，他们认为个人的利益从属于国家的利益，因此这么做不存在对有天赋的人或任何其他特殊群体的歧视。通常使用的论据是，有天赋的人拥有天赋并非理应如此,正如智力障碍者不是理应承受智力缺陷一样。这是一个运气好不好的问题。在这一点上几乎没有分歧,但下一步的推论有时会遭到反驳,亦即,将有天赋的人视为公共财产,用于造福社会中的每一个人,这就相当于国家开采钻石,将收益分配给所有成员。从诺齐克的观点来看,一个人有权享有他持有的东西,包括他的智力天赋,因为获得这些东西并没有以任何方式伤害到他人。用洛克的话说,国家必须保护个人的财产,包括他拥有的所有一切,而他的个人天赋是其中的一部分。按照这种观点,有天赋的人什么都不用做就获得这样的好运气,这是与他持有他的所有物的自然权利毫无关系的问题,也不应该使他本人成为不断被售卖的商品。个人无论一开始命运如何,都应该有选择自己生活方式的权利,并且国家只能施加最低限度的限制,这是一种自由主义的观念,是与任何将有天赋的人视为可分配的财富的主张相冲突的。如果国家承认一个人的天赋作为社会再生产总体趋向的一个例外,是从严重不利的社会生存处境中脱颖而出,进而作为人力资源被国家征用来服务它自己的目的,那将是对这种自由主义观念的双重冒犯。根据自由主义观念,这种对人才的征用只有当国家处于紧急情况时才是合理的。我们可以基于自由主义的分配正义原则为这种看法提供支持,这个分配正义原则是:在不侵害他人自由的前提下,每个人都有对于基本自由的平等权利。国家征用个人并使之服务于自己的目的,即一个或多个当权者的目的,这种观念也违背了职业机会平等原则。社会正义的要求是每个人自由地制订自己的生活计划,并被赋予与他人一样基于恰当理由选择合适职业的平等权利。如果国家发现儿童或青少年身上的天赋,并借助外在激励手段将其诱导到特殊机构,那种诱导就是在他们能够作出理性的职业选择之前进行的。这违背了道德、正义和教育的要求——之所以说背离了教育要求,是因为个人潜能往往会被片面发展以便为国家服务。教育是与社会价值观相一致的潜能发展,在方向上必然有着一定程度的选择性,但是国家对儿童的操控以及对他们天赋的诱导是对基本自由的彻底剥夺,是对处于成长中的人的不公平对待,也与道德背道而驰,因为这践踏了他们的利益——除非这样一种偶然的情形,即个人和国家的利益恰好是一致的。

奖励与分配正义

有才华的人往往仅凭着先天禀赋就取得显赫成就,因而人们有时认为他们应该因为对社会的贡献而获得国家的奖励。关于这一点,我们将首先考虑有天赋的人的具体情况,进而从总体上考虑针对努力、成就、效率或产出数量的奖励问题。

我们的教育概念与道德和正义结合在一起的共同要求是,一视同仁地对待有天赋的人:承认他们的潜能,并提供条件以便他们根据自己的个人利益有选择地发展这些潜能;在从学校毕业开始求职的过程中,他们被给予与其他人相同的职业机会。我们现在将这种非歧视观点用于奖励问题,因为我们应当根据适用于社会上所有其他人的相同原则来对待有天赋的人。一旦我们认识到自然禀赋就像社会优势或特权一样,不能为任何类型的应得提供依据,我们就面临着已经碰到过的问题,即如何将基于不应得的有利条件(比如前面说的这些)而获得的成果与应该得到奖励的成果区分开来。一个人的成就和他取得任何成就的效率——无论如何评价——是各种因素共同发挥作用的结果,包括努力、才能、技艺、工作能力、工作兴趣和工作满意度;也包括意向因素(在我们所说的特殊意义上的"意向"),特别是动机和目标、态度和价值观,以及尤为重要的工作与自尊之间的关系,抑或说个人将其工作与他希望他人以何种方式看待他牵连在一起的密切程度。一个人可能会被认为比另一个人更应当受到社会的表彰,因为他的工作对于社会来说是一种真正的贡献,而不只是一种表现,使人们从中可以看出他天赋异禀及其在兴趣、毅力和技能各方面产生的全部影响。在社会给予的应得中,我们关心的不是自私自利的人或天生幸运的人,而是利他的人。家庭医生、社会工作者、教师的应得都可能高于理论上的最低限度,这个最低限度对每个人来说是不同的,因为我们需要考虑到他的能力、动机和目标、态度和价值观、工作能力等。在社会表彰方面,他们的应得类似于分外工作(supererogation)所要求的应得,但与其说是超出规定职责或社会期望,不如说是自愿为公共利益作出牺牲。从原则上来说,天赋是不相关的问题,因为不管能力如何,这里应该考虑的不是工作产出的数量或质量,而是他们这样的工作和成就超出了基于自然禀赋和与之相关各种因素而作出的预期,也超出了以各种方式追求个人满足的动因。这样的工作和成就必然是为他人服务的,因为它们超越了理论上可能假定的那种为自己而工作的认知;同时,这样的工作和成就也超越了理论上可能假定的那些自然禀赋所带来的后果。换句话说,它们的动机并不止步于实现通常的工作预期,而且体现了对他人的关心,以至于在时间、精力或娱乐方面牺牲了自己的利益,尽管不包括——出于明显的原因——牺牲自己的身心健康。这种应得观念,使社会的表彰成为必要的奖励,但社会范围的评价标准根本无法确定。如果认为特定个人涉及牺牲自身利益的利他行为可以运用复杂的测量技术和验证手段来进行评价,那么这对社会来说是一项不切实际的任务。高度的复杂性使外部的评判成为不可能的事情,因此社会层面的应得,亦即以社会表彰作为奖励,作为一个无法实施的原则只能被束之高阁。这不是说没有人应当受到社会表彰;问题在于没有可靠的方法来确定社会应该表彰谁、不表彰谁;并且,如果表彰那些不应受表彰的社会成员,对真正应受表彰的人来说是不公平的。这种情形没有坚守或体现公平待人的正义。

从根本上说,将奖励作为一种分配正义的观念是与按需分配原则——在人人各尽所能地为社会作贡献的前提下——相冲突的。任何人都不应该以贡献来换取更多的社会益品,无论他多么有才华,无论他作出怎样的贡献。迄今为止,还没有一个社会的总资源达到了相对于个人需求而言的过剩阶段,因此正义和道德都表明，如果一个劳动者能够生产出比另一个劳动者更多或更好的产品，那么他的产品应该成为有待分配的社会公共资源的一部分，并且不应该期望有任何的回报或补贴。甚至公共荣誉的使用在道德上也是有问题的，这不仅是因为无法完全可靠地对应得进行评判，也因为它导致以差别对待来表达对人的敬重。归根结底，功德就像美德一样是对于它自身的奖赏。我们由此得出结论，对于社会益品分配来说，需求原则而不是应得原则更充分地体现了我们的道德和正义概念，尽管在某些情况下应得原则为整合分配正义的一般原则提供了必要前提。

分配正义的原则与实践

实际问题

在重新陈述我们的各个原则之前，我们先要阐述在分配正义讨论中有时被提到的某些实际问题。社会正义的实施与管理其他方面的人类事务一样，总是牵涉到原则与实用主义之间的永恒矛盾。不言而喻的是，我们的原则必须考虑到社会的承受能力，以及它实际上必须分配哪些东西；同时，存在着许多不同的社会需求需要通过分配有限的资源来满足，因此对特定需求——正如我们反复提到的，那些在社会中处于严重不利地位的人，他们在其态度和价值观影响之下忽略了教育机会——的重点关注必须放在整体中来看。这些实施中的问题不会影响正义原则和道德原则的正当性，也不会影响我们对教育本质的理解。在实际的执行中，对于社会资源有限的考虑不会动摇所有原则的有效性。就此而言，我们提出的分配正义，就像罗尔斯的社会正义理论一样，是一种理想理论。

一个反复出现在阶层化国家中的社会问题是，社会资源如何分配给私营或民办学校。对于这个复杂的问题，我们不再赘述各种各样的观点，而只是提请注意这样一种情况下的社会正义问题，即资源不是根据需求分配，而是由政治偏见和政治压力决定。在这种情况下，有两类人要求受到平等对待：第一类是学校里的孩子;第二类是他们的父母。从前者的视角来说,资源应该按需分配;从后者的视角看,父母作为纳税人要求受到同等对待,不希望支付费用来为其子女就读的私立学校提供资助。首先,社会无视需求情况就对一些学校投入更多资源,这是不符合正义的;其次,要求某些纳税人比其他纳税人缴纳更多的费用以促进教育发展,这也是不符合正义的。这种情况造成的更为严重的分配正义问题是不同方面的公平之间存在冲突。尽管国家在资源分配方面一视同仁地给予私立学校和公办学校同等的资源是一种公平,但公办学校的孩子与私立学校的孩子拥有同等的资源也是一种公平。当资源分配与需求原则不相符时,可能会出现的局面就是私立学校比公办学校获得更充分的资源投入,提供更高标准的教育设施。由此又出现一种不公平:与父母无力支付学费的孩子相比,那些父母具有显赫社会地位的孩子所接受的教育质量更高。这就产生了教育机会的不平等,其根源在于父母在收入和社会地位上的差异——这种情况是诺齐克可以容忍的,但在另一些人看来在道德上是不可接受的。按需享有教育机会平等的原则要求所有孩子都应具有平等的受教育机会;而这种受教育机会的不平等不可能获得道德或正义上的辩护。教育机会的不平等与职业机会的不平等叠加在一起,并因此加剧了社会不正义问题。

只有那些享有特权的私立学校的孩子才能利用提供给他们的机会,在实际考虑中是无关紧要的。尽管条件好的家庭的孩子确实可能像贫困家庭的孩子那样在教育上处于不利地位,但对于贫困家庭的孩子来说,无一例外的情况是:父母无法提供足够的支持,可能使孩子形成负面的态度和价值观,并限制其接受正规教育的机会。因此,这一问题对社会优势群体来说不具有普遍性,却是弱势群体无法避免的。幸运的社会优势群体中偶尔会有人在教育上处于不利地位,往往是分散注意力的观察结论,尽管这确实是教育应该关注的。

另一个在实际考虑中反复出现的问题涉及继续教育的机会,特别是那些教育需求在接受正规教育方面未能得到满足的人的情形。按照教育作为一种潜能发展的观念,我们可以说每个成年人都需要继续教育,因为只要人类的能力持续存在,教育可以发展的潜能就是没有止境的。这方面的分配正义问题主要是教育机会平等和职业机会平等问题。继续教育的供给有多种多样的形式,我们这里只讨论其中的一种:由于童年和青少年期错过的机会而企图予以补偿的继续教育。如果是这样的继续教育,那么它就成了对于已经分配的社会益品的再利用,因为此前的分配要么是不公平的分配,要么是分配给一些人,但他们出于社会处境不佳这样的原因而无法在第一时间充分利用它们。由于原先的分配存在问题,因而无论是哪一种情况所致的再利用都是必要的,在道德和正义方面也都是补偿性的。但从一些重要方面来说,这种补偿为时已晚,因为到了重新开始接受继续教育时,无论从内在价值还是工具价值上来说,教育能够为生活前景带来的太多东西都已经失去了,尤其是职业机会。如果有必要,通过社会改革防止这种情况发生,比通过这样的再利用来提供第二次机会更合乎道德和正义。但反过来说,提供第二次机会也有其正义和道德上的理由,因为什么都不做就不会有任何改变。有些人在上学期间患有疾病或遭受残疾,或者在青少年时期由于移民而不得不应对一门新的语言;他们确实需要第二次机会。

我们现在重申社会正义或分配正义的两个基本原则,然后介绍由它们推导出来的三个原则,分别与教育机会、职业机会和工作权利有关。我们对"社会正义"和"分配正义"不作区分。关于自由权是否构成分配正义的一部分,这主要是语言表述上的争论。从某种意义上说,它们可以由当权者分配,例如,优先分配给某些群体或阶级——因而是不正义的;或者更广泛和更普遍地公平地分配给所有人。即使在立宪政府的情况下,尽管明文规定的民众自由权对统治者和国民而言是同样的,统治者仍然可以对成文宪法中陈述的普遍自由或具体法规中的自由作出他们自己的实质性解释,因而从这个意义上说将自由权分配给了人民。

社会正义或分配正义的原则

基本原则

1. 每个人都有对于基本自由的平等权利,但要以不侵犯他人自由为前提。
2. 只要在工作中尽其所能,每个人都有按需获得基本社会益品的平等权利。

派生原则

1. 每个人都有按需接受教育的平等权利,无论他的自然禀赋或社会成长环境幸运与否。
2. 每个人都有基于恰当的理由选择自己心仪职业的平等权利。
3. 每个人都有根据自己的能力和才干获得工作的平等权利。

上述社会正义的基本原则都是符合作为对他人利益的实践考量的道德和作为公平待人的正义的。值得注意的是,这些原则的直接根源存在于道德和正义,正如它们的形式概念及其各自基本原则所陈述的那样。这也适用于某些具体的实质性考虑,例如为了国家利益而操控和诱导有天赋的孩子,因为在这样的情况下,将形式概念作为稳固的参照点也会引起即刻的回应——对违背任何一个形式概念的否定性回应。

社会正义的第一个基本原则是普遍的自由原则,它与洛克及其之前诸如胡克这样的先驱的观点相一致,与美国和法国革命所拥护的原则相呼应,也符合诸如密尔这样的自由主义哲学家的主张。基本自由指的是言论和集会自由、思想和信仰自由、人身自由。它们是既可以向他人,也可以向国家提出的权利主张。第二个原则是马克思主义原则,在适用于存在阶级的国家时需要考虑到制约性的社会条件。教育机会平等原则是分配正义第二个基本原则的推论。对于未成年学习者来说,应得资格作为第二个基本原则的前提条件是无关紧要的,但在运用于成人的教育分配时就是有效的。如果一些成年人对社会福祉的贡献很少或贡献为零,接受继续教育好处的同时却没有尽其所能地工作以造福社会,那么,允许这样的事情发生显然是不公平的。那些已经加入劳动力队伍的人（并且假设要分配的资源是有限的）是不能被这样允许的。对于那些没有加入劳动力队伍的人来说，一个正义社会在分配教育这样的益品之前不会不仔细审查其理由和分配的公平性，并在这个审查过程中将所有其他的社会成员考虑在内。这个问题在第五章中已经提及。职业机会原则和宣称工作权的原则都包含这样一个假定，即工作本身既是对个人的善，也是对社会的善；从道德的角度来看，确保一个人有工作可做并且工作尽可能与其才干和能力相匹配，这体现了对他人利益的考量；从正义的角度来看，但凡存在多个人选时，遴选的理由必须是充分的。歧视性遴选的做法在很多情况下仍然存在，例如，当性别、肤色和种族与职业明显无关时。一个正义的社会始终一贯地应用规则，并且公正地达成人与人之间的适当平衡或比例；在这样的社会中，特权或社会优势不会增加教育机会和职业机会，不利的社会境遇也不会严重地减少教育和职业的机会。分配正义取决于每个人都尽其所能地工作，从而作出贡献；因此，没有人会通过继承财富这样的优势而逃避工作，并在没有作出自己贡献的情况下不断获得社会益品的份额。

　　我们在上一章中提到，自由主义意识形态的一个幻象是，当国家提供平等的学校教育机会时，教育机会是平等的；这意味着当一些人接受教育的成效未能使他们的才能和潜能发展到应有的程度时，教育效率低下是主要原因。教育体系——包括教师、校长和教育管理者——要对社会不正义负责，包括离开学校开始就业过程中的明显不正义以及随后不能胜任工作这一情况下的不正义。毫无疑问，不熟练且枯燥的教学确实损害了许多学生的生活前景，以至于正义社会应该通过任何可能的方式确保教学服务达到这样的水平，使学生能够普遍实现他们在职业和其他方面的远景，只要他们具备足够的才干和潜能。但是，将问题归咎于教育效率低下的看法可能只是一种方便的合理化辩解。对于那些社会处境不利或环境恶劣的弱势群体来说，使他们应该得到第二次机会的主要不是教育系统。一些社会中的分配正义在一定程度上依赖于有效的教育系统,但主要依赖于消除那种被认为是不正义之根源的贫富分化:正是由于这样的状况,使一些人的人生有一个特别优渥的开始,而另一些人则有一个特别糟糕的开始。我们已经驳斥了罗尔斯的差异原则——该原则断言,社会益品必须平等分配,除非不平等的分配有利于弱势群体。我们也不认可他的这样一种看法,即在资源的分配中,仅当天赋较差的人的状况有所改善时,天赋较好的人才应该从他们的好运中获益。正义作为公平待人,道德作为对他人利益的实践考量,都要求我们公平地分配资源,从而让弱势群体和优势群体、普通人和有天赋的人都有机会有选择地发挥他们的潜能。这样的分配不是要剥夺有天赋的人的财富,转赠给没有天赋的人或普通人,也不是要夺取社会优势群体的资源,转移给弱势群体。唯一的根本标准是需求,并且所有需求都应当得到满足,只要一个人在成年后积极工作,从而充分地回报社会。在正义和道德领域,亚里士多德和边沁都提出了算术上的解决方案,但除了最简单的情况外,这些解决方案已经被证实是无效的。

当我们将正义、道德和教育的形式概念置于政治组织的架构下,同时也将分配正义的基本原则和派生原则置于其中,我们立即面对着实质性解释相互冲突的可能。在没有阶级的国家,教育机会和职业机会平等的原则以及工作权都是被承认的,但职业选择往往是国家的选择。有天赋的人被选拔出来并招录进入特殊学校,相互竞争和专门培训可能促使他们获得最好的发展;在这样的时候,奖励是可以用来激励他们接受这些安排的措施。这种情况下的"选择"往往是一种委婉的表达,即使学生有很高的积极性,并且对他们的成就也很满意。从道德的角度来看,他人的利益看起来是国家的考量:包括有天赋的人的利益,以及社会上所有其他人的利益,他们将受益于这些有天赋的人。不难看出,这样的制度安排满足我们通过正义和道德所表达的期望。在学校生活开始时不存在明显的优势或劣势的差别;毕业时,所有人都在他们的职业安置中得到一致和公平的对待。但是，自由已大大丧失，尤其是这样一种个人自由，它使个人能够计划和制定自己的生活方式。这也意味着人格的认可被减损了，这种人格不仅是自我认可的，而且是被他人认可的。个体失去了宣称他作为人的道德价值观的同等机会，也失去了主张自然正义——无论是针对他人还是针对国家——的同等机会，以至于每一个体都失去了作为一个人的自尊。从他人的角度来看，这样的个体没有作为这样的人而受到应有的尊重，他不拥有欲望和情感、动机和目标、态度和价值观、深思熟虑、决定和行动，而所有这些恰恰在一定程度上体现了人的自律。

阶层分立的国家对资源的分配是不一致和不公平的，他们缺失了对贫困者或社会弱势群体的利益的考量且依然在道德上漠然视之，甚至容忍这样一种几乎完全放任社会不平等存在的制度，以至于"机会"和"平等"在最好的情况下只是意识形态的幻象，在最坏的情况下是有意的自我安慰。因而，政治观点能够影响我们关于正义和道德的实质性概念，就像指导我们生活的社会价值观一样。但是，将正义作为公平待人的形式概念，并且在考量他人利益的道德基础上，无论运用何种政治观点都不可能证明我们处于教育不平等和职业不平等及其造成种种不平等的社会状况具有正当性。只有在具有初始正义的情况下，按需分配社会益品的公平性才有可能是正义的。从逆境中走出来并幸运地取得成功的自由主义典范，只有在所有人都有取得成功的合适机会时才是可以辩护的，而且即使这样也只是部分的辩护。如果一种社会制度使一些人在起跑线上就障碍重重，只有付出巨大努力才能取得成功，而另一些人却能一帆风顺，它就不能说是公正的。如果我们能够透过现象看本质，从具体看法和不同之处直抵潜在的道德和正义的形式概念，那我们的反应还会是直截了当和毫不含糊的。

进一步的反思

道德主观主义

我们不会进一步讨论正义、道德和教育的形式概念,只是提请注意,随着这三个概念的实质性内涵的扩展,它们会变得越来越复杂;尤其是前两个形式概念,自古希腊哲学以来就一直众说纷纭。我们已经在其他地方指出我们所说的特定道德概念以我们自己的个人信念为基础,并且也已经表明在各种可能的道德中,每一种道德都必然可以获得理性的辩护,尽管理性是不完美的,也不可能有一种终极的或超验的上诉法庭程序,使我们所做的所有判决都获得辩护。反驳我们这样一种主观道德的论证有一个根本的缺陷是:认为任何人都可以在主观基础上拥有他喜欢的任何道德,而在这种情况下社会所能达到的和谐程度已经足以表明主观主义的主张是错误的。虽然确实任何人都可以制定自己的道德,并且如果他要成为一个积极的道德主体以便作出自己的判断而不是遵从已有的行为规则,就必须这样做,但是,这样构建或选择的每一种道德都需要经受理性的审查。有了这样的基础,一些种类的道德很可能会被放弃,正如我们自己的道德如果得不到理性的支持也会被放弃一样。仁慈的倾向普遍存在,教育也在社会上更广泛地普及,由此个人有机会获得更好的自我理解和对他人的理解,教育则使社会价值观更加深入人心,但即便如此,仍然有一些证据表明,大多数人成为规则的遵从者或者作为社会认可的寻求者——尤其是在关系更加紧密的群体或社区中获得社会认可——只有少数人坚持到底,制定出自己的道德规范。最终的情形是,拥有与其他人完全不同的道德的人并不多见。我们的社会之所以达到这样的和谐程度,其原因不在于共同持有的客观道德价值观,而是我们和其他人一样主观上所接受的价值观；有时只是对它们半信半疑，从而在这方面仅发挥了道德主体的一半作用。当我们走得更远，制定出适合自己与他人关系的道德时，我们不是在我们之外的世界中寻找绝对真理或任何客观的事物，而是寻找我们有充分理由表明我们应该拥有的原则和规则，并且扩展我们的规范性视域，使之包括那些我们相信其他人也应该拥有的规范。我们不试图将它们强加给同样理性的人，而是在商议中寻找机会谦逊地向其他人解释它们；这种商议是郑重其事的，因为它的限定条件使其成为理性的和建设性的，而不是隐含竞争、制造冲突，从而是毫无成效的活动。我们认为，如果不接受以对他者利益的实践考量的底线作为起点，那么任何一种道德都是不能被辩护的。

在道德观点的相互评价中，当我们指出论证中的不足、带有偏见或成见的理据抑或对我们来说明显是故作理性的托词时，正是我们之间的共识才使我们对理性本身充满信心；我们的共识是基于理性的共识，而不是价值共识，除非合乎理性本身就是一种价值。如果我们意识到无论怎样坚定不移地遵循理性之道，我们在合乎理性之外还有其他价值，并且有的时候价值冲突不可避免，那就会出现复杂情况。因此，正式小组中基于理性的商谈是需要付出努力才能实现的，也是备受珍视的。

我们已经明确指出，我们对社会正义的主观判断应该获得我们所能引证的最佳理据的支持，并且这些判断将根据其理据的质量被其他人所评估。由此，我们现在概要地展现一种基于理性的方法来衡量社会正义的常见类别，例如教育机会平等。应用于这些类别的共同理性标准是从我们前面的论证中获得的，因此不再赘述。在评估任何相关的特定实例时，每一个标准都作为基本的理据，并辅之以每种情况特有的其他理据。这些不同的标准是不偏不倚、尊重人、说真话、自由、需求和互惠。

我们已经表明，不偏不倚在面对与道德和正义的基本概念相冲突的歧视性做法时常常具有重要的意义。与其他标准一样,例外的情况是需要作出合理解释的。在我们所提出的那种特殊意义上,尊重人是与之相关联的,体现在它与每个人当下和未来的福祉相关联。社会正义的行动计划如果只是使一些人受益,公平的行为如果——在所有方面平等的条件下——对某些人有更多的偏袒,那都是自相矛盾的。在国家与个人之间以及公民之间的关系中,说真话对于社会正义来说是必要的。政治欺骗的做法不符合道德和正义的形式概念。自由和需求都源自社会正义的基本原则。如果要使正义和道德实现,否定任何人具有这些形式上的自由权就是自相矛盾的。需求已经成为一种比其他任何分配正义标准都更能通过理性加以辩护的标准,这在教育作为一种社会益品的情况下显而易见。同样,该标准涉及对人的尊重,也与其他所有标准相关联。互惠是道德责任的标准,能够抵制任何过度补偿或明显歧视的倾向。它意味着,在任何相关的情况下,公平不仅要求接受,也要求给予:在分配正义——在所有方面平等的条件下——中,只接受而不作出相应的贡献作为回报,这是不正义的。它意味着人与人之间的相互尊重,以及人际关系的正直。相互性意味着自愿性,因而与自由的标准是相关联的。一个社会如果无视个人贡献的差异,免费且无条件地派送社会益品,从而造成自身在道德和物质上的消亡,那将是与理性背道而驰的。这六个标准在它们基于理性的联系中相互关联。

  应用基于理性的标准只是捍卫我们的主观道德以及我们对社会正义的判断的开始。当与其他判断发生争执时,影响我们论证力度的一个因素是解释和应用标准本身的分歧,以及态度和价值观上的差异。当那些持不同观点的人不断地证明他们对理性笃信不疑时,事实上更为清楚的是,他们正在试图使我们注意到他们的价值观。

  对我们的道德主观主义的另一个可能挑战是它无视基于个人信念的道德。[2]这种反对也是没有根据的,除非是在这样的情况下,即我们对由此推导出的道德价值观的所谓客观性持有不同的看法。态度和价值观使我们保持道德的敏感性，或者给予我们是非对错的道德信念。这些态度和价值观有诸多不同的来源，可以通过许多方式来获得——家庭内外的教化；痛苦难忘的经历，如个人遭遇的不幸；一段时间内类似经历的意外重现，如在商议中遭遇权威主义、卑鄙或慷慨、领导魅力或同辈群体的亲和力的经历；抑或是对当代经验或人类历史的理性反思。

道德的复杂性

希望我们在道德生活中所做的一切，包括我们达成的所有道德判断或结论，都受理性支配，但我们发现它们不是这样的，也不可能是这样的。因此，我们在理解道德时必须考虑到这样一个简单的事实：我们必须首先询问发生了什么情况，而不是立即进行毫无根据的推断，以实然臆测应然。我们已经着重指出，尊重他人的基础在于一种对我们的共同之处的理解，但除了我们观察到的共同人性以外，它还进一步建基于我们观察到的实实在在的个性。这种个性是我们试图表达同理心，将他人作为活动中的人而不是抽象化的人并换位到他们的立场时能够发现的。当我们采用一种观点看待自己和他人时，道德表现为我们的仁慈和利己主义之间一直存在的张力。当我们采用一种观点看待他人，试图站在他们的立场上像他们那样面对世界，并且在这之后将自己与他们联系起来时，我们的实践道德仍然是对他们需求的清晰了解和我们在与其交往中对自身利益的考虑之间的张力。因而，如果我们是合乎理性的，我们就会将自己的利益和他们的利益一并考虑，我们的决定不一定对他们有利。一定程度的利己主义仍然会使我们倾向于维护自身的利益，即使是在从理性上说我们应该让利给他们时；并且，在任何情况下，我们对应该做什么的实践判断总是会受到意向的影响，通常要么与理性一致并且是不偏不倚的，要么与理性相对立。我们已经假定了解自己和他人的意向是实践道德的重要基础，这与学会清晰地推理同样重要。我们不能仅仅遵循这个律令,即我们在与他人的道德关系中应该运用我们的理性。在考量他人利益的道德的应然背后,是这样一种实践的应然,一种能够付诸行动的应然,即尽可能地了解自己和他人。这必须成为我们规范性世界观的一部分,正如它曾经是弗朗西斯·培根的世界观一样。

第四章已经大致阐述了这种相互理解在心理上的可能性,这里不再重复。对于道德慎议中的理性来说,态度和价值观的结合在对其构建强大影响力——要么支持理性,要么反对理性——的过程中发挥着重要作用,因为这种结合使态度和价值观影响深远且难以改变,尤其是在捍卫它也意味着对自我身份的捍卫时。复杂性不仅表现在意向各个组成部分的关系上,尤其是动机或意图、态度和价值观的关系,而且还表现在意向和理性的关系上。当道德态度和价值观表现为强烈的道德信念时,意向的影响力就是我们给予理性的最大支持,这确实最为接近康德的道德命令概念,但即便如此,当理性面临道德两难时,还是可能会与意向发生冲突。一些道德问题如此复杂,以至于在具备态度和价值观所有可能的正向支持下,理性仍然不能直截了当、毫不含糊地指出最优的解决方案。

人类在理性和意向上都存在的不完美性,加剧了实践道德的复杂性。我们与他人的道德关系是千变万化的,有时会有多种理性和非理性影响的相互作用,有时会显现出与我们个性不相符的态度和价值观——在对待某些人时没有偏见且心平气和,而对另一些人则完全相反。因而,我们的道德应然永远应该是激励个人努力、推动改进的,而不是指向无法实现的理想或绝对真理。如果理性始终主导一切,使人保持着高尚的自制,那么根本就不会有古典文学,当然也没有莎士比亚的悲剧,也没有《战争与和平》;在莎士比亚的喜剧中,单色调的理性完全没有反映出人性的特征,以至于使它们变得机械而乏味。[3] 道德与文学一样,主张人是不完美的;越是不完美,道德关系通常越难以预测,也就越复杂。道德生活必然是一个不懈努力和不断调整的过程,在取得一些进展之时不断地——就像在教育中一样——设定新的改进目标,但无法预见道德终点的到达,就像我们无法预计教育到达其终点一样。当我们认识到这一点的时候,道德目标会变得更坚定,而不是更游移;同时也变得与我们的生活更为密切。道德就像教育一样,是一种生成,一种对于可能性的探索。我们的道德生活因这种不完美而变得复杂,因而理性的脆弱性也就是道德的脆弱性。就此而言,最有说服力的是战争时期——在一国之内和国家之间普遍存在——激情对于理性的支配,因为理性被激情支配之后的那种对于敌人的麻木不仁可能需要整整一代人才能消除。这些不构成道德怀疑主义或不相信理性的理由,而是以更广泛的道德教育推动道德建设的理由;为此,道德教育应该引导人们形成独立的态度和价值观,尤其是在青春期。在道德中,就像在正义和教育中一样,理性到目前为止仍然是最为有利的影响因子,但它在道德态度和价值观的支持和引导下,而不是在与它们发生冲突的情况下是最为有效的。

不同的道德

各种实质性的阐述有可能表明,不同的道德都是以考量他人利益的形式原则为前提的,或者是依赖于这一原则的。如果任何一种道德在其价值观上都可以毋庸置疑地被认为是真实存在的(而其他道德在它们的价值观上是不真实的),并且以此作为人们普遍接受它的充足理由,那么,这是在错误价值观的基础上偏向一种道德,是完全不合乎理性的。但价值观往往不受这种真实与否的判断的影响。如果我们在理性的基础上论证一种道德比另一种道德更好,那就必须提出理由以供他人评价;论点可能令人信服,也可能没有说服力。如果有人意愿将道德限制在人际关系的范围内,从而使有感觉的动物被排除在外,那他们就必须提供支持他们立场的理由,以某种方式表明我们对于动物痛苦的道德态度和价值观根本不是真正的道德态度和价值观。如果没有支持的理由,关于道德边界的任何规定性的解释都将是完全专横的。一些为获得财富而努力工作的人——也许是努力工作的过程伴随着一个获得财富的目标——所持有的强烈信念之一是,他们熟知的那些领取福利金的人是相对懒惰的,因而不应该获得这些福利。他们认为这不符合自然正义:对那些付出了努力但却经常没有太多工作成就感的人来说是不公平的。洛克(及我们同时代的诺齐克),以及洪堡、密尔和赫伯特·斯宾塞,都接受了这样一种道德,即应该考虑那些为追求自身目的而作出牺牲的人的利益,他们积极进取、奋力拼搏,展现了取得成功的意愿。在实质内涵上与之对立的道德是,国家应该照顾其有需求的公民,不管他们的需求未得到满足是否因为懒惰和不负责任。这是建立在不同价值观之上的:它是被某些人持有或部分持有的一种不同的实质性道德。同样,它不能凭借其相反立场来排除作为形式意义上的道德的另一种道德。

权利和义务

战争的激情推动了人权的发展:这是因为,尤其是在过去的几十年里,人们意识到这样一种需求,即维护男人、女人和儿童的个人利益,在道德上将他们视为有权受到尊重的人,而不是政治野心可操纵的对象。尽管人权与自然权利一样,与道德的形式概念有关,但根据第三章中为其提出的形式条件,它们都不符合作为道德权利的要求。此外,它们即使最终不会被用作意识形态的幻象,也总是容易被滥用,成为政治欺骗的工具。

"没有权利,义务也可能存在",边沁在他的《万全法简论》[4] 中指出,"没有义务,权利就不可能存在"。正是这一结论,即道德权利和义务之间没有一种始终不变的对应关系,促使他像我们一样为人类施虐动物感到道德上的愤恨。我们将有感觉的动物视为我们道德义务的对象,因为它们拥有利益,但没有权利。当我们的态度和价值观从有感觉的动物扩展到无感觉的生物,例如树木,甚至超越它们进一步扩展到没有生命的物体所构成的环境时，我们可能会有的那种关切——尽管在情感和认知上是同样强烈的——显然不再是一种道德关切，因为利益很难被归属于没有思想或情感的事物。更确切地说，我们对之有可能产生道德态度的对象是人类和有感觉的动物，他们的福祉与其他的生物是休戚相关的。因此，赤道非洲的俾格米人由于文化观念的驱使而不断砍伐他们居住的森林，面临着其独特生活方式不可维系的威胁，并最终作为一个种族灭绝。我们对于他们、对于那些栖息于这片森林并在其被破坏后遭受痛苦的有感觉动物都负有道德义务，但只有人——而不是那些有感觉的动物——拥有道德权利，并针对那些剥夺他们的生存方式或试图以外族文化的另类方式取而代之——这本身就是人类痛苦的根源——的人主张这些权利。同样，一些不发达国家的土著居民由于采矿业造成的河流污染而遭受不幸，一种稳定的文化遭到破坏，并企图通过移植一种不受欢迎的文化而被替代，这些都是我们的道德态度和价值观的对象：那些矿业开发商对土著居民负有道德义务，土著人民也有向他们索赔的道德权利。我们对于河流、山谷和森林景观等事物的态度和价值观，就其本身而言是不具有道德属性的。我们对后代的义务是有争议的问题：有人试图论证我们也对他们负有道德义务。即使不考虑久远未来的几代人可能具有的利益，我们仍然可以谨慎地关注我们所了解的年轻一代的利益，这是我们更有信心从当前的社会利益和个人利益中推导出来的。因为他们所追求的生活品质，即使有一些改变，也将是我们自己生活品质的看得见的延续。在使用地球资源的方式上，仅仅考虑我们的利益以至于影响到他们的生活品质，这是在道德上对他们漠不关心的行为。在这个意义上，我们对他们负有道德义务，但他们由于尚未成年并不拥有相应的权利。

个人利益与国家权力

在个人利益与国家权力之间的紧张关系中，个人的道德义务与政府的道德义务一样重要。当政府的行动是出于审慎和政治的考虑,而不是以原则为依据时,个体选民在其利益可能受到损害之前是无力纠正这种局面的。当人们作为各自为营的压力团体也出于审慎和政治的考虑而采取行动以维护他们的利益,并且以蔑视的态度对待共同的社会利益时,分配正义的可信度就会受到损害,因为它失去了道德的稳定性。因此,当代社会中的社会复杂性使道德和分配正义问题更加突出,显示出广泛开展道德教育的重要性;同时,道德教育应当体现形式性、非意识形态性和非政治性质的特征,应当以共同的个体需求和权利为基础。

  国家的权力并不总是在个人的控制范围之内,一些影响个人利益的道德问题的管控或纠正似乎也是一些政府力所不能及的:确保国防开支数量能使艰难的权力平衡得以维系下去;一些跨国公司拥有经济支配地位,有能力以严重影响弱势群体的方式控制市场价格(例如一些人开展赖以生存的农业生产所急需的商品);从战略上考虑选择核武器的存放地,使人类和有感觉动物有可能遭受无法估量的痛苦。因此,国家权力的扩张对于个人利益的挑战越来越严重。我们又回到了这样一个悖论,即我们允许国家职责的增加和国家官僚机构的膨胀,但与此同时,我们对一些重要的个人利益得不到保护而忧心忡忡。

  社会愈是复杂,社会正义的诸多问题也愈加复杂;相应地,个人也越来越难以胜任政府和官僚机构的道德监督者。举例来说,柏拉图在《理想国》中设想过职业与个人能力和资质之间可能存在固定的匹配关系,但在当代社会中,技术革命的广泛影响凸显了再培训的需求,这与柏拉图式的不流动状态形成了鲜明对比。现在,如果要为所有人提供平等机会,那么日益增加的教育责任是确保劳动者适合各种职业,使他为胜任每个职业接受足够的教育;如果实现了这个目标,并且教育的获益和负担都得到了公平的分配,那么,职业流动将满足作为公平的正义的要求。柏拉图始终追寻的是一个不变的、稳定的社会——即使他在《法律篇》中对早期社会理想进行了重大改造时也还是这样。[5]

当个人利益的主张被用来反对国家,并对国家需要用来分配的资源寸步不让时,这显然是奉行利己主义原则。在个人对抗国家权力的那种洛克-诺齐克式的防卫中,可以看出一种坚定的财产至上的个人主义。

在阶层分化的国家中的一个担忧是,国家被误以为是一个取之不尽的恩惠源泉,因而国家与个人之间的道德关系有时会由于人们主张不切实际的需求而被搅乱。这样一来,那些心底自私但迫于压力而接受再分配计划的人就有了更有力的理由来支持他们的利己主义。当道德态度和价值观没有得到正确培养时,官僚机构的漠不关心有时会导致这种个人的欺骗行为。有证据表明,当代工业化社会所趋向的福利国家,无论其政权组织形式如何,都依赖于目前尚不足以支撑它的道德基础。毫无疑问,如果国家要继续提供福利,公民需要有坚定的道德价值观。

卢梭的公民社会概念产生于自然状态和新发现的道德因素;这在当代国家的复杂性的比照下就是一种幻想。社会不同部门为了争权夺利而施展影响,往往会使公意变成支离破碎的多元意志。正是这样一种局面对政府和公民都提出了更高的道德要求。国家-个人关系中显现出的猜忌和利己主义反映了双方都存在道德上的不足。

结论:教育机会平等

阶层分化的国家对医疗服务和福利等一些社会益品进行分配,这是有目共睹的。它对教育的分配主要关注的是学校教育,是保证人人同样有学上,这虽然也是看得见的,但却是具有误导性的。这样的福利国家掩盖了它并未能提供平等教育机会的真相;它一直放任不理的是一些人在一开始接受正规教育时就面临严重障碍,也不在意这些障碍实际上根源于社会状况,因而不仅不会在接受学校教育期间消失,而且还会不断严重化。他们面对着重重障碍,以至于他们的职业机会很可能受到限制,这不仅体现在从学校过渡到工作的求职阶段,而且至少对某些人来说,在工作期间由于习惯性态度的持续影响而长期受到限制——就是说,一直保持着与社会相疏离的态度。也许最为紧迫的社会需求是良好的道德态度和价值观,连同清晰的逻辑推理能力以及有关社会和个人的知识。这样,可能存在的意识形态幻象和政治欺骗才会真正地原形毕露。

　　法哲学、社会哲学和政治哲学的主题并不涉及教育机会不平等这一道德问题。其中的原因现在已经很清楚了。在这个问题上采取多元视角是必要的。一直以来,明显缺位的是教育视角,即对教育作为个人潜能的发展(与社会价值观相一致)的基本理解。只有将正义、道德和教育这三个视角结合起来,我们才能全面把握教育机会不平等问题的所有维度,但这一问题在大部分从事法律正义和道德正义的专业人士那里被忽视了——尽管它在某些社会中如此显而易见。我们所推导出的社会正义原则显示了正义、道德与教育之间的某种复杂关系。每一个原则都与道德和教育有着根本且深远的联系——我们的总体研究只是探讨了其中的一些联系。将它们与正义的基本概念联系在一起,从最终的角度来看是为了更深入地理解社会哲学的一些伦理根基,而社会哲学的一个显著应用就是教育机会的不平等。

　　本书的横向交叉思考以社会正义为终点:它的主要问题使我们直接回到我们开始时的形式概念。教育机会平等就其对个人的诸多影响而言可能是一个复杂的社会问题;同时,在某些社会体制和政治制度中,寻求它的现成的实践解决方案也可能是复杂且困难重重的。但从伦理和理智上说,这一问题并不复杂。无论在什么样的情况下,教育机会不平等都违背了我们开始时提出的关于正义、道德和教育的基本的、不可还原的、形式的概念。运用这些概念来分别应对伦理问题,或者更理想的状况是,使它们结合在一起应对伦理问题,会使我们豁然开朗。陀思妥耶夫斯基曾说,"贫穷不是罪过"。[6] 更为中肯的说法是,就其广泛的道德和教育影响而言,被剥夺基本权利的社会状况是直接的、根本的不正义。

当理智或理性居于主导地位时——就像我们反思教育机会的严重不平等时可能出现的情形那样——正义、道德和教育的形式概念成为社会正义的最终标准或依据。因此，依照正义这一形式概念的理智标准，正如对无辜者的惩罚如果有意为之是明显违背正义那样，[7] 影响年轻人生活前景的严重的教育机会不平等也明显违背社会正义。无论人们对正义持有何种实质性观点，他们在这些问题上不可能有合乎理性的争论，因为在每一种情况下都会存在内在的不一致。在我们对社会正义的看法中，如果我们将理性的理想与对意向影响的清醒认识结合在一起，则我们的目标是坚持把这三个形式概念作为最终的理智标准，并在意向对理性的可能影响上保持清醒的认识。[8]

与前一章说到的意识形态传统不同，我们在本书中奉为圭臬的是广泛的哲学传统：第一个是以柏拉图为开端的高度重视理性的传统；其次是源于亚里士多德的传统，他重视观察，并且以观察的结论丰富了柏拉图构想的图景；第三个传统来自大卫·休谟，他从心理上洞察到了理性在我们作出应该做什么的实践判断中的局限。

注释

第一章 教育与正义

1. 引用的《政治学》是本杰明·乔伊特(Benjamin Jowett)的译本。
2. 引用的亚里士多德《尼各马可伦理学》是 W. D. 罗斯(W. D. Ross)的译本。
3. "形而上学"(以及"形而上学的")是在"物理学之后"这样一种有限的意义上使用的,与实证主义理论毫无关系;实证主义拒绝将任何无法观察到的事物视为事实。
4. 密尔在就任圣安德鲁斯校长时发表的《就职演讲》,出自:Longman, Green, Reader and Dyer in a People's edition, Longman, London, 1867,引文参见该版本。
5. 引文出自纽曼的《大学教育论》,版本是:J. H. Newman, *Discourses on University Education*, James Duffy, Dublin, 1852.在一些段落中,纽曼几乎原文引用了亚里士多德在《尼各马可伦理学》中对沉思的论述,并承认他是"伟大的哲学家"。他是在都柏林建立一个天主教大学的受益者,因为他被提名为校长。关于他对博雅教育的辩护,尤其见于该书的第三部分,第 286 页。具有讽刺意味的是,除了惯常地声称大学教育能够培养有教养的理智能力之外,纽曼还夸大其词地宣称它的其他种种好处,例如,它可以使一个人"凭借信誉担任任何职位","在任何社交场合都挥洒自如"。关于他拒绝将效用作为教育目标,以及反对将专业知识或科学知识作为大学教育的唯一目的的论述,参见第 253、256 页。关于知识本身作为目的的自由主义理想,参见该书的第 170 页。
6. 哈佛委员会的一份题为"自由社会中的博雅教育"的报告(Oxford University Press, London,1946),阐释了希腊的博雅教育理念。对此的中肯批评,参见:P. H. Hirst, 'Liberal Education and the Nature of Knowledge', in *Education and the Development of Reason*, R.F. Dearden et al. (ed.), Routledge & Kegan Paul, London, 1972. (更早发表于:R.D. Archambault(ed.), *Philosophical Analysis and Education*, Routledge & Kegan Paul, 1965.)
7. 引用的《理想国》来自普及版(J. M. Dent, London, 1935),译者是 A. D. 林赛(A. D. Lindsay)。
8. 卢梭的《爱弥儿》有多种版本,例如普及版(John Dent, London, 1911),它于 1780 年首次出版。
9. 威廉·冯·洪堡的《政府的界限与责任》写于 1791—1792 年,第一个英文译本出版于 1854 年。密尔使用了这个英译本,并在他的《论自由》一书(第 57 页)中引用了该书。洪堡提出的这个让密尔折服的看法,同样在教育家纳恩(T. P. Nunn)的《教育:文献和第一原则》(Edward Arnold, London, 1920, 1930, 1945)第一章中具有至关重要的地位。

  洪堡的著作已于 1969 年由剑桥大学出版社再版,由伯罗(J. W. Burrow)编辑,书名为《国家行动的界限》。"人类共存的最高理想,"洪堡写道,"在我看来,似乎在于一种联合;通过这种联合,每个人都从最深的本质上为了自己而发展自己。"(p. 19)

10. 人们已经注意到,希腊语中的"平等"(isotes 或 isotes)比通常被翻译为正义(dikaiosyne)的概念更全面地表达了正义的含义。参见:G. Vlastos, 'Justice and Equality', in A. I. Melden (ed.), *Human Rights*, Wadsworth, Belmont, California, 1970, p. 76.

11. 这种大致估算的正义,以及有画面感的类比,借用自劳埃德(D. Lloyd)的《法的理念》(Penguin Books, Harmondsworth, 1964, p. 132)。事实上,随着 1876 年司法制度的引入,英国法律和衡平法的双重管理发生了变化。值得注意的是,衡平法院并不总是没有先例用以指导。当人们发现衡平法院的许多案件具有相似性质时,确实有一套称为衡平法的规则(与普通法规则不同)迅速发展起来。

12. 参见康德的以下著作:*Preface to the Metaphysical Elements of Ethics*, pp. 291, 293; *Introduction to the Metaphysic of Morals*, p. 282; *Fundamental Principles of the Metaphysic of Morals*, pp. 59, 72; *Kant's Critique of Practical Reason* and *Other Works on the Theory of Ethics*, T. K. Abbott(trans.), 6th edn., Longmans, London, 1909.

13. 引用的大卫·休谟的《人性论》系由牛津大学出版社 1888 年出版,由塞尔比-比格(L. A. Selby-Bigge)主编。

14. 引用的《功利主义》出自:*Ethical Writings*, J. B. Schneewind(ed.), Collier-Macmillan, London, and Collier Books, New York, 1965. 具体参见第五部分第 315—318 页。

15. 杰里米·边沁在《道德与立法原理导论》中阐述了他的功利原则。该书有多个版本,于 1789 年首次出版,1823 年有一个新版本。这里的引文出自他的文集(第 1 卷)(William Tait, Edinburgh, 1843),此文集在边沁的遗嘱执行人约翰·鲍林(John Bowring)的监督下出版。

16. 参见:T. N. Carver, *Essays in Social Justice*, Harvard University Press, Cambridge, Mass., 1915, p. 9.

17. 有关当代法学家对机会平等和权利等问题的看法,参见:E. Kamenka and A. E-S. Tay (eds.) *Justice*, Edward Arnold, London, 1979. 关于机会平等的专门论述,参见:B. Barry, 'Justice as Reciprocity', in this collection, p. 73ff.

18. 关于正义判断可能涉及"创意性跳跃"(creative leap)的观点,参见:Julius Stone, *Law and the Social Sciences in the Second Half Century*, Minneapolis, 1966; E. Kamenka, 'What is Justice'? in *Justice*, op. cit., p. 91.

19. Ch. Perelman. *The Idea of Justice and the Problem of Argument*, introduction by H. A. L. Hart, translated from the French by J. Petrie, Routledge & Kegan Paul, London, 1963, p. 40.

  正义是"在相同的规则下对待所有人的原则"的看法来自:F. A. Hayek, *Law, Legislation and Liberty*, vol. 2, Routledge & Kegan Paul, London, 1976, p. 39. 莫里斯·金斯伯格(Morris Ginsberg)认为,"最宽泛意义上的正义在于按照公正适用的一般原则料

理人们之间的关系"。这一陈述没有指出这些原则可能存在好坏问题,因而也出现了类似的不足之处。参见:*On Justice in Society*, Heinemann, London, 1965, p.56.

第二章 道德

1. 这种对"人"的广泛解释符合我们当代对诸如隐私权这样的权利的关注,以及与之相联系的对人的尊重的要求。例如,参见:Stanley I. Benn, 'Privacy, Freedom, and Respect for Persons', in R. Wasserstrom(ed.), *Today's Moral Problems*, Macmillan, New York, 1975, p.7.

2. 参见《皮格马利翁》第二幕,伊丽莎对希金斯的恶意嘲讽作出了激烈的反应,表示她没有感觉到"我们需要计较"。那些意识到自己人格的人的反应是文学中的一个共同主题。

    从菲利普二世的西班牙宗教裁判所到大院、保留区、城郊或隔离的公共村庄对黑人的"保护",不承认他人人格的情况在历史上存在,在今天也还是存在。它存在于所有有压迫的情形下。

3. 参引的大卫·休谟的《人性论》仍然是牛津大学出版社的版本(Clarendon Press, Oxford, 1888),由塞尔比-比格主编。

4. 休谟指出,"言语和批评与其说是理解的对象,不如说是品位和情感的对象";他接着谴责不包含"关于数量或数字的任何抽象推理"或不包含"关于事实和存在的任何实验推理"的书籍。引自:D. Hume, *Essays and Treatises on Several Subjects*, T. Cadell, London, 1777.《人类理解研究》(*An Enquiry Concerning Human Understanding*)出自该书的第2卷。

5. 霍布斯的《利维坦》,1651年首次出版;本书参引的是企鹅出版社的版本(Harmondsworth, 1968)。

6. 沙夫茨贝里(Shaftesbury)的《论诙谐和幽默的自由》一文发表于1709年,收录在他的《论人、风俗、舆论和时代的特征》等文集之中。引文参考以下版本:由彼得·史密斯(Peter Smith)出版,约翰·罗伯特森(John M. Robertson)主编。他将"一种错误与正确的品位"视为事物本性使然的看法,参见这个版本的第216—217页。在"美德或功德之研究"第三部分第一节(第258页),他解释说"一种关于对和错的自然的、恰当的感觉"。

    F. 哈奇森(F. Hutcheson)关于同一主题的观点可参见他的《论美与德性的观念的起源》,1725年出版,第三章第三节;该文被收录在多个文集中,例如:D. H. Munro (ed.), *A Guide to the British Moralists*, Collins, London, 1972, p.149. 在他当选格拉斯大学道德哲学席位教授前不久,出版了《论热情和喜好的本质与行为,兼谈道德感》(*An Essay on the Nature and Conduct of the Passions and Affections, with Illustrations on the Moral Sense*)(1728年)。

7. 约瑟夫·巴特勒(Joseph Butler)对于良心的辩护可参阅他的《十五篇讲道》(1726年)。引文出自他的文集(Oxford, 1850, vol.11),哈利法克斯(S. Halifax)为该书撰写了前言。还可参见他在第4—6页的注释"b"。在这里,他解释说,人身上自然的仁慈不能通过理性来发现,但可以诉诸外在感受和内在直觉来发现。在第二篇"讲道"的第三节,他谈到了良心的力量,它"威严地发号施令";同时,他还谈到了"好心和同情的自然性情"。
8. 约翰·盖伊(John Gay)的心理学洞见,以及他在联想主义理论方面作为哈特莱的先驱,使我们不能忽视他的观点。引文页码出自:E. A. Burtt (ed.), *The English Philosophers from Bacon to Mill*, The Modern Library, Random House, New York, 1939.盖伊全部的短篇著作被收入该书。
9. 参引自第 6 版,托尔斯·特格(Thomas Tegg)出版(London, 1834, Part 11, ch. 111, Section VI)。大卫·哈特莱是一个早期的功利主义者,他从盖伊那里学习了通过联想推断快乐和痛苦的可能性。他相信仁慈可以通过形成愉快的联想而增强,并注意到将个人幸福与他人幸福联系起来的有益后果。他认为,在仁慈的人身上,可以看到"一种特殊的和谐、爱、尊重和相互合作"。
10. 所有对康德的引文均来自:Kant, *Critique of Practical Reason and Other Works on The Theory of Ethics*, translated by T. K. Abbott, 6th edn, Longmans, London, 1909.
11. H. Sidgwick, *The Methods of Ethics*, 3rd edn, Macmillan, London, 1884, Book 111, ch. IV, p.260.
12. 《伦理学原理》(*Principia Ethica*)于 1903 年由剑桥大学出版社出版。此引文参见 1962 年版的第 10 页。摩尔的观点很有影响力,但他的论证没有那么受欢迎,尤其是他的这样一个论点:"善"与"黄色"一样是独特的属性,是不可还原的,因而也是无法定义的。不可还原性的论证是以对定义的严格解释为基础的;按照定义的解释,诸如马和桌子之类的自然物体是可以被定义的,因为它们可以被分解成不同的部分。

还可以参阅第 6 页,了解他的信条"善就是善,这就是问题的最终答案";善是无法定义的,"关于它,这就是我所有可以说的"。
13. "描述性"已在这个意义上被应用于"善"和"正确"的用法上,将活动的特征描述为好像它们本身就是在特定类型的所有行为(例如所有的合作活动)中可以发现的客观性质。

对于摩尔关于善是一种独特属性的主张,有一位持强烈反对其看法的哲学家是 J. 安德森(J. Anderson)。参见他的著作:*Studies in Empirical Philosophy*, Angus & Robertson, Sydney and London, 1962; a collection of papers published 1926—1953, pp. 239、241、265.
14. 引文出自托马斯·霍布斯的《论公民》(*De Cive*, 1642)。霍布斯的拉丁文译本书名为《关于政府和社会的哲学入门》,出版于 1651 年。引用的观点出自其第一章,标题为"论未有公民社会的人类状态"。参见:*The English Works of Thomas Hobbes*, edited by Sir William Molesworth, John Bohn, London, 1841, vol.11, ch.1,6, p.8. 当许多人欲求同一事物时,他说,"他们往往既不能共同享受,也不能将其分开;因此,结果必然是最强者拥有它……"。
15. 引用的页码来自文集(William Tait, Edinburgh, 1843, vol.1;另见第 1 章,注 7)。边沁对他所谓的"政治算术"(political arithmetic)的解释,不仅见于《道德与立法原理》(*Works*, vol.1, ch.IV, p.16),也见于他的《法典编撰建议》(*Works*, vol.IV, Part 1, Section 3, p.540)。在后一本书中,他解释说:"政治算术是将算术及其计算结果应用于幸福及其要素。"他从强度方面作了说明:"假设它的强度由某个量度数值表示,你可以将这个数值乘以一个数,该数表示包含在其持续时间中的片段或瞬间。"

16. 密尔:《功利主义》(J. S. Mill, *Utilitarianism*, 2)。引文出自:*Mill's Ethical Writings*, J. B. Schneewind(ed.), Collier-Macmillan London, 1965.该文集收录了《功利主义》全文。密尔同意边沁的观点,即"算术的真理适用于幸福的评估,就像所有可测量的数量一样"(p. 336注释)。

17. 休谟提出的"是-应该"问题已成为哲学界广泛讨论的主题,而且比我们所涉及的要复杂得多。一些哲学家认为"应该"可以从"是"推导出来。有关此问题的各种观点,参见:W. D. Hudson (ed.), *The Is/Ought Question*, Macmillan, London, 1969.

    该书提到了安斯库姆(G. E. M. Anscombe)的论文《现代道德哲学》(Modern Moral Philosophy)(第175、194页),其中有关心理学与哲学之间关系的评论与我们的道德观有一定的关联。

18. 这一观点是从亨利·西季威克(Henry Sidgwick)的《伦理学方法》(*The Methods of Ethics*)的结论中得出的,该书的第7版于1907年出版(Macmillan, London)。

第三章 权利和义务

1. 参见:W. N. Hohfeld, *Fundamental Legal Conceptions Applied in Judicial Reasoning*, Yale University Press, New Haven and London, 1964.

2. 《尼各马可伦理学》,由罗斯(W. D. Ross)重译。

3. 参见:H. A. L. Hart, *The Concept of Law*, Clarendon Press, Oxford, 1961, p. 156.

4. 在《法律的道德性》(*The Morality of Law*)中,富勒(L. L. Fuller)阐释了非理性和任意性的概念:"主张一个人有服从一项法律规则的道德义务,但这项法律或者可能是不存在或他所不知道的,可能是在他的行为发生之后才被制定出来的,或者是难以理解的,或者是与同一法律系统的另一条规则相矛盾的,或者是要求做不可能做到的事,或者是朝令夕改的,因而,毫无疑问,这样的主张在理性上是站不住脚的。"出自:Revised edition, Yale University Press, New Haven and London, 1969, p. 39.

5. 参见:Paul Jackson, *Natural Justice*, 2nd edition, Sweet & Maxwell, London, 1979, p. 8. 当自然正义被应用于公平听证的诉求时,一些法官和法学家认为它是多余的:公平听证是"正义"的应有之义。

6. 同上,第213页。关于英格兰自然正义的评论,以及关于不确定性的结论,都是从记录在案的案例中得出的。

7. 参见:*Introduction to Jurisprudence*, by Lord Lloyd, 4th edn, ch. 3, with M. D. A. Freeman, co-editor, Stevens & Sons, London, 1979.

8. 在《法律的概念》(*The Concept of Law*)(第189—195页)中,哈特(H. A. L. Hart)提出了对人类社会的这种分析。他并未暗示它是任何一种更高阶的法律,而只是维系社会生活的道德法律的一部分。劳埃德批评这五点是出于直觉,而不是基于社会学观察(《法学导师》,第91页)。此外,它们在某些方面含糊不清,需要进一步分析以表明它们如何在法律中发挥作用。例如，平等引发了公正性和待遇平等的问题，而这些问题又引发了进一步的问题。（哈特在这里似乎受到了休谟和其他对人性感兴趣的道德哲学家的影响。）

9. 参见：Paul Jackson, *Natural Justice*, 1979. p.29.
10. 这些表述摘自：Paul Jackson, *Natural Justice*, pp.11, 24.
11. 斯坦利·本恩（Stanley I. Benn）在《人权——为了谁及为了什么？》（"Human rights — for whom and for what?", in E. Kamenka and A. Erh-Soon-Tay (eds.), *Human Rights*, Edward Arnold (Australia), 1978.）一文中也将尊重人作为标准来使用。本恩指的是不干涉、平等考量、避免被剥夺合法权利的能力以及在某些方面作为"辩护发言中的程序规则，而不是权利本身的"隐私保护。破坏个人完整性的隐私侵犯，有一个常见的例子是在违背个人利益的情况下使用其特定身份或人格，这可以通过收集一个人的个人信息而使另一个人拥有控制他的权力，或者通过未经同意或未经协定地使用他的名字、相貌或声誉，比如用于广告。

    对隐私的威胁来自电子监控、电话窃听、使用计算机来存储和检索个人信息的日益增多、拦截通信、搜索、私人侦探、新闻、宣传、窥探、窃听等（参见：R. Wacks, *The Protection of Privacy*, Sweet & Maxwell, London, 1980, p. 166.）。对于所谓的控制论革命对隐私造成的威胁，主要的担忧是它在卫生服务、就业办公室、银行、信贷组织、人口普查和社会科学研究中的使用日益增加（参见：R. Wacks, 同前, 第4章）。

12. 1776年6月12日制定的《弗吉尼亚权利法案》第1条宣称："所有人生来平等地拥有自由和独立，并享有某些固有权利……即享受生命和自由并且拥有获取和拥有财产之手段的权利，追求和获得幸福与安全的权利。"1776年7月4日（美洲的十三个联合州）的《独立宣言》宣布"生命、自由和追求幸福"是不可剥夺的权利。法国国民议会于1789年发表了《人权和公民权宣言》，其中第1条规定"在权利方面，人们生来是而且始终是自由平等的"基础上，宣称"自由、财产、安全和抵抗压迫"是"自然、不可剥夺和不可让渡的权利"（第11条）。

13. 外交努力不足以确立任何有效的可声称或可主张的权利。与这些事务相关的联合国公约和惯例不在少数，例如《防止及惩治危害种族罪公约》（1951年）、《妇女政治权利公约》（1952年）、《消除一切种族歧视公约》（1963年、1969年）、《经济、社会和文化权利国际公约》（1966年）、《公民权利和政治权利国际公约》（1966年）、《保护人权和基本自由公约》（1953年）。一些声明特别提到了儿童权利和智障人士权利。

    《赫尔辛基协定》（1975年）在重申尊重人权和基本自由以及人民自决权的原则的同时，强调"参与国将不干涉"另一个参与国的内政。

14. 对密尔的《论自由》（1859年）的引文来自企鹅出版社的版本（the Penguin edition, Harmondsworth, 1974）。
15. 关于这些观点，可参阅哈特的论文："The Ascription of Responsibility and Rights", in *Essays on Logic and Language*, First Series, edited by Antony Flew, Blackwell, Oxford, 1960, ch. VIII.
16. 布拉德雷（F. H. Bradley）于1876年首次出版《伦理研究》（*Ethical Studies*），1927年再版。

引文来自牛津大学出版社的平装版本(Oxford Paperback edition, 1962)。他对权利和义务的解释见于"Essay v"的一个注释,第 207—213 页。

17. J. 边沁:《文集》(William Tait, Edinburgh, 1843, vol.1)。边沁呼吁,"可能有一天,其余动物生灵终会获得权利",这些权利只有人类这个暴君才可以剥夺。他还说:"……问题不在于它们能够否理性思考,亦非它们能否说话,而是它们能否感受痛苦。"

    同样地,在《刑法原理》第三编第 17 章,他批评以狩猎和屠杀动物为休闲的残暴,"因为这些活动给有感知的动物带来了最不堪忍受的痛苦"。他进而质问:"为什么法律要拒绝保护任何有感知的存在物?在未来的某个时候,人性的光芒一定会散发开来,照耀能够呼吸的万物。"(《文集》,同上,第一卷,第 562 页)

18. 从目的或意义上看没有必要的、大规模重复性的种种活体解剖的滥用,在一些不重要的实验(例如关于化妆品的检验)中残忍地对待某些动物,使动物经受长途公路或海上运输的痛苦,一些被养殖的动物被严格限制自由行动,这些已经引起一些哲学家的注意。关于这方面的记录和讨论,参见:P. Singer, *Animal Liberation*, Paladin Books, Granada Publishing, London, 1977, especially p.50 ff, and pp. 105 - 157. 关于动物与人类关系的各种观点,收录于里根(T. Regan)和辛格(P. Singer)主编的论文集:*Animal Rights and Human Obligations*, Prentice-Hall, Englewood Cliffs, 1976.

19. 康德认为,我们对动物的责任"仅仅是对人类的间接责任"。动物的本性与人性有相似之处,通过在与人性表现相对应的方面履行我们对动物的义务,我们间接地履行了对人类的义务。出自:*Lectures on Ethics*, L. Infield(trans.), Methuen, London, 1930, p.239.

20. 与人权一样,人的义务并不总是具有明确的道德性质,通常是出于社会目的和政治目的的表达,因此很难将其视为包含尊重人的意涵。相反,在他们的某些表达中,他们指的是人的普遍性,或人类。人类义务的归属可以从多种角度进行阐释。有关人类或基本义务的论文集,参见:*Fundamental Duties*, D. Lasok et al. (eds.), Pergamon Press, Oxford, 1980.

21. "关于人性中的恶的原则",引文出自:*Critique of Practical Reason and Other Works on the Theory of Ethics*, T. H. Abbott (ed.), 6th edn, Longmans, London, 1909. "习性"(propensity)被认为是一种渴望享受的倾向,在体验了享受之后,就有了"偏好"(inclination)。处在习性和偏好之间的是"本能"。在倾向之后还有"激情"(passions),它是排除了自我控制的倾向。

22. W.D. Ross, *The Right and the Good*, Oxford, 1930.

23. 参见:Stephen Toulmin, *Reason in Ethics*, Cambridge University Press, 1960.

24. 理查德·普莱斯(Richard Price)在《关于道德的原则性问题的评论》(*Review of the Principal Questions in Morals*, 1758)中宣称道德是"永恒不变的",就像三角形或圆形一样。它是我们内在的理性或"理解"赋予我们认知对与错、道德责任或义务的能力。这些观念来自我们对真理的直觉,或者来自悟性对事物本质的洞见。参见:ch. 1 : Of the Origin of our Ideas of Right and Wrong, Section 1 and Section Ill, and fn 12. From 3rd ed., 1787. 出自:D. H. Monro (ed.), *A Guide to the British Moralists*, Collins, London, 1972, pp.325 -

345.

第四章　实践的慎议

1. "akrasia"是在《尼各马可伦理学》中被使用的。罗斯将其翻译为"不能自制的",我们也遵循这个译法。实际上,亚里士多德赋予"akrasia"不止一种含义;译者和哲学家们在它的完整含义上还存在一些分歧。
2. 引文仍然出自牛津大学出版社 1888 年的版本,由塞尔比-比格主编。本章其他地方对休谟论述的引用都来自该版本。
3. 引文出自:G. E. M. Anscombe, *Intention*, 2nd ed, Basil Blackwell, Oxford, 1979.
4. 我们对具有强烈行动取向的复合意向的看法类似于态度的心理学解释,正如阿尔波特(G. W. Allport)所解释的:"态度是一种心理和神经的准备状态,它通过经验组织起来,在个人回应与其相关的所有对象和境况时施加指示性或动态性的影响。"(参见"态度",出自:Murchison (ed.), *Handbook of Social Psychology*, Clark University Press, 1935, p.810.)
5. 这构成了约翰·杜威在《民主与教育》中的民主理想的一部分(Macmillan, New York, 1916; Free Press edition, 1966)。尽管杜威拒绝了终极目的的概念,但他显然有一个作为终极目的的社会理想。在《价值论》(*Theory of Valuation*, University of Chicago, 1939)中,他详细论述了这种价值评价理论。杜威使该理论与他的社会理想相适应,涉及对行为作为改善个人经验之手段所产生的可能后果的理智评估,以及假定生活是由一系列需要通过理智或理性来加以克服的问题或障碍所构成的。另一个假定是评价只发生在一些出现"短缺、不足或匮乏"的情况下;也就是说,"当某个东西的获得成为麻烦时"(*Theory of Valuation*, p.34)。然而,他的社会理想并不包括这样一种信念,即存在一个绝对标准或所有人都为之努力的普遍目标(p.56)。
6. 前三个三段论推理中的疏漏在一定程度上被它们的形式所掩盖。三段论的正式表述所标明的仅仅是三个词项;两个前提指出了结论的每个词项与共同的第三个词项之间存在关系。在三段论中改变其含义的词项会导致模棱两可的理解。因此,在第一个例子中,第一个前提中第二个词项与第二个前提中第二个词项的含义并非在完全相同的意义上使用:每个前提中的"自由"都是含糊的,但能够觉察到的是从第一个前提到第二个前提其含义发生了变化。最后的三段论只在形式上是准确的,它会导致一个准确的结论,但它不是一个真实的结论,因为这个三段论在形式上是准确的。下面的三段论表明了这样一种情况,即推理在形式上是有效的,但其结论还是错误的。只有在前提为真的假设下,结论才为真:

所有的鸟都是有翅膀的生物(真),
所有有翅膀的生物都是飞行的生物(假),
因此,所有的鸟都是飞行的生物(假)。

需要注意的是，这类三段论被称为"分类的"三段论，因为它们是对事物的类别或范畴进行推理。它们还有其他的形式要求，这些要求在逻辑学基础教科书中都有解释。

7. 对《政治学》的引用，还是使用了本杰明·乔伊特（Benjamin Jowett）的译本。

8. 引自：J. S. Mill, *On Liberty* (1859), 企鹅出版社版本（the Penguin edition, Harmondsworth, 1974）。

9. 第一部分"方法论"，出自：Descartes, *Philosophical Writings*, selected and edited by E. Anscombe and P. T. Geach, Nelson's University Paperbacks, London, rev. ed, 1970, p.7 (from the French text published in 1637)。

第五章　实践的应用

1. 引自：J. S. Mill, *On Liberty* (1859), 企鹅出版社版本（the Penguin edition, Harmondsworth, 1974）。

2. 尼尔（A. S. Neill）在《夏山学校》（*Summerhill*, 1962）中提出的"自由行之有效"是这一主张最有力的表述之一，其价值主要在于对可能性的陈述，以及自由与实践道德之间的隐含关系。教师个性的千差万别，包括态度和价值观方面的差异，学校对生源的筛选，学校中儿童的人数，居民区的特征，这些都导致学校在其富有成效的"工作"方面不可能一概而论。虽然确实有一些"自由的"学校提出了不切实际的主张，但一些学校提出的更加谨慎的主张毫无疑问地表明了自由对某些人的道德发展的影响。

3. 参见：*The Limits of State Action*, Ch. 11, p.16, J. W. Burrow (ed.), Cambridge University Press, 1969.

4. 除非另有说明，否则我们说的法律均指成文法，即由立法机构制定的法律。从历史上看，普通法是一种源自习惯和传统的法律，由国家级法院的法官予以解释，并被视为全国通用。"普通法"现在有不同的含义。有时它适用于英国的法律体系，因为它已被包括美国在内的许多英语国家采用（经过修改）（参见第七章关于普通法传统的论述）。有时它适用于法院制定而不是立法机关创立的法律规则。有时它用于指代英格兰历史上的普通法法院，以区别于后来发展的衡平法院（参见第一章）。法律条文（在表述上通常是简短而正式的）需要由法官解释，这种在法院审理案件时所给出的解释是法官制定的法律的来源，因为它是从已经判决的案件中确定下来的，所以是可以被引用的。

5. 例如，当一个人起诉另一个人要求赔偿损失，以补偿他在车祸中或其他没有刑事犯罪的情况下遭受的经济损失，这种民事诉讼涉及的是一种"侵权行为"（tort），其字面意思是"错误的"（参见第一章：亚里士多德的矫正正义概念）。

6. 法律上的推定被认为是假设某事是真实的，直至其被证明不是真实的。不承担刑事责任的年龄通常是在7岁到10岁或更大年龄之间。承担完全刑事责任的年龄也有所不同，大约在14岁到16岁之间。

当我们说在道德和正义之间以及在法律、道德和教育之间存在冲突时，我们指的是法学界众所周知的问题：大多数国家现在都活跃着推动法律改革的协会，这些协会的成员提出建议以填补法律中的空白。尽管现代生活的繁杂使法规不可能面面俱到地涵盖每一个领域,但它们确实消除了从过去继承下来的不正常情况,例如普通法中的不正常情况。但是,我们对法律任意性的讨论并不是出于法律改革的实际目的。在许多情况下,法律的起草既没有好处也不荣耀,它是一项复杂而艰巨的任务。

7. 有关英格兰情况的一般性评述,参见:C. Sachs, 'The Duty to the Child', in D. Lasok et al. (eds.), *Fundamental Duties*, Pergamon, Oxford, 1980, pp.179-185.有关案例和报告的研究表明,儿童的福利被视为法律的基本义务。一些国家设立了专门机构,将儿童的福利作为首要的考虑,并且尽可能不经过正式的法庭程序。

8. 见注释12。

9. 针对学校因未能完成规定的家庭作业而实施处罚的行为,英格兰的法院在某些情况下曾作出过相反的判决:这反映了社会态度和价值观的变化。

10. 这是一个复杂的问题;避免家庭中的冲突不是一件小事,因为这对青少年的发展也有重要影响。作为一项原则,理智上足够成熟的青少年在个人信仰问题上的自由选择权必须优先于实用的考虑,并通过提供咨询尽可能得到青少年及其父母的支持。

11. "正当程序"和"平等保护"的概念源自宪法第十四修正案。通过程序上的正当步骤,以剥夺某个人"生命、自由或财产"为目的的行动要求告知个人将即将发生的行动,给予其发表意见的机会,并给予公平的听证。一项判决指出,正当法律程序"要求评估基于遵循科学精神、无私利的调查,基于准确和公平陈述的事实的平衡顺序,基于对审判的相互冲突的主张的独立思考,同时这个审判不应该是临时的或偶然的,而是充分意识到一个进步的社会中的连续性和变化的需求是有待调解的"(Rochin v California 342 US 165,96L ed. 183,1951。Quoted in Lord Lloyd, *Introduction to Jurisprudence*, Stevens & Sons, London, 1979, p.129)。一些美国法学家批评"正当程序"是含糊不清的。例如参见:J. K. Feibleman, 'Philosophical Perspectives on Justice', in T. Taylor et al., *Perspectives on Justice*, Northwestern University Press, Evanston, Illinois, 1975, p.85. 关于废除1968年阿肯色州禁止教授人"从低级动物进化而来"的演化论的法令,以及维护教师在课余时间公开批评学校管理人员的权利,参见: R. B. Kimbrough and M. Y. Nunnery, *Educational Administration*, Macmillan, New York, 1976, p.210.

12. 在美国,问责法已被证实难以维护,据此有人认为恰当标准的教育一直是无法提供的。这种情形下存在很多变量,除了教师的专业能力和态度是不可控的以外,还包括孩子本人的态度、他的能力和潜能、他在家庭中所获得的支持以及同龄人对他的影响。一些法官认为,尽管在法庭上败诉了,但人们越来越意识到法律应当在教育孩子方面承认存在失职的情况。然而,它是"教正"的直接对象,也是整个问题的症结所在。

13. 有争议的疏忽案例涉及上学前和放学后操场上是否有充分的监督,以及在学校附近、上学途中或远足时受到的伤害。

14. 依据侵权行为法而被提交到法庭上的大多数案件都涉及过失。在英格兰和其他一些国家,在校园内受伤的孩子的父母可以向负责校园礼仪和安全的人员提出过失索赔。1957年的

注 释

《占用人责任法》适用于英格兰的学校以及其他被占用的场所。参见：D. H. Hadjihambis, 'The Moral Duty in the Law of Tort', in D. Lasok et al. (eds.), *Fundamental Duties*, op. cit., p. 265.

15. "代尽父母之责"(in loco parentis)的概念最初是被授予教师的一种权威，使其可以在必要时代表父母通过惩罚来管教孩子。在一些国家，如英国和美国，法院发现代表父母尽责毫无意义：父母的期望和道德标准各不相同，教师对他们认为什么是"合理"行为的判断也各不相同。

　　法院在处理学校体罚问题时通常保持谨慎保守的态度。英格兰的一项法律判决将学校视为特殊的社会，处罚对其维护内部纪律来说是必要的。有关英格兰和美国最近的案例，参见：Paul Jackson, *Natural Justice*, Sweet & Maxwell, London, pp. 158 - 159.

16. 此处及其他地方参引的托马斯·霍布斯关于惩罚的观点出自他的《利维坦》(1651) (Penguin, Harmondsworth, 1968, ch. XXVIII, pp. 353 - 357)。关于这方面的不同观点，参见：A. Flew, 'The Justification of Punishment', in H. B. Acton (ed.), *The Philosophy of Punishment*, Macmillan, London, 1969, p. 83 ff.

17. 布拉德雷(F. H. Bradley)的观点见于：*Ethical Studies*, 1876, 1927, Oxford University Press, 1962, p. 26ff. 布拉德雷详细引述了康德文集(*Werke*, vol. VI, pp. 331 - 332, and p. 333)，并提出了我们之前提到的观点(参见 fn. p. 28)。

18. W. D. Ross, *The Right and the Good*, Clarendon Press, Oxford, 1930, pp. 63 - 64. 我们在前一章中已经注意到罗斯对于"prima facie"的理解：显见义务是我们通常倾向于接受的义务(参见 p. 18n, pp. 28 - 29)。完全意义上的义务"是基于其全部性质并且别无其他根由的行为"，而显见义务"是基于其性质中的某个组成部分的行为"(p. 28)。

19. 黑格尔的《法哲学原理》出版于 1821 年。引文页码出自牛津大学出版社版本(1942)，由诺克斯(T. M. Knox)翻译。

20. 这是范伯格(J. Feinberg)的观点，参见：*Doing and Deserving*, Princeton University Press, 1970, p. 118.

21. 参见：*A Theory of Justice*, Oxford University Press, 1972, 1973. 关于罗尔斯对社会稳定和惩罚的看法，见第 314—315 页。他认为，刑事处罚"不仅仅是一种旨在为某些形式的行为定价的税收和负担方案……"。

22. 贾奎斯的话出自《皆大欢喜》(*As You Like It*)(II, VII, 145—147)，该剧本最早可能出版于 1598 年。蒙田的《随笔集》比它更早出版。所引文字来自威廉·哈兹里特(William Hazlitt) 1865 年的译本(C. Templeman, London)。蒙田批评"学究们的做法，他们不是用文字来诱惑和吸引孩子们，而只是在他们面前摆出棍棒和套圈、恐怖和残忍……没有什么比这些东西更能使一个天生良好的本性变得迟钝和堕落了"(p. 69)。约翰·奥布里(John Aubrey)对教育的看法直到 17 世纪末才发表，尽管他提到了在该世纪最后 25 年所看到的观点(参见：*Aubrey on Education*, J. E. Stephens (ed.), Routledge & Kegan Paul, London, 1972, pp. 17 - 18)。

23. "taw"由皮鞭发展而来,尾部绑着穗子——三个、五个或七个。有关对英格兰体罚的质疑,可以参阅:*Report of the Committee of Council on Education for 1845*, vol. 2, pp. 164 - 166. 引文出自:P. Gosden (ed.). *How They Were Taught*, Basil Blackwell, Oxford, 1969, p.19. 尽管约翰·布林斯利(John Brinsley)注意到了严厉的惩罚会产生不利影响,并且最好的办法是激发学习的热情(第26章),但他仍然认为惩罚是必要的。有关他建议使用桦树条或小红柳条进行体罚的论述,尤其可参见第29章。一个倔强或顽固的小孩被紧紧地抓住,就"好像给一匹桀骜的小马钉蹄铁或对之进行驯服那样"(p. 228). 参见:J. Brinsley, *Ludus Literarius or the Grammar Schoole*, E. T. Campagnac, ed., Constable, London, 1917. 引文出自1627年的第二版。

24. 休谟认为,通常观察者可以从我们的动机和性格中推断出我们的行为;在某些情况下他不能推断,只是因为他缺乏对于我们的足够了解。倘若他掌握了关于"我们的处境和性情,以及我们的特性和性格最隐秘的根源"的一切,他就会明白,我们出于意志的行为自有它的原因,而这些原因使我们的行为变得可以预测(*A Treatise of Human Nature*, ed. L. A. Selby-Bigge, Oxford, 1888, Book Ⅱ, Part Ⅲ, Section Ⅱ, pp. 408 - 409)。类似地,密尔也认为,我们可以"像预测任何物理事件那样有把握地"预测个人的行为,假如我们知道"影响他的所有诱因"的话(J. S. Mill, *A System of Logic*, Book Ⅵ, ch. Ⅱ, Section 2. See *Collected Works*, University of Toronto Press, 1974, and Routledge & Kegan Paul, London, pp. 83 - 87)。密尔承认,"我们不会像被施了魔法咒语那样被迫服从任何特定的动机"(p. 838)。

25. 参见:'The Dilemma of Determinism', in *Essays on Faith and Morals*, Peter Smith, Gloucester, Mass., 1943 (Originally published by Longmans, Green, London).

26. 休谟使用了这些术语,如同使用"在学校"那样。参见:*A Treatise of Human Nature*, Book Ⅱ, Section Ⅱ, p. 407.

27. 在这个问题上,达罗(C. Darrow)是深信不疑的。参见:*Attorney for the Damned*, Simon & Schuster, New York, 1957, p. 95.

28. 米尔斯(Mills)关于惩罚的看法,可参见:ch. xxvl, 'On the Freedom of the Will', from his *Examination of Sir William Hamilton's Philosophy* included in *Ethical Writings*, J. B. Schneewind (ed.), Collier-Macmillan, London, 1965, p. 244.

29. 在美国,体罚在某些州是合法的,但在其他一些州则是禁止的。如果教师或校长在禁止体罚的州里实施体罚,那他肯定就是直接违反了州法律,但在允许体罚的州,他可能只会因为不当处罚而被起诉,根据是第十四修正案的"正当程序"规定。父母可以在任何州就其他形式的惩罚(例如课后留校)提起诉讼。在其他一些没有关于学校惩罚的法规的国家,普通法可能会有一些指导,但法院更为关注的案件一般是导致身体伤害的严重体罚。

30. 引用的仍然是罗斯的译本。习惯在形成正确习惯中的力量在心理学家威廉·詹姆斯(William James)那里有令人印象深刻的论述。对他来说,最重要的是当孩子"各种习惯正在形成","处于可塑状态"时,应该被教导成为有道德的人:"哪怕再小的美德或恶行,也从来不只是留下如此无足轻重的伤疤"(*Principles of Psychology,* Henry Holt, New York, 1890, p. 127)。

31. 引用的《政治学》仍然是本杰明·乔伊特的译本。

32. 道德教育理论中使用的一些术语是希腊词"nomos"的衍生词,意思是"法律"。因此,"anomy"的字面意思是"没有法律"(希腊文"anomos")。"heteronomy"与"autonomy"的区别在于它们的前缀:"heteros"("其他的")和"autos"("自己的")。需要注意的是,与当代道德教育理论家赋予它的含义不同,康德使用的"他律"(heteronomy)指的是冲动或偏好对行为的影响。这属于感性世界。而与之完全不同的是纯粹理性的"自律"(autonomy),后者的基本原则就是道德法则。(*The Analytic of Pure Practical Reason,* in *Kant's Critique of Practical Reason and Other Works on the Theory of Ethics,* 6th edn, translated by T. K. Abbott, Longmans, London, pp. 131 - 132.)在道德教育的一些研究中,有一个复合的术语"社会律"(socionomy)被人们所使用,它指的是源于社会的法律或道德,即对社会声誉抑或社会的赞扬或指责的关注。

33. 引文出自自由出版社版本(Free Press edition, New York, 1965)。皮亚杰从对13岁以下一起玩耍的儿童小团体的观察中得出他的结论。他发现在7岁或8岁时他律起主导作用;大约在11岁或12岁时自律发挥主要作用,这是智力发展的最后阶段,也是懂得在相互尊重的基础上互惠互利的阶段。

34. 有关科尔伯格研究的说明,参见:L. Kohlberg, 'The Child as a Moral Philosopher', in *Psychology Today,* 1968, pp. 25 - 30. 被转载于:B. I. Chazan and J. F. Soltis, *Moral Education,* Teachers College Press, Columbia University, New York, 1973, p. 136. 科尔伯格起初是对75名10岁、13岁和16岁的美国男孩进行研究,在长达12年的时间中他们的道德发展每隔3年被记录一次。他考察这些孩子在存在困境的模拟情景中的反应。在第5阶段,他声称发现了对他人权利和行为标准的尊重,这些标准不仅是传统的,而且在社会内部受到严格审查,总是通过理性讨论而在社会上发生变化。他声称第6阶段代表了个人自律的最终形成。

35. 例如,可参阅:J. Feinberg, 'The Idea of a Free Man', in J. F. Doyle (ed.), *Educational Judgements,* Routledge & Kegan Paul, London, 1973, p. 160."如果我们从治理自我的概念中剥离所有标准和价值观,只剩下赤裸裸的、非个人的理性被囚禁在它自己的王宫中,那么自律的概念就会变得空洞和不连贯"。范伯格指的是由"信念、理想和目的"构成的"内在核心自我"。这些构成了"与理性一起发挥作用的材料"。

36. 密尔于1869年出版了《妇女的屈从地位》(*The Subjection of Women*)(在1859年的《论自由》和1861年的《代议制政府》之后)。虽然这是他最后出版的作品,但它写于1861年,在一定程度上与他这一年关注特许经营权扩展的背景相吻合。然而,他发现一种性别在法律上从属于另一种性别"本身就是错误的",而且是……人类进步的主要障碍之一。上述三篇论文由牛津大学出版社在1912年结集出版。引文参见第427页。

37. 有关工厂化养殖和动物遭受痛苦的实例,参见:P. Singer, *Animal Liberation,* Paladin

Books, Granada Publishing, London, 1977, pp. 105 - 157. 辛格提及的实例有：为测试化妆品和其他制剂对眼睛和皮肤的效果而在兔子身上做残忍的实验；长期隔离导致幼猴"心理死亡"；使狗处于过热的环境中（p. 50 ff）。他质问："怎么会发生这样的事？"（p. 75）我们可以补充说，在这种情况下，一个人怎么能将他的道德局限在人与人之间的关系上，而不关心有感觉动物的利益呢？

38. 弗里德里希·尼采（Friedrich Nietzsche, 1844—1900）赞颂意志的力量和驱使强者占据权力地位的激情，而平等、合作和传统美德的道德信念只会抑制强者。他们采取什么手段取得强者地位并不重要，甚至嫉妒、贪婪、暴力、战争，都可以是必要的。"高贵的人"创造自己的价值观，不屑于他人的赞许（*Between Good and Evil*, tranlated by Walter Kaufmann, Vintage Books, New York, 1966, 260, p. 205）。他"毫无疑问地接受了他作为利己主义者的事实"（265, p. 215）。

39. *Essays*, ch. xu 'Apology for Raimond Sebond', in *The Works of Michael de Montaigne*, tranlated by C. William Hazlitt, Templeman, London, 1865, p. 20.

40. 另见本章注释 12。美国的问责制具有法律地位。教育委员会或州立法机构可能会要求报告学生在独立进行的测试中的成绩，同时将其与达成这一成果的财政总支出成本联系起来。教师可能被要求对学生的学业成绩承担法律责任。一般来说，法院比立法机构更清楚地认识到这一问题的复杂性。

41. 对待马基雅维利（1469—1527），和对待尼采一样，要避免由于阅读他们的简短语录而产生误解。尽管在《君主论》中，他对那些寻求权力的人的建议直截了当，但他支持认可公民自由权的共和政府。参见：*The Prince: Selections from the Discourses and other Writings*, edited by John Plamenatz, Fontana, Collins, 1972.

第六章 哲学的视角

1. 参见企鹅出版社的版本（the Penguin edition, Harmondworth, 1968）。该书于 1651 年在伦敦出版，当时霍布斯住在巴黎。由于担心查理一世和下议院之间的冲突危及生命，他于 1640 年逃往巴黎。

2. 《政府论》（*Two Treatises of Government*）的前三版分别于 1689—1690 年、1694 年和 1698 年出版。第三版经过洛克的多次修订，纳入 1764 年的第六版。我们参考的是 1823 年的修订版（published by Tegg, London, in *Works*, vol. 5）。我们没有提及洛克的《政府论（上篇）》（*First Treatise of Government*），它只是对罗伯特·菲尔默爵士（Sir Robert Filmer）观点的批评。最新版是 1764 年的版本（Hacket, Indianapolis, 1980, ed. C. B. Macpherson）。

3. 《人类理解论》于 1690 年首次出版，已经有多个版本，其中一些版本被删节，例如伍兹利（A. D. Woozley）1964 年在第 5 版基础上的删节版（Collins, Fontana Library）。此处的引文出自完整版，收录在：*Works*, Tegg, London, 1823, vols. 1 - 4.

4. 《教育漫话》于 1693 年出版，已经有多个版本，例如奎克（R. H. Quick）的版本，它以洛克的文案（第一版，1714 年）为蓝本。奎克的版本由剑桥大学出版社于 1898 年出版，引文页码出自这个版本。

5. Robert Nozick, *Anarchy, State and Utopia*, Basil Blackwell, Oxford, 1974.引文页码出自这个版本(该书的另一版本出自:Basic Books, New York)。

6. 作为诺齐克著作之主题的个人主义是18世纪和19世纪的主要思想潮流之一。在《社会静力学》中,赫伯特·斯宾塞(Herbert Spencer)将政府称为"相互保障安全的联盟"(John Chapman, London, 1851, ch. xIx, 1, p.206)。在《个体与国家》(*The Man v The State*)中,斯宾塞表达了他的信念,即国家缓解穷人困境的措施可能会被误导:"好处可能不是来自增加人造工具以减轻痛苦,而是相反,来自减少它们的使用。"('The Coming Slavery', p.22)。他解释说,自由主义在过去的功能是限制国王的权力,未来它将限制议会的权力(p.88)(Watts & Co., London, 1909)。

7. 尤其可参见《个体与国家》,版本同上。《济贫法》让斯宾塞感到不安。有限的仁慈体现在他直截了当地反对为他人做出自我牺牲的努力(p.22),以及他对个人资源的保护等方面,因为他将奴隶制归因于任何一种这样的情形,即人们被要求"为了其他利益而不是他自己的利益"放弃他个人劳动的一些成果(p.33)。

8. 参见林赛(A. D. Lindsay)翻译的《理想国》(Everyman edition, J.M. Dent, London, 1935)。

9. 《社会契约论》于1762年出版。此处参考的是企鹅出版社的版本,克兰斯顿(Maurice Cranston)翻译并作序(Penguin Books, Harmondsworth, 1968)。

10. 摘自:*Kant's Critique of Practical Reason and Other Works on The Theory of Ethics*, T. K. Abbott(Tran.), 6th edn, Longmans, Green, London, 1909.(本节的标题遵照阿博特的翻译,而不是罗尔斯的 *The Foundation of the Metaphysics of Morals*。)

11. 例如,可参阅:Sir David Ross, *Kant's Ethical Theory*, Oxford, 1954, pp.75–85.

12. 罗尔斯对这些问题的论述,见于《正义论》(*A Theory of Justice*, Oxford University Press, 1972, p.11n)。我们参考的版本是牛津大学出版社的平装本(Oxford University Paperback, 1973)。

13. 如需了解基于不同角度对罗尔斯的批评,可参见:J. L. Mackie, *Ethics*, Penguin, Harmondsworth, 1977, pp.95–96; R. Dworkin, *Taking Rights Seriously*, Duckworth, London, 1977, ch. 6; Lord Lloyd, *Introduction to Jurisprudence*, 4th edn, Stevens, London, 1979, pp.96–99; W. Lang, 'Marxism, Liberalism and Justice', in E. Kamenka and A. Tay, *Justice*, Edward Arnold, London, 1979, ch. 6, pp.l38–148; B. Barry, 'Justice as Reciprocity', in ibid., ch.3.

14. 罗尔斯在很多方面作出了显而易见的政治假定,例如,假定了一个存在阶级结构的社会(p.73);提及社会中的起点不平等,并将社会不平等假定为社会秩序的一部分(p.102);以及在其他地方说到原初状态时,假定社会经济制度对正义原则没有影响(pp.17–21)。

15. 洪堡的著作在他去世后1852年出版,写于1791年至1792年,当时出版了其中的一部分。第一个英文译本出版于1854年。关于最新的英译本,参阅:*The Limits of State Action*, J. W. Burrow (ed.), Cambridge University Press, 1969.

16. 引文出自《论自由》的企鹅出版社的版本(Harmondsworth, 1974)。密尔在该书的序言中引用了洪堡的一段文字,强调"人类最为丰富的多样性发展,有着绝对且根本的重要意义"。这段文字出现在《国家行动的界限》(*The Limits of State Action*)第 4 章第 15 页,版本同本章注释 15)。

17. 在这里,密尔谴责了一种掌握在中央集权机构手中的教育,"以永久不变的同一模型作为目标"。参见:*Utilitarianism, Liberty, Representative Government*, H. B. Acton(ed.), Everyman edition, J. M. Dent, London, 1972, p.403.这里的引述来自《奥古斯特·孔德与实证主义》(*Auguste Comte and Positivism*)中的一个俘房。其著作的出版顺序是:《论自由》(1859 年)、《功利主义》(作为论文发表于《费雷泽杂志》)(1861 年)、《代议制政府》(1861 年)、《功利主义》(著作)(1863 年)、《奥古斯特·孔德与实证主义》(1865 年)。

18. *Inaugural Address*, People's edition, Longman, Green, Reader, and Dyer, London, 1867. 尽管《妇女的屈从地位》是在密尔《就职演讲》两年后出版的,但它实际上是在 1861 年写成的。

第七章 实践的视角

1. 研究表明,处于社会弱势地位的儿童在开始上学时通常处于明显劣势。一些研究幼儿时期的研究人员对家庭环境的影响印象深刻,进而预测它对智力发展的长期影响。参见:B. S. Bloom, *Stability and Change in Human Characteristics*, John Wiley, New York, 1964.该研究推测,当孩子达到入学年龄——大约五岁——时,他成年后所能达到的智力水平就已经定型了;或者用术语来说,这个年龄的情况已经可以说明成年后智力水平的大部分差异了。

    关于研究人员的其他重要观点,可参阅:J. S. Coleman, *Equality of Educational Opportunity*, US Dept. of Health, Education and Welfare, Office of Education, Washington, D. C.; H. J. Eysenck, *The Inequality of Man*, Temple Smith, London, 1973; F. Mosteller and D. P. Moynihan, *On Equality of Educational Opportunity*, Vintage Books, New York, 1972; J. S. Bruner, 'Poverty and Childhood', in *Oxford Review of Education*, vol.1, No.1, 1975 (see also Bruner's bibliography, pp.47-50)。

2. 关于马克思批判"意识形态"的例子,参见:*The Class Struggles in France*, Lawrence & Wishart, London, 1936, p.35.他在这本书中轻蔑地写道,那些"所谓的人才"就是意识形态的代表和某些阶级的代言人。

3. 卡尔·马克思和弗里德里希·恩格斯合著了《德意志意识形态》。关于马克思批判意识形态是对现实的颠倒,就像照相机暗箱中倒置的图像,参见:vol.1, 'The Essence of the Materialist Conception of History. Social Being and Social Consciousness', in Karl Marx and Frederick Engels, *Collected Works*, Lawrence & Wishart, London, 1976, vol.5, p.36 (Progress Publishers, Moscow, 1976, 3rd revised edition, p.42). 马克思在他后来的一篇政治著作中直截了当地指出民主派和法国社会主义者中间充斥着"意识形态的胡说"。参

见：*Critique of the Gotha Programme*, Martin Lawrence, London, 1933, p. 32. 有关统治阶级的统治思想的解释，参见：*The German Ideology*, Lawrence & Wishart edition, op. cit, pp. 60 - 62 (Progress Publishers, pp. 67 - 69)。马克思和恩格斯的解释表明了黑格尔学派的精神统治的观念是如何在历史上产生的。关于他们后来对平等与"天然亲和感"的批判，参见：Lawrence and Wishart edition, p. 479 (Progress Publishers, p. 506)。

4. 关于异化的各种观点及其与意识形态的联系，参见：*The German Ideology*, Lawrence & Wishart edition, vol. 1, pp. 47 - 78, p. 51, pp. 77 - 78, pp. 78 - 79 (Progress Publishers, pp. 53 - 54, p. 59; p. 85; pp. 86 - 87)。

    马克思在他的早期著作中，特别是在《1844年经济学和哲学手稿》中，对异化做出了最明确的阐述。他将工人与其劳动产品的关系描述为"不归属于他的异化活动"。与自然物的关系也是与他对立的陌生和敌对的世界之一。人与人的异化是他与自己的劳动产品异化的结果（Marx and Engels, *Collected Works*, vol. 3, Lawrence & Wishart, London, p. 275）。

5. *Capital*, vol. 1, Part IV, Ch. XIV, Section 5 — 'The Capitalist Character of Manufacture', Trans. S. Moore and P. Aveling(Trans.), F. Engels(ed.), Allen & Unwin, London, 1946, pp. 355, 356 - 357 (Progress Publishers, 1954, p. 342)。马克思在这里注意到亚当·斯密在《国富论》中的提议，即国家应该对人民进行教育；以及他的法语译者和评论员卡尼尔（G. Garnier）在答复中的抗议，即大众教育违反了分工的第一定律。随着社会越来越繁荣，体力劳动与脑力劳动的人之间的区别越来越明显，而分工本身就是未来进步的原因。

6. 同上：*Capital*, vol. II, Part VI, ch. XIX — 'The Transformation of the Value' (and Respectively the Price) of Labour-Power into Wages, Allen & Unwin edition, p. 552 (Progress Publishers, p. 507)。

7. 参见：the Verso edition, London, 1979, translated by B. R, Brewster (first published as *Pour Marx* by Francois Maspero, 1965)。

8. 这些观点参见：'Ideology and Ideological State Apparatuses', in L. Althusser, *Lenin and Philosophy and Other Essays*, Monthly Review Press, New York and London, 1971, trans. B. Brewster (First published in *La Pensee*, 1970)。阿尔都塞认为，在封建制度下，占主导地位的国家机器是教会。马克思在《资本论》第二卷中从多个方面探讨了再生产，例如，第十章探讨了简单再生产，第十一章探讨了扩大规模的积累和再生产观。

9. 约翰·杜威是支持和倡导教育机会平等的自由主义意识形态的教育家和哲学家之一。尤其可参见：*Democracy and Education* (1916), Free Press, New York, 1966. 他认识到通过发展免费的向所有人开放的公立学校体系将实现"大众"的政治解放和经济解放(p. 257)。

    有关美国自由主义意识形态的各种解释，参见：W. Feinberg, *Reason and Rhetoric: The Intellectual Foundations of Twentieth Century Liberal Educational Policy*, John Wiley, New York, 1975.

10. 有关教育机会平等的相关研究成果，参见：S. Bowles and H. Gintis, 'I. Q. in the U. S.

Class Structure', in J. Karabel and A. H. Halsey, *Power and Ideology in Education*, op cit., pp. 221 - 222;最初发表于:*Social Policy*, 3, Nov.-Dec. 1972, and Jan.-Feb. 1973, pp. 65 - 69;还可参见:S. Bowles, 'Unequal Education and the Reproduction of the Social Division of Labor', *Review of Radical Political Economics*, 3, Fall, 1971a; S. Bowles and H. Gintis, *Schooling in Capitalist America: Educational Reform and the Contradictions of Economic Life*, Basic Books, New York, 1976.

有关对这项研究的批评,请参见:J. Karabel and A. H. Halsey, 'Educational Research: A Review and an Interpretation', in *Power and Ideology in Education*, op. cit. 有时这些研究人员的解释超出了精细统计技术所能支持的范围,有时不同的人对相同的经验数据有不同的解释。影响之一是先入为主的成见,即使是研究人员也如此。卡拉贝尔(Karabel)和哈尔西(Halsey)(p. 38n)提到了鲍尔斯(Bowles)和金迪斯(Gintis)关于阶级再生产的理论(追随马克思和恩格斯),提到了学校所教的东西与生产过程中有用的东西之间关系的本质,认为它是"极具煽动性的",但这些看法仍然是有待实证调查的。他们还指出,学校和工作中的等级划分是"过于简单化的"(p. 39)。与我们对自由主义意识形态的解释最相关的发现之一是,家庭成员都取得经济成功与智商之类的基因遗传几乎完全没有关系。詹克斯(Christopher Jencks)的著作《不平等》(*Inequality*)中有一个明显的偏见是,教育改革措施并未产生教育平等,学校教育也并非成年后取得成功的主要因素。参见:C. Jencks, *Inequality*, Penguin Books, Harmondsworth; Basic Books, New York, 1972. 在这里,研究结果也由于使用的方法而遭到批评(参见:Karabel and Halsey, op. cit., p. 24)。F. Mosteller and D. P. Moynihan (eds.), *On Equality of Educational Opportunity*, Vintage Books, New York, 1972. 该文献收录了 1996 年哈佛大学对《科尔曼报告》的论文,其研究发现得到了第三方研究的检验。例如,D. J. Armor, 'School and Family Effects on Black and White Achievement' 'Black students start disadvantaged and the schools are apparently unable to close the gap' (p. 223).《科尔曼报告》的一个发现是,在美国大部分地区,黑人似乎拥有与白人一样充足的设施。科尔曼认为,学校的一项职能是使学业成就与学生的社会背景分离开。有关对美国教育机会的看法的调查,参见:E. W. Gordon, 'Toward Defining Equality of Educational Opportunity', in Mosteller and Moynihan, op. cit., ch. 10.

11. 科尔曼(James Colema)为美国教育办公室撰写的题为"教育机会平等"的报告是对 1964 年《民权法案》的回应。根据该法案,教育专员应向总统和国会报告"各级公立教育机构中由于种族、肤色、宗教或国籍而造成的教育机会不平等"。报告(1966 年)发现,黑人和白人的学校在提供教育设施方面的差距并不大。

12. 缺乏父母的支持并不总是源于社会剥夺。一些富裕家庭的孩子很少或根本得不到父母的支持,他们的犯罪行为并不少见。吸毒和酗酒的发生率是影响教育机会实现的另一个因素;在这个方面,富裕与社会贫困至少是同样相关的。

13. 《关于消除一切形式种族歧视的声明》(1963 年)第 9 条宣布:"所有国家应立即采取积极措

施,包括立法和其他措施,对那些宣扬或煽动种族歧视,或煽动或使用暴力以达到种族、肤色或族裔歧视之目的的组织加以起诉和/或取缔。"

14. 在《公民权利和政治权利公约》中,关于基本自由的第 18 条、第 22 条和第 26 条也表明,国际社会对遏制某些国家持续存在的侵犯人权行为是多么无能为力和不情愿。《美洲人权公约》(1969 年)设立了美洲人权委员会和美洲人权法院,以确保商定的权利得到保护(第 33 条)。该委员会代表美洲国家组织的所有成员国。

15. 哥伦比亚于 1948 年接受了《美洲人的权利和义务宣言》。尤其参见第Ⅻ条。在各种国际权利宣言中,少有提及教育机会平等的。

16. *The German Ideology,* Lawrence & Wishart edition, pp. 90, 91 (Progress Publishers, pp. 99 - 100).

17. *Manifesto of the Communist Party,* Progress Publishers, Moscow, pp. 59 - 60.

18. F. Engels, *Anti-Duhring,* Foreign Languages Publishing House, Moscow, 1954, pp. 389, 394 (Lawrence & Wishart, London, 1955).

19. V. I. Lenin, *The State and Revolution,* Progress Publishers, Moscow, pp. 85 - 90.

20. 边沁的《完整法典概论》(*View of a Complete Code of Laws*)与他的《万全法简论》(*Pannomial Fragments*)一起,都收录在他的文集(vol. 3, William Tait, Edinburgh, 1843)中。孔德试图创建一门他称之为"社会学"的科学,这门科学可以解释人类的全部社会活动,因为它们是由科学方法决定的。

21. 在《对人的观察》(1749)中,哈特莱曾断言,为了公共利益,为了和平、秩序与和谐,"国家的每个成员都应该服从统治权,无论是什么样的统治权……我们应该敬重所有的权威人士……对政府的困难、王子的不良教育以及出身高贵的人给予充分的体谅"。(6th edn, Thomas Tegg, London, 1834, pp. 506, 507)

22. J. Austin, *The Province of Jurisprudence Determined,* H. A. L. Hart (ed.), Weidenfeld & Nicolson, London, 1954 p.126(1832 年出版第一版)。参见哈特(Hart)撰写的导言(p. x)。其中论述了奥斯汀(Austin)的目的,即从自然法理论家引入宗教和道德的混乱中清理出实在法。奥斯汀的主要观念首先是一个有一定能力的人所具有的掌控力,这种掌控力通过施加认可来使欲望得到强行实现,或者如果他的欲望被忽视,就会施加邪恶。其次,服从上级的习惯,上级是一个或多个有权强迫他人服从的人。君主就是这样的上级,他没有服从的习惯,而是从特定社会的大多数人那里得到习惯性的被服从。

23. 关于这一点,参见:R. M. Dworkin, 'Is Law a System of Rules?', in R. M. Dworkin (ed.), *The Philosophy of Law,* ch. 11. 德沃金还指出一种看法,即法院认为法律不适合他们当前的案件时可以拒绝法律(ibid., p. 57)。关于实证主义的解释,参见:H. A. L. Hart, 'Positivism and the Separation of Law and Morals', in ibid., pp. 17 - 37. 从我们提出的实证主义的广义观点来看,存在着许多实质性的变化。

24. 在《法律的概念》中,哈特(H. A. L. Hart)断言,法律实证主义的立场意味着"这样一种简单的观点,即法律在任何意义上都不必然是重申或满足某些道德要求,尽管事实上它们经常这样"(Oxford University Press, 1961, pp. 181 – 182)。

25. H. Kelsen, *The Pure Theory of Law*, University of California Press, Berkeley and Los Angeles, 1967, translated by M. Knight.

26. H. Kelsen, *General Theory of Law and State*, Harvard University Press, 1946, p. 18.

27. 对凯尔森(Kelsen)的批评,参见:Lord Lloyd, *Introduction to Jurisprudence*, op. cit., p. 281 ff.

28. 有关批评性的看法,可参见:H. A. L. Hart, *The Concept of Law*, op. cit., ch. 111. 强制理论认为,制裁对于违法而言是必要的。强迫仍然像奥斯汀所说的那样是与威胁联系在一起的,但这似乎与某些人实际上确实遵守法律的方式并不一致。

29. R. Pound, *Introduction to the Philosophy of Law*, Yale University Press, New Haven, 1925, pp. 89, 99.

30. R. Pound, *Social Control Through Law*, Yale University Press, 1942, pp. 64 – 65. 除了指出法律在行使社会控制方面的功能外,庞德(Pound)与卢埃林(Llewellyn)都受到社会科学进展的影响。庞德注意到了从旧的"法律正义"到新的"社会正义"的趋势,而卢埃林则主张法律应该研究个人和机构在社会中的组织方式及其与法律的关系。参见:*Essays in Jurisprudence from the Columbia Law Review*, Columbia University Press, New York and London, 1963, pp. 217 – 279, and pp. 149 – 183.

31. 参见:*A Theory of Justice*, 1972, Oxford University Press Paperback edition, 1973, pp. 364, 386, 391.

32. L. Lloyd, *The Idea of Law*, Penguin, Harmondsworth, 1964, 1979 (with revisions), p. 129.

33. 蒙田在他的时代注意到"双重的法律、荣誉法则和正义法则,在许多事情上彼此正相反"。*Essays*, p. 45, in *The Works of Michael de Montaigne*, translated by C. William Hazlitt, Templeman, London, 1865.

34. K. Llewellyn, *The Common Law Tradition*, Little, Brown, Boston, 1960. 有关卢埃林对普通法的观点的评论,参见:Lord Lloyd, *Introduction to Jurisprudence*, 4th edn, Stevens & Sons, London, pp. 460 – 465. 卢埃林的主要困难之一是,在类似的场景下,他声称的那种共同判决在经验丰富的法官中是可以实现的,这假定了一系列社会场景,在其中他们之间不可能发生价值观冲突。他们可能有相同的理性,但与不同社会场景相关的所有价值观不一定是相同的。在《卡尔·卢埃林与现实主义运动》(*Karl Llewellyn and the Realist Movement*, Weidenfeld & Nicolson, London, 1973)中,推宁(W. Twining)认为卢埃林对宏大风格(Grand Style)的传播所提供的证据在一定程度上是推测性的(p. 251)。对于英国,他认为最近对司法立法的强调有时可能是"一种伪装成激进法理学的保守政治形式"(p. 381)。

35. F. E. Dowrick, *Justice According to the English Common Lawyers*, Butterworth, London, 1961 p. 217. 评论指向的是英国的法律制度。

36. 托马斯·潘恩(Thomas Paine)本人也参加了法国大革命。他的《人的权利》(*Rights of Man*)于1791年在英格兰出版。此处参考的是：the Citadel Press edition, New Jersey, 1974. 对于法国《人权宣言》条款的引用出现在第118—119页，随后是潘恩的评论，第119—121页。作为人类自由的基础，潘恩认为《人权宣言》"比所有尚未颁布的法律和法规对世界更有价值，并且会产生更加深远的意义"(p. 120)。

37. 这是罗素对权力的最终分析，参见：*Power*, Unwin Books, London, 1938, p. 206.

38. 关于部长与公务员关系的专门讨论，请参见：Edward Boyle and Anthony Crosland, with Maurice Kogan: *The Politics of Education*, Penguin, Harmondsworth, 1971. 在某些情况下，部分地由于任职期短和需要时间了解教育问题的基本背景，教育部门的常任负责人可能受到部长的信任而为其作出决策(p. 183)。关于争取更多平等机会的决心，参见第129页。

39. 哈尔西(A. H. Halsey)提出了类似的建议，参见：*Educational Priority*: EPA Problems and Policies, vol.1, HMSO, London 1972, p. 8.

第八章 社会正义的反思和结论

1. J. S. Mill, *Utilitarianism*, Section 5. 收录于：*Mill's Ethical Writings*, J. B. Schneewind (ed.), Collier Books, New York, Collier-Macmillan, London. 引文页码来自该版本。

2. 因此，宗教信仰所支持的道德价值观包含在我们的道德主观主义中。另一方面，宗教对于考量他人利益的道德或我们提出的实质性道德原则来说并不是必需的。出于显而易见的原因，在历史和当代的社会环境中，从宗教教义中学习到的态度和价值观显然不足以支撑实践道德。

3. "理性受限的单一色调"这一说法出自小说家帕特里克·怀特(Patrick White)的自传体小说，参见：*Flaws in the Glass*, Jonathan Cape, London, 1981, p. 38.

4. Jeremy Bentham, *Works*, vol. Ill, William Tait, Edinburgh, 1843, p. 217. (另见 ch. l., note 7)

5. 由于柏拉图在《理想国》和很长时间以后完成的《法律篇》中存在不同的观点，一些评论家认为柏拉图在《理想国》中的目的是警醒一个自鸣得意的社会。这种解释似乎接受了柏拉图自己的观点是有变化的，但更通常的解释是柏拉图从更广泛的经验和反思中改变了他的态度和价值观——包括他的思想和信仰，这似乎更可能是合乎事实的(也有可能是柏拉图意识到他在《理想国》中所描述的理想国家是无法实现的，而他要做的是提出一个国家可能努力追求的模型，从而表明这种模型与纷争不断的社会实际状态之间的区别)。

在《法律篇》第7卷第797节中，柏拉图强调了教育革新的危险。只要成年人不受变化的干扰，他们就会和平共处，就像孩子们习惯于在相同的规则和条件下玩相同的游戏以及玩相同的玩具一样。在柏拉图时代，一个人如果总是用新事物吸引孩子，那他似乎就是使他们感到不安，并将其视为对国家的最大威胁，因为他正在阴险地改变他们的品性，使他们远离古老事物。他们本应该珍视这些古老事物，并将任何新事物斥之为微不足道。

6. Fyodor Dostoyevsky, *Crime and Punishment*, Penguin Books, Harmondsworth, 1951, Part n, p.119, translated by D. Magarshack.
7. 如果是那些不能推理或理解原因的非常年幼的孩子,那这种情况不应被视为例外,因为他们不是我们所说的这种意义上的人。
8. 尽管我们能够在不偏不倚的意义上衡量客观性,理性对价值观的客观化——康德所接受的——从来都不会是彻底的,因为无法排除和抑制意向的影响。无论是"合乎理性的一致",还是"理智标准",都不意味着道德价值观具有客观性。

主要参考书目

Acton, H. B. (ed.), *The Philosophy of Punishment*, London: Macmillan, 1969.
Althusser, L. *For Marx*, trans. B. Brewster, London: New Left Books, 1977.
    Lenin and Philosophy and Other Essays, trans. B. Brewster, London and New York: Monthly Review Press, 1971.
Anscombe, G. E. M., *Intention*, 2nd ed, Oxford: Blackwell, 1979.
Aristotle, *Nicomachean Ethics*, trans. W. D. Ross, various editions.
    Politics, trans. B. Jowett, various editions.
Austin, J., *The Province of Jurisprudence Determined*, London: Weidenfeld & Nicolson, 1954.
Bacon, F., *The New Organon* (1620), New York: Bobbs-Merrill, 1960.
Bentham, J., *Works*, Edinburgh: William Tait, 1843.
Berman, H. J., *Justice in Russia: an Interpretation of Soviet Law*, Cambridge, Mass.: Harvard University Press, 1950.
Bradley, F. H., *Ethical Studies* (1876), Oxford University Press, 1962.
Chernenko, K. U., *The CPSU: Society, Human Rights*, Moscow: NovostiPress Agency, 1981.
Descartes, R. *Philosophical Writings*, E. Anscombe and P. T. Geach (eds), rev. edn, London: Nelson, 1970.
Dowrick, F. E., *Justice According to the English Common Lawyers*, London: Butterworths, 1961.
Doyle, J. F. (ed.), *Educational Judgements*, London: Routledge & KeganPaul, 1973.
Dworkin, R. *Taking Rights Seriously*, London: Duckworth, 1977.
    (ed.), *The Philosophy of Law*, Oxford University Press, 1977.
Engels, F., *Anti-Duhring*, London: Lawrence & Wishart, 1955; Moscow: Foreign Languages Publishing House, 1954.
Feinberg, J., *Doing and Deserving*, Princeton University Press, 1970.
Flew, A. (ed.), *Essays on Logic and Language*, First Series, Oxford: Blackwell, 1960.
Fuller, L. L. *The Morality of Law*, rev. edn, New Haven and London: Yale University Press, 1969.
Hart, H. A. L., *The Concept of Law*, Oxford: Clarendon Press, 1961.

Hegel, G. W. F., *The Philosophy of Right* (1821) trans. T. M. Knox, Oxford: University Press, 1942.

Henkin, L., *The Rights of Man Today*, London: Stevens & Sons, 1979.

Hobbes, T., *Leviathan*, Harmondsworth: Penguin, 1968.

Works, W. Molesworth (ed.), London: John Bohn, 1841.

Hudson, W. D. (ed.), *The Is/Ought Question*, London: Macmillan, 1969.

Humboldt, W., *The Limits of State Action*, J. W. Burrow, ed., Cambridge University Press, 1969.

Hume, D., *A Treatise of Human Nature*, L. A. Selby-Bigge (ed.), Oxford University Press, 1888.

Essays and Treatises on Several Subjects, London: T. Cadell, 1777.

Jackson, P., *Natural Justice*, London: Sweet & Maxwell, 1979.

Kamenka, E. and Tay A. E-S (eds.), *Human Rights*, Melbourne: EdwardArnold (Aust.), 1978.

Law and Society, Melbourne: Edward Arnold (Aust.), 1978.

Justice, London: Edward Arnold, 1979.

Kant, I., *Critique of Practical Reason and Other Works* in *Ethics*, trans. T. K. Abbott, 6th edn, London: Longmans, 1909.

Lectures on Ethics, trans. L. Infield, London: Methuen, 1930.

Kelsen, H., *General Theory of Law and State*, Cambridge, Mass.: Harvard University Press, 1946.

The Pure Theory of Law, Berkeley and Los Angeles: University of California Press, 1967.

Lasok, D. eta/., (eds), *Fundamental Duties*, Oxford: Pergamon, 1980.

Llewellyn, K., *The Common Law Tradition*, Boston, Mass.: Little, Brown, 1960.

Lloyd, D., *The Idea of Law*, Harmondsworth: Penguin, 1964.

——, *Introduction to Jurisprudence*, 4th edn, London: Stevens & Sons, 1979.

Locke, J., *Works*, London: Tegg, 1823.

——, *Some Thoughts Concerning Education*, R. H. Quick (ed.), Cambridge University Press, 1898.

Machiavelli, *The Prince, Selections from the Discourses and other Writings*, J. Plamenatz (ed.), London: Collins, 1972.

Mackie, J. *Ethics*, Harmondsworth: Penguin, 1977.

Mannheim, K., *Ideology and Utopia*, London: Routledge & Kegan Paul, 1936.

Marx, K., *Capital*, trans. S. Moore and E. Aveling, London: Allen & Unwin, 1946.

Marx, K. and Engels, F., *Collected Works*, London: Lawrence & Wishart, 1976. (Especially for *The German Ideology* and *Economic and Philosophical Manuscripts*.)

Melden, A. I. (ed.), *Human Rights*, Belmont: Wadsworth Publishing, 1970.
Mill, J. S., *Ethical Writings*, J. B. Schneewind (ed.), London: CollierMacmillan, 1965.
——, *Inaugural Address*, London: Longman, Green, Reader & Dyer, 1867.
——, *On Liberty*, Harmondsworth: Penguin, 1974.
——, *Utilitarianism, Liberty Representative Government*, H. B. Acton (ed.), London: J. M. Dent, 1972.
——, *Collected Works*, Toronto University Press, 1974.
Montaigne, M., *Works*, trans. W. Hazlitt, London: C. Templeman, , 1865.
Moore, G. E., *Principia Ethica*, Cambridge University Press, 1903.
Munro, D. H. (ed.), *A Guide to the British Moralists*, London: Collins, 1972.
Newman, J. H., *Discourses on University Education*, Dublin: James Duffy, 1852.
Nozick, R. *Anarchy, State and Utopia*, Oxford: Blackwell, 1974; New York: Basic Books, 1974.
Paine, T., *Rights of Man* (1791) Secaucus: Citadel Press, 1974.
Perelman, Ch., *The Idea of Justice and the Problem of Argument*, trans. J. Petrie, London: Routledge & Kegan Paul, 1963.
Plato, *The Republic*, various editions, trans. A. D. Lindsay, London: J. M. Dent, 1935.
——, *The Laws*, various editions, trans. J. Saunders. Harmondsworth: Penguin, 1970.
Pound, R., *Introduction to the Philosophy of Law*, New Haven: Yale University Press, 1925.
——, *Social Control Through Law*, New Haven Conn.: Yale University Press, 1942.
Rawls, J., *A Theory of Justice*, Oxford University Press, 1972.
Regan, T. and Singer, P., *Animal Rights and Human Obligations*, Englewood Cliffs: Prentice-Hall, 1976.
Ross, W. D., *The Right and the Good*, Oxford University Press, 1930.
——, *Kant's Ethical Theory*, Oxford University Press, 1954.
Rousseau, J.-J., *Emile*, trans. B. Foxley, London: J. M. Dent, 1911.
——, *The Social Contract*, trans. M. Cranston, Harmondsworth: Penguin, 1968.
Seliger, M., *Ideology and Politics*, London: Allen & Unwin, 1976.
Sidgwick, H., *The Methods of Ethics*, 3rd edn, London: Macmillan, 1884; 7th edn 1907.
Singer, P., *Animal Liberation*, London: Granada, 1977.
Spencer, H., *The Man v the State* (1884), London: Watts & Co., 1909.
Toulmin, S., *Reason in Ethics*, Cambridge University Press, 1960.
Williams, B., *Morality*, Cambridge University Press, 1972.

主题索引

Accountability, in law (see Law) and respect for person 问责,法律中的问责(见法律)和对人的尊重,203-204

Act and action 行动与行为,294

Action-schema 行为图式,125,144-147,186-187,198,230,287,294-295,306

Ascription of rights (see Rights) 权利归属(见权利)

Attitudes, and values 态度和价值观,123,131-136,186-189

   moral and non-moral 道德与非道德的,301

   psychological explanation 心理学解释,344(注4)

   in moral education 道德教育中的态度和价值观,186-190

Autonomy, analysis of 自律,相关分析,190-194

   and authenticity 与本真,194

   derivative meaning 衍生意义,349(注32)

   empirical research 实证研究,191

   of will (see Kant) 意志的自律(见康德)

Becoming, and formal idea of education 生成,与教育的形式概念,12,19-20,26,303

Benevolence, opposed to egoism 仁慈,与利己主义的对立,44-46,215,253

Bourgeoisie 资产阶级,271-273,274,282

Bureaucracies 官僚机构,333

Categorical imperatives (Kant) 绝对命令(康德),104-106,237-239

Children's immaturity 儿童的不成熟,90-95,157-159,164-166

   punishment at school (see Punishment) 学校里的惩罚(见惩罚)

   and Rights (see Rights) 儿童的不成熟与权利(见权利)

Civil disobedience 公民的不服从,284

Civil service, roles and ideals 公务员制度、角色和理想,287-288,357(注38)

Conceptual analysis 概念分析,前言(6)

Consciousness, false 意识,虚假的,271-274

Conscience 良心,71

Conscientiousness 尽责,108

Covenants and Conventions 公约和惯例,281,354-355(注13、14)

Decision-making 决策,197-201

Declaration of the Rights of Man《人权宣言》,91,286

Defeasibility of rights 权利的可废除性,93-95,156

Deliberations 慎议,144-148 (see also Action-schema)(另见行为图式)

Desert (see Punishment and Justice) 应得(见惩罚与正义)

Desires 欲望,123-124,215

Detention (see Punishment) 课后留校(见惩罚)

Determinism 决定论,180-181,

Developing, in formal notion of education, 发展, 教育的形式概念的发展 4-7, (see also Becoming)(另见生成)

Discussion, formal 商讨, 正规的 148-152
   in moral education 道德教育中的正规商讨, 194-195

Dispositions 意向, 123-136
   interaction with reason 意向与理性的相互作用, 139-144
   in morality 道德中的意向, 328-331

Dispositional complex, 意向的复杂结构, 137-139

Distributive justice (see Justice) 分配正义(见正义)

Due process 正当程序, 168-169, 346(注11)

Duties, as correlatives of rights 义务, 作为权利的对应概念, 101-103, 110, 331-332
   ascription of 义务的归属, 103
   Human 人类的义务, 101
   Kant on 康德的相关论述, 72-73
   Perfect and imperfect 完全的与不完全的, 103-106
   Prima facie duties 显见义务, 106-107
   and prudence 义务与审慎, 206-207
   to children 对于儿童的义务, 165-166
   to sentient animals 对有感觉动物的义务, 102-103

Education, availability, or access to 教育, 可获得性, 或可及性, 277-278
   consumer idea 教育消费观念, 275
   formal notion 形式概念, 4-7, 12, 19-20, 302-308(as judgemental 作为评判性的概念, 303-304)
   further education and justice 继续教育和正义, 311-312, 320

individual potentialities, 个人潜能, 335
instrumental sense 工具性意义, 267-268
morality of 道德的教育, 6, 76, 303 (see also Moral education)(另见道德教育)
parental support 父母的支持, 354(注12)

Educational administration, aspects of justice and morality 教育管理, 它的正义与道德方面, 197-198

Effort and efficiency (see Rights) 努力和效率 (见权利)

Egalitarianism, doctrinaire 平等主义, 教条主义的, 前言(6)

Egoism 利己主义, 60 (see also Benevolence)(另见"仁慈")

Elemental senses, of justice, morality, education 基本意义, 正义、道德、教育的基本意义, 前言(6)(see also Formal notion)(另见形式概念)

Emotions, with desires, 情感, 与欲望的关系, 123-124

Empiricism, diverse meanings 经验主义, 多种含义, 70

Entitlements (see Nozick) 权利(见诺齐克)

Equality 平等, 264-266
   and equity 平等与公正, 28,
   derivation 词源, 338(注10)
   of educational opportunity 教育机会的平等, 前言(5, 8), 266-268, 277-279, 287-289, 291, 308-309, 320-321, 334-336, 352(注1), 353-354(注10、11)
   of vocational opportunity 职业机会的平等, 289

Equity, ambiguity 公正, 内涵的模糊性, 21-22
   and law 公正与法律, 259, 338(注11)
   inequities in independent schooling 私立学校

的不公正,319
  inequities in social order 社会秩序的不公正,240-241
  and social justice 公正与社会正义,261-262
Ethical relativism 伦理相对主义,76
Ethical standpoint 伦理立场,67-74
Eudaimonia, meaning 幸福,内涵,12

Fairness, value word 公平,承载价值的语词,298
Formal notion 形式概念,前言(7-9),4
  of education 教育的形式概念,4-7,12,18-20
  of justice 正义的形式概念,20-24,36,259,293,297-302
  of morality 道德的形式概念,38-40,294-297
  comparisons 对比,303
  as intellectual criterion 作为理智标准,336
  inert formalism 毫无意义的形式主义,308
  rational basis 理性基础,307
  value of 形式概念的价值,305-307

Good Will, in Kant 善良意志,康德的论述,44

Habit, in moral education 习惯,道德教育中的习惯,188-190
  and indoctrination (see Indoctrination) 习惯与灌输(见灌输)
Happiness (see Utilitarianism) 幸福(见功利主义)
Human Rights (see Rights) 人权(见权利)

Ideological illusion 意识形态的幻象,270-285
Ideology, characteristics 意识形态,特征,270-271

and consciousness 意识形态与意识,274
  liberal 自由主义意识形态,269,277-279,322
  misuses of 它的误用,285-286
  and research 意识形态与研究,278
  of Rights 权利的意识形态,281
  of Justice 正义的意识形态,282-285
Improvement, and education 提升与教育,303-304
Independent schools, and distributive justice 私立学校与分配正义,318-319
Individualism 个人主义,226,351(注6、7)
Individuality, as substantive idea of education 个性,作为教育的实质理念,17-18; in Humboldt and Mill 洪堡和密尔的论述,162-163,254-258
Indoctrination 灌输,189-190
In loco parentis (see Law) 代尽父母之责(见法律)
Intention 意图,126-132 (see also Anscombe)(另见安斯库姆)
Interest (see Self-interest) 利益(见自利)
Interests, consideration of others' 利益,对他人利益的考量,38-40,215,223,227,232,295,297
  consideration of own 对自身利益的考量,39-40,51,296 (see also self-interest)(另见自利)
Intuitive ideas, of justice 直觉观念,正义的直觉观念,24-25
Is-ought problem 是-应该问题 69,115-116,118,341(注17)

Judgement, in education 判断,教育中的判断,303
Justice, in community of rational persons,正

义,理性者共同体中的正义,302

desert criterion 应得标准,310 - 314

distributive, or social 分配正义,或社会正义,223 - 224,229 - 230,236 - 237,244 - 246,248 - 253,266 - 268,286 - 287,308 - 324

distribution of talent 天赋的分配,314 - 316

formal notion of 正义的形式概念,20 - 24,297 - 302

Hume on 休谟关于正义的论述,29 - 30

ideas in jurisprudence 法学中的正义思想,32 - 36

moral and legal 道德正义与法律正义,前言(8),164 - 171,298

natural 自然正义,82 - 86,341(注5)

need criterion in distributive justice 分配正义的需求标准,308 - 310,319,323

principles of distributive justice 分配正义的原则,249 - 251,321 - 324

question of sentient animals 关于有感觉动物的正义问题,299 - 301

reward and distributive justice 奖赏与分配正义,316 - 318

and work contribution 正义与工作贡献,311 - 314

Law, and accountability 法律,与问责,166 - 167,168,346(注12),350(注40)

case, common, statute 判例,普通法,法规,345(注4)

and ideology 法律与意识形态,282 - 285

in loco parentis, and the law 代尽父母之责,及其法律规定,170,347(注15)

of nature (see Hobbes) 自然法则(见霍布斯)

positivism in law 法律实证主义,282 - 283,292

presumption in 法律中的推定,165 - 166,345(注6)

of tort 侵权,165,169 - 170,345(注5)

tradition in common law 普通法传统,284 - 285

Leadership, and communication 领导,领导与沟通,201 - 202

justice and morality in 领导中的正义与道德,199 - 207

Learning, as substantive idea of education 学习,作为教育的实质概念,7 - 8

Liberal democracies 自由主义民主国家,272,289

Liberal idea, or ideals (see also Ideology) 自由主义观念,或自由主义理想(另见意识形态) in education 教育中的自由主义观念,14 - 16,226,337(注5)

Liberalism, 19th Century (see also Mill) 自由主义,19世纪的自由主义,254,269(另见密尔)

Liberty (see also Rights) 自由(另见权利),216、222、225 - 227,234,259 - 260,277 - 279 basic liberties 基本自由,321 and Declaration of the Rights of Man 自由与《人权宣言》,286

Metaphysical, meaning 形而上学的,含义,13,337(注3)

Methodology, in moral education (see Discussion) 方法论,道德教育中的方法论(见商讨)

Moral, aspect of education 道德的,教育的道德方面,6,37

complexity (see Morality) 复杂性(见道德) education,道德教育,6 - 7,185 - 197; methodology,道德方法论,194 - 195;

365

content，道德内容，196－197
freedom（see Rousseau）道德自由（见卢梭）
principles 道德原则，50－54
skepticism 道德怀疑主义，75，330
sense, or sentiment 道德感觉或道德情感，43－46
subjectivism（see Subjectivism）道德主观主义（见主观主义）
values 道德价值观，49－50，54－59
Morality, as conflict reduction 道德，作为减少冲突的手段，51－52，297
complexity of 道德的复杂性，328－330
different moralities 不同的道德，330－331
coherent standpoint（see Ethical）一以贯之的立场（见伦理的）
Eighteenth Century viewpoints 18 世纪的观点，44－46
formal notion 道德的形式概念，38－40
intuitive ideas 道德的直觉观念，42－43
Hume's understanding 休谟的理解，43－44
Kant's viewpoint 康德的观点，46－48
purpose of 道德的目的，59－66
and sentient animals 道德与有感觉的动物，95－100，110，297，299－301，331－332
Motives 动机，124－126
with intentions and purposes 伴随意图和目的的动机，126－131

Natural endowments, and desert 自然禀赋，自然禀赋与应得，313－314，316
Natural justice（see Justice）自然正义（见正义）
Natural rights（see Rights）自然权利（见权利）
Naturalism, of Rousseau 自然主义，卢梭的自然主义，16，69
of Hobbes 霍布斯的自然主义，69

Naturalistic fallacy 自然主义谬误，55，75，340（注 12）
Objectivity, of moral values 客观性，道德价值观的客观性 55－56，58－59
rejection in moral values 道德价值观中的拒斥，67－68，358（注 8）
Obligations, to animals 责任，对动物的责任，98－100
Opportunity（see Equality; and Justice, distributive）机会（见平等；正义，分配正义）

Parents（see Rights）父母（见权利）
Personal belief, and moral subjectivism 个人信念，个人信念与道德主观主义，325
Person(s), and formal notion of justice 人（人们），与正义的形式概念，23－24，297－298
lack of respect for 对人的尊重的缺乏，202－204
respect for 对人的尊重，40－42，342（注 11）
as rational 作为理性的人，301
Political deception 政治欺骗，264，285－290
power motive 权力动机，287－288
Practical activities, common elements in justice, morality and education 实践活动，正义、道德和教育的共同要素，155－156
distinctions between 它们之间的区别，303
Presumption, in administration 推定，管理中的推定，202－204
in law（see Law）法律中的推定（见法律）
Principle(s) of, distributive justice 原则，分配正义的原则，321－324
equality of educational Opportunity 教育机会平等，266－268
vocational opportunity 职业机会，289
Privacy, as need 隐私，作为需要，89

Progressivism, and naturalism 进步主义与自然主义, 68-69
Psychologism, meanings 心理主义, 意义, 70
Punishment, consequentialism on 惩罚, 后果主义的阐释, 175-176
　　and desert 惩罚与应得 172-174
　　detention as 课后留校作为惩罚, 183
　　nature of 惩罚的本质, 171-172
　　purpose and justification 惩罚的目的和正当性, 172-176
　　retributivism on 报应主义的阐释, 173-174
　　of school children 对学龄儿童的惩罚, 178-185
　　utilitarianism on 功利主义的阐释, 175-176
Purpose, of book 目的, 本书的目的, 前言(5)
　　in education 教育的目的, 9-10
　　as intention 目的作为意图, 127-130

Reason and dispositions 理性与意向, 136-148,
　　in morality 道德的理性与意向, 326-330
　　in justice 正义的理性与意向, 137
Reification, of education 具体化, 教育的具体化, 7, 19, 304
Respect for persons (see Persons) 对人的尊重(见人)
Retributivism (see Punishment) 报应主义(见惩罚)
Reward, and distributive justice 奖励, 与分配正义的关系, 316-318
Rights, animal 权利, 动物的权利, 95-100
　　ascription of 权利的归属, 93-95
　　children's 儿童的权利, 90-95, 109-110, 167; to education 儿童的受教育权, 156-159
　　claim-rights 请求权, 79

conditions of moral 道德权利的条件, 81
correlativity with duties 与义务的相关性, 102-103, 110
effort and efficiency 努力与效率, 313-314
and equality of opportunity 权利与机会平等, 291, 338(注17)
and interests 权利与利益, 296
Human 人权, 87-90; Declarations of《人权宣言》, 281, 342(注12), 355(注15)
legal 法定权利, 82-86, 164-171
liberties 自由权, 79, 213, 320-321
natural 自然权利, 82-86, 219
parents' 父母的权利, 160-161
privacy 隐私权, 88-89, 342(注11)
pseudo-rights 伪权利, 82-90
right to education 受教育权, 321
right to vocation 职业权, 321
right to work 工作权, 313, 321
to social goods 对社会益品的权利, 314, 321

Self-interest 自利, 214-228, 232
Sentient animals (see Justice and Morality) 有感觉动物(见正义和道德)
Social, purpose of morality 社会的, 道德的社会目的, 59-61
　　contract (see Locke and Rousseau) 社会契约(见洛克和卢梭)
　　justice (see Justice) 社会正义(见正义)
　　values, and education 社会价值观, 社会价值观与教育, 302-303
State-individual relations (see Equality of educational opportunity; Ideology; see also Hobbes, Locke, Nozick, Plato, Rousseau) 国家-个人关系(见教育机会平等; 意识形态; 另见霍布斯、洛克、诺齐克、柏拉图、卢梭)

Hobbes on 霍布斯的相关论述,214-218

Humboldt and Mill on 洪堡和密尔的相关论述,253-258

Locke on 洛克的相关论述,219-223

Nozick on 诺齐克的相关论述,223-228

Plato on 柏拉图的相关论述,228-232

Rawls on 罗尔斯的相关论述,240-253

Rousseau on 卢梭的相关论述,233-236

moral interest in 国家-个人关系中的道德利益,333-334

rights and needs 权利与需求,321

social contract 社会契约,220-221,233-235,240-244

State power, and individual rights (see Individual) 国家权力及其与个人权利的关系(见个人)

Subjective views, of morality (see also Subjectivism) 主观看法,道德的主观看法,56-58(另见主观主义)

Subjectivism, of ethical standpoint 主观主义,主观主义的伦理立场,67-68,75,306,325-328

rational basis of 主观主义的理性基础,326-328

Substantive, ideas of education 实质的,教育的实质概念,6,8-11,12-19

contrasted with formal 与教育的形式概念的比较,259-260,307,323-324,330-331

questions in morality 道德的实质问题,49-59

Syllogisms, influenced by dispositions 三段论,受意向影响的三段论,140-143

with true conclusion 包含真实结论的三段论 143,344-345(注6)

Talent, distribution of 天赋,天赋的分配,314-316

Teachers, as facilitators,教师,教师作为促进者,309-310

and the law (negligence) 与法律,168-171(过失,169-171)

Tort (see Law) 侵权行为(见法律)

Transcendental justification, in Kant 先验论证,康德的论证,47

United Nations Declaration of the Rights of the Child 联合国《儿童权利宣言》,92

Utilitarianism, and desert 功利主义,功利主义与应得,311-312

happiness as purpose of morality 幸福作为道德的目的,61-66

in Mill's views of justice 密尔正义观中的论述,30-32

on punishment (see Punishment) 功利主义的惩罚观(见惩罚)

Value, with attitude 价值观,包含态度的价值观,132-136,186-190

purposes of morality (happiness) 道德的目的(幸福),61-66

and reason 价值观与理性,122

Vocational studies, Aristotle's viewpoint 职业研究,亚里士多德的观点,13-14

Will (see Kant) 意志(见康德)

著者索引

Althusser, L., on education 阿尔都塞,L.,关于教育,274 - 276
   For Marx《保卫马克思》,274
   Lenin and Philosophy and other Essays《列宁和哲学及其他论文》,275
Anderson, J. 安德森,J.,340(注 13)
Anscombe, G. E. M. 安斯库姆,G. E. M.,127,128,131,147,344(注 3)
Aristotle, on education 亚里士多德,关于教育,10 - 14;博雅教育理念,13
   on justice 关于正义,26 - 28
   on reason 关于理性,117 - 119
   Nicomachean Ethics《尼各马可伦理学》,10 - 12,26 - 28,83,145,188,337(注 2),344(注 1)
   Politics《政治学》,10,149,188,337(注 1)
Aubrey, J., on school punishment 奥布里,J.,关于学校惩罚,177,347(注 22)
Austin, J., positivism in law 奥斯汀,J.,法律实证主义,283,355(注 22)

Benn, S. I. 本,S. I.,339(注 1)
Bentham J., positivism in law 边沁,J.,法律实证主义,282
   and utility 与功利,31
   Introduction to the Principles of Morals and Legislation《道德与立法原理导论》,338(注 15)
   Principles of Penal Law《刑法原理》,343(注 17)
   View of a Complete Code of Laws《完整法典概论》,282,355(注 20)
Bradley, F. H. 布拉德雷,F. H.,96,174,342(注 16),347(注 17)
Brinsley, J., on school punishment 布林斯利,J.,关于学校惩罚,177,348(注 23)
Butler, J., on moral disposition and conscience, 巴特勒,J.,关于道德意向和良心,44,339(注 7)

Descartes, R. 笛卡尔,R.,154,345(注 9)
Dewey, J. 杜威,J.,277 - 278
   Democracy and Education《民主与教育》,344(注 5)
Dowrick, F. E. 道瑞克,F. E.,356(注 35)
Dworkin, R. M. 德沃金,R. M.,355(注 23)

Engels, F. 恩格斯,F.,271 - 273(see also Marx)(另见马克思)
   Anti-Duhring《反杜林论》,282,355(注 18)

Feinberg, J. 范伯格,J.,347(注 20),349(注 35)

Gay, J., on moral sense 盖伊,J.,关于道德感,44,340(注 8)
Ginsberg, M. 金斯伯格,M.,338(注 19)

Hart, H. A. L. 哈特,H. A. L.,342(注 15),355(注 24)

Hartley, D. 哈特莱, D., 45, 71-72, 340（注9）

Hayek, F. A., on justice 哈耶克, F. A., 关于正义, 35, 338（注19）

Hegel, G. W. F. 黑格尔, G. W. F., 176, 347（注19）

Hobbes, T., on laws of nature 霍布斯, T., 关于自然法则, 215-217
    on punishment 关于惩罚, 171-172, 347（注16）
    on self-interest 关于自我利益, 214-217
    on selfishness 关于自私, 60-61, 340（注14）
    Leviathan《利维坦》214-217, 350（注1）

Humboldt, W., influence on Mill 洪堡, W., 对密尔的影响, 18, 163, 253
    The Limits of State Action《国家行动的界限》, 254-256, 337（注9）, 351（注15）
    Sphere and Duties of Government《政府的界限与责任》, 337（注9）

Hume, D., on justice 休谟, D., 关于正义 29-30
    on morality 关于道德, 43-44
    on necessity 关于必然性, 180-181, 348（注24）
    on reason and morality 关于理性与道德, 121-122
    A Treatise of Human Nature《人性论》, 29, 121, 125, 338（注13）

Hutcheson, F., on moral sense 哈奇森, F., 关于道德感, 44, 339（注6）

Kant, 1., autonomy of will 康德, I., 意志的自律, 237-240
    on duty 关于义务, 47, 103-106, 106-107
    duties to animals 对动物的义务, 343（注19）
    morality and reason 道德与理性, 46-48, 119-123, 236-240
    noumena and phenomena 本体和现象, 238-240
    on legal justice and moral justice 关于法律正义和道德正义, 29-30
    rational will and categorical imperatives 理性意志和绝对命令, 237-238
    The Analytic of Empirical Practical Reason《经验实践理性分析》, 119
    The Analytic of Pure Practical Reason《纯粹实践理性分析》, 47, 105, 119-120
    Critique of Practical Reason《实践理性批判》, 238, 338（注12）
    Fundamental Principles of the Metaphysic of Morals《道德形而上学原理》, 48, 103-104, 236-240
    Preface to the Metaphysical elements of Ethics《伦理形而上学原理导言》, 338（注12）

Kelsen. H., positivism in law 凯尔森, H., 法律实证主义, 283, 356（注25、26）

Kohlberg, L. 科尔伯格, L., 191, 349（注34）

Lenin, V. I., *The State and Revolution* 列宁, V. I.,《国家与革命》, 355（注19）

Llewellyn, K. 卢埃林, K., 285, 356（注34）

Lloyd, D. 劳埃德, D., 356（注27）

Locke, J., on justice and morality 洛克, J., 关于正义与道德, 221-223, 259
    on liberty 关于自由, 220
    on natural rights 关于自然权利, 219-220
    on purpose of government 关于政府的目的, 221
    on self-interest 关于自身利益, 210
    on the social contract 关于社会契约, 220
    Second Treatise of Government《政府论（下

篇)》,219-223,277,350(注2)

on presumption 关于推定,202

Machiavelli 马基雅维利,207,350(注41)
Marx, K. 马克思,K.,271-274
 on law 关于法律,282
 use of ideology 意识形态的功能,271-272
 Capital《资本论》,275,353(注5、6)
 Critique of the Gotha Programme《哥达纲领批判》,282,352(注3)
 The German Ideology《德意志意识形态》,271,273,282,352(注3)
 Manifesto of the Communist Party《共产党宣言》,282,355(注17)
Mill, J. S., on justice 密尔,J.,关于正义,30-32
 liberal idea of education 自由主义教育思想,15-16
 liberalism 自由主义,257
 liberties 自由,162-163
 Inaugural Address《就职演讲》,14,257-258,337(注4),352(注18)
 On Liberty《论自由》91,150,151,162,163,342(注14),349(注36)
 Representative Government《代议制政府》,256-258,352(注17)
 The Subjection of Women《妇女的屈从地位》,197,349(注36)
 Utilitarianism《功利主义》,30-31,338(注14)
Moore, G. E., objectivity in ethics 摩尔,G. E.,伦理学中的客观性,55-56
 Principia Ethica《伦理学原理》,55,340(注12)
Montaigne, M., on laws 蒙田,M.,关于法律,284,356(注33)
 on punishment at school 关于学校惩罚,177

Newman, J. H., on liberal education 纽曼,J. H.,关于博雅教育,15,304-305
 Discourses on University Education《大学教育论》,15,337(注5)
Nietzsche, F. 尼采,F.,201,350(注38)
Nozick, R., distributive justice 诺齐克,R.,分配正义,223-224
 entitlements 权利,223-225
 equality 平等,225
 justice and morality 正义与道德,224-227
 liberal ideas 自由思想,226
 minimal state 最小国家,223-224
 Anarchy, State and Utopia《无政府、国家与乌托邦》,223-227,351(注5)

Paine, T. 潘恩,T.,286,357(注36)
Perelman, Ch., on formal idea of justice 佩雷尔曼,Ch.,关于正义的形式概念,35
 The Idea of Justice and the Problem of Argument《正义的理念和争论的问题》,338(注19)
Piaget, J. 皮亚杰,J.,191,349(注33)
Plato, on justice 柏拉图,关于正义,28-29
 The Republic《理想国》,28,228-232,337(注7);classes of citizens 公民等级,228-229;the just society 正义的社会,231-232;critique of 对《理想国》的批判,230-232;occupations and abilities 职业和能力,333-334;value of reason 理性的价值,336
 The Laws《法律篇》,333,357(注5)
Pound, R. 庞德,R.,283,356(注29、30)
Rawls, J., on civil disobedience 罗尔斯,J.,关

371

于公民的不服从,284
in contract tradition 在契约传统中的罗尔斯,240
criticism of 对罗尔斯的批评,246-253
difference principle 差异原则,246-248,323
distributive justice 分配正义,244-245
inequities 不平等,241
and Kant 罗尔斯与康德,240,251-252
original position 原初状态,251-252
on punishment 关于惩罚,176,347(注21)
A Theory of Justice《正义论》,176,347(注21)
Ross, W. D. 罗斯,W. D., 106,174,343(注22),347(注18)
Rousseau, J.-J., civil society 卢梭,J.-J.,公民社会,334
general will 公意,234,235
justice and morality 正义与道德,233-235
moral freedom 道德自由,233-235

naturalism 自然主义,16
social justice 社会正义,233-235,
Emile《爱弥儿》,16,337(注8)
The Social Contract《社会契约论》,233-236
Russell, B. 罗素,B., 286,357(注37)

Shaftesbury, on benevolence in morality 沙夫茨贝里,关于道德的仁爱,44,339(注6)
Sidgwick, H., benevolence as obligation 西季威克,H.,仁爱作为责任,49,340(注11)
reason and egoism 理性与利己主义,72,341(注18)
Singer, P., *Animal Liberation* 辛格,P.,《动物解放》,343(注18),349(注37)
Spencer, H. 斯宾塞,H., 227,351(注6、7)

Toulmin, S. 图尔敏,S., 343(注23)